国家示范性高等职业教育汽车类“十三五”规划教材

AUTOMOBILE 高等职业教育汽车类专业“双证课程”培养方案教材

汽车发动机电控技术与检修

（含任务工单）

主　编　王树春

副主编　沙武中　许　菁　高加泉　李立琳

华中科技大学出版社
http://www.hustp.com
中国·武汉

图书在版编目(CIP)数据

汽车发动机电控技术与检修：含任务工单/王树春主编. —武汉：华中科技大学出版社，2017.6
ISBN 978-7-5680-2909-4

Ⅰ.①汽… Ⅱ.①王… Ⅲ.①汽车-发动机-电子系统-控制系统-车辆修理 Ⅳ.①U472.43

中国版本图书馆 CIP 数据核字(2017)第 126965 号

汽车发动机电控技术与检修(含任务工单)
Qiche Fadongji Diankong Jishu yu Jianxiu(Han Renwu Gongdan)

王树春　主编

策划编辑：张　毅
责任编辑：段亚萍
封面设计：孢　子
责任监印：朱　玢
出版发行：华中科技大学出版社(中国·武汉)　电话：(027)81321913
武汉市东湖新技术开发区华工科技园　邮编：430223
录　　排：武汉市洪山区佳年华文印部
印　　刷：武汉科源印刷设计有限公司
开　　本：787mm×1092mm　1/16
印　　张：19
字　　数：518 千字
版　　次：2017 年 6 月第 1 版第 1 次印刷
定　　价：45.00 元

AUTOMOBILE
国家示范性高等职业教育汽车类“十三五”规划教材
高等职业教育汽车类专业“双证课程”培养方案教材

编审委员会

前言 QIANYAN

社会需求的牵引、法规的推动和技术的进步，是现代汽车采用电子技术并快速发展的主要原因。随着我国经济水平的提高，汽车保有量急剧上升，汽车售后市场迅速发展，对维修人才的需求更是不断加大。各种新技术在现代汽车上的广泛应用，也对汽车维修人员提出了更高的要求。为了适应并推动高等职业教育的发展，使所培养的汽车高级技术人员能够尽快掌握现代汽车的电子控制技术（简称电控技术）和维修技术，我们编写了本书。

本书的特点在于，每一个项目都列出了学习的知识目标、技能目标和学习评价，增强了学习的目的性和针对性。本书对汽油发动机（简称汽油机）电子控制技术与维修的相关理论知识和实践内容进行了有机整合，内容新颖、层次分明、循序渐进，并较多地反映了新知识、新技术等。针对当今高等职业院校学生的特点，书中的许多关键知识点和技能点以概念、提问、提示的形式给出并加以注解，便于学生学习、理解。全书力求理论概念准确、实操思路清晰、内容由浅入深，并注重学生自学和教师讲解相结合、理论学习与实践操作相结合、学生的自我评价与教师的综合评价相结合，以提高学生的实践能力和综合素质。

为了配合实训教学和课后练习，在书中的学习评价单元和与本书相配套的《汽车发动机电控技术与检修任务工单》中都附有一定量的习题，以帮助学生进一步巩固所学知识。

本书可作为高职高专院校汽车类专业的教学用书，亦可作为相关专业的教学参考书。

本书的参考学时数为96学时，各项目的参考学时数参见下面的学时分配表。

项　　目	课 程 内 容	学时安排（理论、实训一体化）
项目1	汽油机电控系统整体认知	10
项目2	汽油机电控系统信号输入装置、执行器的结构与检测	34
项目3	汽油机空气供给系统电控技术与检修	14
项目4	汽油机燃油供给系统电控技术与检修	14
项目5	汽油机微机控制点火系统电控技术与检修	12
项目6	汽油机排放控制系统电控技术与检修	12
总计		96

本书由武汉城市职业学院王树春担任主编，湖北科技职业学院沙武中、武汉城市职业学院许菁、江西现代职业技术学院高加泉、河南工程学院李立琳担任副主编。

由于编者的水平有限，编写时间仓促，书中难免有错误和不当之处，敬请读者批评指正。

编　者

2017年3月

目录 MULU

项目 1
汽油机电控系统整体认知

1

知识目标

（1）能够描述汽油机电子技术的发展过程。

（2）能够讨论当今汽车发动机电控系统和各子系统的组成、功用及类型。

（3）能够解释开环控制、闭环控制的控制特点及两者的区别。

（4）能够复述 OBD-Ⅱ 故障自诊断系统的主要特点及功能。

（5）能够复述电控汽油机故障诊断与排除的相关知识。

技能目标

（1）能够正确表述电控发动机传感器、执行器的名称与安装位置。

（2）能够初步分析发动机 ECU 工作电路的故障及产生原因。

（3）能够利用万用表对发动机 ECU 的电源回路和搭铁回路工作状态进行检查。

（4）能够利用故障检测仪读取、清除故障代码，分析数据流及进行元件测试。

（5）能够利用万用表检测基础电路的断路和短路故障。

任务1　汽油机电子控制技术概述

一、汽油机电子技术的发展

汽车从100多年前的诞生之日起，一直长盛不衰，不断发展，为社会的进步、人类文明的发展做出了巨大的贡献。而汽车发展的历史也可以说是与国民经济的发展、汽车相关法规的进步，以及电子技术特别是微电子技术的发展相辅相成的历史。

1. 国民经济状况与汽车技术变化的关系

根据《2016年中国汽车销售行业发展调研与市场前景分析报告》，2016年中国汽车全年销量要在2015年2513万辆的基础上增加10%左右，这一增速使我国汽车贸易总额和汽车保有量继续保持世界第一位。当今世界，无论是西方经济发达国家还是我国，无一不把汽车作为其国民经济发展及社会现代化的支柱产业。汽车已经成为现代物质文明的一种象征和人类生活中不可缺少的部分。而汽车在一个国家的普及程度，也成为衡量其工业化进程的重要标志。

随着国民经济的发展，对汽车性能的要求发生了极大的变化，主要表现为：

(1) 满足用户需求，大幅度提高汽车的性能，使之更舒适、方便、安全、可靠；

(2) 满足社会需求，保护环境，节省能源，提高安全性。

针对以上需求，应采取以下应对措施：

(1) 汽车总量的增加要求必须提高环保意识，这是社会发展的需求，环境保护应该成为必须确保的第一位的社会责任，因此应制定排放法规。

(2) 汽车总量的增加要求必须提高能源意识，这是社会可持续发展的基础，也是个人使用者的迫切要求，因此应制定经济性法规。

(3) 汽车总量的增加要求必须提高安全意识，在车辆增加，以及非职业司机驾驶技术的参差不齐的情况下，安全问题显得非常突出，因此应制定安全性法规。

2. 汽车法规促进了汽车技术的进步

目前，与汽车技术水平关系最密切的法规有汽车污染物排放控制法规、燃油经济性法规和安全性法规，称为“三大法规”。历史已经证明，经济的发展、社会的进步促进了各种法规的诞生和改进，法规的要求促进了汽车技术的进步。下面以国内外汽油机汽车排放控制标准与控制技术(一类车)为例说明，如表1-1所示。

表1-1　国内外汽油机汽车排放控制标准与控制技术(一类车)

实施年份		排放控制标准/(g/km)				采用技术	排放下降/(%)		
中国	欧洲	CO	HC	NO_x	HC+NO_x		CO	HC	NO_x
	1968					燃烧控制系统(CCS)：包括分层燃烧、稀燃、延迟点火、进气预热、进气恒温、曲轴箱强制通风(PCV)			
	1971					PCV、CCS、TCS(延迟点火控制)、燃油蒸发控制			

续表

实施年份		排放控制标准/(g/km)				采用技术	排放下降/(%)		
	1974					EGR(废气再循环)、PCV、CCS、TCS、AIR(空气喷射反应器)、改进发动机			
1999 GB 14761	1984 ECE 15/04	14.3			4.7 (5.0)	EGR、PCV、CCS、TCS、AIR、改进发动机	67	79	24
2001 GB 18352.1	1992 93/59/EC-Ⅰ	2.72			0.97 (1.13)	在机内净化的基础上,用三效催化剂取代氧化催化剂	92	95	51
2003 GB 18352.2	1996 93/59/EC-Ⅱ	2.2			0.50	采用三效催化剂、计算机控制多点汽油喷射和空气燃料比,机外的排放治理措施归纳为三效催化剂、EGR、二次空气补偿、炭罐吸附	96	96	76
2005 GB 18352.3	2000 98/69/EC-Ⅲ	2.3	0.20	0.15		新配方汽油、汽油清净剂、改进发动机(包括缸内直喷式汽油机、VVT等)、紧凑型催化剂、更精确的电控喷射系统、车载诊断系统(OBD),欧洲强制安装车载诊断系统(EOBD)	96	98	90
	2005 98/69/EC-Ⅳ	1.0	0.10	0.08			97.9	99.6	95

由表1-1内"采用技术"栏可以看出,对应每一个更严格的排放控制阶段,都有一些新技术诞生,有一些技术至今还在采用,也有许多技术因不适应要求被淘汰或暂时不用了。可以说,所有的车用发动机(包括各种燃料的点燃式和压燃式内燃机)都是在燃料供给的数量和时间、燃料雾化的程度、多缸机各缸工作的均匀一致、燃烧室周围的温度(冷却液温度要求高于100 ℃)、后处理装置(如催化转化器、废气再循环系统等)需要足够里程的有效工作、燃料向大气的蒸发排放等方面做到了要求越来越精细和控制越来越精确,从而达到越来越严格的排放法规的要求。

20世纪60年代,在排放标准的控制项目中没有要求对氮氧化物(NO_x)进行控制,所采用的主要是燃烧过程的控制技术,通过以稀燃为核心的分层燃烧、进气预热等措施,用稀混合气来降低CO,用提高燃烧完全程度来降低HC。这些措施只能在20世纪60年代的技术基础上降低CO和HC发生量的60%~70%。

到了20世纪70年代,由于继续降低CO和HC限值并要求控制NO_x的发生量,就又催生了一大批在稀燃基础上的排放控制有效措施。20世纪70年代中期开始使用电控燃油喷射以及废气再循环(EGR)和氧化型催化转化器等后处理装置,由于催化转化器容易受到铅污染而导致损坏,要求使用无铅汽油。20世纪80年代开始出现三元催化转化器,在继续改善燃烧,改进机内净化的基础上,逐步用三元催化转化器取代了氧化型催化转化器。

三元催化转化器在汽油机尾气排放治理中的作用至今仍无法被取代,对CO、HC和NO_x的转化效率均已普遍高于90%,其应用技术也越来越成熟。

在确保每个发展阶段的排放要求严格得到保证的同时提出经济性要求,即燃料消耗量的限制要求,很显然是对技术的一大挑战。对于发动机来讲,保持功率、降低燃料消耗量的最佳办法就是提高充气量,再采用稀燃技术,因此就诞生了多气门进气、缸内直喷(GDI)、涡轮增压、均质压燃(HCCI)等更加现代化的新技术。而稀燃条件下,虽然油耗降低了,CO 和 HC 的发生量也降低了,但 NO_x 的发生量不会降低,而在富氧的条件下要还原 NO_x 就很困难了,需要采用废气再循环(EGR)技术来降低 NO_x 的发生量。以前采用的机外 EGR 因为故障率太高,精确控制 EGR 率也比较困难,可变气门正时控制(VVT)技术在发动机上成熟应用以后,在不同工况下能精确控制排气门开闭相位,降低 NO_x 的发生量。与此同时,在富氧条件下 NO_x 的还原技术也在研究中。

由于近几年我国有较多地区的空气质量持续恶化,雾霾天气出现的次数和等级增多和加大,另外,缸内直喷技术在汽车上的应用越来越广泛,我国目前制定的国四和国五排放标准又增加了新的检测内容和更严格的标准,新增内容和标准如表 1-2 所示。

表 1-2　国四和国五排放限值表

内　　容	国　　四	国　　五
氮氧化物(NO_x)/(g/km)	0.08	0.06
非甲烷碳氢化合物(NMHC)/(g/km)	—	0.23
颗粒物(PM)/(g/km)	—	0.0045

从表 1-2 可看出,在国五排放标准中,相比于国四排放标准,汽油车的氮氧化物(NO_x)排放限值降低了 25%,还新增了除甲烷以外的碳氢化合物(NMHC)和颗粒物(PM)的检测标准。国五排放标准新增颗粒物的检测,主要是因为汽油机采用缸内直喷技术后,燃油直接喷入高温的气缸内,留给燃油气化的时间很少,且有可能会在局部形成过浓的混合气或类似于柴油机的液态油滴扩散燃烧,造成排放更多微粒,所以有必要对采用缸内直喷技术的汽车检测颗粒物的排放。

针对国五排放标准新增的检测项目,我国主要选择的技术路线是:SCR 技术和 EGR+DOC+DPF 技术。

SCR 技术在国四阶段已趋于成熟,升级国五排放标准只需要调整一下技术参数,对发动机的改变不大,相对的开发成本要低一些,市场认可度高一些,所以 SCR 技术目前仍然是满足国五排放标准的主流技术。

EGR+DOC+DPF 技术路线需要改变发动机结构,而且 DPF 目前单次购买价格高,在长时间使用之后还会产生堵塞现象,需要主动再生、定期清洗,所以现阶段不适合大规模推广。

特别提示:SCR 技术——选择性催化还原技术;

EGR+DOC+DPF 技术——废气再循环+柴油氧化催化器+柴油颗粒过滤器技术。

技术的发展历史告诉我们,只要明确了要求,就会催生新的技术,好的法规显然是技术进步的促进剂。

3. 电子技术的应用是汽车技术发展的保证

汽车工业在发展的过程中,不仅要满足用户需求,还必须满足社会需求,而标准会越来越高。显然,电子技术作为支撑现代汽车工程的核心技术之一,在解决这些问题中将占有不可替代的重要地位。

社会需求的牵引、法规的推动和技术的进步,是汽车采用电子技术并蓬勃发展的根本原因。安全性法规是汽车最早的法规,随后陆续制定了排气污染与噪声控制法规、燃油经济性法规等一系列日益严格的法规。它们强制性地推动了电子技术在汽车上的广泛应用,许多机械控制系统被电子控制系统所取代,使汽车电子化的程度越来越高。汽车电子技术发展始于 20 世纪 60

年代，分为3个阶段。

第一阶段，从20世纪60年代中期到20世纪70年代中期，主要是为了改善部分性能而对汽车产品进行技术改造，这些革新往往是局部的、不很关键的，例如采用硅整流发电机、发动机晶体管无触点点火和电子时钟等。

第二阶段，从20世纪70年代末期到20世纪90年代中期，汽车电子技术的雏形开始形成。主要特点是在汽车大部件乃至总成的设计和生产中，重视"机电一体化"的思想与技术，应用电子装置解决机械部件所无法解决的复杂自动控制问题。在这一阶段，大规模集成电路和4位、8位、16位及32位微处理器被广泛应用，从而减小了电子系统的体积，增加了可靠性。这一时期产生了许多汽车综合电子控制系统，主要产品有电子控制发动机燃油喷射系统、微机控制发动机点火系统、发动机燃油喷射与点火综合控制系统、发动机空燃比反馈控制系统、巡航控制系统、电子控制自动变速系统、防抱死制动系统、牵引力控制系统、电子控制转向系统、车身高度自动调节系统、轮胎气压控制系统、安全气囊系统、座椅安全带收紧系统、自动防追尾碰撞系统、前照灯光束自动控制系统、超速报警系统、车辆防盗系统、电子控制门锁系统、自动除霜系统、通信与导航协调系统、安全驾驶监测与警告系统和故障自诊断系统等。

第三阶段，从20世纪90年代后期至今，汽车的总体设计将在考虑整车机电系统协调匹配的基础上进行，强调车内设备、汽车整体设计的机电一体化，重视总体系统，设计者将不再采用出现在第一和第二阶段的"机械功能替代"或"增添"式的设计思想和方法。同时，汽车电子技术的重点也将由解决汽车部件或总成的自动控制问题，开始向广泛应用计算机网络与信息技术，使汽车更加自动化、智能化，同时向解决汽车与社会联结等问题转移。例如，日本提出的VICS（车辆信息和通信系统），美国提倡的IVHS（智能车辆高速公路系统）等。由此可预见，未来的汽车交通将以车辆和道路间的通信系统为基础，以有效而安全的管理遍布整个社会交通网络，完成如行驶和交通管理、调整交通流动、安全驾驶等功能。

4. 我国汽车排放控制技术政策建议采用的系统构成

分析世界各国为达到排放标准的每个阶段所采用的技术措施，我国也明确制定出在每个排放控制阶段所采用的技术措施，并简化为指导性的系统构成建议，如：

达到GB 18352.1—2001（参考欧洲Ⅰ号法规制定）要求的系统构成为：单点汽油喷射或电控化油器＋催化转化器。

达到GB 18352.2—2001（参考欧洲Ⅱ号法规制定）要求的系统构成为：多点汽油喷射＋三元催化转化器（闭环电控）。

再分析世界各国达到第Ⅲ、Ⅳ阶段排放标准控制目标的技术措施，总结归纳出达到我国针对更进一步减少对环境造成危害而制定的GB 18352.3—2005（Ⅲ、Ⅳ）要求所采用的技术措施为：冷启动＋多点顺序汽油喷射＋三元催化转化器（闭环电控）＋OBD-Ⅱ＋EGR或VVT。

从上述我国在每个排放控制阶段所采用的技术措施看，中国的汽车排放标准是参照欧洲的排放标准制定的，只不过有些项目的要求不尽相同，但大体上是一致的，中国自1999年开始实施欧Ⅰ排放标准，同年停止了含铅汽油的生产和使用，并不再生产化油器汽车。目前，国内大多数地区都已经实行了汽车国四（欧Ⅳ）排放标准，而北京、上海、广州等城市目前已经率先实行了国五（欧Ⅴ）排放标准。

由于近几年我国空气污染程度持续加重，我国将在2018年1月1日起在全国实施参照欧Ⅴ标准而制定的国五排放标准。

特别提示：目前我国正在制定第六阶段的排放标准，根据当前环境保护的形势要求，国六排放标准会进一步加严氮氧化物和颗粒物的排放限值，总体目标是在国五排放标准的基础上加严30%。

二、电控技术对发动机的影响

汽油机电控技术的应用使汽油机的综合性能得到了全面的提高，其主要的优点如下。

1. 改善了各缸混合气的均匀性

在化油器式汽油机中，由于采用的是物理(真空)控制供油，当混合气在经过不同宽度、不同长度及具有一定弯曲弧度的进气歧管时，由于空气和汽油颗粒的密度不同，空气比较容易改变方向，而汽油颗粒受惯性力的作用则继续向歧管末端运动，由此造成各缸混合气浓度不均匀。采用电控多点喷射，燃油喷射在各缸进气门附近，使各缸混合气的浓度基本一致，这样不但有利于提高发动机的经济性，而且有利于降低一氧化碳(CO)和碳氢化合物(HC)的排放量。

2. 提高了发动机的动力性和经济性

由于电控燃油喷射系统的进气管中不存在化油器中的喉管，进气系统的进气阻力和进气压力损失较小，充气效率较高，因此，发动机具有较好的动力性和经济性。另外，电控燃油喷射系统不对进气进行预热，这样提高了进气的密度，对提高发动机动力性有利。

3. 减少排放污染

电控燃油喷射系统采用氧传感器反馈控制时，能够精确实时地将空燃比(A/F)控制在理论空燃比附近，使三元催化转化器具有最高的转化效率，从而大大减少CO、HC和NO_x等有害气体的排放量。另外，现代汽油机电控系统还包括废气再循环、二次空气喷射系统、最佳点火提前角等控制功能，从而可使汽油机有害物的排放量进一步减少。

4. 工况过渡圆滑

当发动机运行工况发生变化时，由于电控燃油喷射系统能根据传感器输入信号迅速调整喷油量或喷射正时，提供与该种工况相适应的最佳空燃比，提高了燃油机对加、减速工况的响应速度及工况过渡的平稳性。另外，采用电控燃油喷射方式，汽油的雾化质量好，蒸发速度快，在各种工况下混合气都具有良好的品质，这也有利于提高汽油机非稳定工况的性能。

5. 改善了汽油机对地理及气候环境的适应性

当汽车在不同地理环境或不同气候条件的地区行驶时，对于采用体积流量方式测量进气量的电控燃油喷射系统，电控系统能根据大气压力、环境温度及时对空燃比进行修正，从而使汽车在各种地理环境及气候条件下运行时，无须调整就能保证良好的综合性能。

6. 提高了汽油机高、低温启动性能和暖机性能

发动机在高温或低温条件下启动时，电控燃油喷射系统能根据启动时发动机冷却液的温度，提供与启动条件相适应的喷油量，使汽油机在高温和低温条件下都能顺利启动。低温启动后，电控燃油喷射系统又能根据发动机冷却液温度自动调整喷油量和空气供给量，加快汽油机暖机速度，使发动机很快就能进入正常运行状态。

三、汽油机上电控系统的应用

汽车发动机电子控制系统是一个综合的控制系统，具有多种控制功能，经过五十多年的发展，根据控制对象、控制目标的不同，目前汽车发动机上电子控制系统的应用如表1-3所示。

表 1-3 汽油机上电控系统的应用

系统名称			主要控制内容或功用
发动机燃油喷射系统（EFIS）	发动机燃油供给系统（EFSS）	进气歧管多点喷射（MPICS）	控制不同工况的喷油时刻和喷油时间、电子油泵工作、不同工况的燃油压力
		缸内直接喷射（DICS）	
	发动机空气供给系统（EASS）	可变进气歧管控制系统（VIS）	改变歧管长度或歧管面积，增大发动机的扭矩和功率
		涡轮增压控制系统（TCS）	增加送入气缸的空气密度，提高发动机的功率和扭矩
		可变气门正时控制系统（VVTS）	控制气门开、闭的时间和角度，调整进、排气量，使充气效率达到最佳，提高燃烧效率
		可变气门升程控制系统（VTECS）	控制发动机中低速与高速不同的配气相位及进气量，使发动机在不同的运转下均能达到动力性、经济性与低排放性的统一和最佳
微机控制发动机点火系统（MCIS）			在发动机的各种运行工况和运行条件下，选择最理想的点火提前角点燃混合气，从而改善发动机的燃烧过程
发动机排放控制系统	空燃比反馈控制系统（AFCS）		控制空燃比在理论空燃比 14.7∶1 附近，使三元催化转化器的转化效率最佳；同时减少 HC、CO 和 NO_x 的排放
	三元催化转化器		
	废气再循环系统（EGRS）		减少 NO_x 的排放
	燃油蒸发控制系统（EVAPS）		减少 HC 的排放
	二次空气喷射控制系统（SICS）		减少 HC 和 CO 的排放
	选择性催化还原系统（SCRS）		减少颗粒物（PM）的排放
电子节气门控制系统（ETCS）			实现怠速控制（ISC）、巡航控制（CCS）、驱动防滑控制（ASR）及车辆稳定性控制（VSC）等的集成控制，提高汽车行驶的安全性、动力性、平稳性及经济性，并减少排放污染
发动机启停控制系统（STTS）			降低油耗，减少废气排放
节温器控制系统（TCS）			快速暖机，减少废气排放
电控冷却系统（ECCS）			提高冷却系统效能，降低冷却系统功耗，并减小发动机在效率最高点的温度波动，从而降低燃油消耗率和有害气体的排放
散热器百叶窗控制系统（RSCS）			减小车身阻力，减少发动机暖机时间，降低油耗和减少废气排放
发动机智能充电控制系统（EICCS）			通过在车辆加速时降低发电机负荷，减速时增加发电机负荷，提高燃油经济性
车载故障自诊断系统（OBD-Ⅱ）			OBD-Ⅱ系统，是世界汽车行业统一的车载故障自诊断系统，它能持续不断地监控汽车尾气排放，除了能检测电子控制系统本身的硬件，如各种传感器和执行器是否有故障以及电路的短路、开路等，还能检测虽不属于电子控制系统，但却是电子控制系统服务对象的硬件，如检测三元催化转化器是否有故障，检测发动机工作过程是否正常、是否缺火等，检测发动机机械状态是否正常，例如机油油位是否过低、冷却液是否过少等
汽车总线技术			简化布线；可以进行设备之间的通信，使电控单元之间的交流更加简单和快捷；通过信息共享减少传感器的数量；提高汽车总体运行的可靠性

四、汽油机电控系统的组成及功能

发动机电控系统从硬件方面看，一般由传感器与开关信号组成的输入部分、电控单元(ECU)和执行器等三大部分组成，如图1-1所示，这是汽车电子控制系统的共同特点。

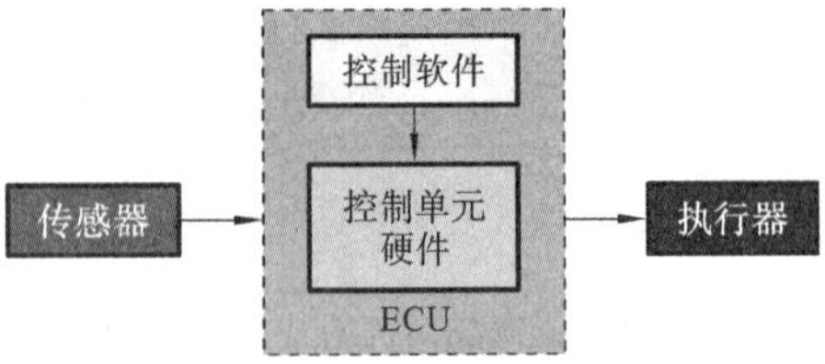

图1-1 发动机电控系统的硬件组成

1. 传感器与开关信号的类型

1) 传感器

在发动机电控系统中，传感器是采集发动机运行状态信息并向ECU输送这些信息的装置，目前广泛应用在汽车发动机集中控制系统中。同一传感器的信号，可应用于需要此信号的不同功能的子控制系统。不同发动机的控制系统，其控制功能和控制所需的信息不同，所使用的传感器的种类也不完全相同。汽车发动机集中控制系统所用的传感器主要有空气流量传感器(MAFS)、进气歧管绝对压力传感器(MAPS)、节气门位置传感器(TPS)、加速踏板位置传感器(APPS)、进气侧和排气侧凸轮轴位置传感器(CMPS)、曲轴位置传感器(CKPS)、进气温度传感器(IATS)、发动机冷却液温度传感器(ECTS)、前氧和后氧传感器、爆震传感器(KS)、车速传感器(VSS)、低压侧燃油压力传感器和高压侧燃油压力传感器(缸内直喷)等。

传感器作为输入部分，用于测量物理信号(温度、压力、转角和位移等)，并按一定规律转换成便于传输和处理的另一种物理量(一般为电量)。

传感器安装在汽车发动机上的不同部位。汽车型号和档次不同，安装传感器的多少也不相同。一般来说，汽车安装的传感器越多，则汽车的档次就越高。上述列举的传感器为满足GB 18352.3—2005(中国Ⅲ、Ⅳ阶段，参考欧洲Ⅲ号法规制定)排放标准所必需配置的传感器。

2) 开关信号

发动机电控单元(ECU)除检测传感器的信号外，还需要检测各种开关信号。这些开关信号如点火开关(ON)信号、启动开关(STA)信号、空调开关(A/C)信号、挡位开关(P/N)信号、制动灯开关信号、动力转向开关信号、巡航(定速)控制开关信号和门控开关信号等，这些信号对ECU的控制工作有着重要的影响。

特别提示：自20世纪90年代起，总线(局域网)技术在汽车上逐步得到全面应用后，汽车上其他电控单元(模块)通过CAN数据总线传递的信息也成为发动机ECU输入信号的组成部分。

2. 电控单元的基本功能

ECU俗称“微机”，是发动机控制系统的核心，其功用是按照一定的程序对各种输入信号进行运算、存储、分析处理，然后输出指令，控制执行元件工作，以达到快速、准确、自动控制发动机工作的目的。发动机ECU的功能随车型而异，但都必须具有如下基本功能。

(1) 给传感器提供标准电压，接收各种传感器和其他装置输入的信息，并将输入的信息转换成微机所能接受的数字信号。

(2) 存储该车型的特征参数和运算中所需的有关数据信息。

(3) 确定计算输出指令所需的程序，并根据输入信号和相关程序计算输出指令数值。

(4) 将输入指令信号和输出指令信号与标准值进行比较，确定并储存故障信息。

（5）向执行元件输出指令或根据指令输出自身已存储的信息（如故障信息等）。

（6）自我修正功能（学习功能）。

（7）故障诊断功能。

3. 执行器的类型

汽车电子控制系统的输出装置执行器受ECU控制，是具体执行某项控制功能的装置。执行器又称执行元件、执行机构或执行装置。在汽车电子控制系统中，执行器把从ECU传来的电信号转换为机械运动。它通过电能、发动机真空、液（气）压或三者之间的组合作用，对外做功，推动汽车或发动机的某个装置运动，以完成所要求的控制任务。在发动机集中控制系统中，执行元件主要有喷油器、点火器、怠速控制阀、巡航控制电磁阀、节气门控制电动机、EGR阀、进气控制阀、二次空气喷射阀、活性炭罐排泄电磁阀、油泵继电器、新一代电动燃油泵、风扇继电器等。

特别提示：自20世纪90年代起，总线（局域网）技术在汽车上逐步得到全面应用后，发动机ECU通过CAN数据总线传递的信息也成为输出的组成部分（作为汽车上其他电控单元的输入信息）。

五、典型汽车发动机电控系统组成

1. 桑塔纳AJR型发动机电控系统组成

桑塔纳AJR型发动机电控系统组成如图1-2所示。

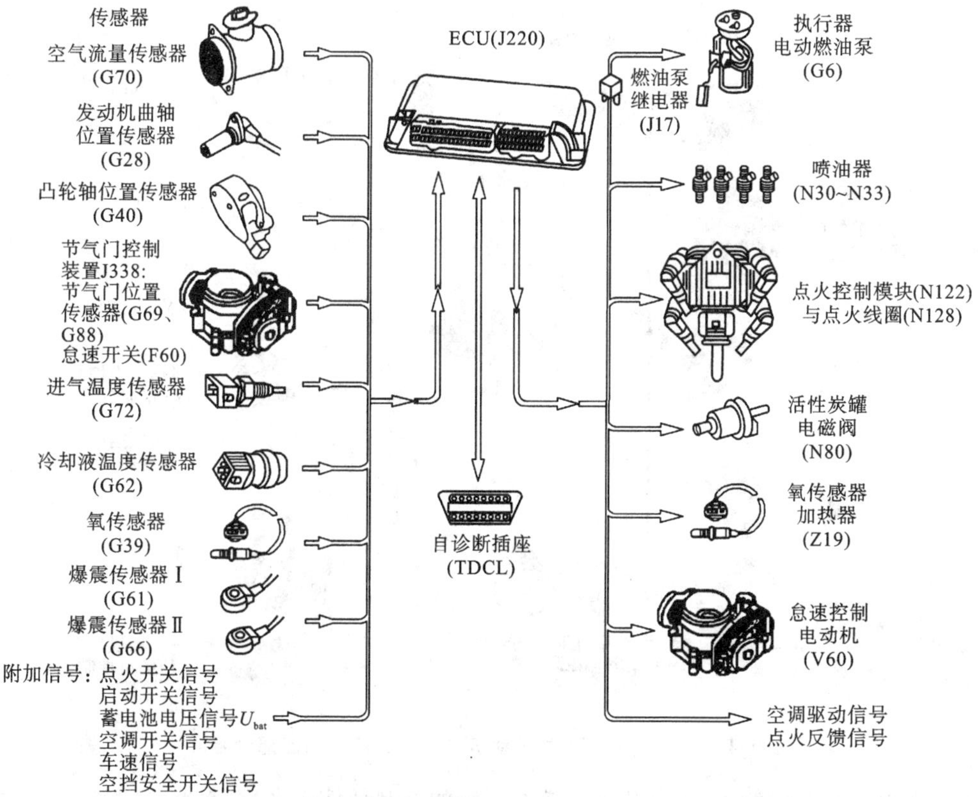

图1-2 桑塔纳AJR型发动机电控系统组成

2. 福特 1.0 L FOX 发动机电控系统组成

信号输入部分如图 1-3 所示。

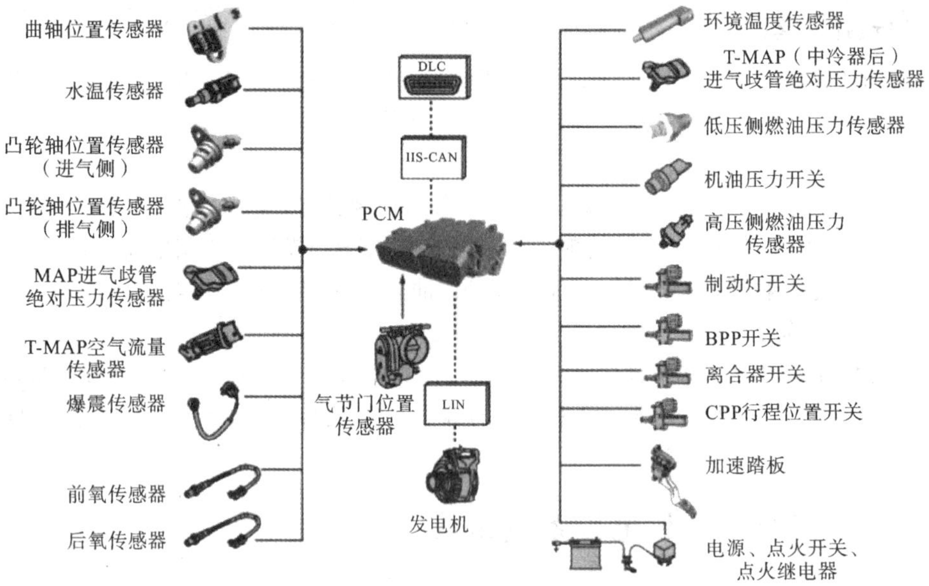

图 1-3　福特 1.0 L FOX 发动机电控系统信号输入部分

信号输出部分如图 1-4 所示。

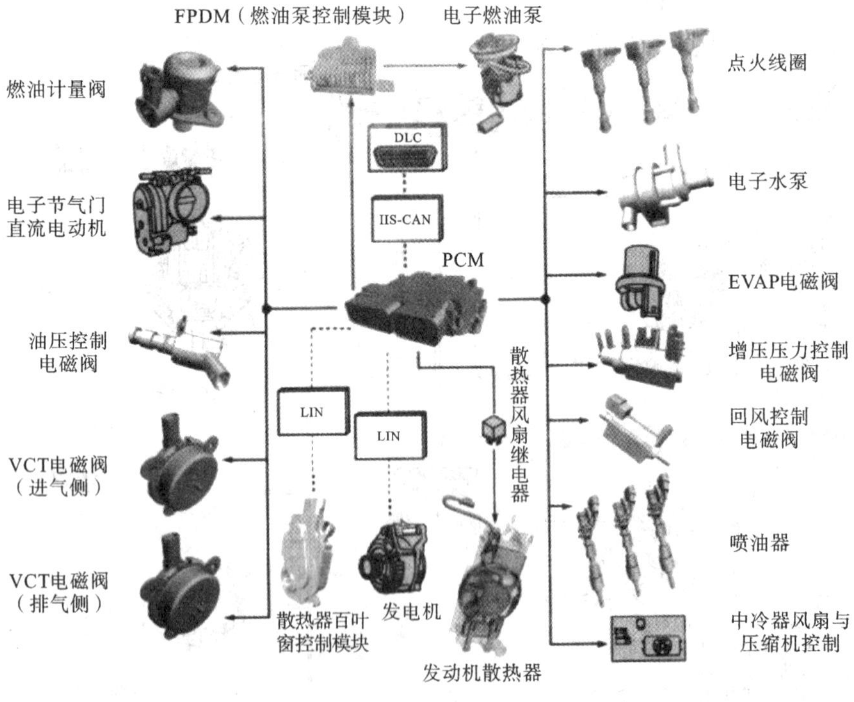

图 1-4　福特 1.0 L FOX 发动机电控系统信号输出部分组成

在汽车电子控制系统中，发动机电子控制系统的控制部件最多、控制参数最多、控制功能最强、控制过程最复杂。因此，只要熟悉发动机电子控制系统的结构原理与控制过程，掌握该系统的故障诊断与维修方法，再学习汽车上其他电子控制系统时，就会游刃有余。

思考：通过对桑塔纳 AJR 型发动机电控系统组成与福特 1.0 L FOX 发动机电控系统组成的学习，您印象最深的是？

六、电控汽油机燃油喷射系统结构简介

在汽车上应用的电控汽油机燃油喷射系统，有 L 型、D 型、发动机集中电子控制系统等几种结构型式。

1. L 型 EFI 系统

L 型（质量流量型）EFI 系统用空气流量传感器直接测量发动机吸入的空气量，作为基本喷油量的控制参数。空气流量传感器有叶片式、卡门涡旋式和热式（热线式或热膜式）等几种形式，其测量的准确程度高，可实现精确的空燃比控制。采用叶片式空气流量传感器的 L 型 EFI 系统的结构，如图 1-5 所示。

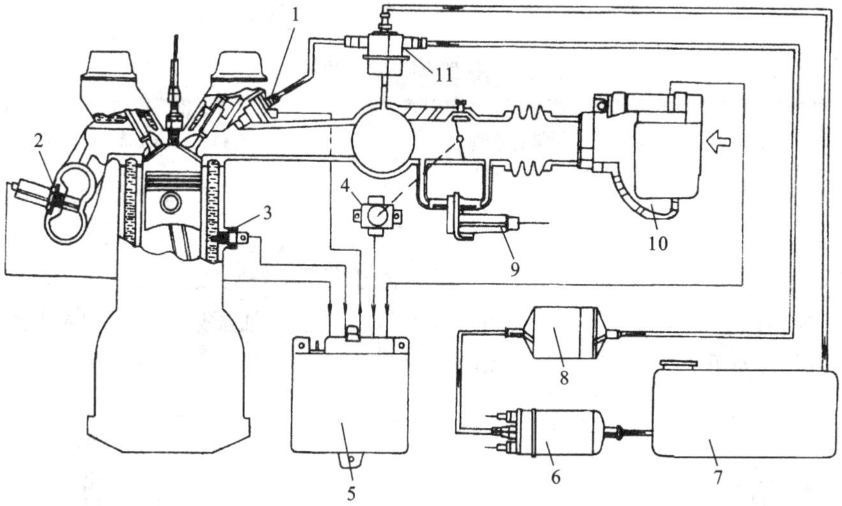

图 1-5　L 型 EFI 系统的结构

1—喷油器；2—氧传感器；3—水温传感器；4—节气门位置开关；5—ECU；6—燃油泵；7—燃油箱；8—燃油滤清器；9—辅助空气阀；10—叶片式空气流量计；11—燃油压力调节器

2. D 型 EFI 系统

D 型（速度密度型）EFI 系统是最早开发的 EFI 系统，它通过压力传感器检测进气管（支管）的压力来间接反映空气流量，但压力与空气流量并非呈线性关系，因而其控制精度稍差，它的应用远不及后来发展起来的 L 型 EFI 系统广泛。由于传感器与计算机技术的发展，这种系统的空燃比控制精度得到保证；另外，由于这种系统进气阻力较小，所以现在仍有一部分 EFI 系统采用了 D 型空气流量检测方式。D 型 EFI 系统的结构如图 1-6 所示。

3. 发动机集中电子控制系统

发动机集中电子控制系统采用数字电子技术，用一台微机将燃油喷射与点火正时结合在一起进行优化集中控制，从而使控制更加协调合理，新一代电控燃油喷射发动机都采用这种系统。与单独控制式燃油喷射发动机相比，集中控制式发动机具有更好的灵活性和适应性能，也进一步改善了汽车行驶的舒适性和排放性能。当需要时，该系统的控制功能还可进一步扩充，如增加废气再循环控制、怠速控制及发动机的进气增压控制等。

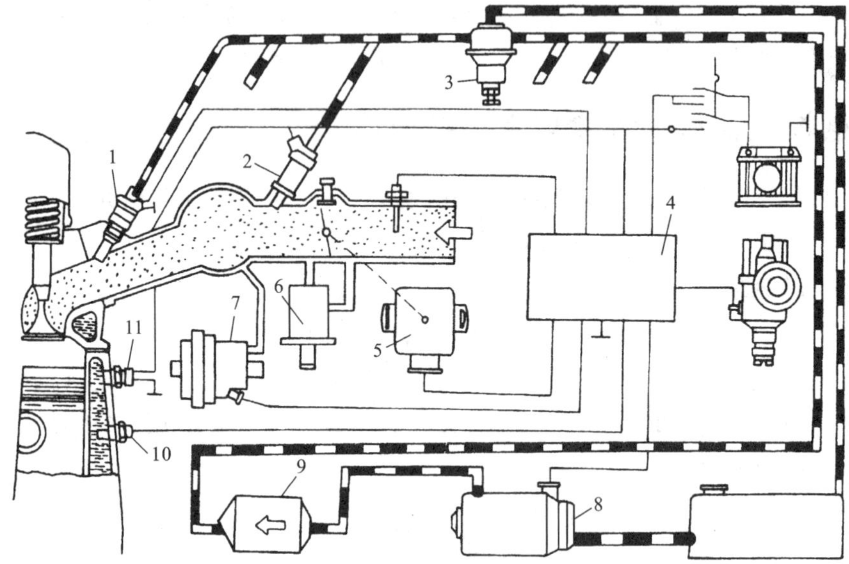

图 1-6　D 型 EFI 系统的结构

1—喷油器；2—冷启动喷油器；3—燃油压力调节器；4—ECU；5—节气门位置传感器；6—辅助空气阀；7—进气压力传感器；8—燃油泵；9—燃油滤清器；10—水温传感器；11—冷启动定时开关

现在装车使用的发动机集中电控系统，有日本日产公司的 ECCS 系统、丰田公司的 TCCS 系统、美国通用公司的 EMS 系统、福特公司的 EEC 系统，以及德国波许公司的 Motronic 系统，等等。

德国波许公司生产的 Motronic 系统，广泛应用于德国奔驰、大众、宝马等汽车公司生产的轿车上，其结构如图 1-7 所示。该系统是在 L-Jetronic 电控燃油喷射系统的基础上发展起来的，它将燃油喷射与点火正时功能进行集中控制，还具有怠速控制功能等。

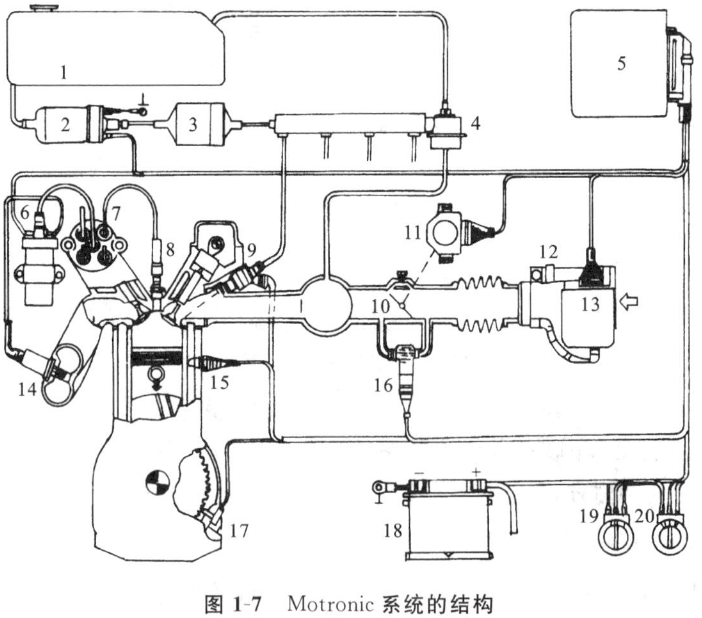

图 1-7　Motronic 系统的结构

1—燃油箱；2—燃油泵；3—燃油滤清器；4—燃油压力调节器；5—ECU；6—点火线圈；7—分电器；8—火花塞；9—喷油器；10—节气门；11—节气门位置传感器；12—空气流量计；13—电位计和空气温度传感器；14—氧传感器；15—水温传感器；16—旋转电磁阀型怠速控制阀；17—转速与曲轴位置传感器；18—蓄电池；19—点火开关；20—空调开关

七、电控系统的控制方式

电控系统的控制方式分为开环控制和闭环控制两种。

1. 开环控制

ECU 根据相关传感器的信息，事先设定好应该给出的各项执行器的动作指令，由控制装置改变被控对象的状态。在这种控制中，控制结果与控制过程无关，不需要对输出量进行检测，也不需要将输出量反馈到系统输入端与输入量进行比较。在汽车电子控制装置中，开环控制系统的方框图如图 1-8 所示。

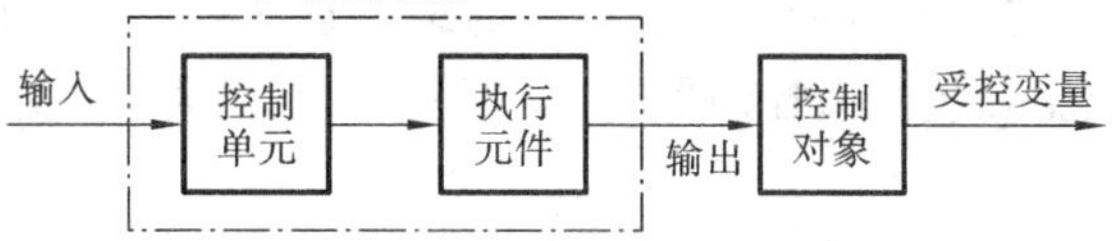

图 1-8 开环控制系统示意图

当发出控制指令后，控制对象便开始工作，但系统不能自动检测控制对象是否按控制指令的要求进行工作。例如，对燃油喷射系统的控制，事先把根据试验确定的发动机各种工况的最佳喷油系数存放在 ECU 的存储器中，当发动机运转时，ECU 在接收系统中各种传感器传来的信号后，经过处理，判断发动机运转工况，计算出最佳的喷油量，并根据计算结果控制喷油器的喷油时间，以精确地控制混合气的空燃比，使发动机在接近理想空燃比下运转。

开环控制系统的结构简单，易于实现，但其控制精度取决于设定参数的精度和被控对象的运行状况。当发动机（被控对象）的性能出现差异或因发动机喷油器磨损、老化等引起性能变化时，混合气就不可能正确地保持在理想的空燃比值，难以实现最佳控制。

2. 闭环控制

所谓闭环控制，是指通过反馈环节将控制对象的输出信号引回到输入端，与 ECU 中存储的设定值相比较，求出偏差值，将此差值信号再去控制被控对象的输出信号，传输途径形成一个闭合环路，即闭环控制的控制结果与控制过程有关。由于闭环控制是通过反馈来实现的，所以也叫作反馈控制。汽车电子控制装置中的闭环控制系统方框图如图 1-9 所示。

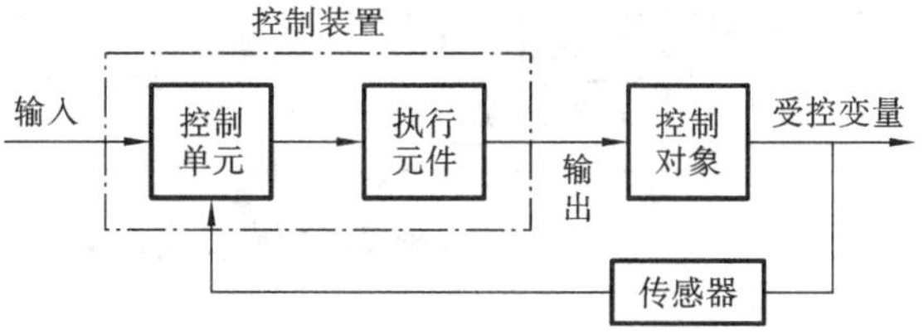

图 1-9 闭环控制系统示意图

为了保证尾气排放最大限度地得到控制，又能发挥汽车发动机的性能潜力，也为了尽量减少人为干涉，在 20 世纪 90 年代之前的汽车一般为发动机的运行设计了至少 3 种有控制目标值的闭环控制模式：一为以爆震为边界的点火提前角闭环控制；二为以固定的几个转速为目标的怠速闭环控制；三为以某一个空燃比值为目标的混合气浓度闭环控制。在整车运行中则有以车速为目标的恒速（巡航）控制和防抱死制动控制等。

要想进行闭环控制，必须要有可以明确控制的目标值，而且具有能够感知控制值偏离目标值的传感器，还要有能够让控制值按照要求变化的执行器。当然，这样的闭环控制必须有一定的稳定时间。一旦实现了闭环控制，控制实际上反而简单了，因此应尽量扩大和利用闭环控制，凡是能够找到满足条件的参数的尽量使用闭环控制。例如，在 20 世纪 90 年代之后出现了对 EGR 率的闭环控制，电子节气门对节气门开度的闭环控制，利用总线技术与智能传感器、智能执行器组合的闭环控制等。但是，仍然有许多工况，尤其是非稳定的过渡工况，不能采用闭环控制而只能采用开环控制。

任务 2　汽车电子控制系统的核心 ECU

汽车微型计算机系统与普通微型计算机系统的结构基本上是一样的，也包括硬件和软件两大部分。其中，硬件系统主要包括微控制器、存储器和外设；软件系统主要包括系统软件、控制功能软件和数据库。

汽车微型计算机硬件系统是以微控制器为核心器件的单片机系统，该系统不是以几个部件的面目出现在汽车上，而是将几乎所有的硬件集中装配在一块印制电路板上，然后用一个金属外壳封装起来，有的为了防潮、防震，还在壳体内部灌注树脂胶。所以，在汽车上我们看到的是由金属外壳封装的、具有各种功能的控制微机系统，也就是所谓的汽车电控单元(ECU——electronic control unit)。

围绕单片机设计组织的 ECU 是整个电子控制系统的核心。随着汽车电子化程度的提高和微电子技术的迅速发展，ECU 的控制功能也在不断增强，并逐渐由单一控制向集中控制方向发展。

一、ECU 的基本结构与功能

ECU 的基本体系结构如图 1-10 所示，由输入电路、微处理器、输出电路和电源电路等四部分组成。

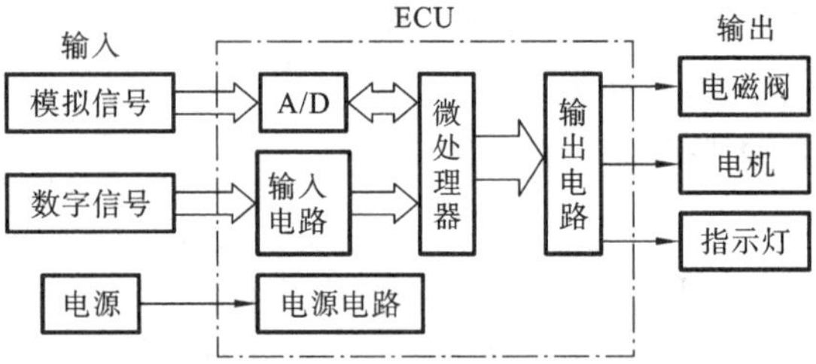

图 1-10　ECU 的基本构成

1. 输入电路

ECU 的输入信号主要有三种形式，即模拟信号、数字信号(包括开关信号)、脉冲信号。模拟信号必须通过 A/D 转换器转换为数字信号后才能被微处理器处理。由于控制系统往往要求模/数信号转换具有较高的分辨率和精度，所以通常采用 10 位以上的 A/D 转换器。为了跟上输入信号的变化，提高测控系统的实时性，采样间隔一般要求小于 4 ms 。如图 1-11 所示，虽然微处理器可以处理数字信号，但并不是所有的数字信号都可以按其原幅值大小输入，需要通过 ECU 中电源电路产生的+5 V 电压进行转换。另外，对诸如超过电源电压、电压在正负之间变化、带有较高的振荡或噪声、带有波动电压等的输入信号，必须通过输入电路处理才能转换为微处理器可以接收和处理的信号。

2. 微处理器

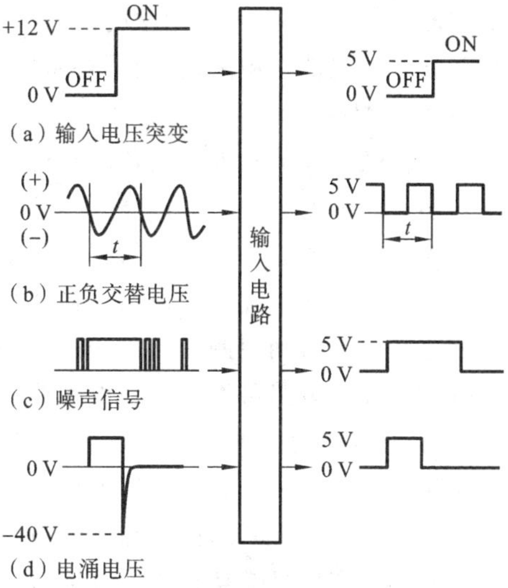

图1-11　输入信号的处理

微处理器是ECU的核心部件。在一块大规模集成电路芯片上集成了中央处理器CPU、存储器(RAM/ROM/EPROM/EEPROM)、I/O接口电路、定时器/计数器、串行/并行通信接口、A/D和D/A器件等微型计算机的各个功能部件,从而构成了一个完整的单片微型处理器,简称单片机,是ECU中应用最广泛的形式。单片机具有体积小、功能强和价格低等特点,而且随着半导体技术的发展,为了尽可能以"单片"的形式出现,其内部的存储器容量和I/O接口功能在不断地增加。典型的单片机结构如图1-12所示。在汽车电子控制系统中,微处理器首先完成传感器信号的A/D转换、周期脉冲信号测量和其他有关汽车行驶状态信号的输入处理,然后计算并控制所需的输出值,按要求适时地向执行机构发送控制信号。目前,在ECU中所使用的微处理器根据控制的功能不同有8位、16位和32位的。由于许多汽车部件控制所需输入的传感器信息是相同的,而微处理器的处理速度越来越快,加之汽车总线技术的应用,ECU有能力完成多个项目的分时控制,由单机控制(一个ECU控制一个汽车部件)向集中控制(一个ECU控制多个汽车部件,例如动力传动系统等)方向迅速发展。另外,集中控制也可使汽车电子控制系统的产品价格降低、尺寸缩小,更主要的是由于硬件数量的减少,汽车电子系统的可靠性得到了大幅度提高。

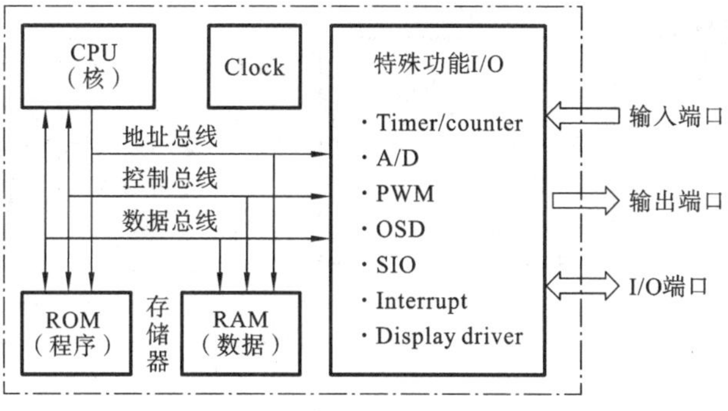

图1-12　单片机的典型结构框图

1) 中央处理器CPU

中央处理器和一般计算机的中央处理器相同,中央处理器负责启动微机系统内的各项工作,也具有控制各项动作的功能,它接收的是八位二进制式的数码指令。当中央处理器工作时,可以将指令暂时存储起来,当需用时,中央处理器再将它从存储器中调出,并依据给它的信息执行这一指令。所以,中央处理器CPU的功用是读取命令,并执行数据处理任务。

2) 存储器

存储器是微机的主要组成部分,既可以用来存储数据,也可用以存放微机的运算程序,一般由几个只读存储器ROM和随机存储器RAM构成。ROM是只能读取数据的存储器,而RAM称为读/写存储器或运行数据存储器,既能读取数据也能写入记忆在任意地址上的数据,但是当电源被切断时存储的数据就会丢失,所以RAM通常只存储暂时保留的控制过程中的处理数据。RAM中还存储有关控制系统的故障信息，为防止这些信息丢失，存储器具有备用电源，电源是常通不断的，只有当车用蓄电池的电缆被断开时，才会丢失存储的数据。因此对电控汽车，必须在断开蓄电池电源之前，记下存储器中的有关数据和故障信息。

3）接口(I/O)

一种在微处理器和外部设备之间控制数据流动和数据格式的电路称为接口。简单来说，接口就是连接两个电子设备的部件。

微控制器要通过外部设备与外界联系，例如在发动机的优化控制中，ECU要在极短的时间内对发动机的许多工况(通过传感器)进行巡回检测，另外ECU又要对点火提前角、燃油喷射、自动变速等进行自动控制或优化控制。许多输入/输出设备与单片机连接时，必须有其专用的接口电路。接口电路可以把输入设备接收和发送的数据与单片机所能处理的数据格式匹配起来，同时接口电路还向单片机传送各种状态信息。如准备就绪、取样结束、忙碌等。再者，单片机的运算处理速度和信息传输速度很快，而输入/输出设备的工作速度较慢，也需要用接口电路协调等。就是说，外部设备必须通过各种接口和输入/输出总线与单片机相连接，而单片机对外部设备的控制和信息交换也要通过接口来实现。

3. 输出电路

微处理器输出的信号往往被用作控制电磁阀的电流信号、指示灯的开关信号、规定的周期脉冲信号、用于驱动步进电机的一系列固定周期的脉冲信号和用于比例控制的电压信号等。一方面由于这些信号功率小，另一方面由于汽车上执行机构的电源大多数是蓄电池，而微处理器所使用的是+5 V的电压，所以不能直接驱动执行机构，需要将微处理器的控制信号通过输出电路处理后再驱动执行机构，图1-13给出了用于发动机燃油喷射控制的驱动电路。

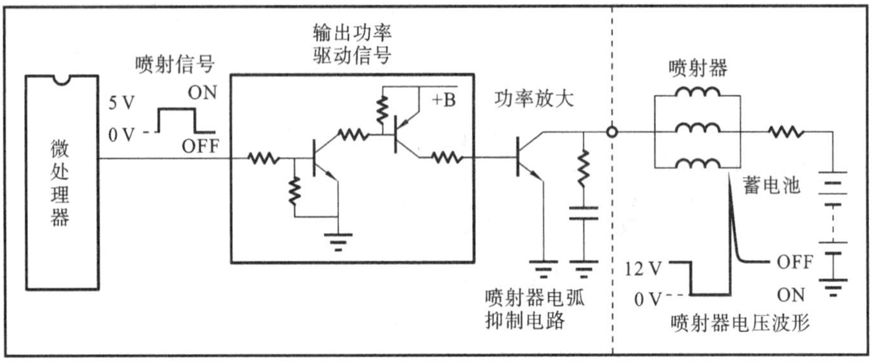

图1-13　燃油喷射驱动电路

4. 电源电路

ECU一般带有内置电源电路，以保证微处理器及其接口电路工作在+5 V的电压下。即使在发动机启动工况等使汽车蓄电池电压有较大波动时，如图1-14所示，也能提供+5 V的稳定电压，从而保证系统的正常工作。

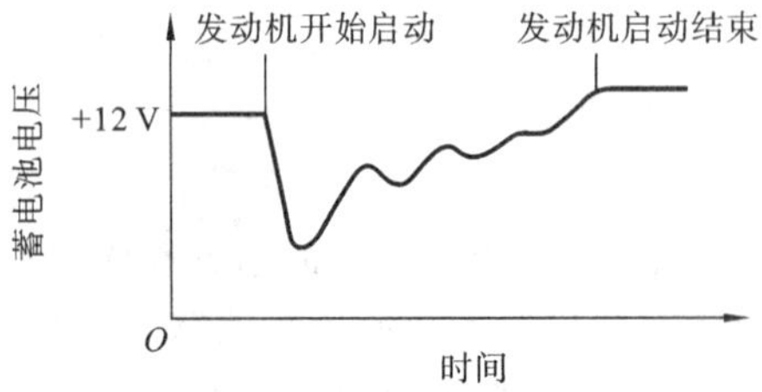

图1-14　发动机启动时的电压波动

特别提示：当电源切断时，所有存入RAM的数据均完全消失，主要包括以下内容。

(1) 音响、防盗密码丢失。

(2) 电控单元故障码、记忆数据丢失。

(3) 时间、信息中心数据丢失。

（4）防盗、遥控失效。

（5）底盘传感器零位、初始记忆丢失。

（6）控制单元编码更改。

（7）自动功能取消。

二、发动机 ECU 的检修

1. 相关知识链接

以桑塔纳 AJR 型发动机（M3.8.2）ECU 为例。

发动机 ECU（J220）的外形与接线端子排列如图 1-15所示，ECU 的线束插座上有 80 个接线端子；用了一个 52 端子线束插头和一个 28 端子线束插头与电源、传感器和执行器连接，如图 1-16 示，其中有效端子 36 个，其余为备用端子。ECU 各端子的连接如表 1-4 所示。

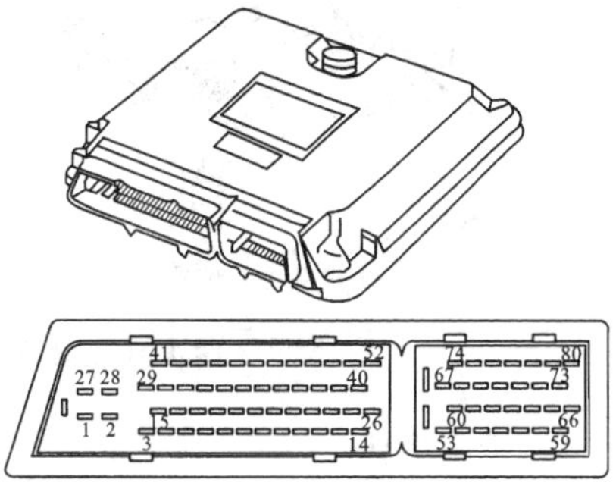

图 1-15 桑塔纳 AJR 型发动机 ECU（J220）的外形与接线端子排列

表 1-4 桑塔纳 AJR 型发动机 ECU（J220）插座各端子的连接

端子代号	连 接 部 位	端子代号	连 接 部 位
1	EFI 熔断器，受点火开关端子控制	56	发动机曲轴位置传感器正极信号线
2	点火控制模块搭铁线、爆震传感器与发动机曲轴位置传感器屏蔽线搭铁（在 J220 旁边）	58	3 缸喷油器控制线
3	ECU 电源线（连接电源 30 端子）	59	怠速控制电动机电源负极
4	电动燃油泵控制线	60	3、4 缸爆震传感器（G66）信号线
6	发动机转速信号线	62	凸轮轴位置传感器、节气门位置传感器、怠速节气门位置传感器电源线
8	空调压缩机信号线	63	发动机曲轴位置传感器负极信号线
10	空调开关信号线	65	4 缸喷油器控制线
11	空气流量传感器电源控制线	66	怠速控制电动机电源正极
12	空气流量传感器负极信号线	67	凸轮轴位置传感器、冷却液温度传感器、进气温度传感器、怠速开关、怠速节气门位置传感器、节气门位置传感器与爆震传感器负极信号线
13	空气流量传感器正极信号线	68	1、2 缸爆震传感器（G61）信号线
14	活性炭罐电磁阀控制线	69	怠速开关信号线
19	故障自诊断触发信号线	71	2、3 缸点火线圈一次电流控制线
20	车速信号线	73	1 缸喷油器控制线
25	氧传感器负极信号线	74	怠速节气门位置传感器信号线
26	氧传感器正极信号线	75	节气门位置传感器信号线
27	氧传感器加热电源控制线	76	凸轮轴位置传感器信号线
53	冷却液温度传感器信号线	78	1、4 缸点火线圈一次电流控制线
54	进气温度传感器信号线	80	2 缸喷油器控制线

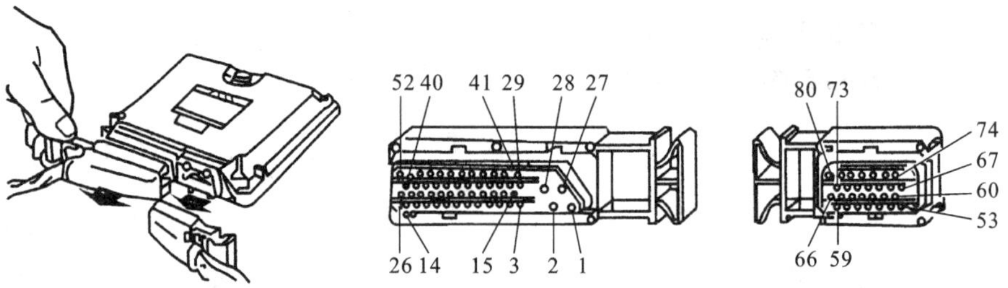

(a) 线束插头位置　(b) 52端子排列　(c) 28端子排列

图 1-16　桑塔纳 AJR 型发动机 ECU(J220)线束插头

2. 实施步骤

目前,发动机 ECU 技术已经相当成熟,在正常使用情况下发动机 ECU 本身不太容易出现故障。但在实际维修中,很多维修人员不按照维修手册规定的程序诊断故障,他们在几次尝试仍未能解决发动机故障后,往往将故障归咎于发动机 ECU,从而造成故障诊断的不准确,同时也增加了车主的经济负担。

1) 发动机 ECU 的故障及产生原因

发动机 ECU 的故障主要是焊点松脱、电容元件失效、集成电路损坏、电控单元固定脚螺栓松动、电子元件损坏等。发动机 ECU 一旦出现故障,会造成发动机不能启动或难以启动、无高速、耗油量大等现象。这些故障除了 ECU 使用时间过长自然磨损老化外,一般由以下原因引起。

(1) 环境因素。

如果发动机 ECU 中进水,将造成短路和腐蚀,导致接头损坏等。过热和振动可能会在线路板中引起微小的裂纹。

(2) 超载。

通常是因为电气元件(执行器)电路内的短路引起的。如果短路的电磁阀或执行器未被发现或修复就更换发动机 ECU,所造成的超载电压还可能损坏新的发动机 ECU。因此,在更换新 ECU 之前,一定要彻底查清 ECU 损坏的原因。

(3) 不规范的操作。

如在拆卸过程中未采取静电防护措施,安装发动机 ECU 之前未断开蓄电池,用内阻较小的电阻表测量其端子等。

2) 发动机 ECU 的维修

工作正常的发动机 ECU,需要所有传感器输入正确的信号、蓄电池电压正确、接地良好。因此,在怀疑发动机 ECU 本身有故障之前,应当先检查并确认这几个方面没有问题。

一般发动机 ECU 不可修复,一旦确认有故障,则必须更换。更换新的发动机 ECU 时必须注意以下几点。

(1) 准确识别。

发动机 ECU 种类繁多,准确识别是正确更换的前提。许多发动机 ECU 表面上看去完全一样,但其内部的电路和标定却可能不同。对于更换发动机 ECU 而言,十分接近是不够的,必须完全符合所修车辆的需要。正确地识别发动机 ECU 不仅需要知道车辆的年份、厂家、型号和发动机排量,还要知道发动机 ECU 上写的 OEM 零件号。大多数供货商都有这两种分类表。因此,如果不能确定,可以找出 ECU 上的 OEM 零件号,然后通过这个零件号在供货商的交叉索引中查找所需的 ECU。

(2) 掌握更换的技巧。

更换发动机 ECU 实际上就是换一个盒子。对于有些车型，发动机 ECU 可能不容易更换，因为它通常被埋在仪表板、杂物箱或控制台中其他零部件的下面或后面。无论发动机 ECU 在哪个位置，在拆卸旧发动机 ECU 和安装新发动机 ECU 之前都应断开蓄电池。在装好发动机 ECU 并重新连接好后，再重新接上蓄电池。此时，工作并没有结束。许多发动机 ECU 在安装后或断开电源后必须要经过"再学习"过程。因为每个 ECU 都设有密码(以防被盗)，对于某些车型，可能要经过特定程序设置才能建立基本怠速和恢复车型参数，而有些车型可能需要经过短时间的驾驶让 ECU 自我调节。

3) 电源电路检修的注意事项

一般汽车的电源电路向发动机 ECU 提供的电压在 12～14 V 之间，如果提供的电压过大，将可能烧毁 ECU；而如果提供的电压过小(如小于 11.5 V)，又会影响 ECU 的正常工作甚至导致 ECU 不工作。此外，如果相关熔断器损坏，也会造成发动机 ECU 不工作。所以，当怀疑发动机 ECU 有故障时，首先要检查 ECU 电源电路和搭铁回路是否正常。

对电源电路进行诊断维修时，必须首先弄清楚电路中哪条线是接蓄电池正极，哪条线是接点火开关控制电源，哪些是由 ECU 提供的电源，哪条是接地线，然后再利用万用表等仪器根据电路图进行检查。桑塔纳 AJR 型发动机 ECU(J220)工作电路如图 1-17 所示。

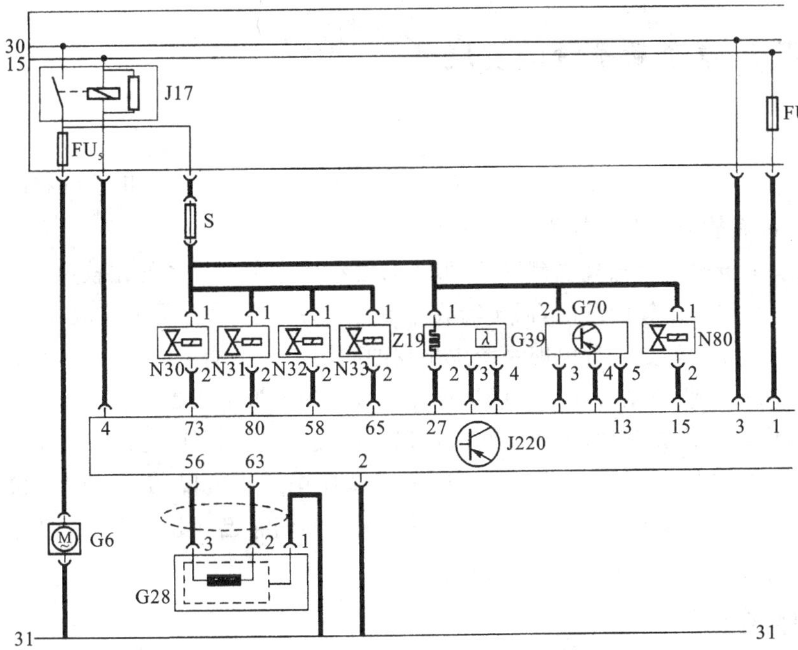

图 1-17 桑塔纳 AJR 型发动机 ECU(J220)工作电路

4) 利用万用表检测发动机 ECU

关闭点火开关，取下 ECU 的 80(52,28)脚插头。查看其内部是否有锈蚀，触脚是否弯曲，保证所有触点的接触良好。检查 ECU 上的所有接地线，看是否有腐蚀，一定要确保它们紧固、清洁和安全地连接。然后，打开点火开关，用万用表检查 ECU 的供电情况。测量插头第 2、3 脚间的电压和第 1、2 脚间的电压，其值不应该低于 11.5 V，否则检查点火开关和 ECU 熔断器(FU_{17},10 A)。

提示:FU_{17}表示熔断器的代号,10 A 表示其熔丝的熔断电流为 10 A。

3. 注意事项

(1) 在实验台或整车上测试电压信号时,注意操作流程和相对应的测试端口。

(2) 遵守实验室规章制度,未经许可,不得移动和拆卸仪器与设备。

(3) 注意人身安全和教具完好。

(4) 未经许可,严禁擅自扳动设备的电气开关、点火开关和启动开关,不做与实施项目无关的事。

任务 3　电控汽油机在线检测系统的功能

汽车使用条件恶劣,运行环境复杂,同时汽油机电子控制系统又十分复杂。系统中的任何一个元件出了故障,或者出现导线折断、引脚松脱或接触不良等,都会导致整个系统出现故障。此时,如果仅仅依靠传统的故障诊断与维修方法全凭经验进行,不仅维修效率低,而且维修质量难以保证。现代汽车技术先进、结构紧凑,维修技术要求高,维修操作难度大,为了及时发现故障,汽车电子控制系统普遍采用了故障自诊断技术,一旦汽车发生故障,就能迅速报警,提醒使用人员采取相应措施,还能保持基本的运行能力,以便维持汽车行驶到家或送修理厂修理。

一、车载故障诊断系统的发展

1. 在线检测系统

20 世纪 70—80 年代,美国许多汽车就已经装备了在线检测系统,几乎所有的带有电子控制系统的汽车,都有故障诊断和故障报警系统。

在线检测系统虽然没有法规强制安装,但当时已经成为车型优劣的比较项目。因为人工判断电路中出现的问题是比较困难的,而车辆故障中可以说 95%以上是电路故障。因此,汽车在线检测系统的主要任务就是发现电路系统中出现的问题。为了能够发现问题,就必须有能够反映问题的信息,而且这些信息必须是可以被计算机接收的模拟量或数字量。给这些信息设定一个边界,只要超出这个边界条件,报警系统就可以发出报警信号,同时把故障以某种形式存储在 ECU 中,在需要维修时可以很方便地从 ECU 的存储器中调出故障信息,准确、快捷地维修车辆。到 20 世纪 80 年代末,有些车型可以检测提供的故障信息已经超过百个。为了提供这超过百个的故障信息,显然就需要有同样数量的信息源。

2. 车载故障诊断系统 OBD-Ⅰ

OBD 全称为 on board diagnostics,翻译成中文是:车载自动诊断系统。"OBD-Ⅰ"是"on board diagnostics Ⅰ",即Ⅰ型车载自动诊断系统的缩写。

由于排放控制的需要而发展起来的汽车上的排放控制系统大多与电子控制系统有关,而这些系统中的元器件失效以后,往往对排放影响很大,但对一些常规性能不一定有坏的影响,反而有时还会有"车有劲了、油耗低了"的表现。这是对环境保护不负责任的。为此,到了 1985 年,美国加利福尼亚州大气资源局(CARB)开始制定法规,要求各车辆制造厂在加利福尼亚州销售的车辆必须安装 OBD 系统,这些车辆上配备的 OBD 系统也被称为 OBD-Ⅰ(第一代随车诊断系统),OBD-Ⅰ必须符合下列规定。

(1) 仪表板必须有“发动机故障警示灯”(MIL),以提醒驾驶员注意特定的车辆系统(通常是废气控制相关系统)已发生故障。

(2) 系统必须有记录/传输相关废气控制系统故障码(又称故障代码)的功能。

(3) 系统必须有后备功能。

1) 发出报警信号

在电子控制系统运转过程中,当某只传感器、控制开关或执行器发生故障时,电控单元ECU将立即接通仪表板上的故障指示灯电路,使指示灯发亮或闪亮。目的是提醒驾驶员控制系统出现故障,应立即检修或送修理厂修理,以免故障范围扩大。

各种电子控制系统的故障指示灯均设置在组合仪表板的透明面膜下面,并在面膜上印制有不同的图形符号或英文缩写字母。如,发动机电子控制系统的故障指示灯用发动机图形符号或字母“CHECK ENGINE”(检查发动机)、“SERVICE ENGINE SOON”(立即维修发动机)表示,防抱死制动系统用字母“ABS”表示,安全气囊系统用字母“SRS”或“AIR BAG”表示等。

2) 存储故障代码

当自诊断系统发现某只传感器、控制开关或执行器发生故障时,其电控单元ECU会将检测到的故障内容以故障代码的形式存储在随机存储器RAM中。只要存储器电源不被切断,故障代码就会一直保存在RAM中,即使是汽车在运行中偶尔出现一次故障,自诊断电路也会及时检测到并记录下来。在每一辆汽车的自诊断系统电路中,都设置有一个专用的故障诊断插座,当诊断排除故障或需要了解电子控制系统的运行参数时,使用制造厂商提供的专用故障检测仪或通过特定的操作方法,就可通过故障诊断插座读取存储器中的故障代码和有关参数,为查找故障部位、了解系统运行情况和改进控制系统的设计提供依据。

3) 启用后备功能

后备功能又称为失效保护功能。当自诊断系统发现某只传感器、控制开关或执行器发生故障时,其电控单元ECU将以预先设定的参数取代故障传感器、控制开关或执行器工作,使控制系统继续维持控制功能,汽车将进入故障应急状态运行并维持基本的行驶能力,以便汽车行驶到修理厂修理。电子控制系统的这种功能称为后备功能或失效保护功能。下面分别以发动机电子控制系统以下几个方面的后备功能为例进行说明。

(1) 冷却液温度传感器电路断路或短路时,ECU按固定温度值控制喷油器喷油。冷却液温度一般设定为-30~+120 ℃,当冷却液温度传感器工作正常时,其输出信号电压在0.3~4.7 V范围内变化。当冷却液温度传感器电路发生短路或断路故障时,其输出的信号电压就会低于0.3 V或高于4.7 V,ECU接收到低于0.3 V或高于4.7 V的冷却液温度信号时,自诊断系统就会判定冷却液温度传感器及其电路有短路或断路故障,并立即启用后备功能,按固定温度值控制喷油器喷油。如桑塔纳2000GSi,捷达GT、GTX型轿车的冷却液温度传感器电路发生断路故障时,ECU一方面控制接通故障指示灯电路,使指示灯发亮报警,另一方面将按冷却液温度为80 ℃的工作状态控制喷油器喷油,并将故障内容编成代码存储在随机存储器RAM中,以便检测维修时调用;当冷却液温度传感器电路发生短路故障时,ECU一方面控制接通故障指示灯电路,使指示灯发亮报警,另一方面将按冷却液温度为19.5 ℃的工作状态控制喷油器喷油,并将故障内容编成代码存储在随机存储器RAM中,以便检测维修时调用。

(2) 当进气温度传感器电路断路或短路时,发动机ECU将按进气温度为20 ℃的工作状态控制喷油器喷油。

(3) 当空气流量传感器或进气歧管绝对压力传感器电路断路或短路时,ECU将按节气门位置传感器信号以三种固定的喷油量控制喷油器喷油。当节气门位置传感器(桑塔纳

2000GSi,捷达 GT、GTX 型轿车为节气门控制组件)的怠速触点闭合时,以固定的怠速喷油量控制喷油;当怠速触点断开、节气门尚未全开时,以固定的小负荷喷油量控制喷油;当节气门全开或接近全开时,以固定的大负荷喷油量控制喷油。对于多点燃油顺序喷射系统,喷油频率则由发动机每转两转顺序喷油一次改为每转一转同时喷油一次。

(4) 当节气门位置传感器电路断路或短路时,ECU 将根据发动机转速信号和空气流量传感器信号计算出一个替代值来判断发动机负荷,界定开环或闭环控制模式。

(5) 当大气压力传感器电路断路或短路时,ECU 将按 101 kPa(1 个标准大气压力)控制喷油器喷油。

(6) 当氧传感器电路断路、短路,输出信号电压保持不变或每 1 min 变化低于 10 次时,ECU 将取消空燃比反馈控制,并以开环控制方式控制喷油器喷油。

(7) 当曲轴位置传感器和凸轮轴位置传感器中的一种传感器电路断路或短路时,ECU 则根据另一种传感器信号控制喷油和点火,点火提前角根据工况不同按预先设定的固定值(启动和怠速工况一般为上止点前 10°左右,其他工况一般为上止点前 20°左右)进行控制,喷油量根据节气门位置传感器信号按预先设定的固定值进行控制。对于多点燃油顺序喷射系统,喷油频率则由发动机每转两转顺序喷油一次改为每转一转同时喷油一次。

(8) 当执行器(如喷油器、点火控制器、怠速控制阀等)出现故障时,有的故障能被 ECU 检测出来,有的则不能,具体情况依车型的控制软件和硬件设计而异。例如,当桑塔纳 2000GSi,捷达 GT、GTX 型轿车节气门控制组件内的怠速节气门位置传感器信号中断时,控制组件将利用应急弹簧将节气门拉开到规定开度,使怠速转速升高而进入应急状态运行。

3. 车载自动诊断系统 OBD-Ⅱ

起初,加利福尼亚州大气资源局制定 OBD-Ⅰ的用意是要减少车辆废气排放以及简化维修流程,但由于 OBD-Ⅰ不够严谨,遗漏了三元催化转化器的效率检测、燃油蒸发系统的泄漏检测以及发动机是否缺火的检测,导致碳氢化合物排放增加。再加上 OBD-Ⅰ的检测线路敏感度不高,等到发觉车辆故障再进厂维修时,事实上已排放了大量的废气。

OBD-Ⅰ除了无法有效地控制废气排放,它还引起另一个严重的问题:各车辆制造厂发展了自己的诊断系统、检修流程、专用工具等,给非特约维修站技师的维修工作带来许多问题(例如汽车制造厂采用不同的诊断座、自己定义的故障码,资料传输的不同格式——SAE 或 ISO 等)。因此,加利福尼亚州大气资源局眼见 OBD-Ⅰ系统离当初制定的目标愈来愈远,即开始发展第二代随车诊断系统 OBD-Ⅱ。

为了满足从 1992 年开始执行的更为严格的排放标准,使汽车排放和驱动性相关故障的诊断标准化,自 1994 车型年起,美国环保署(EPA)批准使用加强型(on board diagnostics Ⅱ)系统,也就是 OBD-Ⅱ系统。从 1996 车型年开始要求 100%执行 OBD-Ⅱ。

与 OBD-Ⅰ相比,作为集成于发动机电子控制系统的一部分,OBD-Ⅱ除了保留了 OBD-Ⅰ主要功能外,还可在发动机的运行状况中持续不断地监控汽车尾气,一旦发现尾气超标,就会马上发出警报。当系统出现故障时,点亮 OBD 故障(MIL)灯或检查发动机(CHECK ENGINE)警告灯亮,同时发动机 ECU 将故障信息存入存储器,通过程序可以从发动机 ECU 中读取故障代码。根据故障码的提示,维修人员就能迅速准确地确定故障的性质和部位。

OBD-Ⅱ具备如下九种故障检测功能:缺火检测、氧传感器检测、三元催化转化器检测、燃油蒸发排放控制系统检测、燃油喷射系统检测、对发动机元件如传感器和执行器从总体上进行检测(其中一部分在 OBD-Ⅰ中也检测)、废气再循环系统检测、二次空气喷射系统检测和空调系统(氟氯碳制冷剂)检测。由此可见,OBD-Ⅱ检测的对象除了空调系统(制冷剂)以外,都是与发动机直接有关的。该系统特点在于检测点增多、检测系统增多,在三元催化转化器的进、出口上都有氧传感器。

不论是美国环保署(EPA)批准使用的OBD-Ⅱ系统,还是欧洲联盟建议从2000车型年开始执行的欧洲车载故障诊断系统(欧洲版OBD-Ⅱ系统,European on board diagnostics,缩写为EOBD),都只重点要求上列九种故障检测功能的前四项,其次检测其他任何一个与排放有关的元件或系统。

由于我国目前的空气污染状况日趋严重,国产车现正加快采用OBD-Ⅱ系统(国四标准)。而OBD-Ⅰ则已在国产电控汽油机上得到广泛的应用。

二、OBD-Ⅱ故障自诊断系统

OBD-Ⅱ故障自诊断系统(即车载故障自诊断系统的统一标准系统),由美国汽车工程学会SAE于20世纪80年代末提出,经美国环保署EPA和美国加州资源协会CARB认证通过后,作为强制性标准首先在美国开始实行。美国联邦法律规定,到1996年,所有在美国销售的汽车必须满足OBD-Ⅱ的标准。现在,OBD-Ⅱ标准已发展成为世界汽车行业的统一标准。按照OBD-Ⅱ标准设计的故障自诊断系统,对诊断模式和诊断接口进行了统一,原则上只需使用一台仪器,就可对各类车辆进行诊断检测,该系统是目前应用最广泛的自诊断系统。

1. OBD-Ⅱ故障自诊断系统的主要特点

与OBD-Ⅰ相比,OBD-Ⅱ具有如下的主要特点。

(1) 诊断座统一规定为16针插座。如图1-18所示,统一安装于驾驶室仪表板左下方。OBD-Ⅱ标准诊断座端子代号及内容如表1-5所示。

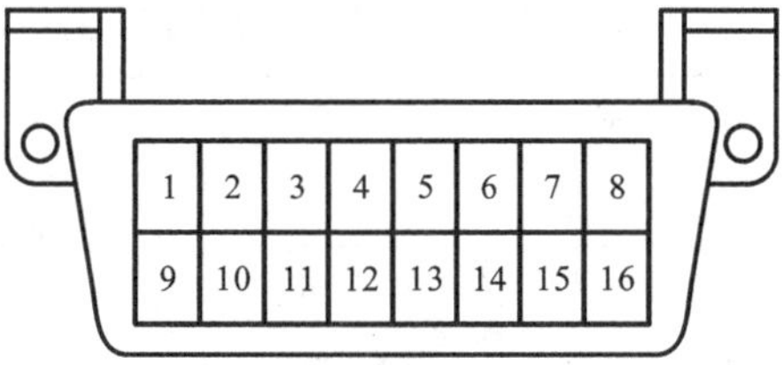

图1-18 OBD-Ⅱ诊断座

表1-5 OBD-Ⅱ诊断座端子代号及内容

端子代号	内　　容	端子代号	内　　容
1	提供制造厂应用	9	提供制造厂应用
2	SAE-J1850资料传输(+)	10	SAE-J1850资料传输
3	提供制造厂应用	11	提供制造厂应用
4	车身接地	12	提供制造厂应用
5	信号回路接地	13	提供制造厂应用
6	提供制造厂应用	14	提供制造厂应用
7	ISO-9141资料传输(K线)	15	ISO-9141资料传输(L线)
8	提供制造厂应用	16	接蓄电池正极

(2) OBD-Ⅱ系统的诊断座具有数据分析、资料传输功能。

OBD-Ⅱ资料传输线有两个标准，ISO 欧洲统一标准为 7＃、15＃针脚，SAE 美国统一标准(SAE-J1850)用 2＃、10＃针脚；4＃针脚用于车身接地；5＃针脚用于信号回路接地；16＃针脚接蓄电池正极；其他针脚提供制造厂应用。

(3) 各种车辆故障代码相同，且故障码意义统一，OBD-Ⅱ故障码由 5 个字组成，如图 1-19 所示。

(4) 具有行车记录功能，能记录车辆行驶过程中的有关数据资料。

(5) 具有重新显示记忆故障的功能。

(6) 具有可由仪器直接清除故障码的功能。

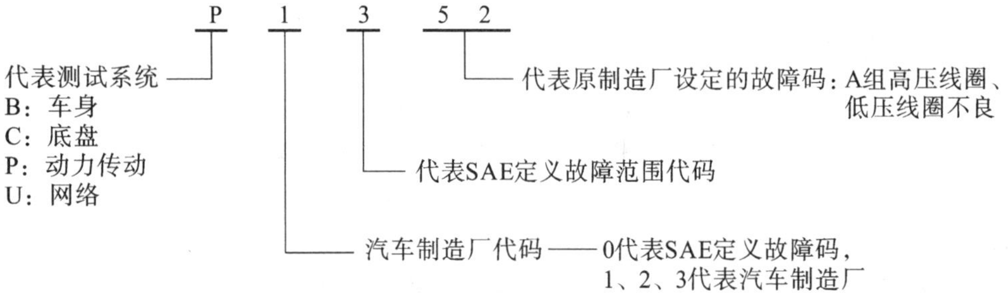

图 1-19 OBD-Ⅱ故障码的定义规定

例如：福特 EEC-Ⅴ(第五代控制系统)的“P 1 3 5 2”故障码，其中第一位“P”代表测试系统；第二位“1”代表汽车制造厂代码，该码可以是 0～3 的数字，如果该码为“0”，代表是 SAE 所定义的故障码，其他的“1”“2”或“3”等码，代表汽车制造厂，由制造厂自己定义；第三位“3”代表 SAE 定义的故障范围(见表 1-6)；第四、五位“52”代表原制造厂设定的故障代码。

表 1-6 福特 EEC-Ⅴ故障码第三位数字代表的故障范围

代码	SAE 定义的故障范围	代码	SAE 定义的故障范围
1	燃料或空气计量系统不良	5	怠速控制系统不良
2	燃料或空气计量系统不良	6	控制单元或输出控制元件不良
3	点火不良或间歇熄火	7	变速器控制系统不良
4	废气控制系统不良	8	变速器控制系统不良

特别提示：1997 年以后由于车辆增加了车载网络系统，OBD-Ⅱ的诊断座端子代号与内容重新对 6＃针脚和 14＃针脚进行了定义，即：6＃针脚对应的内容为 CAN-H，14＃针脚对应的内容为 CAN-L。

2. OBD-Ⅱ诊断系统的工作原理

OBD-Ⅱ故障自诊断系统要完成的自诊断任务有诊断试验、诊断试验的结果记录、进行诊断失效操作。

1) 故障诊断模式及处理

OBD-Ⅱ的诊断试验分为 3 个层次，即被动诊断、主动诊断和介入诊断。被动诊断只是在运行过程中监测微型计算机系统及其元件。主动诊断除了具有被动诊断的基本监测功能外，还具有在具体故障出现后，对整个系统或元件操作控制的功能，主动诊断通常在被动诊断失效后进行。介入诊断是一种特殊主动诊断，它主要是介入 ECU 执行影响到车辆性能或排放的操作控制。

2）故障诊断结果的记录

在ECU中应存储记录的诊断结果信息主要包括如下内容。

(1) 故障信息。故障信息记录中保存了故障内容、故障发生的时间以及历史的故障记录等信息。

(2) 冻结框(freeze frame)。它保存运行工况的信息，即在与排放有关的故障出现时(此时有故障警告显示)汽油发动机的工况参数，冻结框只有一个。

(3) 失效记录(fail records)。它保存的信息与冻结框的类似，但失效记录可有多个。

(4) 系统状态。表明系统的故障诊断过程是否在进行，同时还能表明对与排放有关的传感器、元件或子系统是否进行过诊断。

(5) 暖机次数。记录汽油发动机所经历的从冷启动到暖机至70 ℃的过程次数。该次数可作为ECU判断故障排除情况的依据。如某一故障排除后，ECU在执行诊断过程时自动将暖机次数置零，然后不断累加，如达到40次(依系统而定)后仍未再次诊断到这一故障，则ECU自动消除相应的故障信息。

3. OBD-Ⅱ诊断系统的故障码

1）OBD-Ⅱ诊断系统的故障码特点

OBD-Ⅱ故障自诊断系统的故障码分为A、B、C、D四类。其特点如下。

A类故障：与排放有关，第一次扫描诊断失效，系统即显示故障警告，存储故障信息，并存储冻结框，每次诊断失效即刷新失效记录。

B类故障：与排放有关，第一次扫描诊断失效即处于警戒状态，第二次扫描通过即解除警戒；若第二次扫描失效则显示故障警告，存储故障信息，并存储冻结框，每次诊断失效即刷新失效记录。

C类故障：与排放无关(即该类故障引起的有害排放增加量，不会超过美国排放标准规定的1.5倍，下同)，第一次扫描失效只显示维修提示信号或维修信息，存储故障信息，不存储冻结框，存储试验失效记录，每次诊断试验失效即刷新失效记录。

D类故障：与排放无关，不显示任何提示信息，第一次扫描失效存储故障信息，不存储冻结框，诊断试验失效即存储失效记录，每次诊断试验失效即刷新失效记录。

2）OBD-Ⅱ诊断系统的故障码的清除

OBD-Ⅱ故障自诊断系统对故障码的清除，有以下三种方法可采用。

(1) 使用专门的故障检测仪清除。它还可以清除原有的冻结框和失效记录数据。

(2) 卸掉ECU的总熔断器或断开蓄电池接线，使ECU断电，则所有的故障信息均会消除。

(3) 如果产生故障信息的故障已被排除，诊断系统将重新对暖机过程计数。一旦暖机所计次数达到40次(依系统而定)尚未诊断到故障，则ECU自动将原故障信息清除。

4. OBD-Ⅱ诊断系统的故障检测

OBD-Ⅱ的工作以故障检测为基础。

1）故障检测的目的

故障检测的目的有四个方面：

(1) 检测电子控制系统本身的硬件如各种传感器和执行器是否有故障，包括电路的短路、开路等；

(2) 检测虽不属于电子控制系统，但却是电子控制系统服务对象的硬件，如三元催化转化

器是否有故障;

(3) 检测发动机工作过程是否正常,如是否缺火等;

(4) 检测发动机机械状态是否正常,如机油油位是否过低、冷却液是否过少等。

2) 故障检测的对象

故障检测的对象包括以下传感器、执行器、开关和电路等:空气流量传感器、进气歧管绝对压力传感器、节气门位置传感器、节气门定位器、发动机转速传感器、车速传感器、前氧(后氧)传感器、氧传感器加热元件、进气温度传感器、燃油箱压力传感器、爆震传感器、冷却液温度传感器、空调制冷剂压力传感器、喷油器、蓄电池电压、点火提前角、爆震控制点火推迟角、蒸发排放物炭罐清洗真空开关、废气再循环阀阀销位置传感器、防盗系统、燃油控制电路、ECU 供电电路电压、故障指示灯驱动电路电平、冷却风扇继电器驱动电路电平、空调压缩机控制继电器驱动电路电平、油箱蒸发排放物炭罐清洗阀驱动电路电平、巡航禁止输出电路电平、发电机指示灯驱动电路电平、发动机机油油面开关电路和发动机冷却液指示灯驱动电路电平。

5. 故障检测的原理

计算机程序不断地将 ECU 的指令和系统的反应进行比较,同时检查各个传感器的信号是否可信,借此确定是否存在某一种故障。归纳起来,可有如下几种途径。

(1) 某传感器信号电压的数值超出了可能的范围,或者虽未超出可能的范围,但出现在不应当出现的工况,则可判为不可信。例如,在车速 90 km/h、发动机转速 3000 r/min、进气歧管绝对压力 65 kPa 时出现 2%的节气门开度,这显然是不可信的。

(2) 在可同时根据几个传感器的信号计算出同一个物理量如空气流量的场合,其计算结果与根据已被判定为无故障的传感器计算的结果不一致时,该传感器可判为有故障。

(3) 根据某传感器,如发动机冷却液温度传感器和氧传感器信号变动所经历的时间和幅度可判断系统是否存在某些方面的故障。

(4) 系统激活了某一个闭环控制功能,却无法达到目标如 $\lambda=1$,则可判断系统存在相关的故障。

6. 故障检测的条件

只有在一定的条件下,才能根据传感器的信号按上述方式确定故障是否存在。这些条件涉及发动机工况、车速、环境状况和其他传感器的信号与状况等,因故障本身的特点而异。

7. 故障诊断与处理

电控汽车自诊断系统的构成与电控系统相似,其核心也是电控单元。自诊断系统主要对汽车工况参数的输入信号(传感器信号)及其相应电路、执行器及其相应电路和电控单元本身进行诊断。当系统发现输入、输出信号超出规定的范围,或相应电路有短路、开路等故障,影响汽车驾驶性能或超出排放标准等时,便设置相应的故障码,并将其存入自诊断系统电控单元的存储器内,同时点亮仪表板上的故障指示灯,提醒驾驶员及时进行调整或维修。

与此同时,ECU 继续进行故障检测。如果相继的若干次(例如 3 次)检测为合格,ECU 便将故障指示灯熄灭,不过故障信息依然留存于故障信息存储器之中。只有当完成相继的许多次(例如 40 次)暖机过程而无一次故障时,ECU 才将故障信息的历史记录从故障信息存储器中清除。

现以电控燃油喷射系统为例,说明电控汽车自诊断系统的工作过程,该电控系统一旦发生故障,其诊断与处理过程如下。

1）传感器系统故障诊断与处理

在发动机运转时，如果传感器输出电路的信号电压超出规定的范围，诊断系统即判定为故障。例如，水温传感器正常工作时，其输出电压在0.3～4.0 V范围内，否则，即被诊断为故障，并记录其代码。自诊断系统只能诊断出该传感器已损坏，或其电路发生短路或断路故障，但无法确认其性能好坏。对于偶然出现的异常信号，诊断系统不立即判为故障。为了使发动机不因水温传感器的故障而停止运转，在出现故障的同时，自诊断系统的电控单元会立即采用预先存储的正常水温值（如80 ℃），对发动机进行控制，使其能维持一定水平的工作能力。

在发动机运转时，电控系统按照发动机的工况，不断地向执行机构发出各种指令。若执行机构不能正常工作，则其故障由监控回路把信息传输给电控单元，由电控单元进行故障显示，并及时采取相应措施，以确保发动机安全运转。例如，当发动机点火系统的功率管工作异常时，其点火监控回路就没有正常工作的确认信号输回电控单元，这时电控单元就会发出报警信号，并向执行机构发出停止喷油指令，以防未点燃的混合气进入排气系统的三元催化转化装置，从而造成该装置的损坏。

2）电控单元故障诊断与处理

电控单元内设有监控回路，用以监控电控单元是否按正常的控制程序工作。在监控回路内设有监控时钟，按时对电控单元进行复位；当电控单元发生故障时，程序不能正常执行，时钟不能使电控单元复位，造成溢出，据此即判为故障，并予以显示。

为了防止电控单元出现故障时汽车被迫停驶，在电控单元内备有应急回路。当应急回路收到监控回路发出的异常信号后，便立即启动备用的简单控制程序，使发动机各种工况的喷油量与点火时刻均按原设定的程序进行控制，从而保证汽车仍维持一定的运行能力。

8. 故障自诊断测试方式

故障自诊断测试是指利用专用故障检测仪与车载电控单元ECU进行通信，或按特定的操作方式触发车载电控单元ECU的检测程序运行，以便读取故障代码、清除故障代码、读取车载电控单元ECU内部的控制参数、检测各种传感器和执行器的工作状态及控制电路是否正常等。根据发动机工作状态不同，自诊断测试方式分为静态测试（KOEO）和动态测试（KOER）两种。

静态测试简称为KOEO（key on engine off）方式，即在点火开关接通（on）、发动机不运转（off）的情况下进行诊断测试，主要用于读取或清除故障代码。

动态测试简称为KOER（key on engine run）方式，即在点火开关接通（on）、发动机运转（run）的情况下进行诊断测试，主要用于读取故障代码、读取数据流、清除故障代码、检测传感器或执行器工作情况及控制电路是否良好，以及与车载电控单元ECU进行数据通信等。

9. 故障自诊断测试内容

故障自诊断测试的内容主要包括读取与清除故障代码、数据流分析、监控执行器和编程匹配等。

1）读取与清除故障代码

读取与清除故障代码是指利用汽车故障检测仪或专用工具，读取或清除汽车电子控制系统各种电控单元中存储的故障代码的测试过程。

汽车故障检测仪对故障代码有比较详细的说明，比如是历史性故障代码还是当前的故障代码，故障代码出现几次。历史性故障代码表示故障曾经出现过（如线路接触不良），现在已不出现，但在电控单元ECU中已经存储记忆。当前故障代码表示最近出现的故障，并且通过出现的次数来确定此故障代码是否经常出现。

清除故障代码必须在汽车运行一段时间并确认故障已经排除之后才能进行。确认故障是否排除时，非常关键的一步是根据使用手册或相关资料，查明出现故障代码的运行条件。如果运行条件不满足要求，故障就可能仍然存在。以发动机控制系统的空气流量传感器信号频率低(故障代码为 DTC P0102)为例，产生该故障的设定条件是空气流量传感器信号频率低于 1200 Hz 并超过 0.5 s，出现故障代码 DTC P0102 的运行条件是：

(1) 启动发动机；

(2) 点火电压高于 8.0 V；

(3) 节气门开度低于 50%。

如果上述运行条件不满足，即使空气流量传感器存在故障，发动机电控单元也不会发出指令使故障指示灯发亮指示，从而导致维修人员误认为故障已经排除。

2) 数据流分析

当发动机运转时，利用故障检测仪将 ECU 内部的控制参数和计算结果等数值以数据表和串行输出方式在检测仪屏幕上一一显示出来的过程，称为数据流分析，又称为数据通信、数据传输或读取数据块。

数据流显示的数据主要包括氧传感器信号、发动机转速、喷油脉宽、空气流量、节气门开度、怠速转速、蓄电池电压、点火提前角、冷却液温度、进气温度等信号参数。汽车电控系统传感器和执行器的工作参数具有一定的标准和范围，通过数据流分析，各种传感器输出信号电压的瞬时值、ECU 内部的计算与判断结果、各种执行器的控制信号都能一目了然地显示在检测仪屏幕上。根据发动机运转状态和传输数据的变化情况，即可判断控制系统工作是否正常，将特定工况下的传输数据与标准数据进行比较，就能准确判断故障类型和故障部位。

3) 监控执行器

利用故障检测仪对执行器(如喷油嘴、怠速电机、继电器、电磁阀、冷却风扇电动机等)进行人工控制，向其发出强制驱动或强制停止指令来检测其动作情况，用以判定执行器及其控制电路的工作状况是否良好。

在发动机怠速状态下对怠速电机进行动作测试时，可以控制其开度的大小，随着怠速电机控制节气门(或旁通空气道)开度大小的变化，发动机怠速转速亦应相应地升高或降低，通过测试就可判定怠速电机及其控制电路是否正常。同理，可在发动机运转时对燃油泵继电器进行监控，当发出断开燃油泵继电器控制指令时，发动机应很快就停止运转。

在发动机运转状态下，如果发出控制某只喷油器停止喷油的指令后，用手触摸该喷油器仍有振动感或发动机转速不降低，说明其控制电路有故障；当控制模式设定为闭环控制模式时，系统将对空燃比 A/F 实施闭环控制，氧传感器信号将发挥作用，如果检测仪屏幕上表示发动机混合气浓度的红色指示灯(混合气浓)与绿色指示灯(混合气稀)交替闪亮，说明闭环控制系统正常，如果红色指示灯长亮不闪或绿色指示灯长亮不闪，说明氧传感器失效。

在发动机熄火状态下，可控制电动燃油泵运转、控制某只电磁阀或继电器(如冷却风扇继电器、空调压缩机继电器等)工作、控制某只喷油器喷油等。当发出相应的控制指令后，如燃油泵不转(听不到运转声音)、电磁阀不工作(用手触摸时没有振动感)、冷却风扇或空调压缩机不转动，说明该执行器或其控制电路有故障。

不同故障检测仪所能支持的执行器动作测试项目不尽相同，有的支持的测试项目多，有的支持的测试项目少，主要取决于故障检测仪和汽车电控单元的软件程序与匹配关系。

4) 编程匹配

编程匹配是指电控系统工作参数发生变化或更换新的控制部件之后，利用故障检测仪与电控系统的电控单元进行数据通信，通过设定工作参数使系统或新换部件与控制系统匹配工作，编程匹配又称为初始设定。

编程匹配必须具有详细的技术资料才能进行操作，主要用于怠速设定、电子节气门设定、更换各种电控单元后的编码设定、防盗功能设定、自动灯光设定、自动变速器维修后的设定等。随着汽车电控技术的发展和控制精度的提高，编程匹配工作越来越多，特别是大众系列汽车在更换新的控制部件之后，大多需要进行编程匹配。

10. 故障检测仪(解码仪)的应用

汽车电子控制系统常用的故障自诊断测试工具早期有跨接线、调码器等，现已不采用。由于1996年开始统一采用第二代车载故障诊断系统OBD-Ⅱ之后，全球汽车厂商统一了故障诊断插座形式(即规定为标准的16端子诊断插座)和故障测试软件通用标准(即规定各种车型的故障测试软件在不同故障检测仪中可以通用)，所以1996年后生产的汽车，一般都需要使用故障检测仪进行自诊断测试。

1) 故障检测仪的连接

汽车故障检测仪是与各种电子控制系统的电控单元ECU进行数据交流的专用仪器。利用配套的连接线束与汽车上的故障诊断插座TDCL相连，各厂家生产的汽车故障诊断插座安装位置现已统一，如图1-20所示。

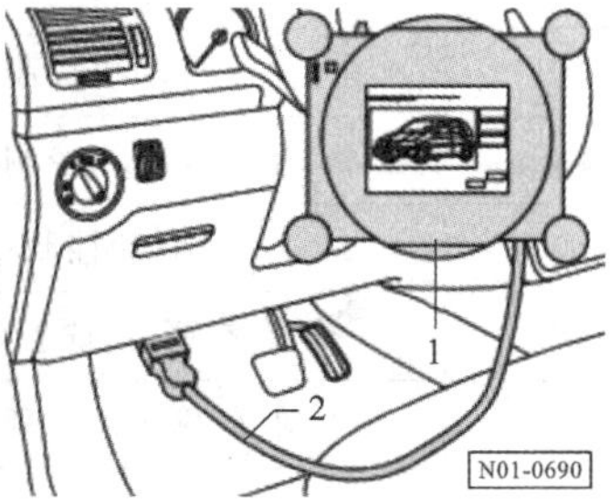

图1-20 故障检测仪的连接

1—故障检测仪；2—故障诊断插座

2) 故障检测仪的测试条件

(1) 蓄电池电压大于11.5 V。

(2) 燃油喷射系统熔断器正常。

(3) 发动机和变速器上的塔铁线连接可靠。

3) 故障检测仪可供选择的维修信息

汽车故障检测仪生产的公司和厂家较多，但所有品牌的检测仪器都具有读取与清除故障代码、数据流分析、执行器功能测试、编程匹配、示波和万用表功能。由于不同车型的自诊断软件不尽相同，因此，某一种自诊断测试软件仅适用于指定车型的诊断测试，对其他厂家或公司生产的车型不能使用。目前国内生产的如KT600、X-431等汽车故障检测仪，基本上安装了国内外不同车型的自诊断软件，大大方便了汽车技术修理人员对不同车型的故障诊断与排除。

值得注意的是，随着汽车控制单元的数目不断增多，在进行故障诊断时，汽车技术修理人员对汽车故障检测仪的选用是应认真关注的。以大众车系为例，大众车系的电控系统的原厂诊断仪从1988年到现在共有4种，包括VAG1551、VAG1552、VAS5051、VAS5052等。1988年以后出现第一代大众原厂检测仪VAG1551；1993年出现了VAG1552，该仪器增加了打印功能。这两种型号的故障检测仪的维修信息如表1-7所示。1997年以后由于车辆增加了车载网络系统，故使用VAS5051；2001年以后在VAS5052中增加了原厂维修信息系统。这两种型号的故障检测仪的维修信息如表1-8所示。

表1-7 VAG可供选择的控制单元的地址号及维修信息

地址号	功　能	发动机工况	
		发动机停转，点火开关接通	发动机怠速运转
01	显示发动机电控系统版本号	—	—
02	读取故障码	是	是
03	执行元件诊断	是	否

续表

地址号	功　　能	发动机工况	
		发动机停转,点火开关接通	发动机怠速运转
04	进入基本设定	是	是
05	清除故障码	是	是
06	结束输出	是	是
07	ECU 编号	—	—
08	读取测量数据块	是	是
09	读取单个测量数据	×	×
10	自适应测试	×	—

表 1-8　VAS 可供选择的控制单元的地址号及维修信息

地址号	控制单元	地址号	控制单元
01	发动机控制单元	25	防盗系统
02	变速箱控制单元	42	驾驶员侧门控制单元
03	制动控制单元	44	动力转向
08	空调/取暖控制单元	46	舒适系统中央控制单元
09	车载网络管理控制器	52	副驾驶员侧门控制单元
15	安全气囊	56	收音机
16	转向柱开关模块	62	左后门控制单元
17	仪表板控制单元	72	右后门控制单元
19	数据总线接口-网关	77	电话

在大众车系中诊断根据线路不同分为 K 线诊断与虚拟 K 线诊断两种形式,K 线诊断即将诊断数据从控制单元传递到 VAG/VAS 测量仪器。从 1997 年开始,诊断数据通过 CAN 总线传递,并从网关控制单元开始传给 VAS 测量仪器,这种传递方法称为虚拟 K 线,即采用了诊断系统 CAN 总线。VAG1551 与 VAG1552 是不能诊断虚拟 K 线的。能够诊断虚拟 K 线的检测仪如图 1-21 所示。

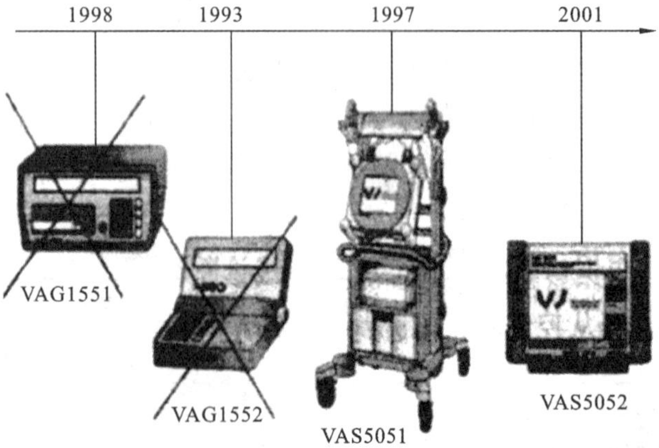

图 1-21　能够诊断虚拟 K 线的检测仪

通过对表 1-7、表 1-8 的内容进行比较可看出，如果故障检测仪选择不正确，就不能对相关车辆进行全面故障诊断。所以，当汽车技术修理人员在对相关车辆进行故障诊断时，首先应了解被诊断车辆的主要配置、控制内容和出厂时间等信息，然后再选择相应型号的故障检测仪。当选择国产故障检测仪时，则应了解被选用的故障检测仪是否完成了相关自诊断软件的升级工作。

4）基本操作

以大众车系 VAG 故障检测仪为例。在关闭点火开关状态下，连接故障检测仪与故障诊断插座，打开点火开关至 ON 位，再打开故障检测仪开关，即进入准备状态，显示屏幕提示输入地址信息，接着，按表 1-7 要求，或让发动机处于静止状态，或令其怠速运转，然后根据故障检测、诊断的需要，分别键入从 01 到 08 的地址号（功能代码），并按确认键，便激活了表 1-7 所示的相应功能。

下面分别介绍表 1-7 所列部分代码功能。

（1）功能代码 01。

本项功能的内容为查询 ECU 版本。屏幕显示内容依次表示 ECU 件号、发动机排量、发动机型式（直立或 V 形）、缸数和气门数、电子控制系统名称、变速器（手动、自动）、ECU 软件版本、ECU 编码和维修站编码。

按返回键，退回准备状态，屏幕显示内容提示输入选择功能代码，即表 1-7 中的功能代码。键入功能代码，并按确认键后，便激活了相应的功能。

（2）功能代码 02。

本项功能的内容为查询故障信息记录。屏幕或显示没有故障，或显示有若干个故障（显示各个故障的代码及其文字说明）。如提示某个传感器或执行器对地或正极开路/短路，或提示蓄电池电压太低，或提示节气门位置传感器标定错误等。总共有 1 6 种可能的故障信息记录。故障信息显示完毕后，请记录故障的代码及其文字说明等内容，再按返回键，退回准备状态。

（3）功能代码 03。

本项功能的内容为诊断部分执行器。此时令发动机不运转，踩加速踏板，令节气门转过一个角度，使节气门与调节执行器脱开，则其中的怠速触点断开。比时，第 1 缸喷油器应动作，发出“咔嗒”声 5 次；按行进键“→”，转入第 2 缸喷油器动作 5 次，依此类推。待喷油器全部诊断过后，再按行进键“→”，炭罐清洗阀应连续动作，发出“咔嗒”声。此后诊断二次空气系统，未装二次空气系统者免去此项诊断。

待在此功能下诊断的执行器全诊断过后再按返回键，退回准备状态。

（4）功能代码 04。

本项功能的内容为检查点火正时、标定节气门位置传感器和诊断氧传感器。激活这一功能后，屏幕显示内容提示输入显示组号。键入十进制两位数的显示组号，并按确认键后，屏幕便显示该显示组。各显示值内容涉及各种传感器的信号和执行器的状态。显示组号从 00 到 24 共有 25 个一般的显示组。按行进键“→”重新键入新的显示组号后，转为显示新的显示组。显示组的编排和一定的目的相联系，分别集中表现某一方面的发动机参数测量值，兼带少量故障信息。然而，本项功能的真正意义在于上述 25 个一般显示组以外的三个具有特殊功能的显示组：显示组 95 用于检查点火正时；显示组 98 用于标定节气门位置传感器，此时节气门调节执行器的直流电动机从 0 到全行程走一遍，ECU 记下若干个节气门位置所对应的节气门位置传感器的信号电压；显示组 99 用于诊断 λ 闭环控制，但必须与另一功能即“读取测量数据块”（功能代码 08)下的显示组 99 相结合进行。后者在 ECU 进入 λ 闭环控制的环境下检测 λ 闭环控制状况。而在功能代码 04 下的显示组 99 则在 ECU 退出 λ 闭环控制的环境下检测。

以上检测只有显示组 98 是在点火开关接通、发动机不运转的条件下进行的。其余各组都要求发动机怠速运转。对某一个显示组数据的检测结束以后,按二级返回键退出。键入其他显示组组号并按确认键确认后,屏幕显示该显示组。按返回键,退回准备状态。

(5) 功能代码 05。

本项功能的内容为清除故障信息存储器中的故障信息记录。执行此操作后,屏幕显示“故障存储信息记录已被清除!”。按返回键,退回准备状态。

(6) 功能代码 06。

本项功能的内容为结束输出。功能代码 04 和功能代码 08 这两项功能实际上是在输出数据。如果要结束输出,可先按返回键,从上述这两项功能退回准备状态,接着键入结束输出功能代码 06,并按确认键确认。

(7) 功能代码 07。

本项功能的内容为给 ECU 编码。激活这一功能后,屏幕显示内容提示输入该车型的编码号。键入编码号,并按确认键确认后,屏幕显示编码号和该控制单元的识别内容。关闭点火开关,然后再开启,此时新输入的编码将起作用。按返回键,退回准备状态。

(8) 功能代码 08。

本项功能的内容为读取测量数据块。激活这一功能后,屏幕显示内容提示输入显示组号。键入显示组号,并按确认键确认后,屏幕便显示该显示组的数据,这些数据都是从正在怠速运转的发动机上测到的。与功能代码 04 下的情况一样,显示组号从 00 到 24 共有 25 个一般的显示组。按二级返回键后重新键入显示组号后,转为显示新的显示组。

任务 4　电控汽油机的故障诊断与排除

在对电控汽油机进行故障诊断与排除时,如果电控发动机 OBD-Ⅱ 故障自诊断系统工作良好,人们可借助先进的诊断仪器和设备确定故障部位,很方便;可是,一旦自诊断系统损坏或 ECU 完全停止工作(如交通事故汽车),就很不方便了,因为我们不可能再借助先进的诊断仪器和设备进行前期的故障诊断。这就要求汽车维修人员要有两手本领,既能借助于 EFI 系统中的自诊断系统或专用仪器进行诊断检查,也能用数字万用表根据该车型维修手册提供的标准物理量进行检修。

可见,熟练掌握现代电控汽车的构造与原理等理论知识,掌握现代检测仪器与设备的使用方法,勤于分析与思考是现代汽车维修人员必备的基本素质。

一、电控汽油机的基本特点

随着汽车技术的发展,电控技术在汽车上的应用越来越广泛。面对繁多的车型,汽车维修人员必须不断地在实践中总结经验,探索电控系统故障产生的规律性和检修方法,以求能举一反三、触类旁通,达到知识内涵的飞跃和维修技术的提高。电控汽油机的特点主要是在电路和油路上。

(1) 采用中央配电盒,将继电器和熔断器等集中设置。这种布置方式简化了线路连接,使电路具有阻抗小、寿命长和检修方便等优点。

(2) 电气系统中塑料零件较多，重要的电器和传感器在电路中常采用双线制(具有单独的搭铁线)，如发动机、变速器、ECU 等都有各自的搭铁线。

(3) 电源线有 3 根：常火线、小容量电器火线和大容量电器火线。

常火线直接与蓄电池正极连接，不受点火开关控制，常用于向电动风扇、制动灯、危险报警灯、防盗报警系统及 ECU 等供电。该线的截面积较大。小容量电器火线受点火开关的控制，常用于向点火系统、喷油系统、各种传感器及各种执行部件等供电。该线的截面积较小，在该线路上不宜擅自加接其他电器。大容量电器火线受继电器控制，而继电器则由点火开关控制，常用于向大功率电器(如前照灯、空调压缩机、喇叭、泵等)供电。该线的截面积较大。

(4) 启动机电路常受离合器开关或自动变速器开关控制，具有安全保护作用。发动机启动时，启动机电路还给 ECU 一个启动信号，以增加供油量。

(5) 不少电路的开关在接通电路时都向 ECU 输送信号，且较多的是输送搭铁信号(开关设在电路的搭铁端)，使 ECU 能及时地采取相应的控制措施。

(6) 各种要求反应速度快的小电流报警灯电路，如危险报警灯、驻车制动灯、液面高度报警灯、油压报警灯等电路，大多数用晶体管控制其搭铁线路，而晶体管的工作则由相应的开关(压敏式、磁敏式、热敏式等)控制，如图 1-22 所示。

(7) 大功率电器和执行部件的电路都由继电器控制，而继电器则由相应的开关控制，如图 1-23 所示，其目的是防止开关烧损。

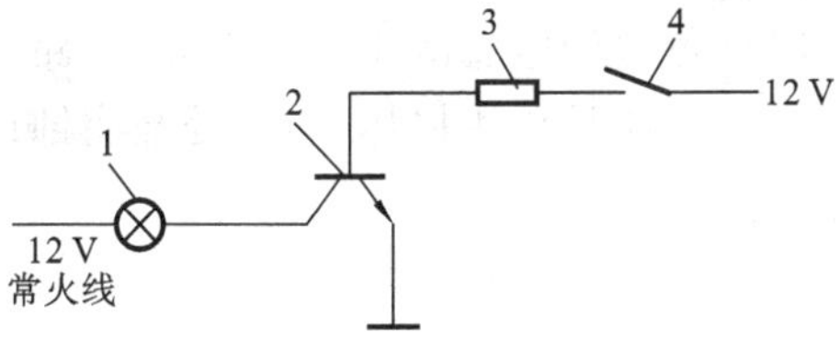

图 1-22　小电流报警灯电路控制方式

1—报警灯；2—晶体管；3—电阻；4—开关

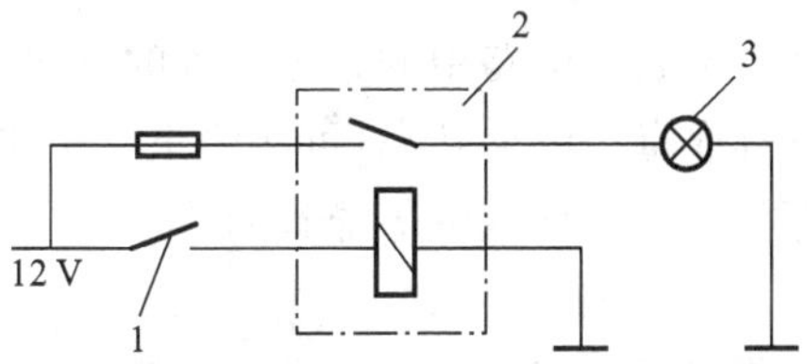

图 1-23　大功率电器和执行部件的电路控制方式

1—开关；2—继电器；3—大功率电器(如灯泡)

(8) 对于由脉冲电压控制的执行部件(如喷油器)电路，都用大功率晶体管控制其搭铁线，如图 1-24 所示，以提高电路的通、断速度。

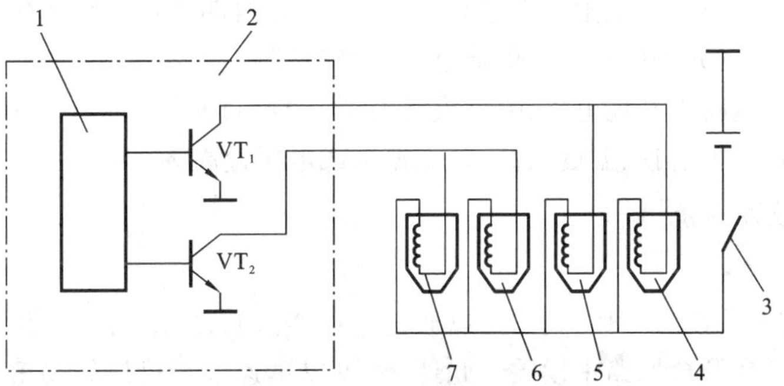

图 1-24　喷油器电路控制方式

1—微机；2—ECU；3—开关；4、5、6、7—喷油器；VT_1、VT_2—大功率晶体管

(9) 执行部件的工作电压都为 12 V，传感器的工作电压多为 5 V，而其信号电压则大多为 0～5 V。

(10) 喷油器是在点火器给 ECU 提供点火确认信号(IGf)的情况下喷油的，因此，如果没有高压电，喷油器就不喷油，这是 ECU 对发动机的一种保护功能。

(11) 检查点火系统时，应首先分清在发动机的 1 个工作循环中有 1 次点火还是 2 次点火，然后再用转速仪和 LED 灯检查、判断其各部分的状况。

(12) 在发动机中等负荷下起作用的各种装置(如 EGR 阀、炭罐等)所需的真空源(真空度小于 30 kPa)大多在节气门的前方，而空调系统、进气谐振增压系统、巡航系统、进气歧管压力传感器等所需的大真空源(真空度大于 60 kPa)，则大多在节气门的后方。

二、基础电路检查与诊断

电路结构是电气系统的“神经和血脉”，电路结构的故障问题直接影响到相应系统的正常工作，电路的诊断至关重要。

1. 电路故障表现形式

电路出现故障后，表现形式一般为电气元件(设备)工作不正常或元件(设备)无法工作。电路常见的故障表现形式有电路开路、高电阻、短路和电气元件(设备)本体故障等。

1) 电路开路(断路)

开路表示电路中某个位置断开了，即电路没有形成完整回路，电阻无穷大，电流无法在电路中流动。因此，开路中的用电器无法工作。这可能是导线断裂、连接松脱或电气元件(设备)本体故障等导致的。

2) 电路高电阻

高电阻表示电路中的某个位置的电阻增大了，同时该位置的电流减小了。因此，电路中的组件没有取得足够的功率，可能停止工作或工作不良。这可能是导线损坏、连接处被腐蚀或电气元件(设备)本体故障等导致的。

3) 电路短路

短路表示电流在电路中发现了捷径，电流走捷径，而不走整个电路。因此，电路中短路部位的电流会急剧增大，这会导致电路的熔断器被烧断，高短路电流还会损坏组件并可能导致火灾。

短路可能由以下原因引起：两条损坏的导线相互接触，损坏的导线接触蓄电池负极(搭铁)，损坏的导线接触电源以及电气元件(设备)本体故障等。

4) 电气元件(设备)故障

电气元件(设备)损坏，其电阻变得过高或过低，或者内部出现开路或短路。过低的电阻值会导致电路中其他电气元件(设备)因电流过高而被损坏。

如果电阻过高，电路中其他电气元件(设备)的电流会过小，这可能会使其停止工作。其原因可能是机械故障、机械磨损、温度太高、强烈振动或电压过高等。

2. 基本电路故障诊断

1) 电路开路的检查

如果电路中的电器没有工作，我们可以通过电压表进行故障检测，电压表的优点是可以方便地连接，而且可以在开合回路中读数。此外，还可以迅速取得可以轻易解释的读数。电路开路的检查方法为：测量电路上不同点的电压，直到发现某点的电压值不正确时为止。具体检查与判断步骤如下。

(1) 首先测量蓄电池电压，如图 1-25 所示。电压表读数为 12 V，这是正确的电压。

(2) 测量负载的电压降，如图 1-26 所示。在本例中，电压降是 0 V(检测值)，但应该是 12 V。下一步开始追踪电路中的故障。

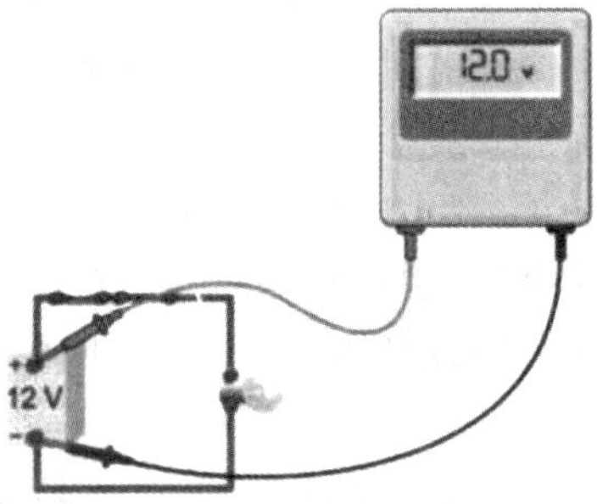

图 1-25　测量蓄电池电压

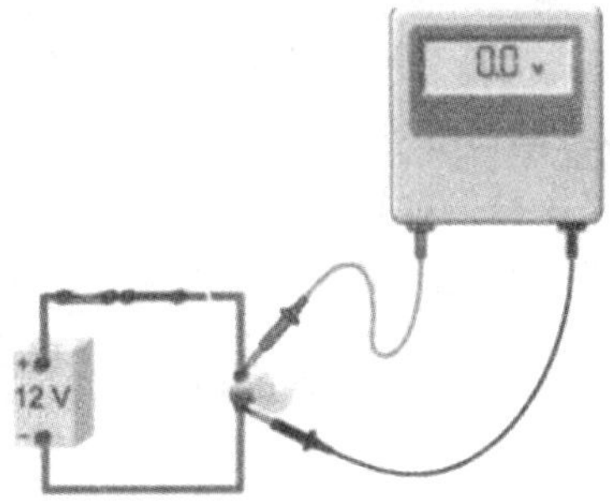

图 1-26　测量负载的电压降

(3) 将负极测试探针移至适合的接地位置(在本例中是蓄电池负极端子),如图 1-27 所示。此处的读数是 0 V,但应该是 12 V,这就表明故障在灯泡的输入端。

(4) 通过测量灯泡输入端的电路以找出故障位置,如图 1-28 所示。开关输出端的电压是 12 V,这是正确的电压。这表明电路中开关与灯泡之间的某个位置出现开路,检查导线及其连接。

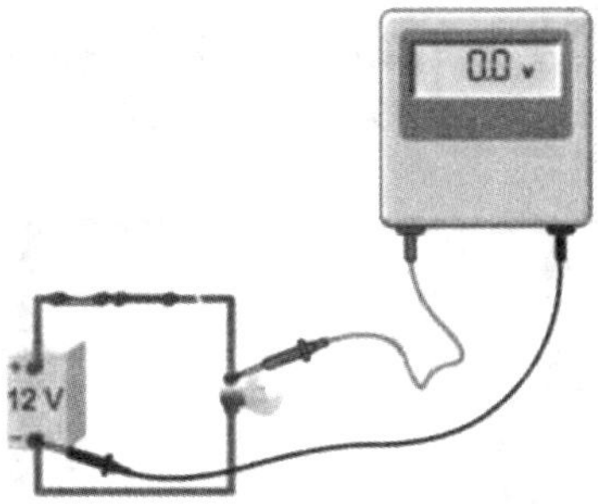

图 1-27　测量负载输入端子的电压

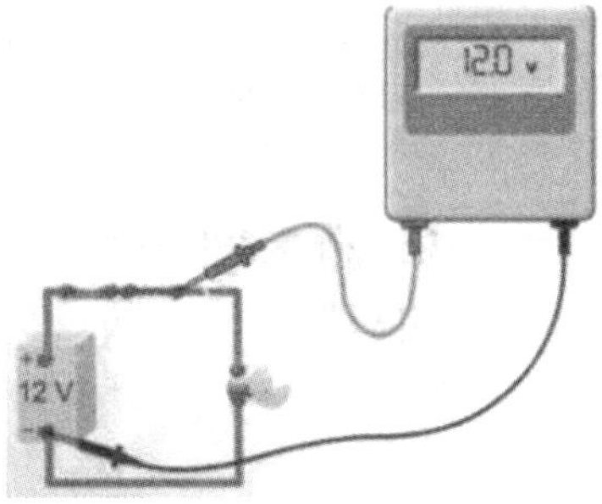

图 1-28　测量开关输入端子的电压

2) 电路高电阻的检查

高电阻和断路的区别在于断路会导致元件直接出现不工作的情况,而高电阻的故障现象往往是电气元件(设备)无法正常工作或工作不良。具体检查与判断步骤如下。

(1) 首先测量蓄电池电压,如图 1-25 所示。电压表读数为 12 V,这是正确的电压。

(2) 测量负载的电压降,如图 1-29 所示。在本例中,电压降是 10 V(检测值),但应该是 12 V 。下一步开始追踪电路中的故障。

(3) 将负极测试探针移至适合的接地位置(在本例中是蓄电池负极端子),如图 1-30 所示。此处的读数是 10 V,但应该是 12 V。这就表明故障在灯泡的输入端。

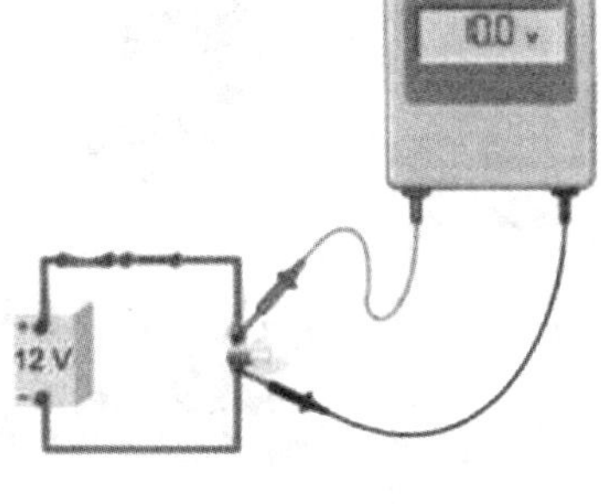

图 1-29　测量负载的电压降

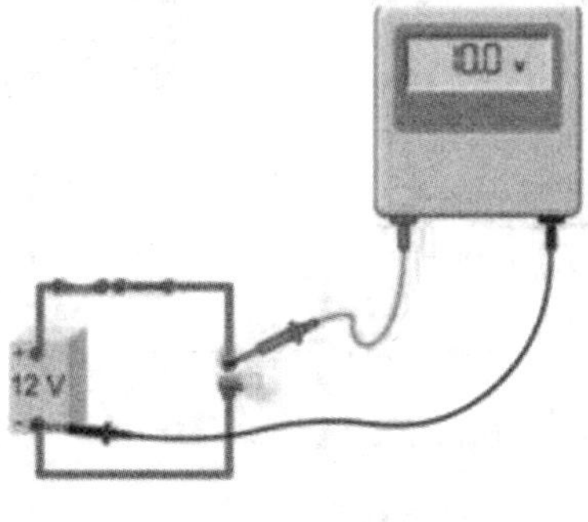

图 1-30　测量负载输入端子的电压

(4) 通过测量灯泡输入端的电路以找出故障位置,如图 1-28 所示。开关输出端的电压是 12 V,这是正确的电压。这表示开关与灯泡之间的某个位置出现不正常的电压降。

3) 电路短路的检查

(1) 电路短路的特点。

电路短路的常见形式有对地短路、对电源正极短路、对电源负极短路等。短路有多种故障现象,所呈现的故障现象取决于短路处在电路中的位置,与电路中开关所处的位置有关。

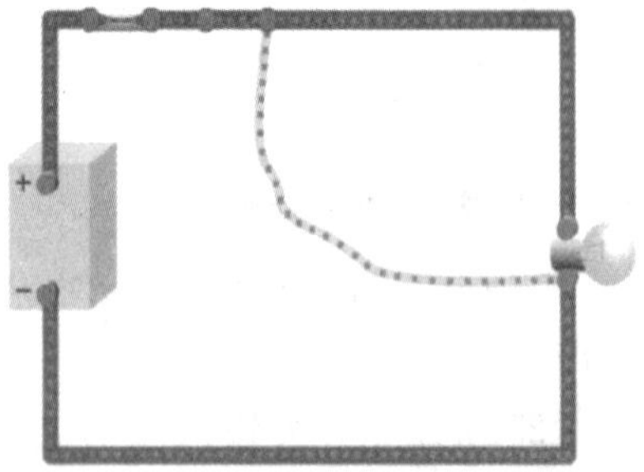

图 1-31 电器电源回路对地短路

对地短路 如图 1-31 所示,如果电器无法工作并且熔断器已经烧断,这可能是由于电器电源回路中的对地短路造成的。

对电源正极短路 如图 1-32 所示,如果即使在打开开关后电器仍能够继续工作,这可能是由于电器电源回路中的对蓄电池正极短路造成的(这里假设开关在电器的输入端)。

对负极端子短路 如图 1-33 所示,如果即使在打开开关后电器仍能够继续工作,这可能是由于电器电源回路中的对蓄电池负极短路造成的(这里假设开关在电器的输出端)。

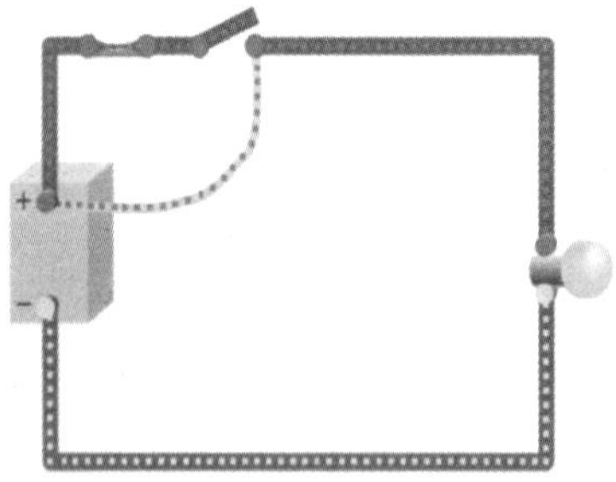

图 1-32 对电源正极短路

图 1-33 对电源负极短路

(2) 电路短路的检查与故障追踪。

首先,查明短路在开关的输入端还是输出端。断开电路,更换熔断器,然后闭合电路,如果熔断器立即烧断,这就表明短路是在开关的输入端,如图 1-34(a)所示;如果熔断器在闭合电路中的开关时烧断,这就表明短路是在开关的输出端,如图 1-34(b)所示。在本例中,短路是在开关的输出端。

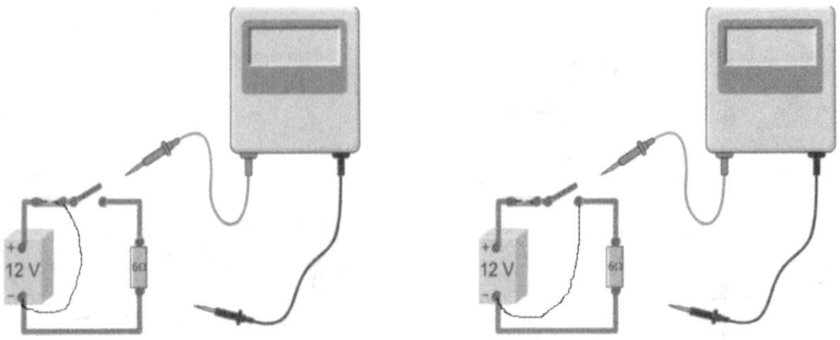

(a) (b)

图 1-34 电路中的熔断器烧断

断开电路，测量电阻器输入端某点与接地之间的电阻，如图 1-35 所示。欧姆表读数为 0 Ω，这是不正确的。这表明电阻器输入端的测量点与接地之间出现短路，但是无法判断出是电阻器内部短路还是电源线对地短路。

断开电阻器的连接并测量其电阻，如图 1-36 所示。欧姆表读数为 6 Ω，这是正确的，这就表明电阻器内部没有短路。检查电源线是否损坏以及是否接触地面。排除故障后更换熔断器。

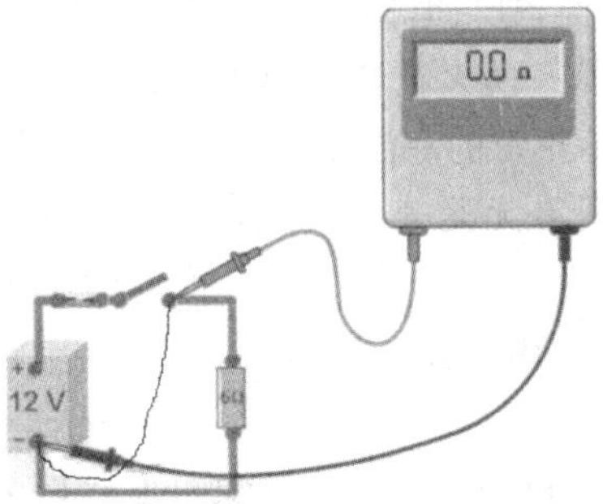

图 1-35　测量电阻器输入端某点与接地之间的电阻

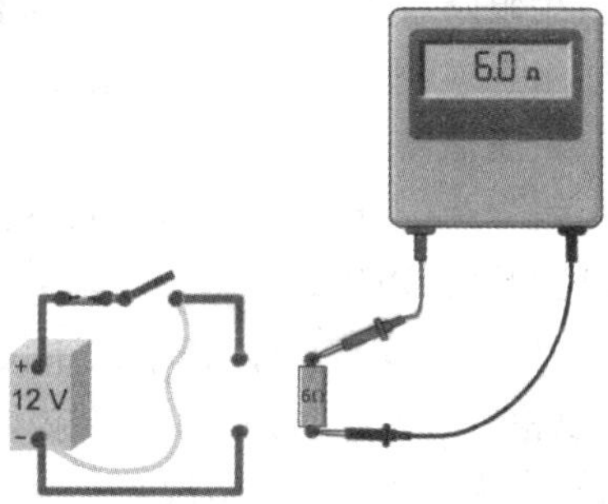

图 1-36　测量电路用电阻器阻值

4) 电气元件(设备)故障的检查

故障的电气元件(设备)通常表示元件(设备)损坏，其电阻变得过高或过低，或者内部出现开路或短路。过低的电阻值会导致电路中其他电气元件(设备)因电流过高而被损坏。如果电阻过高，电路中其他电气元件(设备)的电流会过小，这可能会使其停止工作。

现举例说明电阻值过高的检测。

电路中的灯泡亮度不足，欲查明灯泡是否有故障，必须将灯泡的实际功率与其额定功率进行比较。其额定功率可以查阅维修手册，有时还可以在电气元件(设备)上找到额定功率。在本例中，额定功率是 55 W。

(1) 首先测量蓄电池电压和灯泡内的电压降，如图 1-37 所示。根据电压表读数，灯泡内的电压降是 12 V，这是正确的电压降。

(2) 测量经过灯泡的电流，如图 1-38 所示。电流表读数为 2.3 A。灯泡消耗的功率 $P=I\times U=2.3\times 12$ W$=27.6$ W。灯泡的额定功率是 55 W。这就表明经过灯泡的电流太弱(这是由于灯泡中的电阻过高)。更换灯泡。

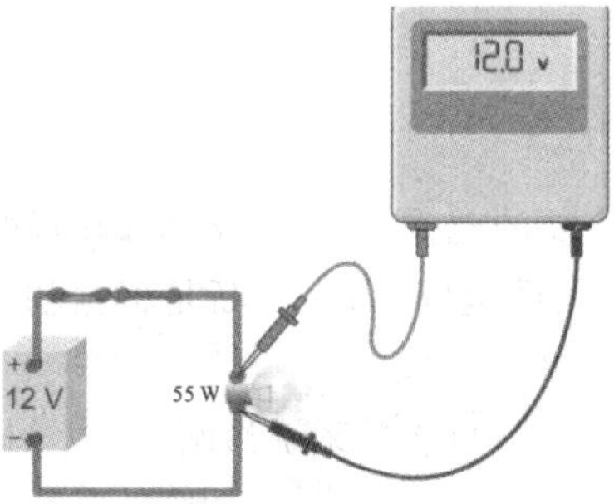

图 1-37　测量蓄电池电压和灯泡内的电压降

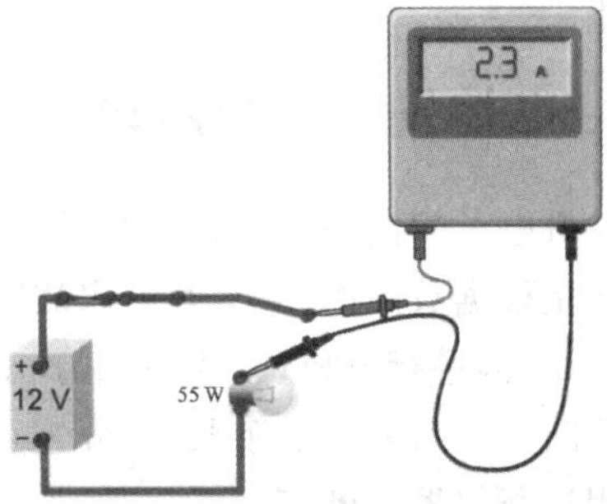

图 1-38　测量经过灯泡的电流

三、电控发动机故障诊断的基本原则

(1) 先思后行　对发动机的故障现象先进行故障分析，在了解了可能的故障原因的基础上再进行故障检查。这样，可避免检查的盲目性，不会对与故障现象无关的部位做无效的检查，又可避免漏检而不能迅速排除故障。

(2) 先外后内　在发动机出现故障时,先对电控燃油喷射系统以外的可能故障部位予以检查。

(3) 先简后繁　能以简单方法检查的可能故障部位应先予以检查。比如,直观检查最为简单,我们可以用看、摸、听等直观检查方法将一些较为显露的故障迅速地找出来。

看:用眼睛察看线路有无松脱、断裂,油路有无漏油,进气管路是否破损漏气等。

摸:用手摸一摸可疑线路插接器连接有无松动;摸一摸火花塞的温度、喷油器的振动,来判断火花塞、喷油器是否工作;摸一摸线路连接处有无不正常的高温以判断该处是否接触不良等。

听:用耳朵(或借助于螺钉旋具、听诊器等)听一听有无漏气声、发动机有无异响、喷油器有无规律的"咔嗒"声等。

直观检查未找出故障,需借助于仪器仪表或其他专用工具来进行检查时,也应对较易检查的先予以检查,能就车检查的项目应先进行检查。

(4) 先易后难　由于结构和使用环境等原因,发动机的某一故障现象可能是以某些总成或部件的故障最为常见,先对这些常见故障部位进行检查,若未找出故障,再对其他不常见的可能故障部位予以检查,这样做可以省时省力。

(5) 代码优先　电子控制系统一般都有故障自诊断功能,当控制系统出现某种故障时,故障自诊断系统就会立刻检测到故障并通过"检测发动机"等警告灯向驾驶人员报警,与此同时以代码的方式储存该故障的信息。但是对于有些故障,自诊断系统只储存故障码,并不报警。因此,在对发动机做系统检查前,应先按制造厂提供的方法,调取故障码,并检查和排除代码所指的故障部位。待故障码所指的故障消除后,如果发动机故障现象还未消除,或者开始就无故障码输出,则再对发动机可能的故障部位进行检查。

(6) 先备后用　微机控制系统的一些部件性能好坏、电气线路正常与否,常以其电压或电阻等参数来判断。如果没有这些数据资料,系统的故障检修将会很困难,往往只能采取新件替换的方法,这些方法有时会造成维修费用增加且费工费时。所谓先备后用是指在检修该型车辆前,应准备好维修车型的有关检修数据资料。除了从维修手册、专业书刊中收集整理这些检修数据资料外,另一个有效的途径是利用无故障车辆对其系统的有关参数进行测量,并记录下来,作为日后检修同类型车辆的检测比较参数。如果平时注意做好这项工作,会给系统的故障检查带来方便。

四、电控发动机故障诊断的基本方法

发动机电子控制系统的故障检测与诊断,按其诊断的范围,可分为初步诊断和深入诊断。初步诊断是根据故障的现象,判断出故障产生原因的大致范围;深入诊断是根据初步诊断的结果,对故障原因进行分析、查找,直到找出产生故障的具体部位。

按诊断故障所采用的手段,可分为直观诊断、利用故障自诊断系统诊断(随车诊断)、简单仪表和专用诊断仪器诊断等。

1. 直观检查法

为了迅速地查找到故障源,首先必须了解故障出现的条件、过程及是否已检修过等与故障相关的情况和信息,因此客户调查是发动机电子控制系统检测与诊断的一个重要环节。

直观检查法的基础,是进行故障诊断的操作人员必须首先掌握被诊断系统的结构和工作原理,对其可能产生的故障现象、原因有一定的了解,并能掌握关键部件的检查方法。当发动机工作不正常，而自诊断系统却没有故障代码输出时，尤其需要操作人员以直观检查法进行检查、判断，以确定故障的性质和产生的部位。直观检查法根据诊断者的经验和对诊断车辆的熟悉程度，在运用的范围上有极大的差别。经验丰富的诊断专家可以利用直观检查法诊断发动机可能出现的绝大多数故障，包括对确定故障性质的初步诊断和确定具体故障原因的深入诊断。

直观检查法的主要内容如下。

1）看

看即目测检查，其目的是了解电控发动机的电控系统类型、车型，在进入更为细致的测试和诊断之前，能排除一些一般性的故障原因。

(1) 看车型和电控系统类型。注意看故障车型是何公司、何年代生产的，采用何种电控燃油喷射类型。因为不同公司、不同年代生产的汽车，电控燃油喷射系统的形式不同，其故障诊断方法也不同。

(2) 拆除空气滤清器，检查滤芯及其周围是否有脏物、杂质或其他污染物，必要时更换，因为空气滤清器堵塞将影响空气量的检测精度。

(3) 检查真空软管是否老化、破裂或挤坏，检查真空软管经过的途径和接头是否恰当。

(4) 检查电控系统线束的连接状况，即传感器或执行器的电连接器是否良好，线束间的连接器是否松动或断开，电线是否有磨破或线间短路现象，电连接器的插头和插座有无腐蚀现象等。

(5) 检查每个传感器和执行器有无明显的损伤。

(6) 运转发动机(如果可能)并检查进、排气歧管及氧传感器处是否有泄漏。

2）问

为了迅速地查找故障源，首先必须了解故障出现时的情形、条件、如何发生及是否已检修过等与故障有关的情况和信息。为此，必须认真听取客户对故障现象的描述，尽管客户的描述可能不全面，也可能是自相矛盾的，但它时常有可能使维修人员把握住问题的关键。最好的做法是：在倾听客户的初步意见之后，思索一下，进行一次初步诊断，随后询问一些有关的问题来帮助确定或否定初步诊断的结论。

3）听

主要是听发动机工作时的声音有无爆震、有无敲缸、有无失速、有无进气管或排气管放炮等。

4）试

主要是维修人员根据前述检查，有针对性地试车，以便进一步确定故障。

2. 故障征兆的模拟检测与诊断法

在发动机电子控制系统的故障检测与诊断中往往遇到所谓的隐性故障，即存在故障但没有明显的故障征兆。遇此情况，必须进行全面的故障分析，然后模拟车辆出现故障时相同或相似的条件和环境进行试验，以便找出故障之所在。

在故障征兆的模拟试验中，不仅要对故障征兆进行验证，而且还应找出发生故障的部位或零部件。因此，在试验前必须把可能发生故障的电路范围尽可能缩小，然后再进行故障征兆的模拟试验，判断被测试的电路是否正常，同时也验证了故障征兆。在缩小故障征兆可能范围时，应参考“故障代码表”。

1）振动法

当振动可能是引起故障的原因时，即可用振动法进行试验。基本方法如下。

(1) 在垂直和水平方向轻轻摇动连接器。

(2) 在垂直和水平方向轻轻地摆动配线。连接器的接头、振动支架和穿过开口的连接器体都是应仔细检查的部位。

(3) 用手指轻拍装有传感器的零件,检查是否失灵。切记不可用力拍打继电器,否则可能会使继电器开路。

2) 加热法

当有些故障只在热车时出现,可能是因为有关零件或传感器受热引起的。可用电吹风或类似加热工具加热可能引起故障的零部件或传感器,检查是否出现故障,但必须注意:加热温度不得高于 60 ℃(温度限制在不致损坏电子元器件的范围内),而且不可直接加热微机中的零件。

3) 水淋法

当有些故障是在雨天或高湿度的环境下产生时,可用水喷淋在车辆上,检查是否发生故障。但应注意:不可将水直接喷淋在发动机电控零件上,而应喷淋在散热器前面,间接改变湿度和温度;不可将水直接喷在电子器件上,尤其应该防止水渗漏到微机内部(如果车辆漏水,漏入的水可能侵入微机内部,所以当试验车辆漏水故障时必须特别注意)。

4) 电器全接通法

当怀疑故障可能是因用电负荷过大而引起的,可接通车上全部电气设备(包括加热器、鼓风机、前照灯、后窗除雾器等),检查是否发生故障。

3. 利用随车自诊断系统诊断

随车自诊断是利用汽车上电控系统所提供的故障自诊断功能对电控发动机故障进行诊断的方法,即用故障自诊断系统调取发动机电控系统的有关故障代码,然后根据故障代码表的故障提示,找出故障所在的方法。随着电子技术的发展与进步,发动机电控技术的应用越来越广泛,由于电量在测量方面的优越性,越来越多的电控系统在设计时已经考虑到了故障诊断问题,即发动机电控系统中设计有故障自诊断功能,这就为发动机故障诊断提供了极大的方便。

随车自诊断系统通常只能提供与电控系统有关的电气装置或线路的故障诊断,一般只能做出初步诊断结论,具体故障原因还需要通过直接诊断和简单仪器进行深入诊断。

随车自诊断虽然可以对系统的故障进行自诊断,在电控发动机故障诊断中是一种简便快捷的诊断方法,但是其诊断的范围和深度远远满足不了实际使用中对故障诊断的要求,常常出现发动机运行不正常而故障产生的原因可能与发动机电控系统无关的情况;另一方面,由于随车自诊断功能的局限性,不可能设计出一种自诊断系统对所有可能产生的故障都能进行诊断。因此,以直观检查法为主进行检查和判断的工作在任何时候对于任何系统来说,都是不可替代的。

4. 利用简单仪表诊断

利用简单仪表诊断就是利用以万用表和示波器为主的通用仪表,对电控发动机故障进行诊断的方法。因为电控系统的各部件均有一定的电阻值范围,工作时有输出电压信号范围和输出脉冲波形,所以用万用表测量元件的电阻或输出电压,用示波器测试元件工作时的输出电压波形,用万用表测量导通性等可判断元器件或线路是否正常。

这种诊断方法的特点是:诊断方法简单、设备费用低,主要用于对电控系统和电气装置的诊断。因此,这种诊断方法可用于对故障进行深入诊断。其缺点是:对操作者的要求较高,在利用简单仪表诊断时,操作者必须对系统的结构和线路连接情况有相当详细的了解,才可能取得满意的诊断效果。

5. 利用专用诊断仪器诊断

随着汽车电子化进程的加快,各种汽车专用诊断仪器应运而生。这些专用诊断仪器大多数为带有微处理器的电子计算机系统,对汽车故障的诊断十分有效,其中包括各种大大小小的电控发动机故障分析仪、发动机微机分析仪,尤其以发动机微机分析仪应用最广泛,诊断效果最好。专用诊断仪器根据其体积大小可分为台式微机分析仪、便携式微机分析仪和袖珍型微机分析仪。在对发动机电控系统进行的故障诊断中,使用最广的是便携式发动机微机分析仪。采用微机分析仪后,大大提高了对电控系统的诊断效率。但是由于专用诊断仪器成本较高,所以各种微机分析仪一般适用于专业化的故障诊断和修理厂家。

6. 微机数值分析法

微机数值分析法是指用汽车微机检测仪(或解码器),将电控发动机微机在工作中的各个输入、输出信号的数值以数据表的方式显示出来,并定量、定性地分析各个信号数值在不同工况下的变化情况,以此判断发动机电控系统有无故障及故障的部位。这种方法适合于查找电控系统中几乎所有与微机连接的电子部件的各种形式的故障以及线路故障,特别是无法用随机自诊断系统检测出的电子部件的机械故障等,也能通过微机数值分析判断出来。此外,电控发动机在运行中偶尔产生的故障,也可以从故障瞬间各个信号数值的变化中找出故障的原因。

微机数值分析法是现代高科技技术在汽车维修上的应用结果。采用这种方法,由于故障结论不是由仪器自动给出,而是靠维修人员通过分析得到的,所以要求维修人员不但要熟悉仪器的使用,还要对各种车型发动机电控系统的微机信号数值在各种工况下的标准值十分熟悉,这样才能充分发挥仪器的作用,完成故障诊断任务。

7. 信号波形分析法

信号波形分析法是用示波器对发动机电控系统中电信号的波形进行检测,并通过对测得的波形的分析来判断故障的一种方法。这种方法主要用于判断传感器或微机的故障,特别是产生脉冲电信号的传感器(如车速传感器、爆震传感器等)。它弥补了万用表等仪器无法对脉冲电信号进行全面检测和分析的缺陷。此外,由于示波器的反应速度极快,因而对于传感器或线路的瞬时故障也可以从其信号波形的瞬时异常上反映出来。

信号波形分析法适用范围广,不受车型及电控发动机种类的限制。该方法的缺点是技术难度较大,要求操作者有较高的知识和技术水平,不但要熟练使用示波器,还要熟悉各种信号的标准波形,并能从实际波形和标准波形的差别中分析出故障所在。

8. 部件互换法

部件互换法是将怀疑有故障的电子部件用正常的电子部件替代,以判断故障原因的一种方法。如果更换部件后故障消失,则说明被换下的部件有故障;反之,若更换部件后故障仍存在,则说明该部件正常,应进一步查找其他故障原因。这种方法简单易行,效率较高,经常在缺少被修车型技术资料或检测工具的情况下使用。无法用测量的方法判定的故障,如控制系统中执行器的机械故障等也可以用这种方法。此外,在怀疑微机有故障时,往往也用这一方法来确认。

9. 资料分析法

资料分析法是在故障诊断过程中,以汽车制造厂提供的有关发动机电控系统结构、原理及故障索引等技术资料为参考依据,对故障进行分析,从而查找出故障原因的一种方法。由于发动机电控技术发展很快,维修人员很难做到对所有车型的各种电控发动机结构、原理都十分熟悉,所以在故障诊断过程中,充分、合理地利用厂家提供的技术资料,往往能收到事半功倍的效果。在许多情况下,掌握足够的技术资料是进行故障诊断工作的必要条件。

当然,并不是所有故障现象都能在技术资料中找到现成的答案,资料只能对故障诊断工作起一个辅助的作用,以科学、客观的态度对待技术资料并合理地加以利用,才能解决实际中千变万化的故障诊断问题。

10. 经验分析判断法

要在全面掌握电控燃油喷射系统的工作原理及各种元件的结构的情况下,通过故障表现出来的现象,进行综合分析,去伪存真地抓住故障的实质。在上述几种主要诊断手段中,经验分析判断法是在任何情况下都必不可少的一种方法。尽管有先进的仪器,但仪器不是万能的,仪器只能从宏观角度提出一个总的方向,而对具体故障的定性判断和排除,最终还是要依靠人的智慧来完成。因此,掌握电控燃油喷射系统的类型、结构与工作原理是十分必要的。

学习评价

◆检验您对汽油机电子控制技术基本知识的了解程度

下列问题中哪些答案是正确的？在答案中至少有一项是正确的。

1. 电控发动机空气供给系统的基本任务是(　　)。

A. 能够准确计量进入气缸的空气量

B. 能够完成对进气系统进气量的控制

C. 能够与各个工况供给的汽油量相适应,以形成空燃比适当的可燃混合气

2. 电控发动机燃油供给系统的基本任务是(　　)。

A. 能够准确计量各个工况时供给的汽油量

B. 能够控制发动机在各个工况时供给的汽油量

C. 能够与发动机吸入空气量相适应,以形成空燃比适当的可燃混合气

3. 组成发动机电控单元(ECU)信号输入部分的是(　　)。

A. 相关传感器信息

B. 相关开关量信息

C. 相关其他电控单元或模块信息

4. 开环控制的特点包括(　　)。

A. ECU 需采集相关传感器的信息

B. ECU 根据采集到的相关信息,按事先设定好的动作指令改变被控对象的状态

C. ECU 需要对输出量进行检测

D. 控制结果与控制过程无关

5. 闭环控制的特点包括(　　)。

A. ECU 需采集相关传感器的信息

B. ECU 根据采集到的相关信息,按事先设定好的动作指令改变被控对象的状态

C. ECU 需要对输出量进行检测,并且把检测信号引回到输入端,与 ECU 中存储的设定值相比较,求出偏差值,将此差值信号再去控制被控对象的输出信号

D. 控制结果与控制过程有关

6. 要想进行闭环控制,必须(　　)。

A. 要有可以明确控制的目标值

B. 要有能够告知控制值偏离目标值的传感器

C. 要有能够让控制值按照要求变化的执行器

D. 要有一定的稳定时间。

自我评价______分　　小组评价______分　　教师评价______分

◆检验您对汽车电子控制系统的组成和功能的了解程度

下列问题中哪些答案是正确的？在答案中至少有一项是正确的。

1. 汽车微机系统也可称为(　　)。

A. 电子控制单元，简称 ECU

B. 电子控制模块(ECM)

C. 动力控制模块(PCM)

2. ECU 的功用是按照一定的程序对各种输入信号进行(　　)。

A. 运算

B. 存储

C. 分析处理

D. 输出指令，控制执行元件工作

3. 输入回路的作用是将(　　)送入微机，完成在汽车运行过程中对其工况状态的实时检测。

A. 系统中各传感器检测到的信号，经过 I/O 转换

B. 系统中各传感器检测到的信号，经过 A/D 转换

4. 汽车微机配有常电源的主要目的是(　　)。

A. 维持微机正常工作

B. 防止 ROM 存储的数据信息丢失

C. 防止 RAM 存储的数据信息丢失

D. 在断开蓄电池电源之前，记下存储器中的有关数据和故障信息

5. 输出回路(　　)。

A. 使微机和执行元件间建立联系

B. 将微机的指令转变为控制信号来驱动执行元件工作

C. 起着控制信号的生成与放大作用

6. 对 ECU 电源电路中电源的定义是(　　)。

A. 点火开关处于 ON 位置时有电压

B. 点火开关处于 OFF 位置时有电压

C. 与点火开关的位置无关

7. 引起 ECU 不工作的可能故障有(　　)。

A. ECU 本体故障

B. 受点火开关控制的供电电压端故障

C. 不受点火开关控制的供电电压端故障

D. ECU 搭铁回路故障

自我评价______分　　小组评价______分　　教师评价______分

◆检验您对在线检测系统(OBD)功能的了解程度

下列问题中哪些答案是正确的？在答案中至少有一项是正确的。

1. 车载故障诊断系统的主要任务就是(　　)。

A. 发现电路系统中出现的问题

B. 当ECU的检测信息超出软件中设定的边界条件,报警系统就可以发出报警信号

C. 把故障以某种形式存储在ECU中

D. 在需要维修时可以很方便地从ECU的存储器中调出故障信息

2. 在线检测系统OBD-Ⅰ的主要功能有(　　)。

A. 能够识别出可能发生故障的区域

B. 故障指示灯(MIL)在异常情况发生时点亮,以警告驾驶者必须维修排放控制系统

C. 可连续地检测与排放有关的系统和元件

D. 当有故障时,可采取临时补救措施,使汽车勉强能跑(跛行回家)

3. 加强型OBD系统即OBD-Ⅱ系统的主要功能有(　　)。

A. 保留了OBD-Ⅰ的主要功能

B. 可连续地检测与排放有关的系统和元件

C. 将故障信息储存在RAM中,可能时还要自动修正

4. OBD-Ⅱ故障自诊断系统的故障码分为A、B、C、D四类。与排放有关的故障是(　　)。

A. A类故障

B. B类故障

C. C类故障

D. D类故障

5. OBD-Ⅰ系统不能检测的项目有(　　)。

A. 检测电子控制系统本身的硬件

B. 检测不属于电子控制系统,但却是电子控制系统服务对象的硬件

C. 检测发动机工作过程是否正常

D. 检测发动机机械状态是否正常

6. 汽车电控系统传感器和执行器的工作参数具有一定的标准和范围,通过数据流分析,可以在检测仪屏幕上得到(　　)。

A. 各种传感器输出信号电压的瞬时值

B. ECU内部的计算与判断结果

C. 各种执行器的控制信号

D. 故障类型和故障部位

自我评价______分　　小组评价______分　　教师评价______分

◆检验您对电控汽油机故障诊断与排除相关知识的了解程度

下列问题中哪些答案是正确的?在答案中至少有一项是正确的。

1. 当用万用表检测某一段电路时,电阻无穷大,则该段电路为(　　)。

A. 短路故障

B. 断路故障

C. 电路高电阻故障

D. 用电设备故障

2. 造成电路短路故障的可能原因是(　　)。

A. 两条损坏的导线相互接触

B. 损坏的导线接触蓄电池负极

C. 损坏的导线接触电源

D. 电气元件本体损坏

3. 电路中的用电设备因某个位置的电阻增加了，造成用电设备工作不良或停止工作的可能原因是(　　)。

A. 短路故障

B. 断路故障

C. 电路高电阻故障

D. 用电设备故障

4. 当电路中电气元件(设备)故障，导致可能的故障性质是(　　)。

A. 短路故障

B. 断路故障

C. 电路高电阻故障

5. 如果电路中的电器没有工作，我们优先选用电压表进行故障检测的理由是(　　)。

A. 可以方便地连接检测

B. 可以在开关回路中读数

C. 可以获得容易理解的读数

D. 可以快速地发现故障部位

6. 在某一电路中(开关在电源回路)，如果即使在打开开关后电气元件(设备)仍能够继续工作，对这一故障现象表述正确的是(　　)。

A. 电气元件(设备)电源线中的某点对蓄电池正极短路

B. 电气元件(设备)电源线中的某点对蓄电池负极短路

C. 关闭开关后，电路中的熔断器将熔断

D. 关闭开关后，电路中的熔断器不会熔断

7. 在某一电路中(开关在搭铁回路)，如果即使在打开开关后电气元件(设备)仍能够继续工作，对这一故障现象表述正确的是(　　)。

A. 电气元件(设备)电源线中的某点对蓄电池正极短路

B. 电气元件(设备)电源线中的某点对蓄电池负极短路

C. 关闭开关后，电路中的熔断器将熔断

D. 关闭开关后，电路中的熔断器将不会熔断

8. 在发动机出现故障时，先对电控燃油喷射系统以外的可能故障部位予以检查，这运用的故障诊断基本原则是(　　)。

A. 先思后行

B. 先外后内

C. 先简后繁

D. 先易后难

自我评价______分　　小组评价______分　　教师评价______分

项目 2
汽油机电控系统信号输入装置、执行器的结构与检测

2

知识目标

（1）能够讨论发动机电控系统各类传感器和执行器的结构与功用。

（2）能够复述发动机电控系统各类传感器和执行器的工作原理及信号特点。

（3）能够讨论汽车发动机电控系统各类传感器和执行器常见故障的诊断和排除方法。

技能目标

（1）能够依据相关知识点，确定各类传感器、执行器的检测内容。

（2）能够识读和分析发动机电控系统各类传感器、执行器与 ECU 连接电路图。

（3）能够依据相关知识点和借助维修手册，编制各类传感器、执行器的检测工艺（检测步骤与方法）。

（4）能够正确选择检测设备或仪器，检测各类传感器、执行器的工作参数、运行参数及波形。

（5）能够通过检测值与参数值的比较与分析，判定各类传感器、执行器产生故障的可能原因。

在汽车电控系统中，要有能正确提供汽车运行状态或电子控制系统工作状态信息的输入装置，例如在发动机管理系统中，有用于测量发动机负荷、爆震、断火及废气中含氧量的传感器，有用来测定各种流体温度和压力（如进气温度、进气压力、冷却液温度和燃油喷射压力等）的传感器，还有用来确定各部分速度和位置（如车速、节气门开度、凸轮轴位置、曲轴位置、变速器的角度和速度、排气再循环阀（EGR）的位置等）的传感器。由于表征汽车运行状态或汽车中电子控制系统工作状态的物理量都是非电量信息（如温度、速度、压力、转角、位移和流速等），有的还是化学量信息（如氧离子浓度等），而微机（ECU）只能接收电量信号，因此，需要一种装置，它能够把非电量信息变成电量信号，然后将电信号输送给 ECU 进行处理，再由 ECU 向各种执行器发出控制命令。这种把非电量变成电量的装置就是传感器。

服务于发动机计算机管理系统的传感器按检测对象不同，可分为直接负荷传感器、间接负荷传感器及运行状态传感器三种类型，按照传感器产生信号电压的条件不同，可分为有源传感器和无源传感器两种类型，如图 2-1 所示。

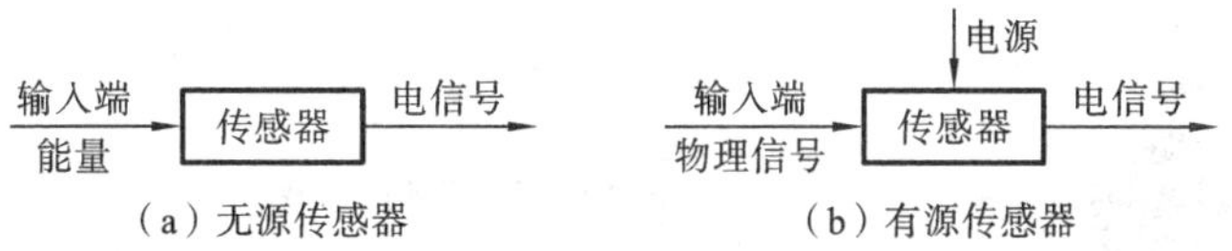

图 2-1　有源传感器和无源传感器

任务1　直接负荷传感器的结构与检测

汽油机的负荷（转矩）与循环充气量有关，即在一定的转速下与进气的质量流量有关，因此，可用来作为车用汽油机负荷传感器的首先是各种不同工作原理的空气流量传感器。其次，进气歧管绝对压力也可间接反映循环充气量（有正变关系），而进气歧管绝对压力传感器与空气流量传感器相比既便宜又可靠，因此，目前使用最广泛和最方便的直接负荷传感器反倒是进气歧管绝对压力传感器。

一、空气流量传感器

1. 空气流量传感器的功用

空气流量传感器（air flow sensor，AFS）是发动机电子控制系统中一个非常重要的传感器，其功用是把空气流量转换为电信号送给 ECU，作为决定基本喷油量和基本点火提前角的主控信号之一，以保证发动机的动力性、经济性和排放指标最优。

在发动机上使用过的空气流量传感器有翼片式、卡门涡旋式、热线式、热膜式和温度传感器电阻型空气流量传感器等几种型式，其中翼片式和卡门涡旋式所检测到的是空气体积流量，而热线式、热膜式和温度传感器电阻型所检测到的是空气质量流量。

翼片式和卡门涡旋式空气流量传感器，因控制精度、响应性和稳定性等因素，现在汽车上已很少使用。

2. 热线式空气流量传感器

1) 热线式空气流量传感器的结构

热线式空气流量传感器的结构如图 2-2 所示。热线式空气流量传感器的关键元件是用一根直径只有 0.07 mm 的细铂金属丝做成的发热元件，热膜式空气流量传感器的关键元件是用铂金属膜做成的发热元件。铂金属发热元件的响应速度很快，能在几毫秒内反映出空气流量的变化。因此，测量精度不受进气气流脉动的影响(气流脉动在发动机大负荷、低转速运转时最为明显)。此外，还具有进气阻力小、无磨损部件等优点，因此目前大多数中高档轿车都采用了这种传感器，如通用(GENERAL)别克(Buick)、尼桑千里马(MAXIMA)、尼桑风度(CEFIRO)、瑞典沃尔沃(VOLVO)等轿车采用了热线式空气流量传感器。

2) 热式空气流量传感器的工作原理

热式(热线式与热膜式)空气流量传感器的测量原理如图 2-3 所示，在空气通路中放置一发热体，由于热量被空气吸收，发热体本身变冷。发热体周围通过的空气流量越多，被带走的热量也将增加。热式空气流量传感器就是利用发热体和空气之间的这种热传递现象进行空气流量测量的。

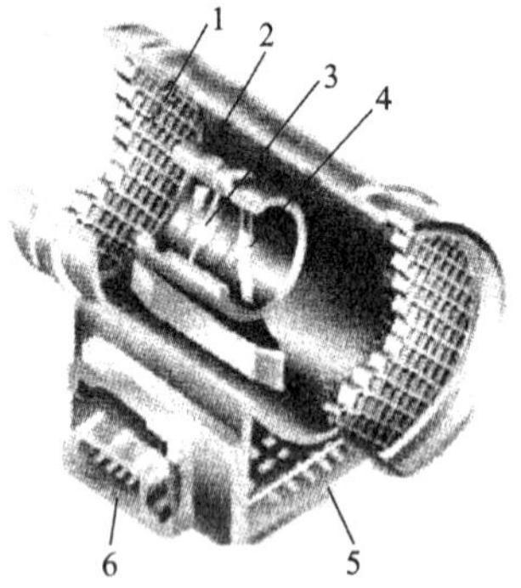

图 2-2 热线式空气流量传感器的结构

1—防护网；2—取样管；3—铂金热线；4—温度补偿电阻；5—控制线路板；6—电连接器

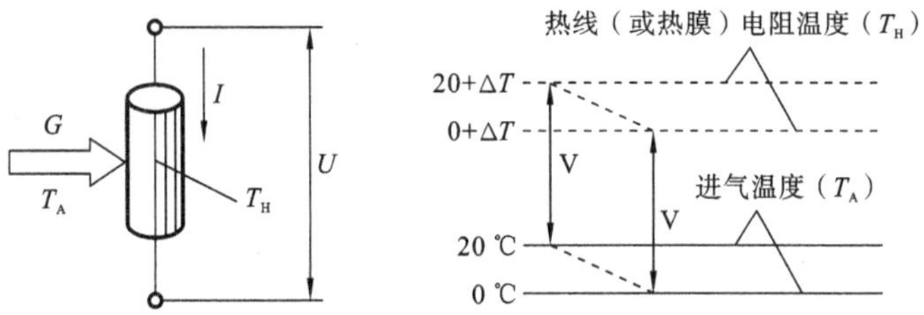

图 2-3 热线式(或热膜式)空气流量传感器的测量原理

热式空气流量传感器都能直接测量进气空气的质量流量。因为经过热线(或热膜)表面的每一个空气分子都会带走一定的热量，带走的热量总值与流过的空气分子数量有关，即和空气质量流量有关。当设计要求热线(或热膜)表面温度与周围环境温度间保持一个固定的温差时(T_H-T_A 等于 75 ℃、100 ℃或 120 ℃等)，被空气带走而损失的热量就要由电路加热来补偿。当热线(或热膜)设计成一个恒定电阻时，通过该电阻的电流值就决定了加热量，而通过该电阻的电流可以通过施加在该电阻两端的电压来调整，这就是说，只要测出能够使热线(或热膜)与周围环境的温差保持为定值的电压值，即可获得对应的流经热线(或热膜)的空气质量流量。

实用的热式空气流量传感器的电路原理如图 2-4 所示，热式空气流量传感器的测量电路由进气温度测定部分、发热部分及控制回路组成。

热式空气流量传感器是利用一个桥式电路，通过计算桥式电路上的电阻丝的电流变化来检测空气流量的。传感器内部有四个电阻，这些电阻通过惠斯通电桥连接，并将由 R_H 和 R_T 组成的取样管放置在空气通道中央，当气体流过热丝(或热膜)R_H 时，R_H 温度下降，电阻下降(热丝或热膜具有正温度系数特性)，比较电路感知到电桥失去平衡，通过增加 R_H 的电流，以保证 R_H 的温度不变，保持电阻不变，实现电桥平衡。当流过的空气流量不同时，供给的电压就不同，通过检测电桥的供给电压就能得到进气量。由于电流 I 是空气质量 G 的单一函数，所以在测量中无须对进气密度进行修正。

从信号取样电阻 R_S 两端输出的信号电压 U_S 是与流过热线或热膜的电流成比例的模拟信号，热式空气流量传感器的输出特性曲线(模拟信号电压)如图 2-5 所示。

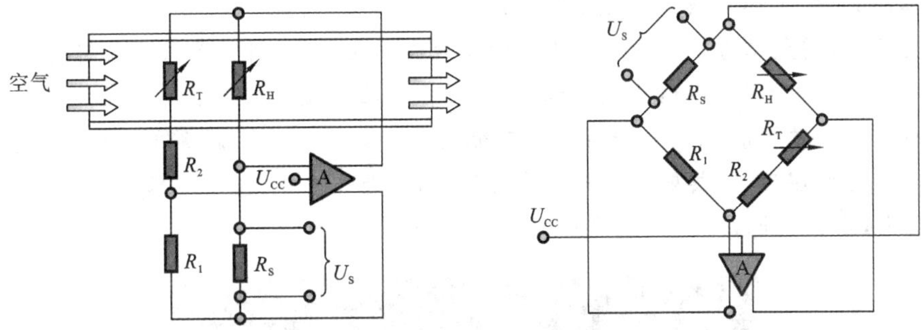

（a）电路连接　　（b）电桥电路

图 2-4　热式空气流量传感器原理电路

R_T—温度补偿电阻；R_H——发热元件(热丝或热膜)电阻；

R_S—信号取样电阻；R_1、R_2—精密电阻；U_{CC}—电源电压；U_S—信号电压；A—控制电路

该信号电压的特点是：

（1）当传感器通电后，传感器将输出一个起始信号电压（电桥的平衡电压），其值与传感器的电路设计有关。例如：桑塔纳 2000GSi 使用的热膜式空气流量传感器输出的起始信号电压为 2 V；丰田卡罗拉轿车 1ZR-FE 发动机使用的热膜式空气流量传感器输出的起始信号电压为 0.8 V。

（2）信号电压随着流过传感器的空气质量流量的增加而增大。

由于热式空气流量传感器中金属铂表面和空气的传热性能有关，金属铂表面的任何沉积物或脏污都将对输出信号产生有害影响。因此，对于热式空气流量传感器，电路设计了自动“清洁”功能。每当发动机熄火 4 s 后，电路会输出产生高温的电流，金属铂温度迅速升至 1000 ℃，并延时 1 s 左右，将附着于金属铂表面的污物烧净。

3. 热膜式空气流量传感器

与热线式空气流量传感器相比，热膜式空气流量传感器的不同点在取样管。热膜式空气流量传感器所有电阻都集成在一起，如图 2-6 所示。内部为铝绕线，外部涂有铂涂层，实现加热功能与流量检测功能。这种传感器的特点是传感器对流量非常敏感，信号反应快。传感器将电线包裹在玻璃涂层内，工作原理与热丝式的相同，但是因为电线被玻璃涂层包围，所以不需要清洁。热膜式空气流量传感器的铂金属膜的阻值较大，所以消耗电流较小，使用寿命较长。

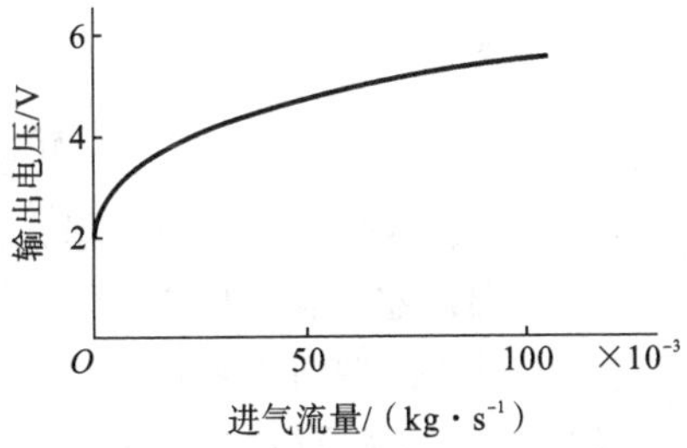

图 2-5　热式 AFS 输出特性曲线(模拟信号)

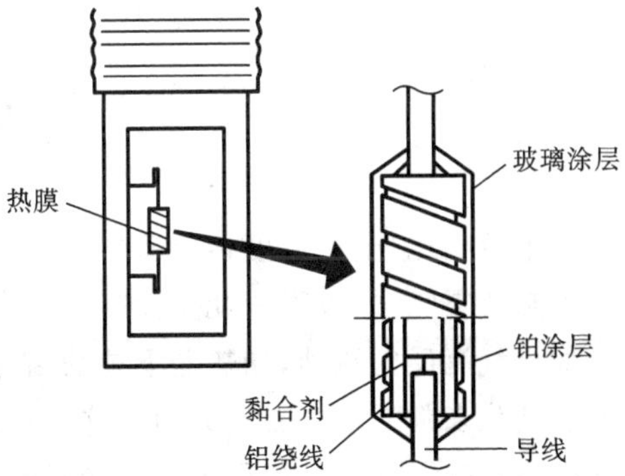

图 2-6　热膜式空气流量传感器取样管

目前，马自达(MAZDA)626、捷达都市先锋(GETTA AT)、红旗 CA7220E、奥迪 A4/A6、宝来(BORA)、帕萨特(PASSAT)、别克君威、桑塔纳 2000GSi、桑塔纳 3000、福特新福克斯 1.6

等车型轿车,都采用了热膜式空气流量传感器。

特别提示:为避免信号在传输过程中受到干扰而发生畸变,目前多数产品将整形电路及模/数转换电路集成在传感器上,这样,从传感器输出的就已是数字信号了。

例如新款蒙迪欧致胜 2.0 T 和新款福克斯 2.0 T 发动机空气流量传感器的信号电压经过传感器控制回路处理后,直接输出频率信号给 PCM。进气量越大,频率越大,信号的幅值在0~5 V 之间变化,输出特性曲线(数字信号)如图 2-7 所示。

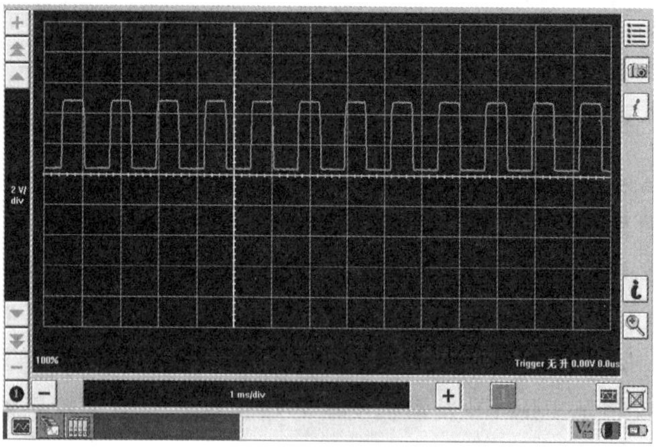

图 2-7　热式 AFS 输出特性曲线(数字信号)

4. 温度传感器电阻型空气流量传感器工作原理

如图 2-8 所示,在空气流动区域内按顺序装有温度传感器电阻、加热器和温度传感器电阻。当气流改变时,温度传感器电阻的电阻值也发生变化。

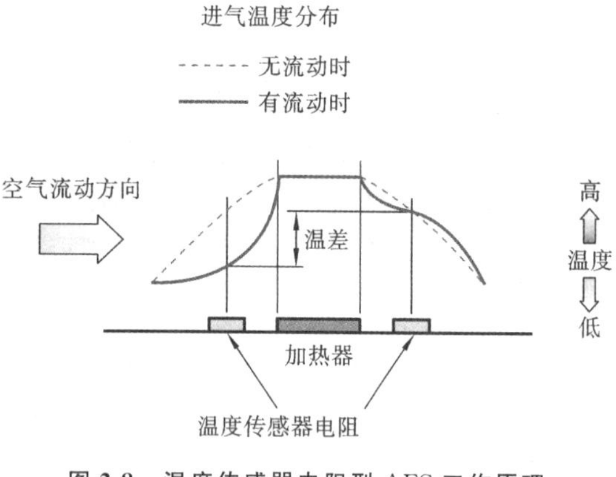

图 2-8　温度传感器电阻型 AFS 工作原理

与下游相比,上游温度传感器电阻有较大的温度变化。这是因为加热器下游的电阻检测加热器加热的空气,所以阻值几乎没有变化。根据上游和下游的温差,就可以检测进气量大小。

如果气流反向流动,加热器下游的温度传感器电阻将冷却,温度将下降。ECU 通过检测下游温度变化来判断空气流动方向。这个特性是上述其他空气流量传感器所不具备的,因为向任何方向运动的空气分子都会带走热量,故在进气管中气流脉动较强的场合(例如四缸机)会导致误判。此类工作原理的传感器在宝马车系中有过使用。

特别提示:配置了涡轮增压控制系统和缸内直喷系统的发动机,空气流量传感器除了决定基本喷油量和基本点火提前角,ECU 还用这个信号计算燃油压力、涡轮增压压力和发动机负荷等。

5. 热膜式空气流量传感器的检修

案例一 桑塔纳2000GSi轿车AJR发动机(M3.8.2系统)热膜式空气流量传感器检修

桑塔纳2000GSi轿车热膜式空气流量传感器(G70)5线插座及G70与ECU连接电路如图2-9所示。

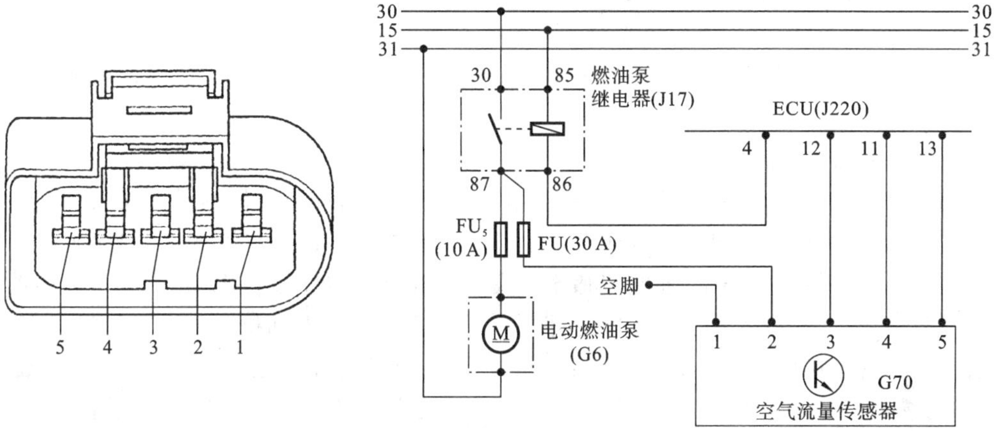

图2-9 桑塔纳2000GSi轿车热膜式空气流量传感器的接线端子及电路图

1）电路分析

(1) 传感器5线插座端子与相关电器的连接关系及含义如下：

1号端子——空；

2号端子——来自燃油泵继电器(J17),12 V；

3号端子——信号负极，与ECU(J220)12号端子相连；

4号端子——电源控制线，与ECU(J220)11号端子相连；

5号端子——信号正极，与ECU(J220)13号端子相连。

(2) 控制逻辑分析。

传感器5线插座2号端子，来自燃油泵继电器(J17),12 V，只有在发动机启动后，ECU检测到曲轴位置传感器的信号，才会控制ECU(T80/4)号端子搭铁(燃油泵继电器(J17)线圈的搭铁回路)。也就是说，只有启动发动机，且曲轴位置传感器和燃油泵继电器(J17)相关电路工作正常，才检测得到12 V的工作电压。

2）检测内容的确定

通过对热式空气流量传感器的结构、工作原理及工作电路分析等理论知识的学习，桑塔纳2000GSi轿车使用的热膜式空气流量传感器(G70)检测内容有：传感器的工作电压、传感器的电源控制线电压、传感器的信号电压、传感器与ECU连接线路的工作状态和传感器本体判断等。

3）诊断程序与检测步骤

(1) 读取故障代码。

在发动机怠速运转下，读取故障存储中的故障代码，若故障码显示空气流量传感器有故障，应首先检测空气流量传感器的工作电压。

(2) 检查传感器的工作电压。

关闭点火开关，分别拔下传感器的5线插座和喷油器插座，启动发动机。用万用表测量传感器插座2号端子与车身搭铁之间的电压，该电压不应低于11.5 V。否则，燃油泵继电器有故障，或与燃油泵继电器有关的连接线路有故障，应排除。如正常，进行下一步检查。

思考：拔下喷油器插座的目的是什么？

(3) 检查传感器的电源控制线电压。

关闭点火开关，拔下传感器的5线插座，打开点火开关但不启动发动机，用万用表测量传感器插座内4号端子与3号端子之间的电压，参数值为5 V。否则，传感器插座3号端子与ECU插座12号端子、传感器插座4号端子与ECU插座11号端子之间的连接线路有故障或ECU有故障，应排除。如正常，进行下一步检查。

思考：在此步中为什么没有选用测量传感器插座内4号端子与发动机搭铁点之间的电压的检测方法？

(4) 检查传感器的信号电压。

关闭点火开关，拔下传感器的5线插座，用专用探针分别背插于传感器5线插座的5号端子与3号端子，用万用表电阻挡检查插入5号、3号端子的专用探针与传感器5线插座的5号、4号端子内的铜片接触是否正常；连接传感器5线插座，打开点火开关，用万用表测量传感器5线插座的5号端子与3号端子之间的电压，参数值为2 V。启动发动机并改变节气门开度，此时万用表测量到的电压应在2～4.8 V之间平稳变化，否则传感器插座5号端子与ECU插座13号端子、传感器插座3号端子与ECU插座12号端子之间的连接线路有故障，应排除。如正常，进行下一步检查。

(5) 检查连接线路。

关闭点火开关，拔下传感器的5线插座，用万用表分别检测传感器插座4号端子、5号端子与蓄电池负极(搭铁)是否短路，同时检测导线与导线之间是否短路；打开点火开关，检测传感器插座3号端子与蓄电池正极是否短路。

关闭点火开关，断开蓄电池负极电缆，分别拔下传感器的5线插座和ECU上的52线插座，检查传感器插座与ECU插座的3—12、4—11、5—13号端子间的导线电阻，其阻值不得大于0.5 Ω，否则要更换线束。

(6) 传感器本体检查(设计性实验)。

关闭点火开关，拔下传感器的5线插座，拆下传感器，将蓄电池(或稳压电源12 V)正极接至传感器插头内的2号端子，蓄电池负极接至传感器插头内的3号端子；将稳压电源5 V正极接至传感器插头内的4号端子，稳压电源5 V负极接至传感器插座内的3号端子，然后用万用表测量传感器插头内5号端子与3号端子之间的电压，参数值为2 V。对着空气流量传感器吹风，此时万用表测量到的电压应在2～4.8 V之间平稳变化，否则要更换传感器。

案例二　丰田卡罗拉轿车1ZR-FE发动机(SFI系统)热膜式空气流量传感器检修

丰田卡罗拉轿车1ZR-FE发动机(SFI系统)热膜式空气流量传感器(B2)5线插座及B2与ECM连接电路如图2-10所示。

1) 电路分析

(1) 传感器5线插座端子与相关电器的连接关系及含义如下：

1号端子——进气温度传感器信号负极；

2号端子——进气温度传感器信号正极(工作电压)；

3号端子——来自燃油泵继电器(EFI MAIN)，12 V；

4号端子——信号负极，与ECM 116号端子相连；

5号端子——信号正极，与ECM 118号端子相连。

注：丰田卡罗拉轿车1ZR-FE发动机(SFI系统)使用的热膜式空气流量传感器没有设置电

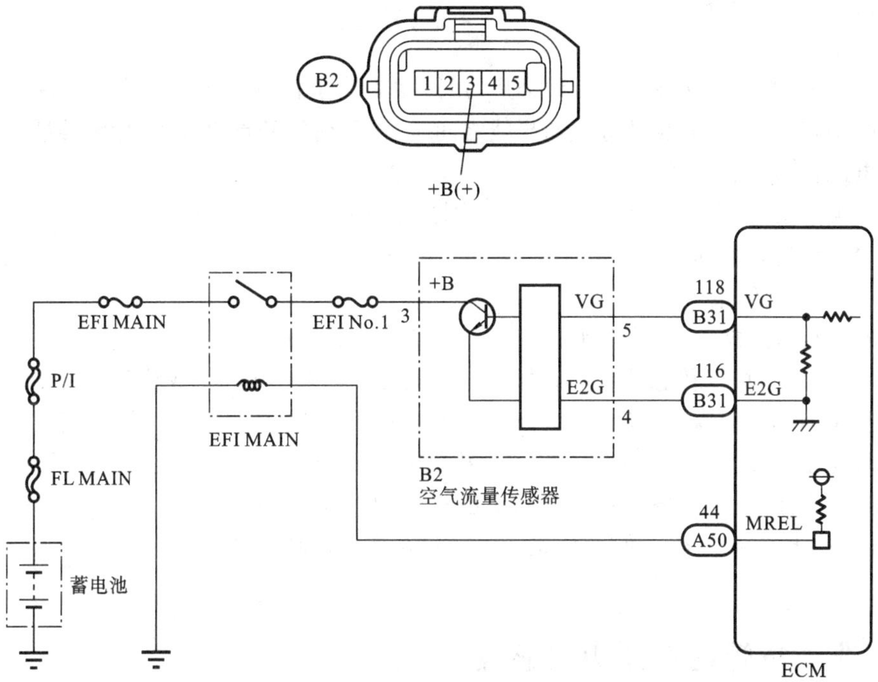

图 2-10 丰田卡罗拉轿车热膜式空气流量传感器的接线端子及电路图

源控制线，该工作由集成在传感器内部的 IC 电路完成。

(2) 控制逻辑分析。

传感器 5 线插座 3 号端子，来自燃油泵继电器(EFI MAIN)，12 V，当打开点火开关后，ECM 控制 ECM 的 44 号端子供电(燃油泵继电器线圈的电源回路)，即当燃油泵继电器相关电路工作正常时，就能检测得到 12 V 的工作电压。

2) 检测内容的确定

丰田卡罗拉轿车 1ZR-FE 发动机使用的热膜式空气流量传感器(B2)检测内容有：传感器的工作电压、传感器的信号电压、传感器与 ECM 连接线路的工作状态和传感器本体等。

3) 诊断程序与检测步骤

(1) 读取故障代码。

在发动机怠速运转下，读取故障存储中的故障代码，若故障码显示空气流量传感器有故障，应首先检测空气流量传感器的工作电压。

(2) 检查传感器的工作电压。

关闭点火开关，拔下传感器的 5 线插座，打开点火开关，用万用表测量插座 3 号端子与车身搭铁之间的电压，该电压不应低于 11.5 V。否则，燃油泵继电器有故障，或与燃油泵继电器有关的连接线路有故障，应排除。如正常，进行下一步检查。

(3) 检查传感器的信号电压。

关闭点火开关，拔下传感器的 5 线插座，用专用探针分别背插于传感器 5 线插座的 5 号端子与 4 号端子；用万用表电阻挡检查插入 5 号、4 号端子的专用探针与传感器 5 线插座的 5 号、4 号端子内的铜片接触是否正常；连接传感器 5 线插座，打开点火开关，用万用表测量传感器 5 线插座的 5 号端子与 4 号端子之间的电压，参数值为 0.8 V。启动发动机并改变节气门开度，此时万用表测量到的电压应在 0.8～4.8 V 之间平稳变化，否则传感器插座 5 号端子与 ECM 插座 118 号端子、传感器插座 4 号端子与 ECM 插座 116 号端子之间的连接线路有故障，应排除。

如正常,进行下一步检查。

(4) 检查连接线路。

关闭点火开关,拔下传感器的5线插座,用万用表分别检测传感器插座5号端子与蓄电池负极(搭铁)是否短路,同时检测导线与导线之间是否短路;打开点火开关,检测传感器插座4号端子与蓄电池正极是否短路。

关闭点火开关,断开蓄电池负极电缆,分别拔下传感器的5线插座和ECM上的125线插座。分别检查传感器插座与ECM插座的4—116、5—118号端子间的导线电阻,其阻值始终小于1 Ω,否则要更换线束。

(5) 传感器本体检查(设计性实验)。

关闭点火开关,拔下传感器的5线插座,拆下传感器,将蓄电池(或稳压电源12 V)正极接至传感器插头内的3号端子,蓄电池负极接至传感器插头内的4号端子;用万用表测量传感器插头内5号端子与4号端子之间的电压,参数值为0.8 V。对着空气流量传感器吹风,此时万用表测量到的电压应在0.8~4.8 V之间平稳变化,否则要更换传感器。

思考:通过上述两个案例的学习,试分析它们在检测内容、控制逻辑和检测方法上有哪些不同点?

二、进气歧管绝对压力传感器

1. 进气歧管绝对压力传感器的功用

进气歧管绝对压力传感器(manifold absolutely pressure sensor,MAPS)是用来检测发动机进气歧管中的绝对压力,并将压力信号转换为电信号送至ECU的传感器。ECU用此压力值结合进气温度和充气系数估算循环充气量,作为决定基本喷油量和基本点火提前角的主控信号之一。这是因为节气门开度越大,进气歧管绝对压力和循环充气量越大,因此可用进气歧管绝对压力的大小反映汽油机负荷的高低。其次,在发动机尚未运转的情况下,不管安装在什么位置的绝对压力传感器测出的气压都是环境压力,因此,许多ECU都在点火开关打开而发动机尚未运转时,记下绝对压力传感器的输出,作为环境状态的记录,也可以采用此测量值作为海拔高度修正的参数。

压力传感器有多种类型,如半导体压敏电阻型压力传感器(简称压阻式压力传感器)、电感式压力传感器、电容式压力传感器、谐振式压力传感器及电容式加速度传感器等,目前在车辆中应用最为广泛的是压阻式压力传感器,它具有极低的价格和较高的精度以及较好的线性特性。

当半导体压敏电阻型进气歧管绝对压力传感器直接安装在取压位置上时,它会把进气歧管中的压力脉动反映出来。进气歧管绝对压力传感器的安装位置比较灵活,只要能将进气歧管内的进气压力引入传感器的真空管内即可。如切诺基BJ2021型和北京吉普2020VJ型吉普车将传感器安装在发动机舱内防火墙上,真空管的进气口用软管连接,但目前绝大多数使用进气歧管绝对压力传感器的电控发动机管理系统,该传感器都安装在进气稳压箱(动力腔)上,进气口直接伸入稳压箱内,所以传感器上没有连接橡胶软管。

2. 半导体压敏电阻型进气歧管绝对压力传感器的结构

半导体压敏电阻型进气歧管绝对压力传感器的内部结构如图2-11所示,主要由硅膜片5、真空室4、硅杯3、应变电阻7、底座10、真空管11和电极引线9等组成。

3. 半导体压敏电阻型进气歧管绝对压力传感器的工作原理

利用压力传感器随着压力变化而电阻可变的特性,可通过传感器输出的电压来判断压力传

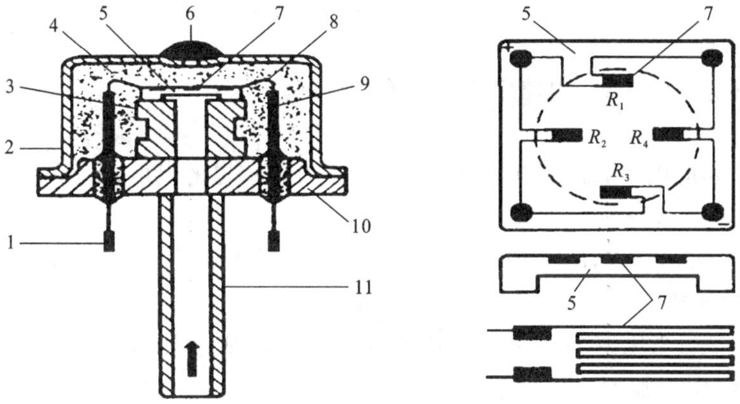

（a）剖面图　　　　（b）硅膜片结构

图 2-11　半导体压敏电阻型进气歧管绝对压力传感器的内部结构

1—引线端子；2—壳体；3—硅杯；4—真空室；5—硅膜片；6—锡焊封口；

7—应变电阻；8—金线电极；9—电极引线；10—底座；11—真空管

感器所承受的压力。

如图 2-12 所示，硅膜片上的 4 个传感电阻接成桥式电路（也称惠斯通电桥）。在硅膜片无变形时，电桥调到平衡状态。当进气歧管压力增加时，硅膜片弯曲，引起电阻值的变化，电桥失去平衡，在 A、B 端产生电位差，因为输出的电信号很微弱，所以需用差动放大器 2 放大后输出，作为进气歧管压力信号送到 ECU。

进气歧管绝对压力传感器根据接脚一般可分为三线式和四线式。三线式进气歧管绝对压力传感器的接脚分别为 5 V 电源线、正信号线和负信号线，四线式进气歧管绝对压力传感器的另一个接脚为进气温度传感器正信号线。

4. 半导体压敏电阻型进气歧管绝对压力传感器的工作电路分析

如图 2-13 所示，压力传感器工作电路实际上是一个分压电路，由 ECU 控制电路、压力（压敏电阻型）传感器、连线和接头组成。ECU 控制电路包括稳压电源、限流电阻和起类似电压表作用的信号处理部分。

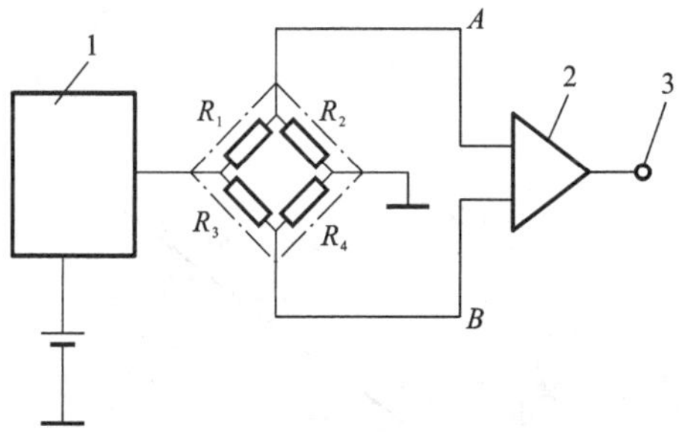

图 2-12　半导体压敏电阻型进气歧管绝对压力传感器电路

1—稳压电源；2—差动放大器；3—输出端

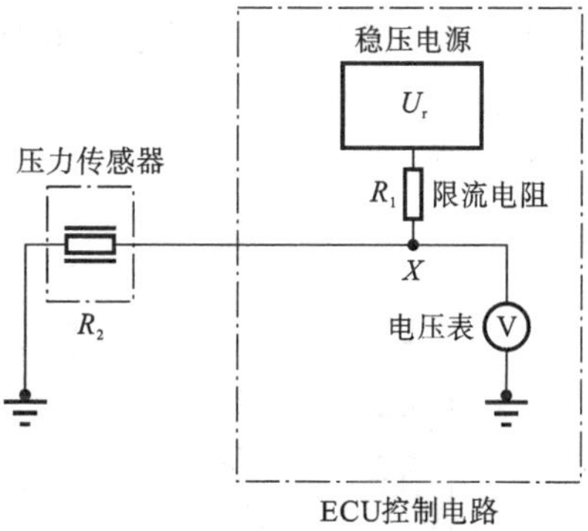

图 2-13　压力传感器工作电路

稳压电源供给电路恒定的电压（5 V）。限流电阻是一个固定电阻，可防止电路中电流过大。当 ECU 控制电路与传感器之间发生接地短路时，该电阻可起到限制电流的作用。ECU 控制电路中的电压表部分测出的是点 X 处的电压值，即传感器的信号电压，其大小由传感器上的压力

(电阻)所决定。

1）传感器静态下电路特点

如图 2-14 所示，本例分压电路中计算 X 点电压的公式为

$$U_X=(R_2/R_t)\times U_r$$

式中，U_X 是被检测的电压，即 X 点的电压；R_2 是压力传感器的阻值；R_t 是 R_1 与 R_2 的电阻之和；U_r 为稳压电源电压。

例如，静态时，$U_r=5$ V，$R_1=10$ Ω，$R_2=10$ Ω 时，按照上述计算公式可得出 $U_X=2.5$ V。

2）当压力增加时

如图 2-15 所示，当压力增加时，压力传感器电阻升高，如当 R_2 增加到 40 Ω 时，则按照上述计算公式可得出 U_X 增加到 4 V。

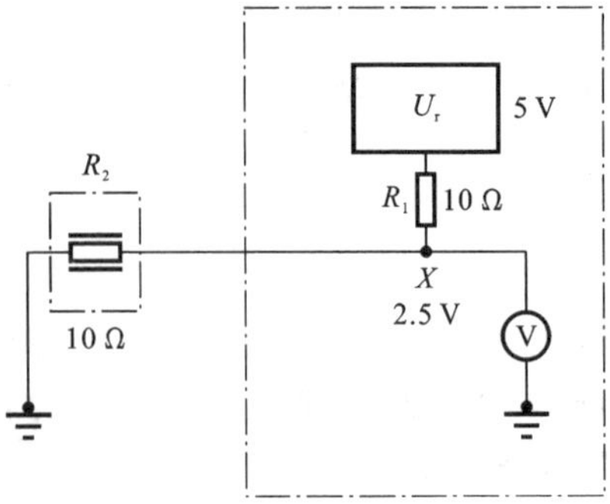

图 2-14　传感器静态下电路特点

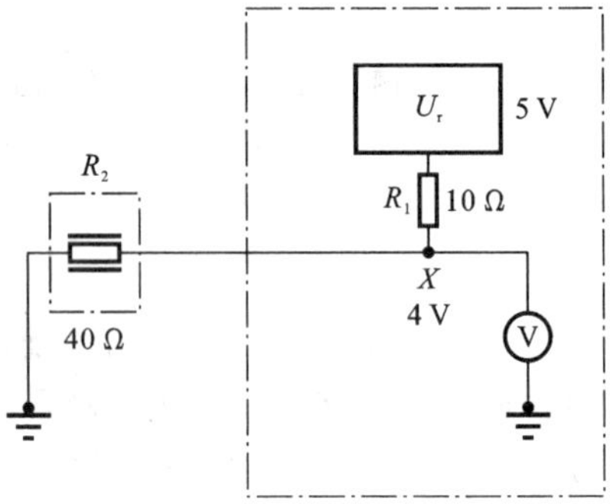

图 2-15　传感器压力增加下电路特点

3）当压力降低时

如图 2-16 所示，压力降低时，压力传感器的电阻降低，如当 R_2 下降到 1 Ω 时，则按照上述计算公式可得出 U_X 下降到 0.45 V。

由此我们可以得出以下结论。

在正常工作状态下，当被检测的压力上升时，传感器阻值和 X 点电压值也会随之上升；反之，当压力下降时，传感器阻值和 X 点电压都会下降。ECU 控制电路以 X 点电压值作为输入信号，以确定系统中应采取哪些相应变化。该电路产生的是一个 0～5 V 模拟电压信号。

就质量良好的半导体压敏电阻型进气歧管绝对压力传感器而言，被测压力与其输出电压呈线性关系，如图 2-17 所示。

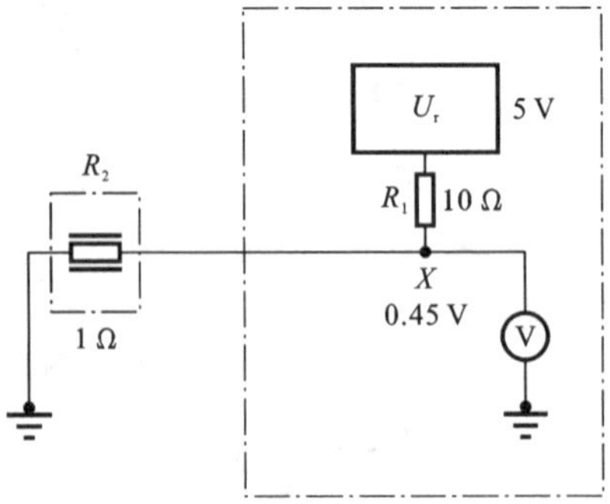

图 2-16　传感器压力降低下电路特点

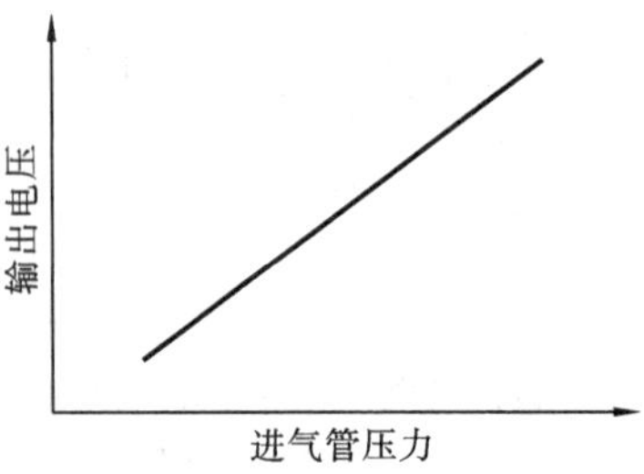

图 2-17　被测压力与传感器输出电压

特别提示：在配置了涡轮增压控制系统的发动机上，在中冷器出口处增加安装了一个压力传感器，一般与温度传感器组合在一起，其结构和工作原理与上述进气歧管绝对压力传感

器的相同，功用是ECU通过这个传感器测量增压后的空气压力和温度，对涡轮增压系统进行控制。

5. 半导体压敏电阻型进气歧管绝对压力传感器的检修

桑塔纳2000GLi轿车AFE发动机(M1.5.4系统)进气歧管绝对压力传感器(G71)的接线端子及电路图如图2-18所示。

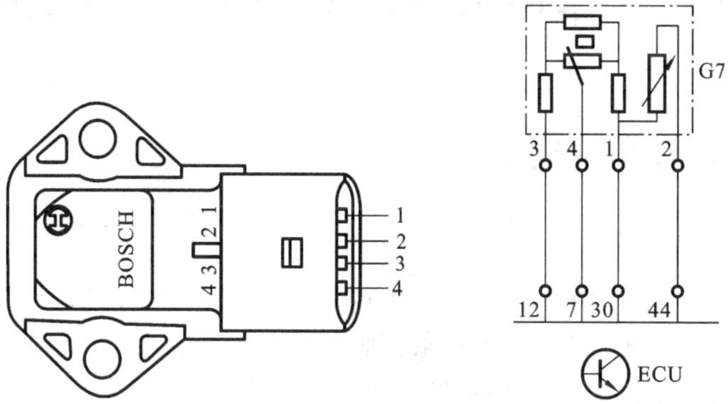

图2-18 桑塔纳2000GLi轿车进气压力、进气温度传感器的接线端子及电路图

1) 电路分析

1号端子——进气压力、进气温度传感器信号负极，与ECU 30号端子相连；

2号端子——进气温度传感器信号正极(工作电压)，与ECU 44号端子相连；

3号端子——进气压力传感器工作电压，与ECU 12号端子相连；

4号端子——进气压力传感器信号正极，与ECU 7号端子相连。

2) 检测内容的确定

桑塔纳2000GLi轿车AFE发动机(M1.5.4系统)进气歧管绝对压力传感器(G71)的检测内容有：传感器的工作电压、传感器的信号电压和传感器与ECU连接线路的工作状态等。

3) 诊断程序与检测步骤

(1) 读取故障代码。

在发动机怠速运转下，读取故障存储中的故障代码，若故障码显示进气歧管绝对压力传感器有故障，应首先检测进气歧管绝对压力传感器的工作电压。

(2) 检查传感器的工作电压。

关闭点火开关，拔下传感器的4线插座，打开点火开关，用万用表测量4线插座的3号端子与1号端子之间的电压，该电压不应低于11.5 V。否则，传感器插座3号端子与ECU插座12号端子、传感器插座1号端子与ECU插座30号端子之间的连接线路有故障，或ECU有故障，应排除。如正常，进行下一步检查。

(3) 检查传感器的信号电压。

关闭点火开关，拔下传感器的4线插座，用专用探针分别背插入进气歧管绝对压力传感器4线插座上的4号和1号端子，用万用表电阻挡检查插入4号、1号端子的专用探针与传感器4线插座的4号、1号端子内的铜片接触是否正常；连接传感器4线插座，打开点火开关，检查4号和1号端子间的电压，参数值为3.8～4.2 V；启动发动机，怠速运行，检查信号电压，其值应在0.8～1.3 V之间；加速发动机转速若干次，检查信号电压，其值应在0.4～4.6 V之间。否则，传感器插座4号端子与ECU插座7号端子、传感器插座1号端子与ECU插座30号端子之间的连接线路有故障，应排除。如正常，进行下一步检查。

(4) 检查连接线路。

关闭点火开关,断开蓄电池负极电缆,分别拔下传感器的4线插座和ECU的55线插座。分别检查传感器插座与ECU插座的1—30、3—12、4—7号端子间的导线电阻,线间阻值不应大于0.5 Ω,导线与导线之间不得短路或漏电,否则要更换线束。如正常,更换传感器。

任务2　间接负荷传感器的结构与检测

一、节气门位置传感器

1. 节气门位置传感器的功用

节气门位置传感器(throttle position sensor,TPS)安装在节气门轴上,与节气门轴联动,传统方式是由驾驶员操纵节气门踏板上的拉索控制节气门的开度,当节气门开度增大时,进气量也随之增大。与此同时,空气流量传感器检测到的空气量也随之增大,喷油量也相应增多,混合气总量变大。

在汽油机性能的试验研究中,常用节气门开度来表示负荷率,这种表示不能用于控制,因为节气门转角与循环充气量没有线性关系,也没有确定的对应关系(在节气门由小开大和由大减小时不重复)。控制系统之所以要有节气门开度信号,是为了以下用途。

(1) 用来判断发动机的工况是处于怠速控制区、部分负荷区还是节气门接近全开的加浓区(或催化转化器的高温保护区),即用来界定开环、闭环控制区。对于有自动变速器控制功能的电控管理系统来说,节气门开度和车速是决定换挡时刻的条件参数。

(2) 用节气门转角变化率的大小作为加速、减速过程中修正喷油量的条件。它直接反映驾驶员的意图,比其他负荷传感器的响应更快。

(3) 可与空气流量传感器或进气歧管绝对压力传感器的信号对照互检,提供后者发生损坏的信息,并代替后者与转速信号配合,作为ECU控制喷油量的条件参数,故节气门位置传感器也是喷油量控制的一个重要信号。

随着电控技术在汽油发动机上的应用与发展,先后出现了触点(开关)式、可变电阻式、综合式和电子式等不同工作原理的节气门位置传感器。

综合式节气门位置传感器由触点式和可变电阻式组合而成。当今,综合式和电子式节气门位置传感器应用较广泛。而触点(开关)式节气门位置传感器因为控制精度低,不能满足当今不断严格的排放标准要求,现已被淘汰。

传统的节气门发动机因为节气门的存在会产生泵气损失,造成不小的能量损失,影响发动机效率。针对这些问题,21世纪初菲亚特汽车公司研发推出了"Multiair电控液压进气系统",BMW公司研发推出了"Valvetronic电子气门自动控制系统"。这两个系统有一个共同的特点,就是少了节流阀(节气门)的设计。可以预见不久的将来,随着此类技术的成熟和推广,节气门位置传感器将会从汽油发动机上消失,而取而代之的将是加速踏板位置传感器。

2. 可变电阻式节气门位置传感器的结构与工作原理

可变(滑动)电阻式节气门位置传感器是一种线性电位计,电位计的滑臂与节气门同轴。控制单元通过该传感器可以获得节气门开度从全闭到全开连续变化的信号,以及开闭速度的信号,从而精确判断发动机的运行工况,以提高控制精度和效果,如图2-19所示。这种形式的传

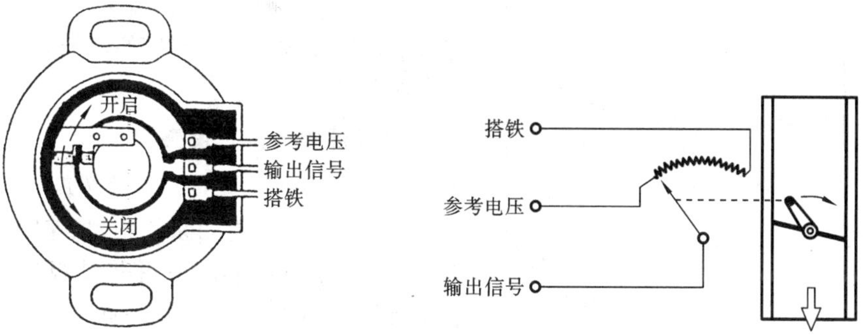

图 2-19 可变电阻式节气门位置传感器

感器目前只在利用旁通道调节怠速进气量的发动机上使用，如富康轿车 TU5JP/K 型发动机等。

3. 综合式节气门位置传感器的结构与工作原理

综合式节气门位置传感器的主要结构与可变(滑动)电阻式节气门位置传感器的一样，也是利用线性电位计获得节气门开度从全闭到全开连续变化的信号，以及开闭速度的信号，不同的是增加了一个判断怠速工况的开关，即由原来的一个电刷变成了两个电刷，如图 2-20 所示。

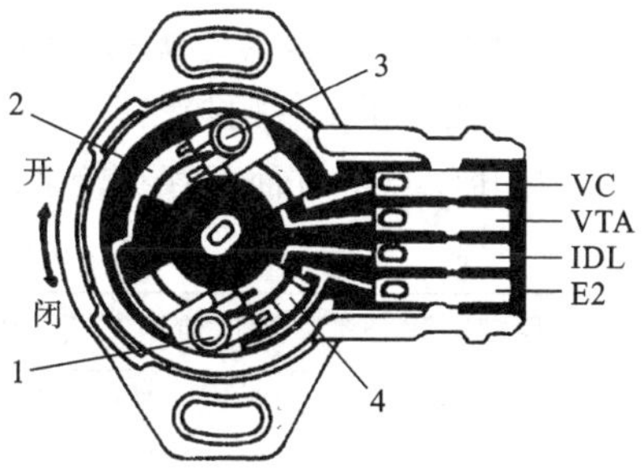

图 2-20 综合式节气门位置传感器的基本结构

1—怠速电刷；2—电阻体；
3—节气门开度电刷；4—绝缘部分；
VC—电源；VTA—节气门开度信号；
IDL—怠速触点；E2—接地线

传感器有两个与节气门联动的活动触点，即由节气门开度电刷和怠速电刷分别在电阻体上滑动而构成。当节气门全关闭时，怠速电刷与怠速触点 IDL 接触。

图 2-21 所示为综合式节气门位置传感器与 ECU 的连接电路。在 VC 端子上一直加有来自 ECU 的 5 V 定值电压。当节气门关闭或开度很小时，怠速触点闭合，其输出端 IDL 输出低电平(0 V)；当节气门开度开到一定程度(≥1.2°)时，怠速触点断开，输出端 IDL 输出高电平(5 V)。随着节气门开度变化增大，电阻器的节气门开度电刷便随节气门轴转动，传感器输出端子 VTA 与 E2 之间的信号电压随之发生变化，节气门开度越大，输出电压越高。(注：也有反向设计的，如德系车。)怠速触点 IDL 信号电压和节气门开度

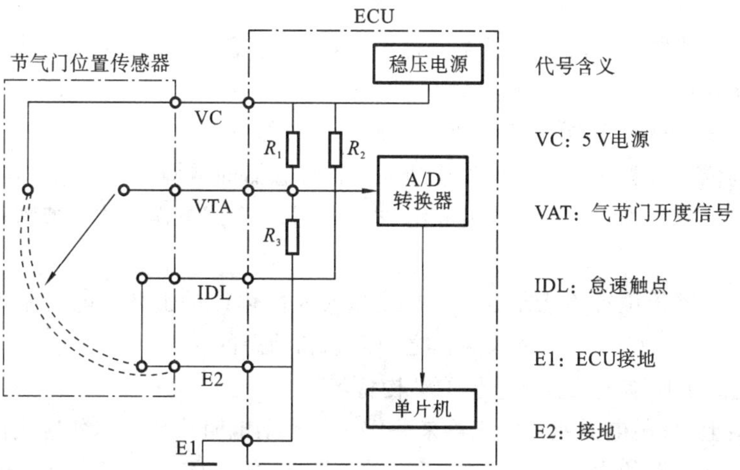

图 2-21 综合式节气门位置传感器与 ECU 的连接电路

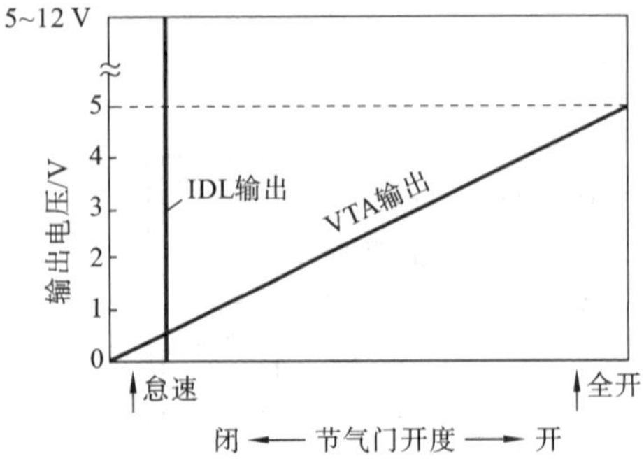

图 2-22　怠速触点 IDL 和节气门开度 VTA 信号电压输出特性

VTA 信号电压输出特性如图 2-22 所示。传感器输出的线性信号经过 A/D 转换器转换成数字信号后再输入 ECU。

4. 加速踏板位置传感器

1）加速踏板位置传感器的功用

在电子节气门控制系统中，加速踏板位置传感器用来确定加速踏板位置并将踏板位置信号传递给控制单元 ECU。ECU 根据此信号来判断驾驶员的意图，完成相应的控制，这与非电子节气门控制系统中的节气门位置传感器的作用是一样的。

2）加速踏板位置传感器的分类与电路特点

目前，在电子节气门控制系统中所使用的加速踏板位置传感器在工作原理、输出信号类型和信号电压特点等方面都存在较多的不同，具体内容如表 2-1 所示。

表 2-1　常见加速踏板位置传感器相关信息

<table>
<tr><th colspan="2">按工作原理不同分类</th><th>常见使用车系</th><th>电路特点</th><th>输出信号类型</th><th>信号电压特点</th></tr>
<tr><td>滑动触点电位计式</td><td>接触式</td><td>德系车</td><td rowspan="3">采取冗余设计</td><td rowspan="2">模拟信号</td><td>（1）两个传感器输出的信号电压之和恒定（一个传感器具有正斜率，另一个传感器具有负斜率）；
（2）两个传感器输出的信号电压差值（倍数关系）恒定（两个传感器具有相同的斜率）</td></tr>
<tr><td>霍尔效应式</td><td rowspan="2">非接触式</td><td>法系车和日系车等</td><td>两个传感器输出的信号电压差值（倍数关系）恒定（两个传感器具有相同的斜率）</td></tr>
<tr><td>电涡流式</td><td>奔驰、福特车系等</td><td>模拟/数字信号</td><td>一个传感器输出占空比数字电压信号，另一个传感器输出的是模拟直流电压信号</td></tr>
</table>

3）加速踏板位置传感器的结构与工作原理

加速踏板位置传感器由两个传感器组合而成，相关信息见表 2-1 所述。从控制角度来看，使用一个传感器就可以使系统正常运转，但冗余设计可以使两个传感器相互检测，当一个传感器发生故障时能及时被识别，在很大程度上增加了系统的可靠性，保证行车的安全性。

滑动触点电位计式和霍尔效应式加速踏板位置传感器的结构与工作原理，将会在后续的电子节气门位置传感器相关内容中向读者介绍，本小节主要介绍电涡流式加速踏板位置传感器的结构与工作原理。

电涡流式加速踏板位置传感器是一种非接触式线性化计量工具。电涡流式传感器能准确测量被测体（必须是金属导体）与探头端面之间静态和动态的相对位移变化。

（1）电涡流式加速踏板位置传感器的结构特点。

在福特车型上，采用电涡流式传感器来替代一些滑动电阻式或霍尔效应式传感器。电涡流式加速踏板位置传感器的内部包括一个转子、一个带有线圈的集成电路板等，如图 2-23 所示。

（2）电涡流式传感器的工作原理与信号特点。

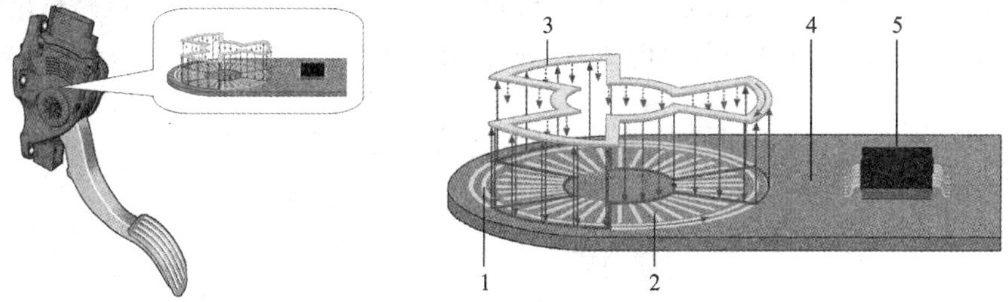

图 2-23 电涡流式加速踏板位置传感器的结构

1—发射线圈；2—接收线圈；3—转子；4—电路板；5—集成电路

电涡流式传感器可分为高频反射式和低频透射式两类，下面将对其工作原理作以阐述：电涡流式传感器是基于电磁感应原理而工作的，但又不完全同于电磁感应，并且在实际测量中要避免电磁感应对它的干扰。

电涡流的形成：现假设有一线圈中的铁芯是由整块铁磁材料制成的，此铁芯可以看成是由许多与磁通相垂直的闭合细丝所组成，因而形成了许多闭合的回路。当给线圈通入交变的电流时，由于通过铁芯的磁通是随着电流做周期性变化的，所以在这些闭合回路中必有感应电动势产生。在此电动势的作用下，形成了许多旋涡状的电流，这种电流就称为电涡流。

电涡流式传感器的工作原理如图 2-24 所示，当线圈中通过高频电流 i_1 时，线圈周围产生高频磁场，该磁场作用于金属体，但由于趋肤效应，不能透过具有一定厚度的金属体，而仅作用于金属表面的薄层内。在交变磁场的作用下，金属表面产生了感应电流 i_2，即为涡流。感应电流也产生一个交变磁场并反作用于线圈上，其方向与线圈原磁场方向相反。这两个磁场相互叠加，就改变了原来线圈的阻抗 Z，Z 的变化仅与金属导体的电阻率 ρ、磁导率 μ、激励电流强度 i_1、频率 f、线圈的几何形状 r 以及线圈与金属导体之间的距离 d 有关。线圈的阻抗可以用如下的函数式表示：$Z=F(\rho、\mu、i_1、f、r、d)$。当被测对象的材料一定时，ρ、μ 为常数，仪表中的 i_1、f、r 也为定值，于是 Z 就成为距离 d 的单值函数。

实用中的电涡流式传感器如图 2-25 所示，电涡流式传感器使发射线圈 3 中流过高频振荡电流，在线圈中产生交变的磁场。当被测金属体转子 1 靠近这一磁场，则在此金属表面产生感应电流，与此同时该电涡流场也产生一个交变磁场，由于其反作用，使接收线圈中的高频电流的幅度和相位得到改变。

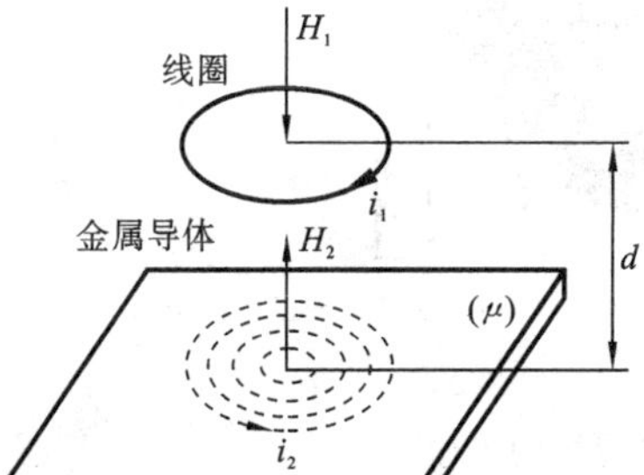

图 2-24 电涡流式传感器的工作原理

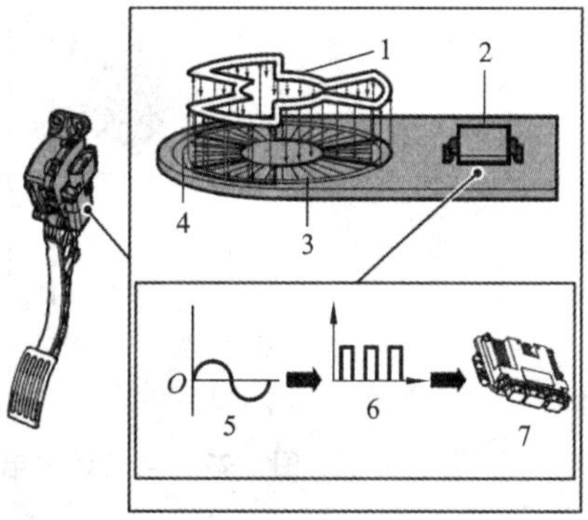

图 2-25 实用中的电涡流式传感器

1—转子；2—集成电路；3—接收线圈；4—发射线圈；
5—模拟交流电信号；6—占空比方波信号；7—ECU

电涡流式加速踏板位置传感器的信号特点如图 2-26 所示，它通过集成电路输出两路信号：一路 APP1 为占空比信号；另一路 APP2 为模拟直流电压信号，电压范围为 0～4.5 V。

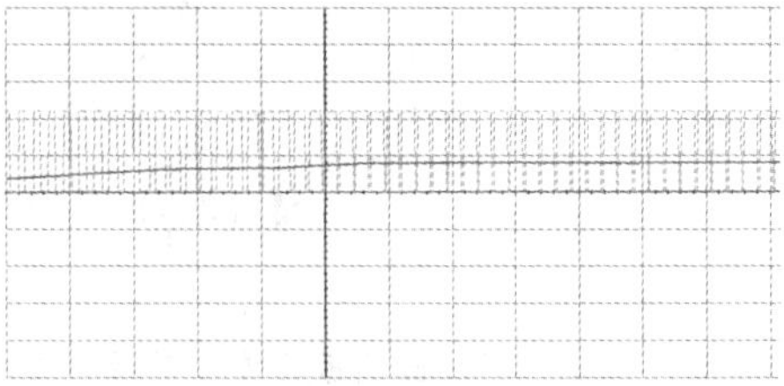

图 2-26　电涡流式加速踏板位置传感器的信号特点

5. 电子式节气门位置传感器

电子式节气门位置传感器与加速踏板位置传感器一样，也是由两个节气门位置传感器组合而成的，同样采用冗余设计以使两个传感器相互检测，当一个传感器发生故障时能及时被识别，在很大程度上增加了系统的可靠性，保证行车的安全性。目前，相关车系选用较多的是滑动触点电位计式(简称电位计式)和霍尔效应式两种形式。

ECU 根据电子式节气门位置传感器的反馈信号(加速踏板位置传感器信号)来计算节气门开度并响应驾驶员的输入，来控制节气门执行器。这些信号同时也用来计算空燃比修正值、功率提高修正值和燃油切断控制等。

1) 电位计式电子节气门位置传感器

(1) 电位计式电子节气门位置传感器的结构与工作过程。

以大众车系为例，滑动触点电位计式电子节气门位置传感器出于安全考虑，节气门控制模块内装有两个节气门位置传感器 G187 和 G188，目的是精确控制和备用。其工作过程如图 2-27 所示，两个节气门位置传感器都与节气门同轴，同时向发动机控制单元提供当前节气门位置的反馈信号。

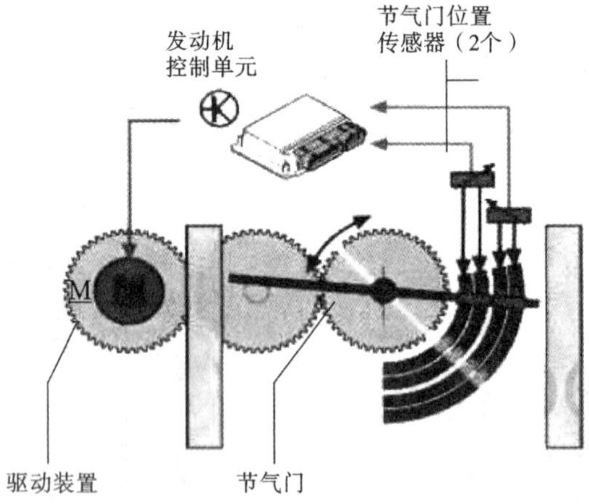

图 2-27　电位计式电子节气门位置传感器的工作过程

当一个传感器信号中断时，系统使用另一个传感器信号，对加速踏板响应不变，巡航关闭，EPC 灯亮并存储故障码；

当两个传感器信号中断时，发动机在 1500 r/min 左右运行，踩加速踏板无反应，EPC 灯亮，有故障码存储。

（2）电位计式电子节气门位置传感器的电路特点。

节气门位置传感器（G187、G188）与ECU（J220）的连接电路如图2-28所示。其特点是：两个滑动触点电位计上的工作电压均为5 V，两个电位计共用一个电源（红色）和接地线（棕色），但有单独的信号线（绿色）；两个电位计上都没有安装串联电阻，传感器供电电压端与接地端反接，实现阻值的反向变化，即两个传感器阻值变化量之和为一定值，且其上电压之和始终等于供电电压。对两个传感器施加相同的电压，两者输出的电压信号也相应反向变化，其中G188的为负斜率信号（0～5 V），G187的为正斜率信号（0～5 V），ECU优先采用G188的负斜率信号。两个电位计的输出特性曲线如图2-29所示，这样设计能提高系统的安全性和保证对系统的测试功能。

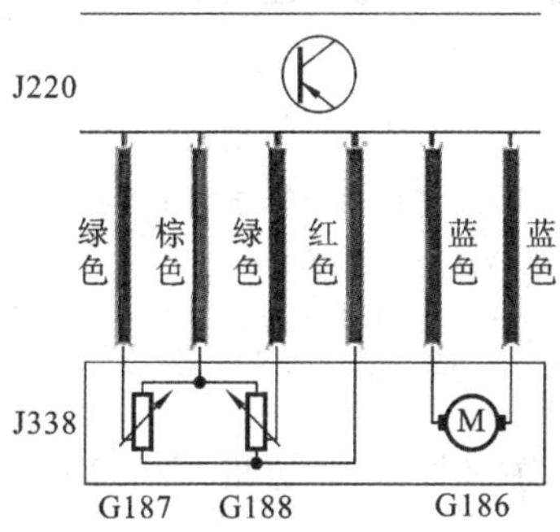

图2-28 节气门位置传感器（G187、G188）与ECU（J220）的连接电路

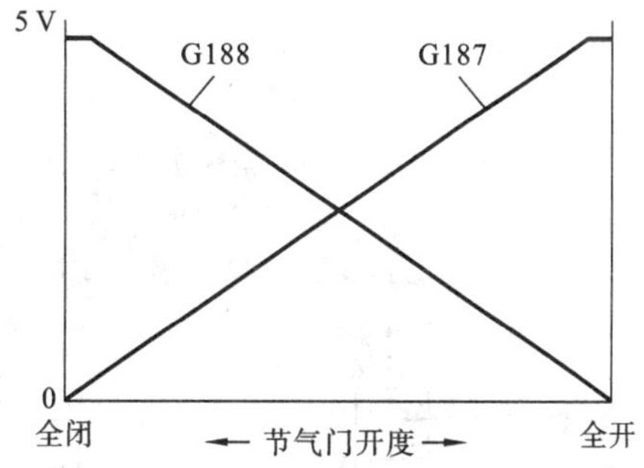

图2-29 节气门位置传感器（G187、G188）的输出特性

2）霍尔效应式电子节气门位置传感器

丰田车系霍尔效应式电子节气门位置传感器为非接触式，采用霍尔效应元件。节气门体内有两个传感器电路VTA1和VTA2，各传送一个信号，如图2-30所示。VTA1用于检测节气门开度，VTA2用于检测VTA1的故障。传感器信号电压与节气门开度成比例，当节气门关闭时，传感器输出电压降低，当节气门开启时，传感器输出电压升高，在0.9 V至5 V之间变化，并且传送至ECM的VTA端子，如图2-31所示。

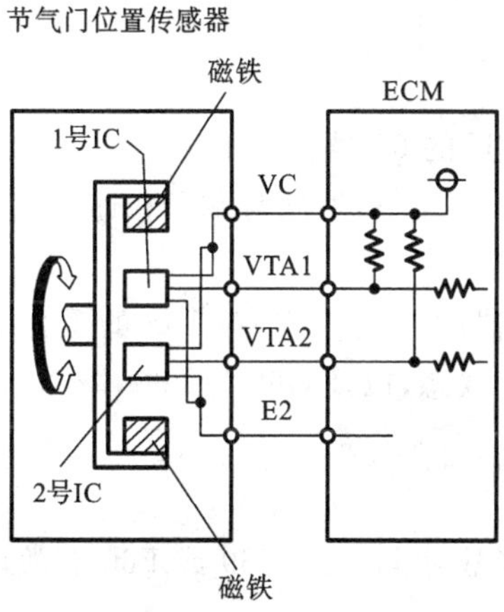

图2-30 节气门位置传感器（VTA1、VTA2）与ECM的连接电路

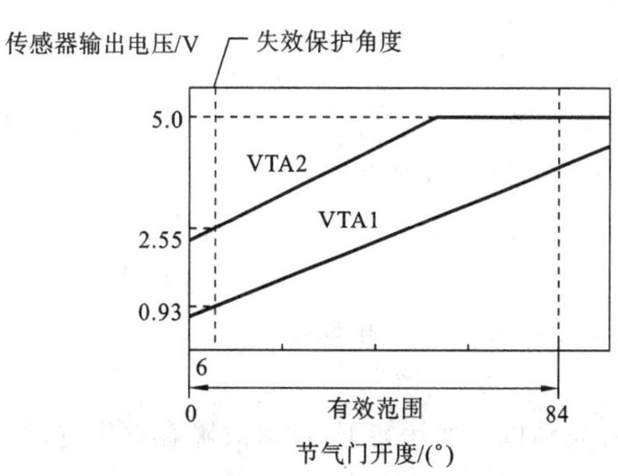

图2-31 节气门位置传感器（VTA1、VTA2）的输出特性

6. 综合式节气门位置传感器的检修

以桑塔纳2000GSi型轿车为例，桑塔纳2000GSi型轿车发动机电控系统的节气门位置传感器(G69)、怠速节气门位置传感器(G88)和怠速开关(F60)安装在节气门控制装置(J338)内部,它们与ECU连接电路和节气门控制装置(J338)的8线插座分别如图2-32和图2-33所示。

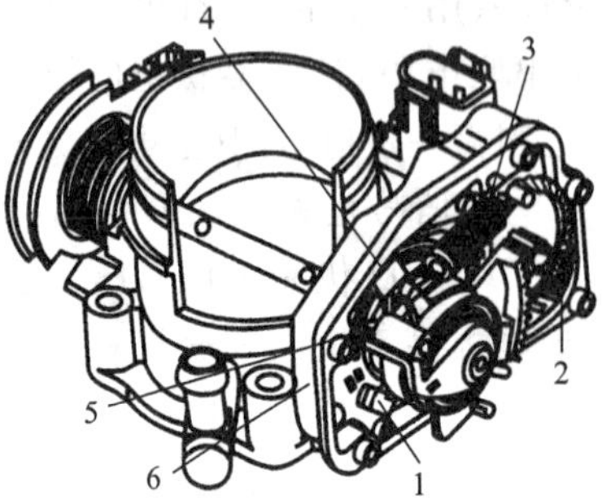

(a)结构

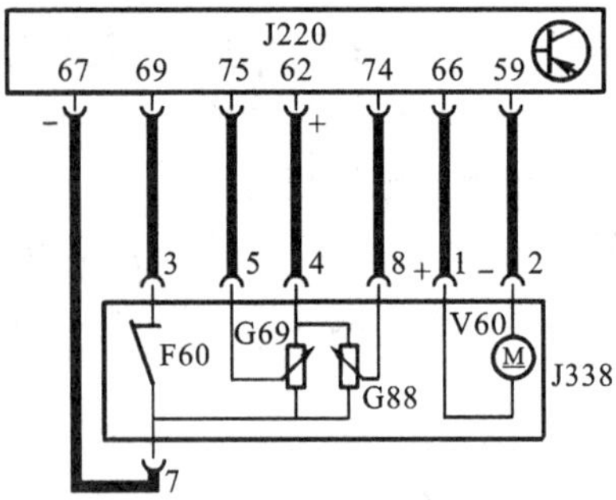

(b)连接电路

图2-32　桑塔纳2000GSi型轿车发动机电控系统的节气门控制装置(J338)的结构和连接电路

1—节气门位置传感器(G69);2—怠速控制电动机(V60);3—弹簧;
4—怠速节气门位置传感器(G88);5—怠速开关(F60);6—整体式怠速调节装置

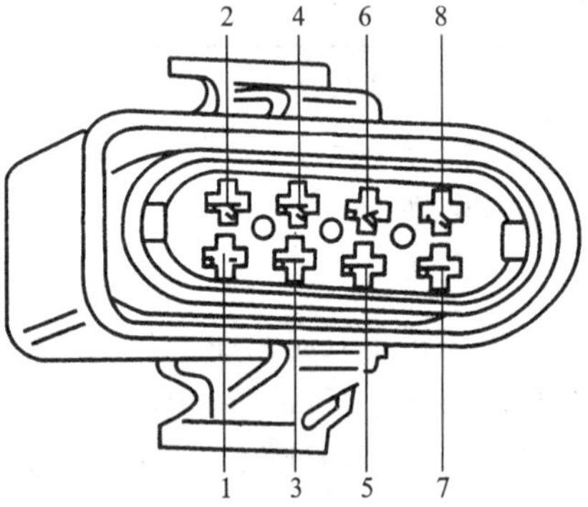

图2-33　J338的8线插座

1)电路分析

1号端子——怠速控制电动机(V60)源正极,与ECU的66号端子相连;

2号端子——怠速控制电动机(V60)源负极,与ECU的59号端子相连;

3号端子——怠速开关(F60)信号线,与ECU的69号端子相连;

4号端子——节气门位置传感器(G69)、怠速节气门位置传感器(G88)的共用电源线,与ECU的62号端子相连;

5号端子——节气门位置传感器(G69)正信号线,与ECU的75号端子相连;

6号端子——空;

7号端子——F60、G69和G88的共用负信号线,与ECU的67号端子相连。

8号端子——怠速节气门位置传感器(G88)正信号线,与ECU的74号端子相连。

2)检测内容的确定

桑塔纳2000GSi轿车使用的综合式节气门位置传感器的检测内容有:G69的工作电压、G69与F60的信号电压、G69、F60与ECU连接线路的工作状态,以及G69与F60本体电阻等。

3)诊断程序与检测步骤

(1)读取故障代码。

在发动机怠速运转下,读取故障存储中的故障代码,若故障码显示G69或F60有故障,应首先检测G69的工作电压。

(2)检查节气门位置传感器(G69)的工作电压。

关闭点火开关,拔下传感器的8线插座,打开点火开关,用万用表测量插座的4号端子与7号端子之间的电压,该电压应为5 V。否则,传感器插座4号端子与ECU插座62号端子、传感器插座7号端子与ECU插座67号端子之间的连接线路有故障,或ECU有故障,应排除。如正常，进行下一步检查。

(3) 检查节气门位置传感器(G69)的信号电压。

关闭点火开关，拔下传感器的 8 线插座，用专用探针分别背插于传感器 8 线插座上的 5 号端子与 7 号端子；用万用表电阻挡检查插入 5 号、7 号端子的专用探针与传感器 8 线插座的 5 号、7 号端子内的铜片接触是否正常；连接传感器 8 线插座，打开点火开关，用万用表测量传感器 8 线插座的 5 号端子与 7 号端子在不同节气门开度下的电压，检测值应符合汽车制造商提供的维修手册中的规定值。否则，传感器插座 5 号端子与 ECU 插座 75 号端子、传感器插座 7 号端子与 ECU 插座 67 号端子之间的连接线路有故障，应排除。如正常，进行下一步检查。

(4) 检查连接线路。

关闭点火开关，断开蓄电池负极电缆，分别拔下节气门组件 8 线插座和 ECU 的 28 线插座；用万用表分别检测传感器插座的 3 号端子与 ECU 插座的 69 号端子、传感器插座 4 号端子与 ECU 插座 62 号端子、传感器插座 5 号端子与 ECU 插座 75 号端子的导线电阻，检测值应小于 0.5 Ω。传感器插座 7 号端子与 ECU 插座 67 号端子之间的导线电阻的检测值不得大于1.0 Ω。导线与导线之间不得有短路或漏电，否则要更换线束。如正常，进行下一步检查。

(5) 检查节气门位置传感器(G69)的本体电阻。

关闭点火开关，拔下节气门组件 8 线插座；用万用表检测节气门组件 8 线插座的 4 号端子与 7 号端子、5 号端子与 7 号端子在不同节气门开度下的电阻，检测值应符合汽车制造商提供的维修手册中的规定值。否则，更换节气门组件(J338)。

(6) 检查怠速开关(F60)的信号电压。

关闭点火开关，拔下传感器的 8 线插座，用专用探针分别背插于传感器 8 线插座上的 3 号端子与 7 号端子；用万用表电阻挡检查插入 3 号端子与 7 号端子的专用探针与传感器 8 线插座的 3 号端子与 7 号端子内的铜片接触是否正常；连接传感器 8 线插座，打开点火开关，用万用表检测节气门组件 8 线插座 3 号端子与 7 号端子在不同节气门开度下的电压，当节气门全闭时检测值应为 0 V，节气门全开时检测值≥9.0 V。

(7) 检查怠速开关(F60)的本体电阻。

关闭点火开关，拔下节气门组件 8 线插座，用万用表检测节气门组件 8 线插座的 3 号端子与 7 号端子在不同节气门开度下的电阻，检测值应符合汽车制造商提供的维修手册中的规定值。否则，更换节气门部件(J338)。

注：怠速控制电动机(V60)与怠速节气门位置传感器(G88)的检测内容略。

4) 故障分析举例

如图 2-40 所示，当用万用表检测 J220 线束插座的 75 号和 67 号端子时，未能检测到信号电压，引起该故障现象的可能原因有：

(1) 传感器插座 7 号端子与 ECU 67 号端子之间的线路故障；

(2) 传感器插座 5 号端子与 ECU 75 号端子之间的线路故障；

(3) 传感器插座 4 号端子与 ECU 62 号端子之间的线路故障；

(4) G69 本体故障；

(5) ECU 故障。

思考：

1. 本案例中，为什么上述故障点会引起在 J220 线束插座的 75 号和 67 号端子处检测不到信号电压？

2. 如果我们在传感器插座的 5 号和 7 号端子处未能检测到信号电压，故障的可能部位还是上述的 5 处吗？试分析列举。

7. 电位计式电子节气门位置传感器的检修

以奥迪 A6 相关轿车为例。奥迪 A6 APS 与 ATX 发动机电子节气门控制系统电路如图 2-34 所示。

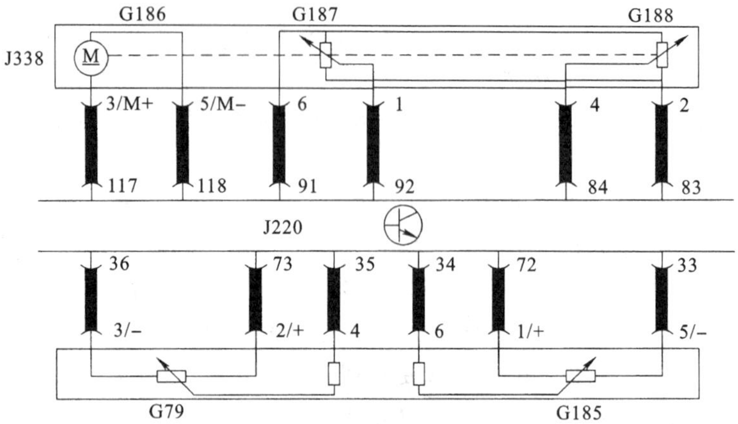

图 2-34 奥迪 A6 APS 与 ATX 发动机电子节气门控制系统电路

J338—节气门控制部件；G186—节气门驱动装置；G187—节气门位置角度传感器 1；G188—节气门位置角度传感器 2；J220—发动机控制单元；G79—加速踏板位置传感器 1；G185—加速踏板位置传感器 2

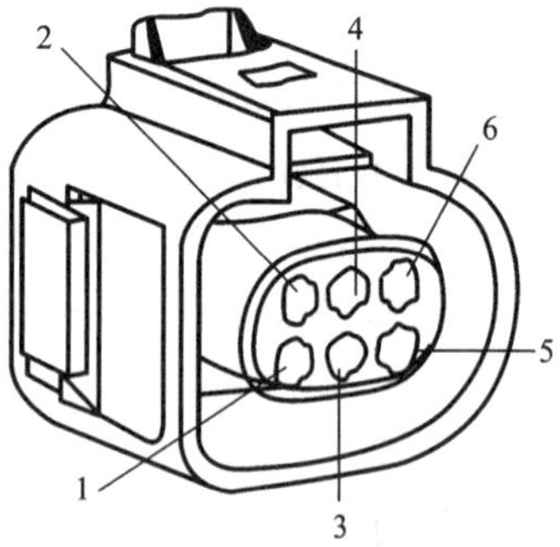

图 2-35 节气门控制部件插头

1—G187 信号端；2—G187、G188 工作电压，5 V；3—电动机 M(+)；4—G188 信号端；5—电动机 M(−)；6—ECU、G187、J188(−)

1）节气门控制部件供电和导线的检查

(1) 拔下节气门控制部件插头，如图 2-35 所示，打开点火开关，用万用表测量插头端子 2 和搭铁之间、端子 2 和端子 6 之间的电压值，应约为 5 V。

(2) 若达不到上述要求，按照电路图检查节气门控制部件插头 6 个端子至 ECU 相应端子之间的导线是否断路，然后检查导线相互之间是否导通。

2）检查加速踏板位置传感器

(1) 将 VAG1551 或 VAG1552 连接到诊断座上，启动发动机，用地址号 01 选择发动机电控系统。按 0 到 8 键，选择功能“读测量数据块”，按 Q 键确认。

(2) 输入 062 号，读取数据流，如表 2-2 所示。

表 2-2 062 组数据流

显示组 062 电子节气门电位计	显示区			
	1	2	3	4
显示屏	××%	××%	××%	××%
表示	节气门位置角度传感器 1	节气门位置角度传感器 2	加速踏板位置传感器 1	加速踏板位置传感器 2
工作范围	最小：0% 最大：100%	最小：0% 最大：100%	最小：0% 最大：100%	最小：0% 最大：100%
规定值	3%～93% 怠速值：8%～18%	3%～97% 怠速值：80%～90%	12%～97%	4%～49%

(3) 慢慢将加速踏板踩到底，同时注意显示区3和4的百分比值，应均匀升高，并且显示区3中的显示值应总是显示区4的2倍。如果显示值没有达到此要求，则继续进行下述检查。

(4) 拆下驾驶员侧杂物箱，拔下加速踏板位置传感器插座，如图2-36所示。打开点火开关，测量插座1号端子和搭铁之间、1号端子和5号端子之间、2号端子和搭铁之间、2号端子和3号端子之间的电压值，应均为5 V。

(5) 检查加速踏板位置传感器各端子至ECU线束端之间的导线是否断路，然后检查导线相互之间是否导通。如果导线无故障，则更换传感器。

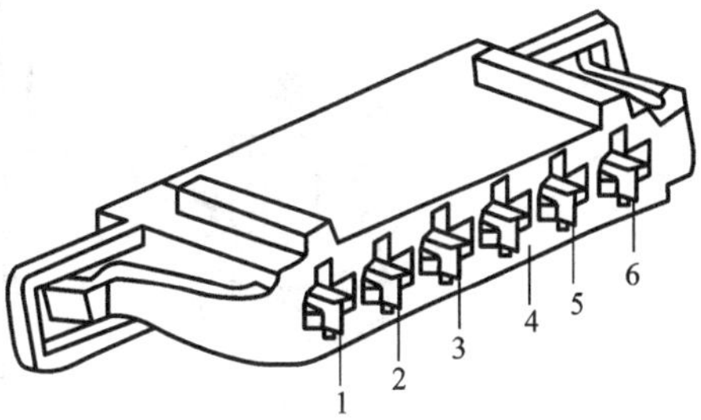

图2-36 加速踏板位置传感器插座

1—G185工作电压，5 V；2—G79工作电压，5 V；
3—G79(－)；4—G79信号端；
5—G185(－)；6—G185信号端

二、温度传感器

冷却液温度是反映发动机热负荷状态的重要参数，为了保证电控单元能够精确地控制发动机正常运行，必须随时检测发动机的温度，以便修正控制参数。

1. 冷却液温度传感器的功用

冷却液温度传感器(coolant temperature sensor，CTS)通常又称为水温传感器，安装在发动机冷却液出水管上，其功用是检测发动机冷却液的温度，并将温度信号转换为电信号传送给发动机电控单元ECU，ECU根据该信号修正喷油时间和点火时间，使发动机工况处于最佳运行状态。冷却液温度信号也是汽车上其他电控系统的重要参考信号，如活性炭罐电磁阀控制、电控自动变速器系统、自动空调系统等。

2. 冷却液温度传感器的结构

温度传感器的种类有很多，常用的有热敏电阻式、金属热电阻式、线绕电阻式、半导体晶体管式等。热敏电阻可分为正温度系数(PTC)型热敏电阻、负温度系数(NTC)型热敏电阻、临界温度型热敏电阻和线性热敏电阻，汽车上常用的是负温度系数型热敏电阻式温度传感器。

热敏电阻是利用陶瓷半导体材料的电阻随温度变化而变化的特性制成的，其突出优点是灵敏度高、响应及时、结构简单、制造方便、成本低廉。热敏电阻式温度传感器主要由热敏电阻、金属或塑料壳体、接线插座与连接导线组成，其结构外形如图2-37(a)所示。

热敏电阻的外形制作成珍珠形、圆盘形、垫圈形、梳状芯片形、厚膜形等，放置在传感器的金属管壳内。在热敏电阻的两个端面各引出一个电极并连接到传感器插座上。

传感器壳体上制有螺纹，以便安装与拆卸。接线插座分为单端子式和两端子式两种，如图2-37(b)和图2-37(c)所示，中高档轿车燃油喷射系统一般采用两端子式温度传感器，低档轿车燃油喷射系统以及汽车仪表一般采用单端子式温度传感器。如传感器插座上只有一个接线端子，则壳体为传感器的一个电极。

负温度系数(NTC)型热敏电阻式温度传感器的阻值与温度的关系曲线如图2-38所示。NTC型热敏电阻具有温度升高阻值减小，温度降低阻值增大的特性，而且呈明显的非线性关系。

3. 温度传感器的工作电路分析

1) 温度传感器电路结构特性

温度传感器电路实际是一个分压电路，如图2-39示，温度传感器的电路由ECU控制电路内

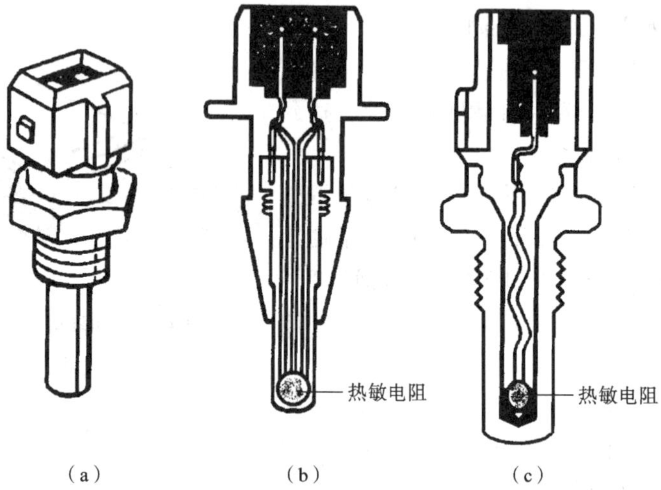

图 2-37 热敏电阻式温度传感器结构

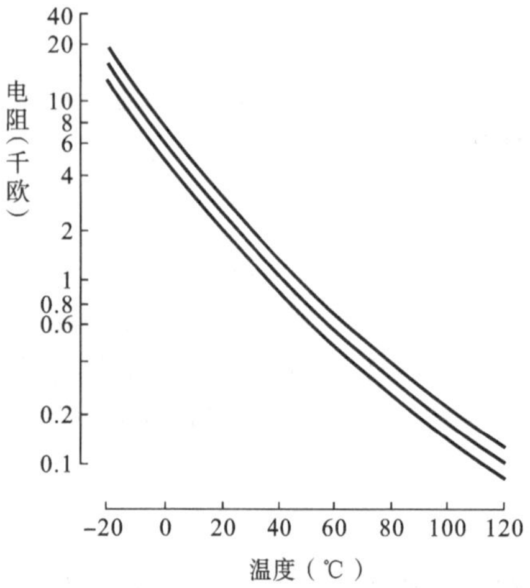

图 2-38 负温度系数(NTC)型热敏电阻式温度传感器的阻值与温度的关系曲线

的稳压电源、限流电阻、电压表组成。稳压电源使电路中的电压恒定。电压发生波动会被控制模块当成传感器信号的变化。提供的电压必须能使系统正常工作。

限流电阻 R_1 是固定阻值的电阻，用以防止电路中电流超载，如 ECU 控制电路与温度传感器之间发生接地短路，限流电阻可起到限流作用。控制模块的电位计测出 X 点的电压，此电压值随温度传感器阻值的变化而变化。

由图 2-39 所示可知，计算分压电路 X 点电压的公式为

$$U_X=(R_2/R_t)\times U_r$$

U_X 是 X 点的电压，即被检测的电压；R_2 是温度传感器的阻值；R_t 是 R_1 与 R_2 的电阻之和；U_r 等于稳压电源输出的参考电压。

2) 温度降低至 0 ℃时

当冷却液温度为 0 ℃时，$R_1=2\ \text{k}\Omega$，$R_2=5\ \text{k}\Omega$，$U_r=5\ \text{V}$。按上述公式计算得出：$U_X=3.6\ \text{V}$，如图 2-40 所示。

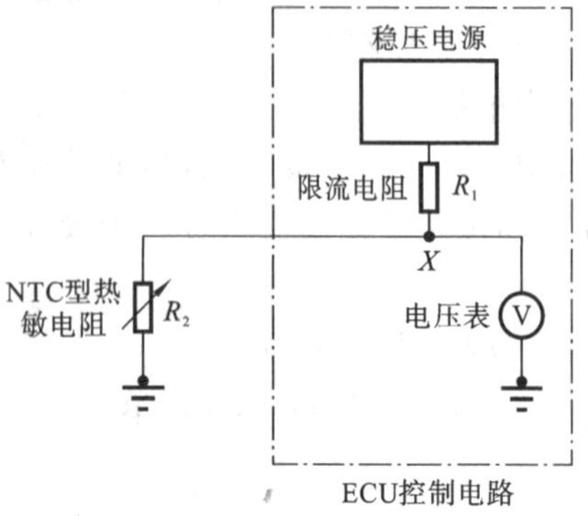

图 2-39 温度传感器电路结构

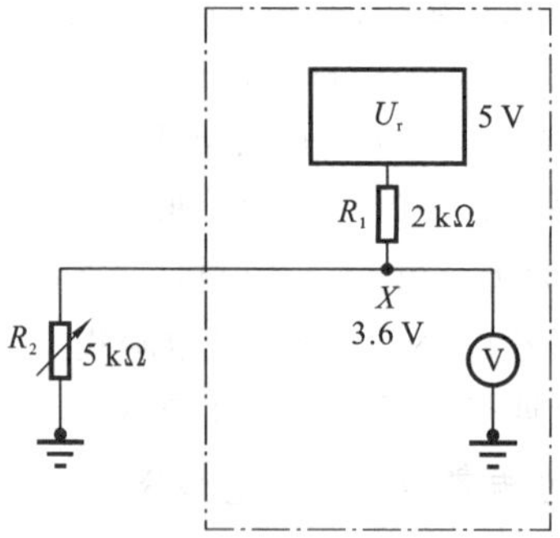

图 2-40 温度降低至 0 ℃时温度传感器电路

3）温度升至40 ℃时

当温度升至40 ℃时电阻减小，此时R_2（热敏电阻）减小为1 kΩ，则按照X点电压的计算公式可得出U_X应降至1.7 V，如图2-41所示。

4）温度升至80 ℃时

当温度升至80 ℃时电阻继续减小，此时R_2（热敏电阻）减小为0.35 kΩ，则按照X点电压的计算公式可得出U_X应降至0.7 V，如图2-42所示。

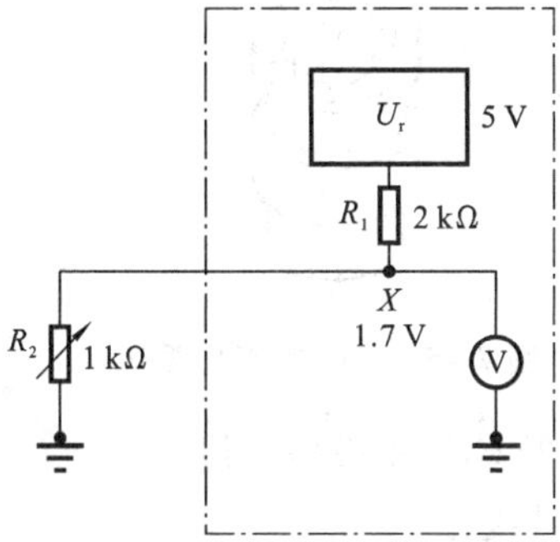

图2-41 温度升至40 ℃时温度传感器电路

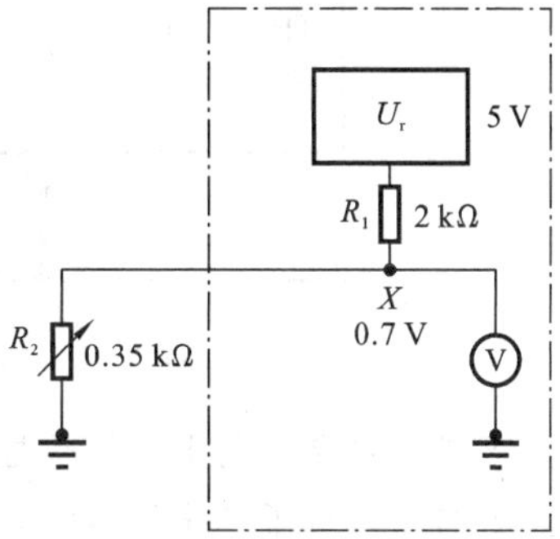

图2-42 温度升至80 ℃时温度传感器电路

由此我们得出以下结论。

正常工作状态下，当被检测的温度升高时，温度传感器的阻值下降，则X点的电压下降；反之，当被检测的温度下降时，温度传感器的阻值升高，则X点的电压上升。ECU根据接收到的X点信号电压值，便可计算求得对应的温度值，从而进行实时控制。上述电路中产生的是0～5 V的模拟电压信号。

实用的温度传感器工作电路如图2-43所示。

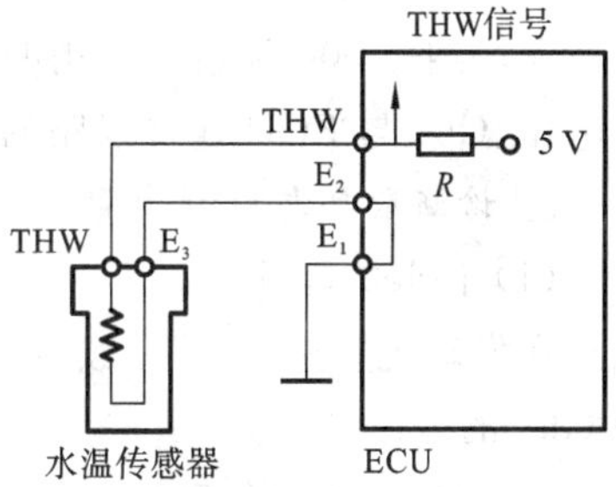

图2-43 实用的温度传感器工作电路

4. 进气温度传感器的结构与功用

空气质量大小与大气的密度和大气压力高低密切相关。当进气温度低时空气密度大，相同体积气体的氧含量增加；反之，当进气温度升高时空气密度小，相同体积气体的氧含量减小。

进气温度传感器（intake air temperature sensor，IATS）的功用是检测进气温度，并将温度信号转换为电信号输入发动机电控单元。进气温度信号用于对空气密度的变化进行修正。所以在采用翼片式或卡门涡旋式空气流量传感器的电控燃油喷射系统中，将进气温度传感器安装在空气流量传感器的空气测量部位附近。而在采用进气歧管绝对压力传感器的电控燃油喷射系统中，为了便于读取压力出口处的进气温度，进气温度传感器通常安装在稳压箱上。

进气温度传感器是双线的传感器，内部也是一个负温度系数型热敏电阻，根据电阻变化产生不同的信号电压，温度升高时阻值下降，信号电压也下降。进气温度传感器的结构和电路与冷却液温度传感器的类似，不再赘述。

5. 冷却液温度传感器的检修

以桑塔纳2000GSi型轿车为例，图2-44和图2-45所示为桑塔纳2000GSi型轿车的冷却液温度传感器（G62）连接电路和4线插座，其检测方法如下。

1）电路分析

4线插座的1号端子与ECU 67号端子相连，是传感器G62负极信号线；

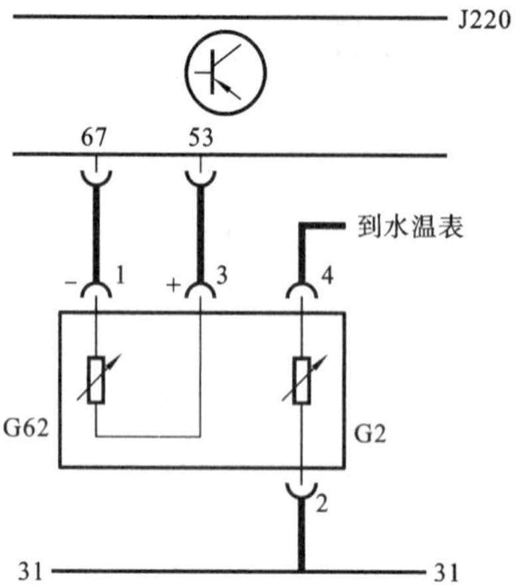

图 2-44　G62 与 G2 连接电路

图 2-45　G62 的 4 线插座

4 线插座的 3 号端子与 ECU 53 号端子相连，是传感器 G62 正极信号线；

4 线插座的 4 号端子到水温表，是传感器 G2 正极信号线；

4 线插座的 2 号端子与 31 号端子相连，是传感器 G2 搭铁线。

2）检测内容的确定

桑塔纳 2000GSi 轿车使用的冷却液温度传感器的检测内容有：G62 的工作电压、G62 的信号电压、G62 与 ECU 连接线路的工作状态和 G62 本体电阻等。

3）诊断程序与检测步骤

(1) 读取故障代码。

在发动机怠速运转下，读取故障存储中的故障代码，若故障码显示 G62 有故障，应首先检测 G62 的工作电压。

(2) 检查 G62 的工作电压。

冷却液温度传感器需要 ECU 内部的电源供电，即 5 V 工作电压，由 ECU 的 53 号端子引出。关闭点火开关，拔下冷却液温度传感器的 4 线插座，打开点火开关，测量 4 线插座 3 号端子和 1 号端子之间的电压，参数值为 5 V。否则，传感器插座 3 号端子与 ECU 插座 53 号端子、传感器插座 1 号端子与 ECU 插座 67 号端子之间的连接线路有故障或 ECU 有故障，应排除。如正常，进行下一步检查。

(3) 检查 G62 的信号电压。

关闭点火开关，拔下传感器的 4 线插座，用专用探针分别背插于传感器 4 线插座上的 1 号端子与 3 号端子；用万用表电阻挡检查插入 1 号、3 号端子的专用探针与传感器 4 线插座的 1 号、3 号端子内的铜片接触是否正常；连接传感器 4 线插座，打开点火开关，用万用表测量传感器 4 线插座的 3 号端子与 1 号端子在不同温度下的电压，该电压应随发动机冷却液温度的升高而下降，其变化值应符合厂家规定，如表 2-3 所示。如电压值不符合厂家规定，说明传感器失效，应予更换。

(4) 检查连接线路。

关闭点火开关，断开蓄电池负极电缆。分别拔下冷却液温度传感器 4 线插座和 ECU 的 80 线插座；用万用表分别检测传感器 4 线插座的 3 号端子与 ECU 的 80 线插座的 53 号端子、传感器插座的 1 号端子与 ECU 插座的 67 号端子的导线电阻，检测值应小于 0.5 Ω。导线与导线之间不得有短路或漏电，否则要更换线束。

表 2-3 发动机冷却液温度传感器信号电压与温度的对应关系

低温曲线(以 10 000 Ω 电阻测得)		高温曲线(以 909 Ω 电阻测得)	
温度/℃	电压/V	温度/℃	电压/V
−28.89	4.70	43.33	4.20
−23.33	4.57	48.89	4.00
−17.78	4.45	54.44	3.77
−12.22	4.30	60	3.60
−6.67	4.10	65.56	3.40
−1.11	3.90	71.11	3.20
4.44	3.60	76.67	3.02
10	3.30	82.22	2.80
15.56	3.00	87.78	2.60
21.11	2.75	93.33	2.40
26.67	2.44	98.89	2.20
32.22	2.15	104.44	2.00
37.78	1.83	110	1.80
43.33	1.57	115.56	1.62
48.89	1.25	121.11	1.45

(5) 检查 G62 的本体电阻。

关闭点火开关，拔下冷却液温度传感器 4 线插座，拆下冷却液温度传感器，将传感器和温度表放入烧杯或加热容器中，在不同温度下，检测传感器插座 1 号端子和 3 号端子之间的电阻值，应当符合规定，如表 2-4 所示。阻值过大、过小或为无穷大，说明传感器失效，应予更换。

表 2-4 冷却液温度传感器检测条件与标准参数

水温/℃	电阻值/Ω	水温/℃	电阻值/Ω	水温/℃	电阻值/Ω
0	5000～6500	40	950～1400	80	275～375
10	3350～4400	50	740～900	90	200～290
20	2250～3000	60	540～657	100	150～225
30	1500～2000	70	400～500		

思考：

1. 我们在检测冷却液温度传感器的工作电压和信号电压时，都是检测 4 线插座的 3 号端子与 1 号端子来获得相关参数，这与前期所学的有源传感器的检测方法一样吗？为什么？

2. 当 ECU 检测不到冷却液温度传感器输出的信号电压或检测到错误的信号电压时，试分析故障可能出现的部位。

任务3 运行状态传感器的结构与检测

运行状态传感器是指负责监测发动机工作状态和相关电子控制系统工作状态的传感器。

一、转速和转角位置传感器

转速传感器的任务是和信号发生装置(信号发生盘)配合,将相关旋转件的转速和转角位置信息传递给ECU,使ECU能根据转角位置信号的频率得出特定轴(信号发生盘安装在曲轴,凸轮轴,变速箱输入、输出轴或车轮轴上)的转速和转角。例如发动机曲轴位置传感器,以某一特定的转角位置(通常是发动机第一缸压缩行程上止点或该上止点前的某一特定转角位置)信号作为按喷油正时、点火正时发出下一个触发脉冲的定位基准信号,控制喷油开始时刻和点火时刻(点火提前角)、点火线圈充电闭合角、怠速转速和电动燃油泵的运行。对于四冲程发动机来说,当信号发生盘安装在曲轴上时,它只能提供每转一次的转角信号,无法区分其第一缸到达上止点位置的信号是对应于进排气上止点还是压缩膨胀上止点。因此,四冲程发动机中只有各缸同时或分组(同组两气缸同时到达上止点)进行喷油和点火的发动机才可以把信号发生盘装在曲轴上。当必须判明缸序并实行各缸顺序喷油和顺序点火时,就必须在发动机每循环只转一转的凸轮轴上安装信号发生盘,即凸轮轴位置传感器,也称判缸传感器。

发动机电子控制系统常用的转速传感器根据其工作原理不同可分为电磁感应式、光电效应式、霍尔效应式和磁阻效应式四种类型。

1. 电磁感应式转速传感器的结构与工作原理

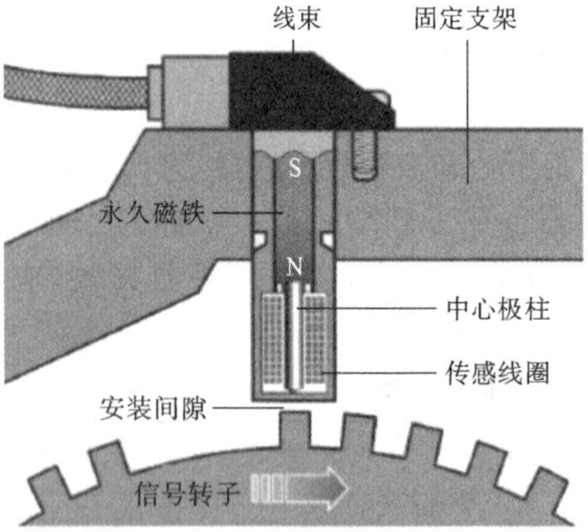

图2-46 电磁感应式传感器的结构

电磁感应式传感器主要由信号转子、传感线圈、永久磁铁和导磁磁轭组成,如图2-46所示。永久磁铁的磁力线经转子、线圈、磁头构成封闭回路,转子旋转时,由于转子凸起与磁头间的磁隙不断发生变化,通过线圈的磁通也不断变化,线圈中便产生感应电压,并以交流形式输出,交变电动势的频率反映了轴的转速。

改变作为信号转子的齿盘的形状,就可以获得表达不同信息的脉冲信号。例如,可以用齿盘上某个特殊的缺口(大缺齿)或突起的上升沿或下降沿表示某一特定转角位置,可以用一定直径的信号发生盘上的一个齿宽或一个缺口宽度表示一定的曲轴转角。

电磁感应式传感器中永久磁铁起着将机械能变换为电能的作用,其磁能不会损失。当发动机转速变化时,转子凸齿转动的速度将发生变化,铁芯中的磁通变化率也将随之发生变化。转速越高,磁通变化率就越大,线圈中的感应电动势也就越高。转速不同时,磁通和感应电动势的变化情况如图2-47所示。

由于转子凸齿与磁头间的气隙直接影响磁路的磁阻和线圈的输出电压,因此,转子凸齿与磁头间的气隙在使用中不能随意变动。气隙如有变化,必须按规定进行调整,气隙大小一般设计为0.2～0.4 mm。通过分析可看出,电磁感应式传感器是无源的,也就是说电磁感应式传感

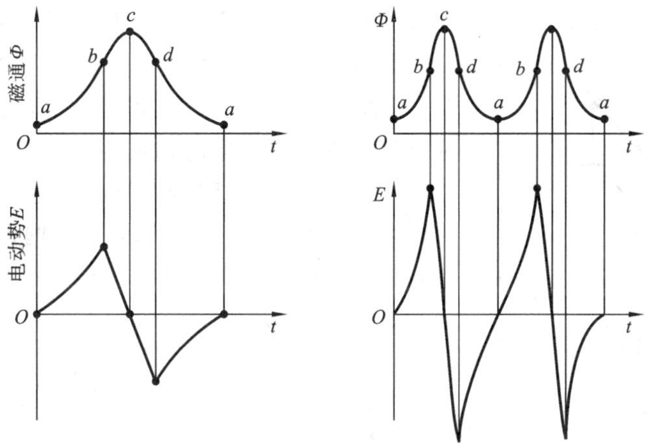

（a）低速时输出波形　　（b）高速时输出波形

图 2-47　磁通和感应电动势的变化情况

器只要满足上述条件，不需要工作电源就可输出信号电压。

应用实例　图 2-48 为桑塔纳 2000GSi 型轿车的电磁感应式发动机曲轴位置（CKP）传感器的结构示意图，图中 5 是信号发生器，由传感线圈、永久磁铁及线束组成，安装在靠近离合器一侧的缸体上。信号转子的圆周上间隔均匀地分布着 58 个凸齿、57 个小齿缺和 1 个大齿缺。

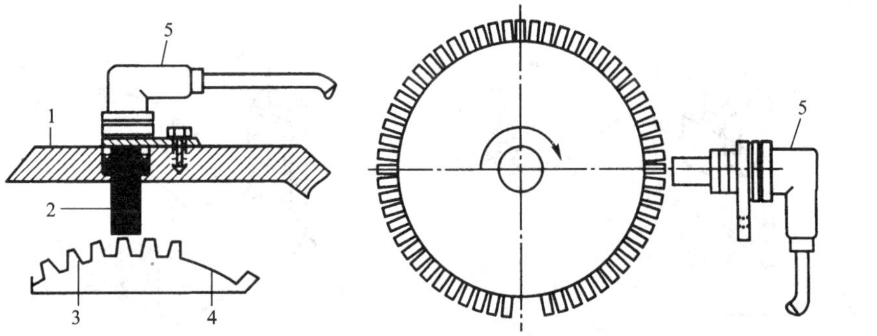

图 2-48　桑塔纳 2000GSi 型轿车发动机电控系统发动机曲轴位置传感器（G28）的结构示意图

1—缸体；2—传感器磁头；3—信号转子；4—大齿缺（基准信号标记）；5—信号发生器

当曲轴旋转时，信号转子同时旋转，信号发生器输出一个交变电压信号。由于大齿缺所占的曲轴转角为 15°，每个小齿缺所占的曲轴转角为 3°，因此当大齿缺转过传感器磁头时，信号发生器的输出信号相对于其他小齿缺产生的信号而言为一宽脉冲信号，该信号对应于 1 缸或 4 缸压缩上止点前一定角度。再由发动机凸轮轴位置传感器输入的信号来确定即将到来的是 1 缸还是 4 缸的上止点。当 ECU 接收到大齿缺产生的信号后，再根据小齿缺的脉冲信号来控制点火时间和喷油时间。

发动机的转速是根据信号发生器输出的脉冲信号频率确定的。因为每当发动机曲轴转动一圈，ECU 就会接收到信号发生器输送来的 58 个脉冲信号，所以 ECU 根据单位时间接收的发动机曲轴位置传感器脉冲信号的数量，就可以计算出发动机的转速。例如，ECU 在 1 min 内接收到发动机曲轴位置传感器 174 000 个脉冲信号，ECU 便可计算出曲轴转速 n 为 3000 r/min（n =174 000/58 r/min=3000 r/min）。

2. 霍尔效应式转速传感器的结构与工作原理

各种类型的霍尔效应式传感器（简称霍尔式传感器）都是根据霍尔效应制成的。霍尔效应是

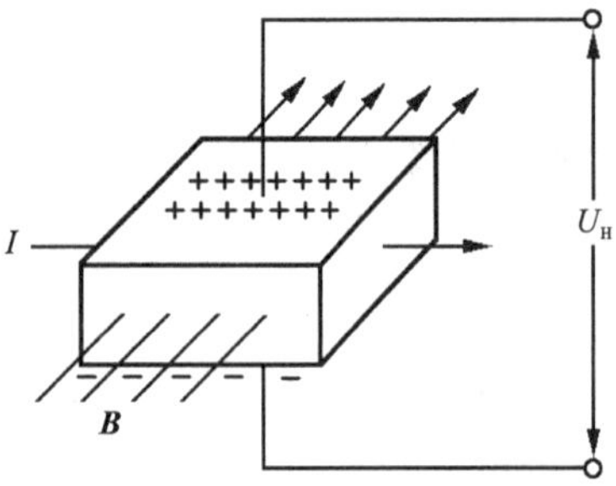

图 2-49 霍尔效应原理图

美国约翰·霍普金斯大学物理学家霍尔博士首先发现的。

霍尔效应由霍尔博士于1879年发现，把一个通有电流 I 的长方形半导体芯片(霍尔组件)垂直于磁力线放入磁感应强度为 $\boldsymbol{B}$ 的磁场中时，如图2-49所示，在半导体芯片(霍尔组件)的两个横向侧面上就会产生一个垂直于电流方向和磁场方向的电压 U_H，当取消磁场时电压立即消失。该电压称为霍尔电压 U_H，与通过半导体材料的电流 I 和磁感应强度 $\boldsymbol{B}$ 成正比，即

$$U_H = \frac{R_H}{d} IB$$

式中，R_H 为霍尔系数；d 为半导体芯片的厚度。

霍尔式传感器就是霍尔效应的具体表现形式，霍尔效应装置的核心是霍尔元件本身。在不同的结构布置中，霍尔式传感器可用于测量距离、确定位置、测量角度、测定加速度和测量转速。

20世纪80年代以来，汽车上应用的霍尔式传感器与日俱增，主要原因在于霍尔式传感器有两个突出优点：一是输出电压信号近似于方波信号；二是输出电压高低与被测物体的转速大小无关。

霍尔式传感器的基本结构如图2-50所示，主要由霍尔集成电路、永久磁铁、触发叶轮和磁轭等组成。

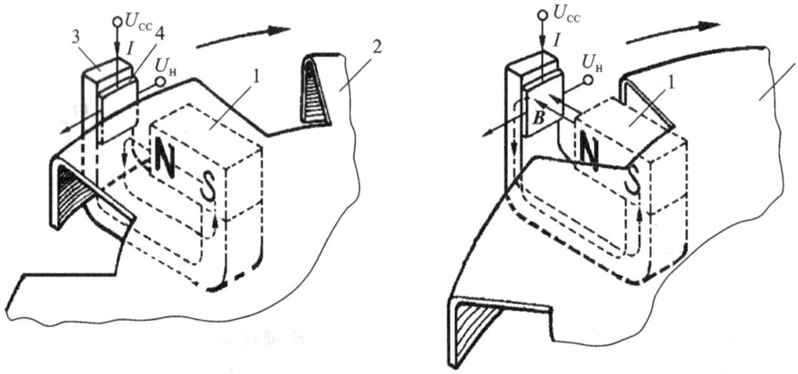

(a) 叶片进入气隙，磁场被旁路　　(b) 叶片离开气隙，磁场饱和

图 2-50 霍尔式传感器结构

1—永久磁铁；2—触发叶轮；3—磁轭；4—霍尔集成电路

当转子随转子轴一同转动时，转子上的叶片便在霍尔集成电路与永久磁铁之间转动，霍尔集成电路中的磁场就会发生变化，霍尔元件中就会产生霍尔电压，经过信号处理电路处理后，就可输出方波信号。

当传感器轴转动时，转子上的叶片便从霍尔集成电路与永久磁铁之间的气隙中转过。当叶片进入气隙时，霍尔集成电路中的磁场被叶片旁路，霍尔电压 U_H 为零，集成电路输出级的三极管截止，传感器输出的信号电压 U_o 为高电平。(实测表明：当电源电压 $U_{CC}=14.4$ V时，信号电压 $U_o=9.8$ V；当电源电压 $U_{CC}=5$ V时，信号电压 $U_o=4.8$ V。)

当叶片离开气隙时，永久磁铁的磁通便经霍尔集成电路和导磁钢片构成回路，此时霍尔元件产生电压 $U_H=1.9\sim2.0$ V，霍尔集成电路输出级的三极管导通，传感器输出的信号电压 U_o 为低电平。(实测表明：当电源电压 $U_{CC}=14.4$ V或 $U_{CC}=5$ V时，信号电压 $U_o=0.1\sim0.3$ V。)

应用实例一

捷达AT、GTX，桑塔纳2000GSi、3000型轿车采用的霍尔式凸轮轴位置(CMP)传感器，安装在发动机进气凸轮轴的一端，主要由霍尔信号发生器和信号转子组成，如图2-51所示。

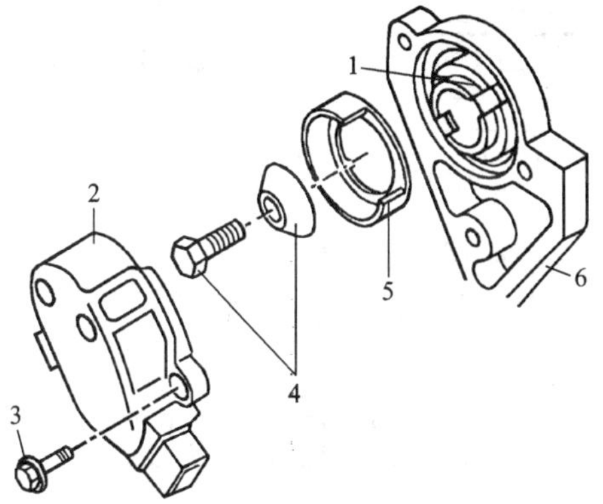

(a) 传感器结构

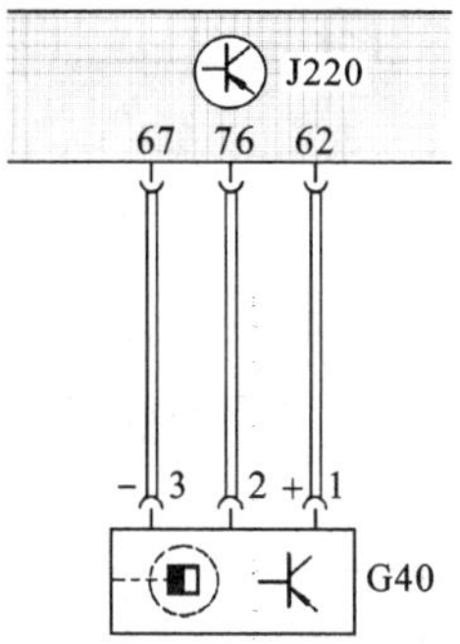

(b) 凸轮轴位置传感器与ECU的连接电路

图2-51 捷达、桑塔纳轿车用霍尔式凸轮轴位置传感器结构和电路

1—进气凸轮轴；2—凸轮轴位置传感器；3—固定螺钉；4—定位螺栓与座圈；5—信号转子；6—发动机缸盖

凸轮轴位置传感器输出的信号与曲轴位置传感器输出的信号之间的关系如图2-52所示。发动机曲轴每转两转，凸轮轴位置传感器信号转子就转一转，对应产生一个低电平信号和一个高电平信号，其中低电平信号对应于1缸压缩上止点前一定角度。

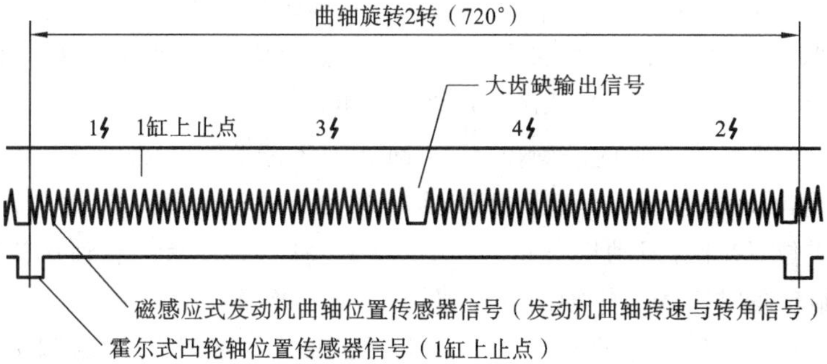

图2-52 桑塔纳2000GSi型轿车发动机电控系统的曲轴位置传感器与凸轮轴位置传感器输出波形对应关系

发动机工作时，磁感应式曲轴位置传感器和霍尔式凸轮轴位置传感器产生的信号电压不断输入ECU。当ECU同时接收到曲轴位置传感器大齿缺对应的低电平信号和凸轮轴位置传感器窗口对应的低电平信号时，便可判定第一缸活塞处于压缩冲程、第四缸活塞处于排气冲程，再根据曲轴位置传感器小齿缺对应输出的信号即可控制点火提前角和喷油提前角。

应用实例二

福特翼虎等型轿车的CMP传感器和CKP传感器都是选用的霍尔式传感器。

CMP传感器的相关信息如图2-53所示。

福特翼虎型轿车配置了进、排气门凸轮轴，进、排气门凸轮轴的转角位置是靠各自凸轮轴上的CMP准确获得的。凸轮轴旋转时，CMP传感器通过扫描凸轮轴上信号触发磁极，由传感器内部的信号转换电路生成对应的PWM信号给PCM(动力控制模块)。两个CMP传感器各自靠一个螺栓固定在气门室盖上。

CKP传感器的相关信息如图2-54所示。

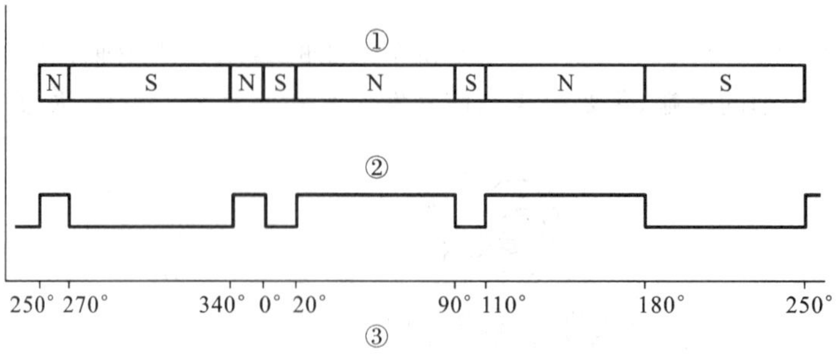

图 2-53　福特翼虎 CMP 传感器相关信息

① 触发轮上的磁极布置；② CMP 信号；③ 对应的凸轮轴转角

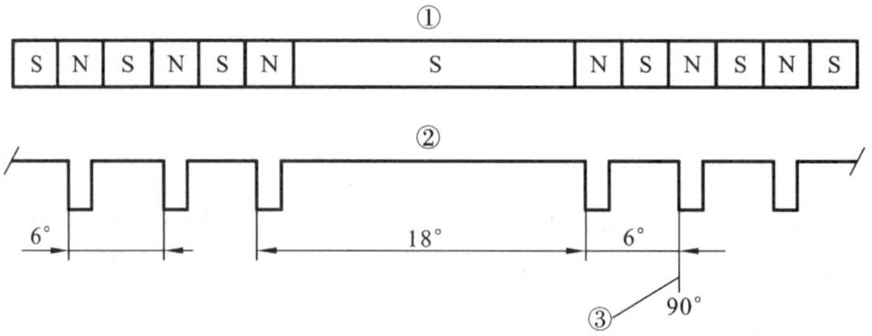

图 2-54　福特翼虎 CKP 传感器相关信息

① 触发轮上的磁极布置；② CKP 信号；③ 参考标记点 90°

CKP 传感器为 60 齿缺 3 齿，每齿为 6°曲轴转角，缺齿后第 1 个齿为上止点前 90°。曲轴旋转时，CKP 传感器通过扫描信号触发轮磁极来检测曲轴的实际位置，再由传感器内部的信号转换电路生成对应的 PWM 信号给 PCM(动力控制模块)。

为了实现对进、排气凸轮轴的准确控制，PCM 需要不断监测 CMP、CKP 传感器的方波信号来感知实际的凸轮轴和曲轴位置信息。PCM 结合曲轴参考点(TDC 前 90°)和进、排气凸轮轴参考点(凸轮轴 0°位置)计算发动机实际正时角度。PCM 内存储有凸轮轴 0°位置和曲轴位置的对应关系，如初始位置时排气凸轮轴的 0°位置对应着 TDC 前 204°；进气凸轮轴的 0°位置对应着 TDC 后 24°。PCM 参照存储的 VCT 控制 map 图，通过控制 VCT 电磁阀实现对目标气门正时的调整。

特别提示：桑塔纳 2000GSi、3000 型轿车采用的霍尔式凸轮轴位置传感器是通过触发轮旁路到达霍尔元件的磁场获得信号电压的；而福特翼虎型轿车采用的霍尔式凸轮轴和曲轴位置传感器是通过触发轮(触发轮上布置了磁极)的运动或位移，改变通过霍尔元件的磁场强度获得信号电压。

3. 光电效应式转速传感器的结构与工作原理

光电效应式传感器由发光二极管和光敏管与旋转遮光信号板组合产生电压信号，原理如图 2-55 所示，发光二极管和光敏管相对地位于旋转遮光信号板(简称遮光板)的两边，遮光板上刻有不同宽度的孔或槽，使光敏管接收光线和被遮光的时间长度不同，产生强弱和间隔时间不同的电压脉冲，可以提供不同的信息，如缸序、曲轴转角等。由于信号电压取决于光敏管接收到的光强，因此发光二极管和光敏管之间的光通路的清洁程度就很重要，灰尘和水雾都有影响，尤其是低温时空气中的水蒸气在发光二极管和光敏管表面冷凝，会使光路发生折射而丢失信号，因此，在汽车上使用时必须将其放置在采取了很好的防尘措施的密封盒内。

4. 各向异性磁阻效应式转速传感器的结构与工作原理

各向异性磁阻效应式传感器是根据磁性材料的磁阻效应制成的，该传感器主要传感磁场方向而不是传感磁场强度。其灵敏度和线性度已经能满足各种工况的要求，性能明显优于霍尔式器件。磁阻效应式转速传感器的结构如图 2-56 所示，其内部是一个磁阻元件，同时传感器要对应一个旋转的磁极环。

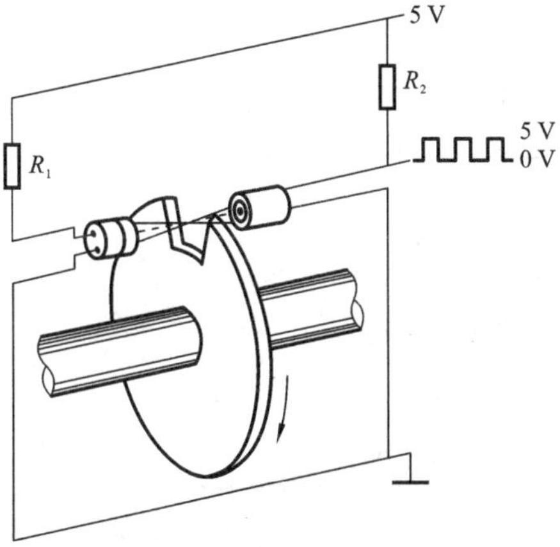

图 2-55 光电效应式传感器工作原理

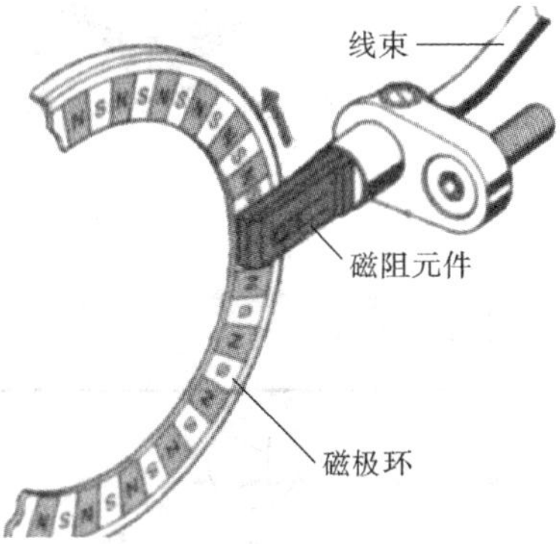

图 2-56 磁阻效应式转速传感器的结构

决定磁阻效应式传感器性能的关键是磁性材料，目前首选的是铁镍透磁合金（坡莫合金）。坡莫合金在未加磁场时，内部晶体具有的各向异性如图 2-57 所示。

当对坡莫合金施加磁场时，其内部晶体发生变化，如图 2-58 所示。此时，给带状坡莫合金材料通电流 I，材料的电阻取决于电流的方向与磁化方向的夹角。如果给材料施加一个磁场 $\boldsymbol{B}$（被测磁场），就会使原来的磁化方向转动。如果磁化方向垂直于电流的方向，则材料的电阻将减小；如果磁化方向平行于电流的方向，则材料的电阻将增大。

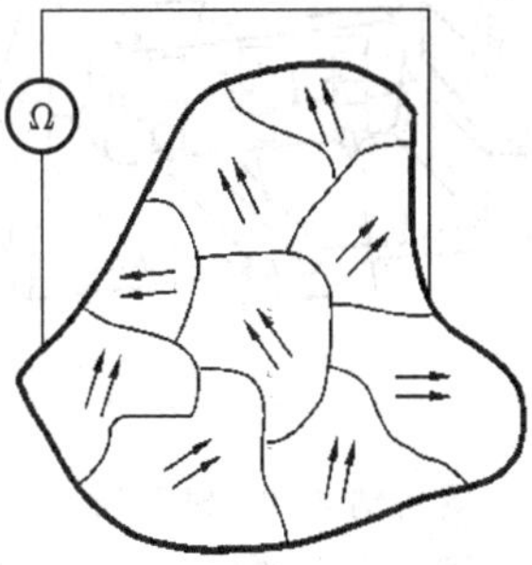

图 2-57 坡莫合金未加磁场时

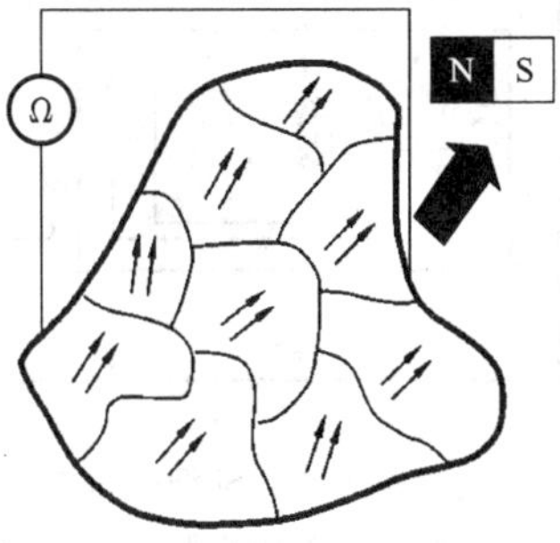

图 2-58 坡莫合金施加磁场时

磁阻效应式传感器内部结构如图 2-59 所示，传感器内部是两个磁阻元件串联两个固定电阻组成的惠斯通电桥，当磁极环旋转时，传感器产生的正弦信号经过集成电路转换成矩形波信号输出给 ECU。

5. 曲轴位置传感器的检修

以桑塔纳 2000GSi 型轿车为例，图 2-60、图 2-61 分别为桑塔纳 2000GSi 型轿车发动机电控系统的发动机曲轴位置传感器（G28）连接电路和灰色 3 线插座，其检测方法如下。

1）电路分析

1 号端子——G28 屏蔽线，与 31 号端子相连；

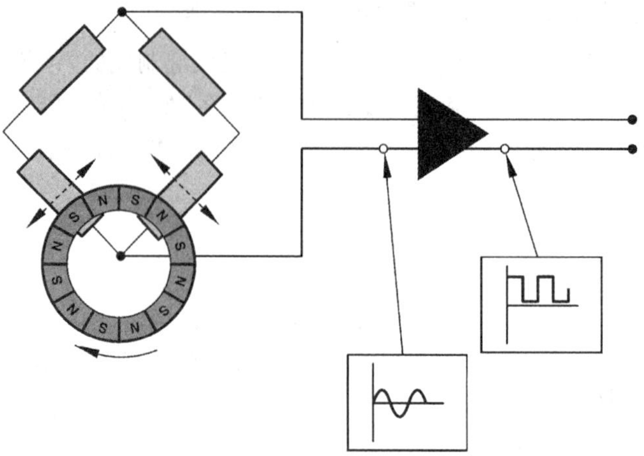

图 2-59　磁阻效应式传感器内部结构

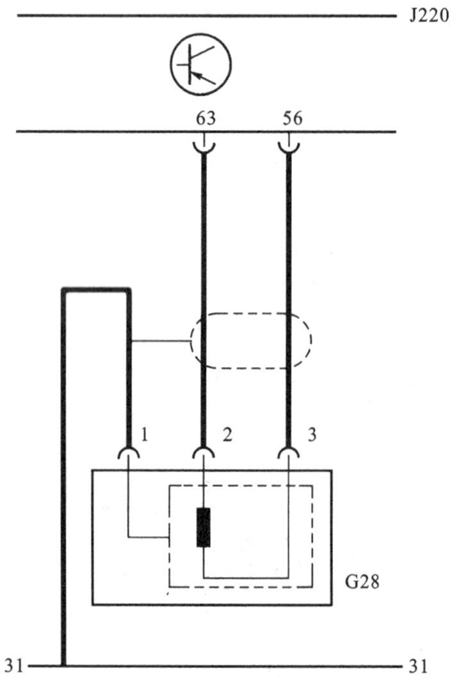

图 2-60　桑塔纳 2000GSi 型轿车电控发动机曲轴位置传感器(G28)连接电路

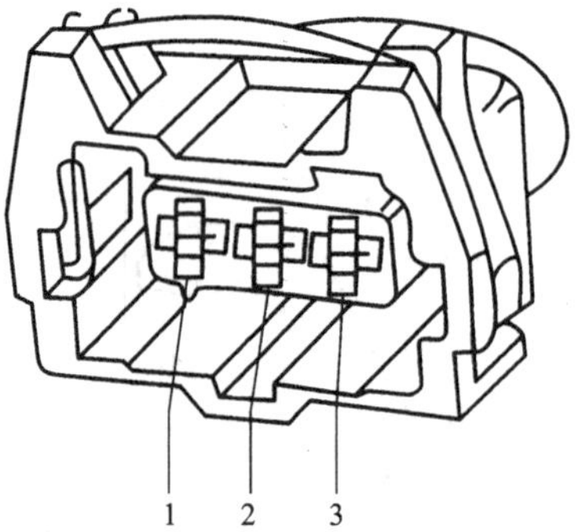

图2-61　桑塔纳 2000GSi 型轿车电控发动机曲轴位置传感器(G28)3 线插座

2 号端子——G28 负信号线,与 ECU 63 号端子相连;

3 号端子——G28 正信号线,与 ECU 56 号端子相连。

2) 检测内容的确定

桑塔纳 2000GSi 型轿车使用的曲轴位置传感器(G28)是电磁感应式,属于无源传感器。检测内容有:信号电压、G28 与 ECU 连接线路的工作状态、传感器磁路气隙和传感器线圈电阻等。

3) 诊断程序与检测步骤

(1) 读取故障代码。

读取故障存储中的故障代码,若故障码显示 G28 有故障,应首先检测 G28 线圈电阻。

（2）检测传感器线圈电阻值。

关闭点火开关，拔下传感器线束插座，对于 AJR 型发动机检测传感器的 2 号端子与 3 号端子之间的电阻，在测量的过程中，当检测状态（热态、冷态）不同时，传感器线圈的阻值也会不同，正常情况下，电阻值为 480～1000 Ω，当所测得的结果为 0 Ω 或∞，说明传感器线圈短路或断路。检测 1 号端子与 3 号端子、1 号端子与 2 号端子之间的电阻值，电阻值应为∞；检测 1 号端子与搭铁之间的电阻值，应不超过 1.5 Ω，检测 2 号端子与 ECU 63 号端子之间的电阻以及 3 号端子与 ECU 56 号端子之间的电阻，电阻值均不应超过 0.5 Ω。如正常，进行下一步检查。

（3）检测连接线路。

关闭点火开关，断开蓄电池负极电缆。分别拔下传感器 3 线插座和 ECU 28 线插座；用万用表分别检测传感器 3 线插座的 2 号端子与 ECU 28 线插座的 63 号端子、传感器插座 3 号端子与 ECU 插座 56 号端子的导线电阻，电阻值均不应超过 0.5 Ω。导线与导线之间不得有短路或漏电，否则要更换线束。如正常，进行下一步检查。

（4）检测传感器磁路气隙。

用非导磁厚薄规测量信号转子与传感线圈磁头之间的气隙，气隙大小应为 0.2～0.4 mm。气隙不符合规定则需要更换传感器总成。

（5）检查传感器的信号电压。

关闭点火开关，拔下曲轴位置传感器 3 线插头，用万用表的交流电压挡的两个表笔分别接在传感器的 2 号、3 号端子上，此时启动发动机，万用表应显示交流电压的变化，否则传感器有故障，应予以更换。

6. 凸轮轴位置传感器的检修

以桑塔纳 2000GSi 型轿车为例，图 2-62、图 2-63 是桑塔纳 2000GSi 型轿车凸轮轴位置传感器（G40）与 ECU（J220）的连接电路及凸轮轴位置传感器 3 线插座，其检测方法如下。

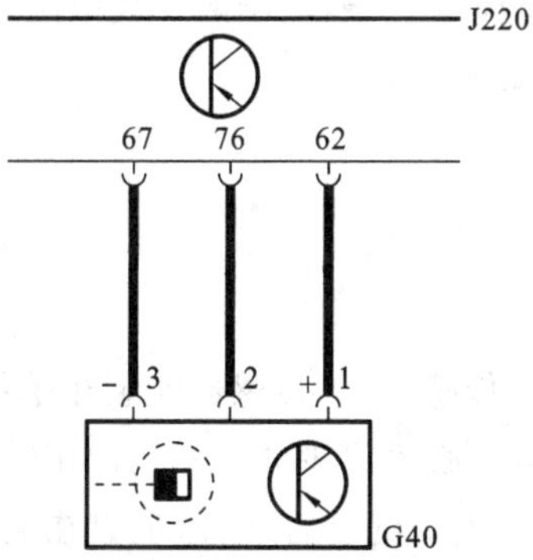

图 2-62　桑塔纳 2000GSi 型轿车凸轮轴位置传感器（G40）连接电路

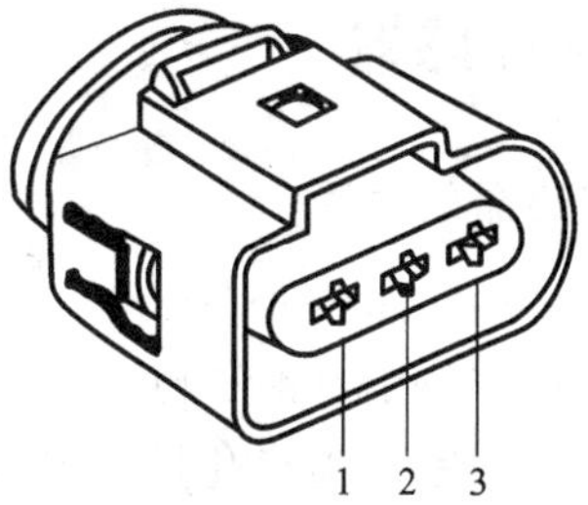

图 2-63　桑塔纳 2000GSi 型轿车凸轮轴位置传感器（G40）3 线插座

1）电路分析

1 号端子——G40 电源线，与 ECU 62 号端子相连；

2 号端子——G40 正信号线，与 ECU 76 号端子相连；

3 号端子——G40 负信号线，与 ECU 67 号端子相连。

2）检测内容的确定

桑塔纳 2000GSi 型轿车使用的凸轮轴位置传感器的检测内容有：G40 的工作电压、G40 的信号电压和 G40 与 ECU 连接线路的工作状态等。

3) 诊断程序与检测步骤

(1) 读取故障代码。

在发动机怠速运转下,读取故障存储中的故障代码,若故障码显示 G40 有故障,应首先检测 G40 的工作电压。

(2) 检查传感器的工作电压。

关闭点火开关,拔下传感器的 3 线插座,打开点火开关,用万用表测量 3 线插座 1 号端子与 3 号端子之间的电压,该电压应为 5 V。否则,传感器插座 1 号端子与 ECU 插座 62 号端子、传感器插座 3 号端子与 ECU 插座 67 号端子之间的连接线路有故障或 ECU 有故障,应排除。如正常,进行下一步检查。

(3) 检查传感器的开路电压。

关闭点火开关,拔下传感器 3 线插座,打开点火开关,用万用表检测传感器 3 线插座 2 号端子与 3 号端子间的电压,并记录检测值,检测值应大于 11.5 V。

(4) 检查传感器的信号电压。

关闭点火开关,拔下传感器的 3 线插座,用专用探针分别背插于传感器 3 线插座上的 2 号端子与 3 号端子;用万用表电阻挡检查插入 2 号、3 号端子的专用探针与传感器 3 线插座的 2 号、3 号端子内的铜片接触是否正常;连接传感器 3 线插座,用二极管试灯连接传感器 3 线插座的 2 号端子,打开点火开关,启动发动机数秒钟,此时二极管试灯应均匀闪烁(发动机每转 2 转,二极管试灯闪烁 1 次)。否则,传感器插座 2 号端子与 ECU 插座 76 号端子、传感器插座 3 号端子与 ECU 插座 67 号端子之间的连接线路有故障,应排除。如正常,进行下一步检查。

(5) 检查连接线路。

关闭点火开关,断开蓄电池负极电缆。分别拔下传感器 3 线插座和 ECU 28 线插座;用万用表分别检测传感器 3 线插座的 1 号端子与 ECU 28 线插座的 62 号端子、传感器插座的 2 号端子与 ECU 插座 76 号端子、传感器插座 3 号端子与 ECU 插座 67 号端子的导线电阻,其阻值不得大于 0.5 Ω,导线与导线之间不得短路或漏电,否则要更换线束。

二、氧传感器

1. 氧传感器的功用

氧传感器(exhaust gas oxygen sensor,EGOS)也称为 λ 传感器,氧传感器安装在排气管上,在使用三元催化转化器降低排放污染的发动机上,氧传感器是必不可少的。三元催化转化器安装在排气管的中段,它能净化排气中的 CO、HC 和 NO_x 三种主要的有害成分,但只在混合气的空燃比处于接近理论空燃比(14.7)的一个窄小范围内,三元催化转化器才能有效地起到净化作用。氧传感器的功用是检测发动机废气中的氧含量,产生一个与其成比例的电压信号并输入发动机 ECU,ECU 根据该信号判断出实际空燃比值。发动机 ECU 根据实际空燃比对喷油持续时间进行修正,将空燃比控制在 14.7 左右,实现空燃比反馈控制,同时保证三元催化转化器对排放控制的效率最佳。

2. 氧传感器的分类

目前,经常采用的氧传感器按工作原理不同可分为开关型氧传感器、极限电流型氧传感器和宽频氧传感器三种类型。开关型氧传感器按所用感应组件的材料不同可分为二氧化锆(ZrO_2)式、二氧化钛 (TiO_2)式两种类型。

3. 开关型氧传感器

目前,开关型氧传感器一般都安装在三元催化转化器后方。开关型氧传感器只能确定两种状态,即浓混合气状态和稀混合气状态。

1) 氧化锆式氧传感器的结构和工作原理

氧化锆式氧传感器的结构模型如图2-64所示,结构如图2-65所示。氧化锆式氧传感器内部的关键物质是二氧化锆,它组成一个能斯特单元。二氧化锆的外部覆盖有一层多孔铂,从而形成电极,内部铂电极与空气接触,外部铂电极与废气接触。在接触废气的外电极表面还覆盖有一个多孔的耐高温陶瓷层,以防废气烧蚀。

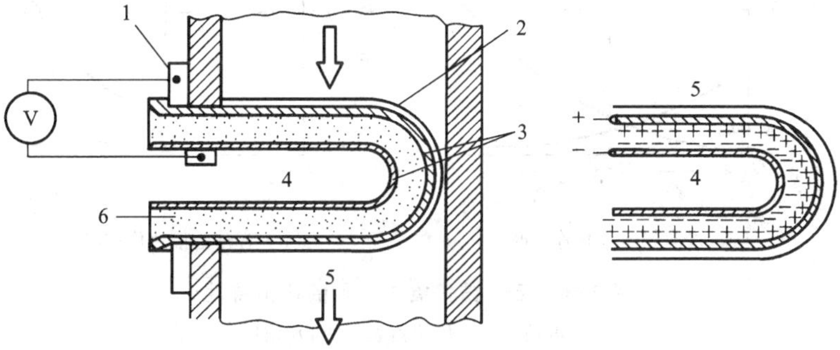

图2-64　氧化锆式氧传感器的结构模型

1—正极接触点;2—外电极保护层;3—多孔铂极;4—空气(接触内电极);5—废气(接触外电极);6—氧化锆传感元件

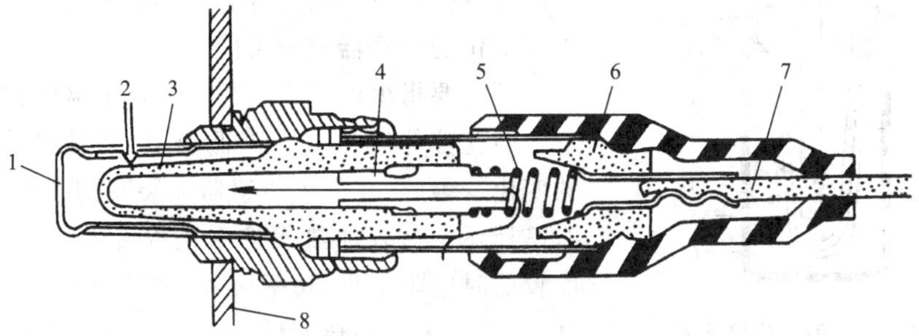

图2-65　不带加热器的氧化锆式氧传感器结构

1—护罩;2—排放气体;3—二氧化锆管;4—衬套(电极);5—弹簧;6—线头支架;7—引线;8—排气管

氧化锆式氧传感器的工作类似于一个小电池,它利用能斯特单元两边的氧浓度差产生的电压称为能斯特电压。该电压在0.1 V到0.9 V之间变化。因为二氧化锆具有吸附氧离子的作用,每个氧离子带有两个负电荷,当ZrO_2陶瓷体温度超过300 ℃时,管表面及管内吸附的氧离子化,并且氧离子会从氧气分压高的大气侧向氧气分压低的排气侧流动,在排气侧堆积较多的氧离子,造成两侧铂电极的电位差,排气侧为负极,大气侧为正极。由上述分析可知,氧化锆式氧传感器是无源的。

根据设计,传感器的内部电极接触空气,氧含量较高,该极二氧化锆吸附的氧离子就多,电位较低。传感器的外部电极接触废气,氧的含量少,这一侧二氧化锆吸附的氧离子就少,电位较高。两极电位差就是传感器输出的电压值,由此可看出,氧化锆式氧传感器内外表面的氧浓度差越大,电动势也越大。但在实际情况下,即使是用比理论空燃比浓的混合气燃烧时,排气中的氧也还是多少存在一些,所以并不能产生足够的电动势。因此,根据实际空燃比产生的电动势变化来正确测出理论空燃比将是困难的。为此,在氧化锆元件的内、外两侧都覆加一层薄的金属铂作为电极,同时起催化作用,使排气中的氧与CO和HC发生反应,减少排气中氧的浓度,因此氧传感器表面的氧的浓度差变得非常大,可产生约0.9 V的电动势。稀薄混合气燃烧排出的气体中,O_2浓度高,CO浓度低,即使O_2和CO发生反应,仍有残余的O_2存在,因此氧浓度差较小,几乎不产生电动势。电动势随着空燃比的变化,一般在0.1～0.9 V之间变化,如图2-66所示,图2-66(a)所示是没有铂金催化作用时的输出特性,图2-66(b)所示是有铂金催化作用时的输出特性。

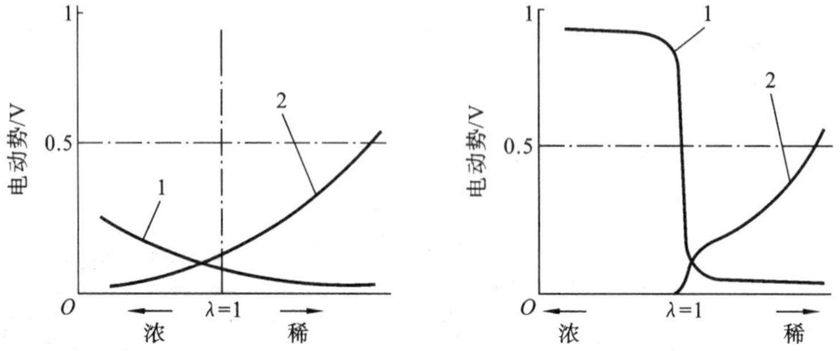

(a) 没有铂金催化作用时　　(b) 有铂金催化作用时

图2-66　氧化锆式氧传感器的输出特性

1—电动势;2—传感器表面的O_2浓度

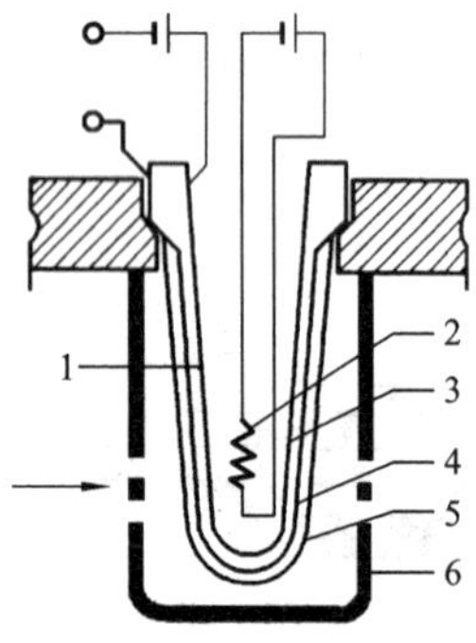

图2-67　加热型氧化锆式氧传感器结构示意图

1—多孔铂膜涂层(正极);2—加热器;3—ZrO_2陶瓷加热元件;4—多孔铂膜涂层(负极);5—多孔涂层($MgAl_2O_4$);6—不锈钢保护套

从图2-66(b)可以看出,在过量空气系数等于1时,也就是理论空燃比等于14.7时,输出电压发生突变,正是这种特性使得利用这种半导体材料制成监测排气中氧浓度变化的传感器成为可能。

还需要指出的是,上述特性只在温度比较高的条件下才能充分体现出来。在低温下,这种特性会发生很大的变化。为此,有的氧传感器加装有陶瓷加热元件,如图2-67所示。陶瓷加热元件系正温度系数(PTC)电阻,温度较低时电阻很小,功率很大,加热很快。加热后电阻升高,功率不大。加热元件由ECU控制,在暖机、怠速或长时间减速运转而至温度较低时起作用。

必须满足以下三个条件,ECU才能根据氧化锆式氧传感器的信号调节可燃混合气浓度:

(1) 发动机冷却液温度高于60 ℃;

(2) 氧传感器自身温度高于300 ℃;

(3) 发动机工作在怠速工况和部分负荷工况。

2) 氧化钛式氧传感器的结构和工作原理

氧化钛式氧传感器主要由二氧化钛传感元件、基片、加热元件等组成,如图2-68所示。二氧化钛(TiO_2)属于N型半导体材料,具有电阻值随氧离子浓度的变化而变化的特性,其阻值取决于材料温度以及周围环境中氧离子的浓度,因此可以用来检测排气中的氧离子浓度。与氧化锆(ZrO_2)式氧传感器不同的是,氧化钛式氧传感器不需要与大气氧离子浓度进行比较。

二氧化钛传感元件的电阻值与过量空气系数的关系如图2-69所示。当发动机的过量空气系数大于1时,发动机排气中氧离子浓度较大,可燃混合气较稀,二氧化钛传感元件的电阻值较

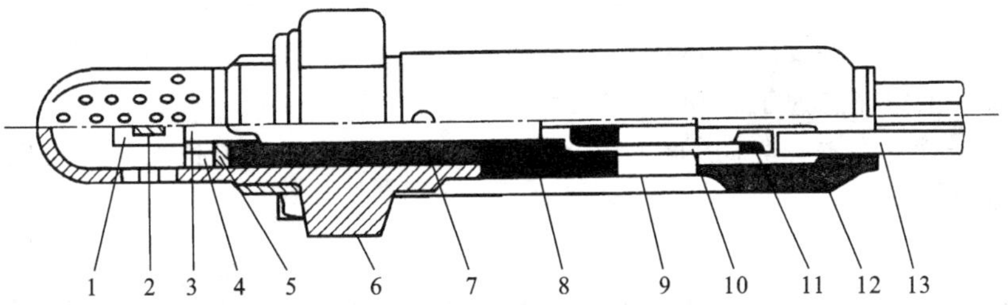

图 2-68　氧化钛式氧传感器结构

1—加热元件；2—氧化钛传感元件；3—基片；4—垫圈；5—密封圈；6—壳体；7—滑石粉填料；8—密封釉；9—护套；10—电极引线；11—连接焊点；12—密封衬垫；13—传感器引线

低；当发动机的过量空气系数小于1时，发动机排气中氧离子浓度较小，可燃混合气较浓，二氧化钛传感元件的电阻值较高。氧化钛式氧传感器的电阻在可燃混合气的过量空气系数约为1（空燃比约为14.7）时产生突变。因此，当给氧传感器施加稳定的电压时，输出端电压值在过量空气系数约为1时产生突变，根据输出端电压信号的变化就可以确定过量空气系数是大于1还是小于1。

氧化钛式氧传感器的电路如图2-70所示。为了能以输出电压的突变来表示排气有氧和无氧，氧化钛式氧传感器要和一个电阻串联以后再接上电压为5 V的稳压电源。串联电阻的电阻值通常选择同二氧化钛传感元件在有氧环境中的高电阻值一样大，这样，在可燃混合气的过量空气系数大于1时，氧化钛组件上的电压降就是1 V左右；混合气的过量空气系数小于1时，电压降就接近于0 V了。

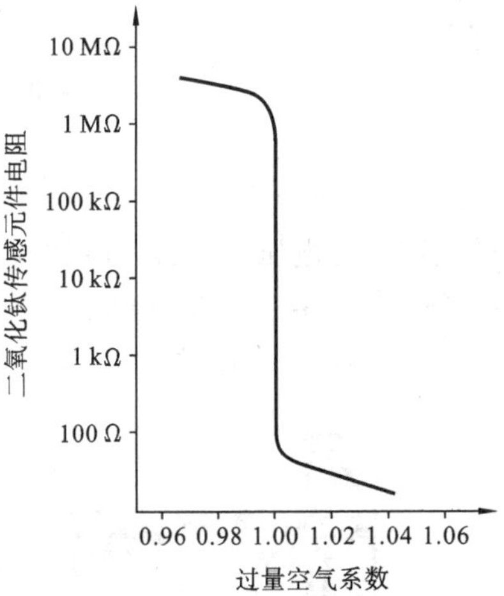

图 2-69　氧化钛式氧传感器的特性

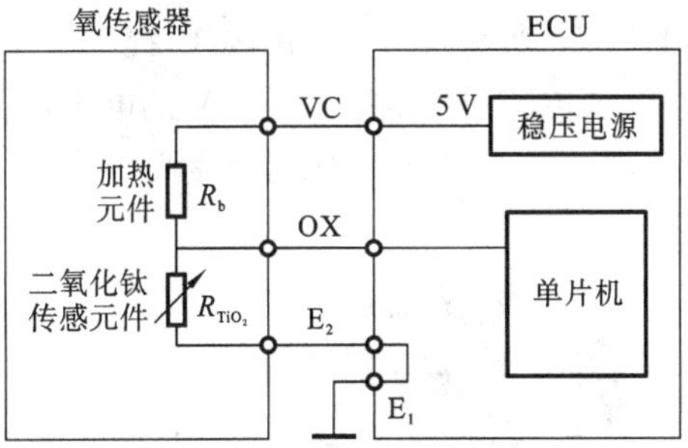

图 2-70　氧化钛式氧传感器的电路

氧化钛式氧传感器的体积小，结构简单，价格便宜，抗腐蚀和抗污染能力强，可靠性好，使用寿命长，只是必须有电压稳定的电源，还必须有温度补偿，电路稍微复杂一些。它能提供完全阶跃的输出特性，以前被认为是其优点，但实际上却存在着与三元催化转化器匹配不好的问题，优点反而变成缺点了。

氧化钛式氧传感器自身温度对其工作特性影响比较大，氧化钛式氧传感器自身温度高于600 ℃时才能正常工作，因此氧化钛式氧传感器都采用了加热元件对传感器进行加热。与氧化锆式氧传感器相同，氧化钛式氧传感器必须满足以下三个条件，ECU才能根据其信号调节混合气浓度：

(1) 发动机冷却液温度高于 60 ℃;

(2) 氧传感器自身温度高于 600 ℃;

(3) 发动机工作在怠速工况和部分负荷工况。

概念 过量空气系数:实际燃烧 1 kg 燃料所供给的空气量与理论上完全燃烧 1 kg 燃料所需要的空气量的比值。

3) 氧传感器测试

大多数氧传感器为二氧化锆式。当氧传感器温度在 300 ℃以上时,典型的氧传感器的输出电压随排气管中流过传感器的废气氧含量的变化而变化。

典型的氧传感器的输出电压信号值变化如下:

(1) 混合气浓——氧传感器输出电压大约为 850 mV;

(2) 混合气稀——氧传感器输出电压低于 200 mV;

(3) 在怠速工况时,氧传感器在 10 s 内一般应有 6～8 个浓/稀振幅;

(4) 在转速为 2500 r/min 时,氧传感器在 10 s 内一般应有 10～40 个浓/稀振幅。

4. 极限电流型氧传感器

1) 极限电流型氧传感器结构

极限电流型氧传感器结构如图 2-71 所示。传感器是由大气检测室 1、氧传感器加热器 2、氧化锆元件 3、电极 4、排气检测室 5、扩散层 6 等组成。

大气检测室:大气检测室与大气相通,用于测量电压的标准。

氧传感器加热器:用于加热氧传感器,因为氧传感器在温度低时无法工作。

氧化锆元件:固体电解质,可以实现氧离子的运动。

排气检测室:内部存储通过扩散层的废气中的氧离子。

扩散层:限制来自废气中氧离子的数量,这也是极限电流型氧传感器与开关型氧传感器的最大区别。

2) 极限电流型氧传感器工作原理

如图 2-72 所示,传感器由 ECU 提供一个 0.45 V 的基础相对电压,在工作过程中,如果混合气过稀,氧传感器产生接近于 0 V 的电压,线路中形成一个流过传感器由 AFS+向 AFS−的电流。如果混合气变浓,氧传感器产生高于 0.45 V 的电压,线路中形成一个流过传感器由 AFS−

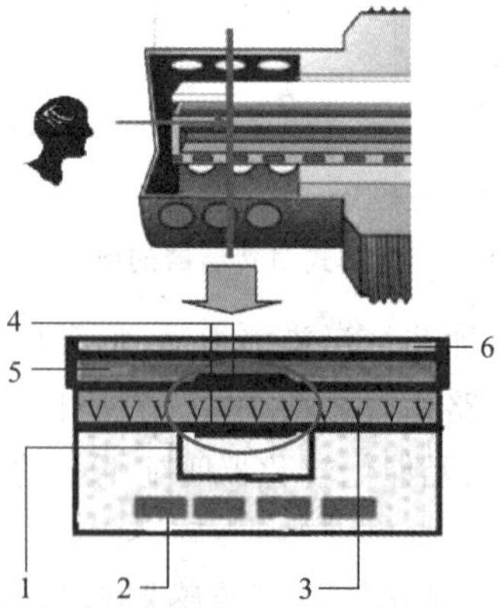

图 2-71 极限电流型氧传感器结构

1—大气检测室;2—氧传感器加热器;3—氧化锆元件;4—电极;5—排气检测室;6—扩散层

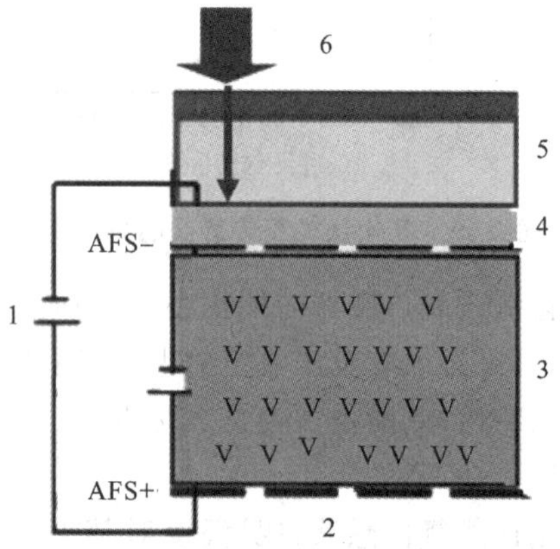

图 2-72 极限电流型氧传感器工作原理

1—ECU 提供的 0.45 V 电压;2—大气检测室;3—氧化锆元件;4—排气检测室;5—扩散层;6—排气管

向 AFS+的电流。由于扩散层的限制，能够进入到排气检测室的氧离子与排气中的氧离子形成一定的比例关系，所以流过传感器的电流就与排气中氧的含量形成一定的关系，达到监测尾气中的氧含量的目的。

由于当外界电压达到一定值后，扩散层中的电流变化很小或不变，所以这种传感器称为极限电流型氧传感器。

3）极限电流型氧传感器信号特点

极限电流型氧传感器信号特点如图 2-73 所示，当混合气的空燃比为理论空燃比时，电流为零。当混合气稀、浓变化时，电流符号发生变化。

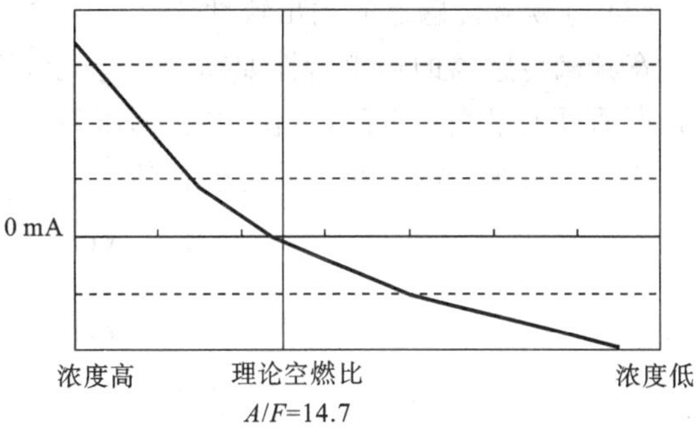

图 2-73 极限电流型氧传感器信号特点

5. 宽频氧传感器

前面介绍的传统开关型氧传感器只能反馈混合气浓或稀，至于精确的空燃比则不能反馈。宽频氧传感器的输出信号可以精确地反馈混合气的空燃比，提高 ECU 的控制精度，最大限度地发挥三元催化转化器的作用，降低有害气体的排放。

1）宽频氧传感器的结构

宽频氧传感器也称宽域空燃比传感器，一般都安装在三元催化转化器前方。如图 2-74 所示，它是由单元泵（泵氧单元）、感应室（二氧化锆传感元件）、加热器、排气检测室、扩散孔、基准氧气室、电极、控制器和测量电阻等组成。关键部件泵氧单元一边是排气，另一边与排气检测室相连；感应室的一面与大气接触，而另一面是排气检测室，通过扩散孔与排气接触；和普通氧化锆式氧传感器一样，感应室两端是金属铂测量片。一般在传感器的插头端还装有一个用于进行信号校正的校准电阻，如图 2-75 所示。

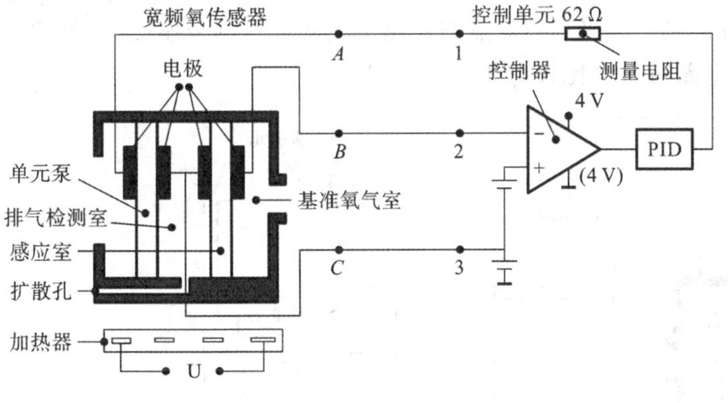

图 2-74 宽频氧传感器基本结构

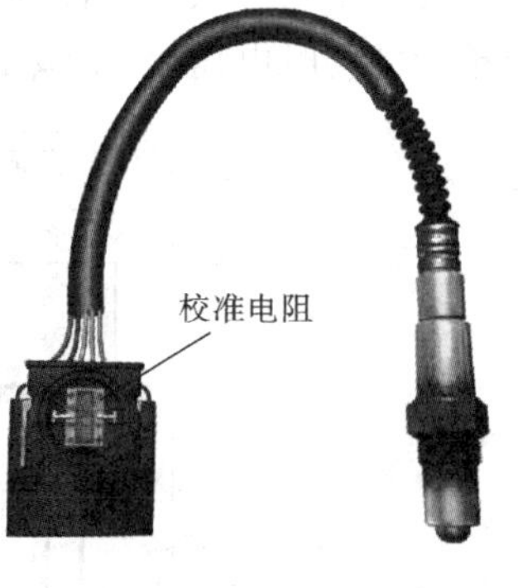

图 2-75 校准电阻

2）宽频氧传感器的工作原理

宽频氧传感器的工作原理是由普通氧传感器的工作原理扩展而来的，氧化锆式氧传感器有一个特性，就是当氧离子在其两端移动时就会产生电动势，反之，如果给其两端加载电动势（泵氧单元），就会造成氧离子的流动。

（1）感应室。

二氧化锆传感元件的输出电压特性如图 2-76 所示，对于浓混合气，输出电压为 1000 mV，而对于稀混合气，输出电压为 100 mV，电压在 $\lambda=1$ 前后发生变化。

利用二氧化锆的反作用原理，根据调整加载在单元泵上电流的方向和大小，将氧气从排气检测室抽出或将氧气泵送回排气检测室，以将输出电压保持在 450 mV 左右，使得感应室的废气始终保持 λ(过量空气系数)=1。

(2) 宽频氧传感器的输出特性。

宽频氧传感器的输出特性如图 2-77 所示，流经单元泵的电流大小与空燃比成正比。控制单元可通过测量测量电阻(分流电阻)的压降来测量电流，控制单元内的测量电阻的阻值为一定值。测量电阻压降的大小即是空燃比值的大小。

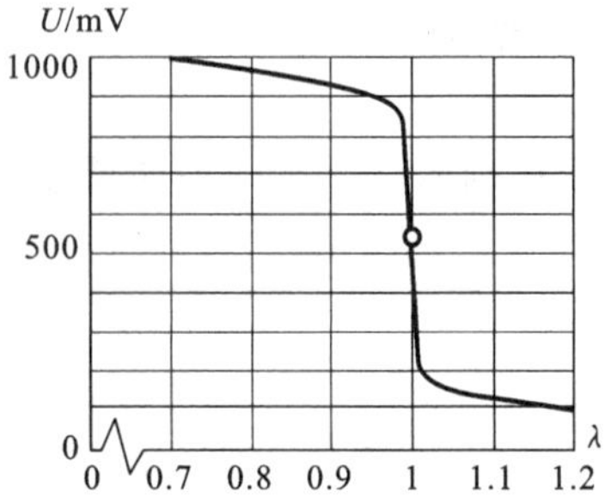

图 2-76 二氧化锆传感元件的输出电压特性

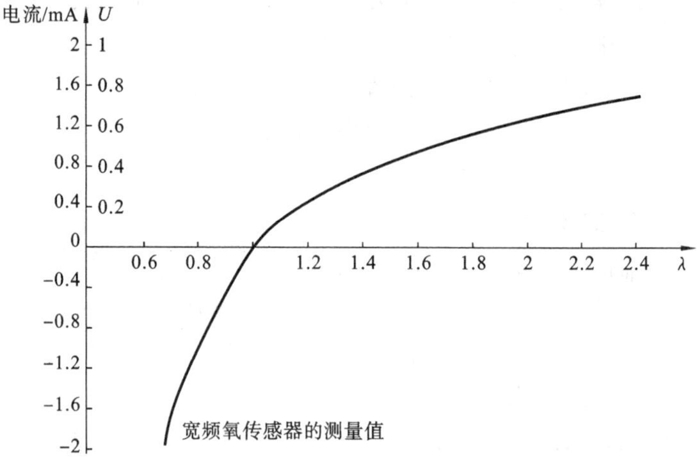

图 2-77 单元泵的电流特性

(3) 宽频氧传感器的工作电路。

如图 2-78 所示，单元泵的第一电极和二氧化锆传感元件的第一电极通过 c 点与控制单元的 3 号端子连接(基准电压 2 V)，单元泵的第二电极通过 a 点与控制单元的 1 号端子连接(控制单元输出)、二氧化锆传感元件的第二电极通过 b 点与控制单元的 2 号端子连接(二氧化锆传感单元的实时电压)。从该工作电路可看出比较电压为 2.45 V。

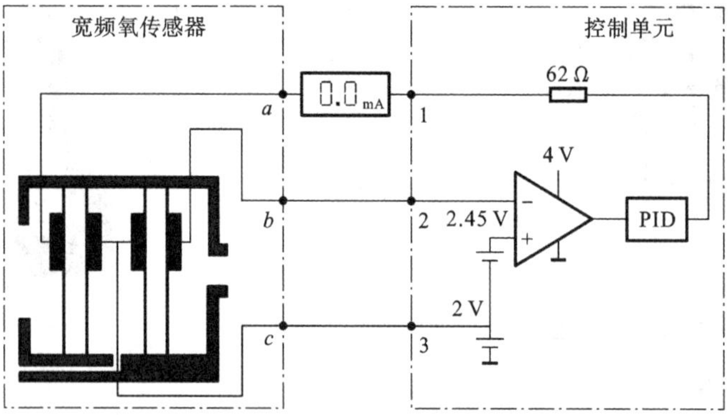

图 2-78 宽频氧传感器的工作电路

b 点的电压来自氧测量元件(二氧化锆传感元件)，当混合气浓度高时，控制单元反向输入电压将大于 2.45 V 基准电压。控制单元接地，其输出电压减少。当混合气浓度低时，控制单元反向输入电压将低于 2.45 V 基准电压。控制单元连接到 4 V 端，其输出电压增加。

如果单元泵的第二电极 a 点的电压增加到高于 c 点的电压，就会产生电流，从而将氧从排气检测室抽出。如果单元泵的第二电极 a 点的电压低于 c 点的电压，则电流沿反方向流动，氧将被泵送回排气检测室。

（4）宽频氧传感器的工作过程。

如图 2-79 所示，当 b 点的电压与基准电压相等时，$\lambda=1$，单元泵没有电流流过。

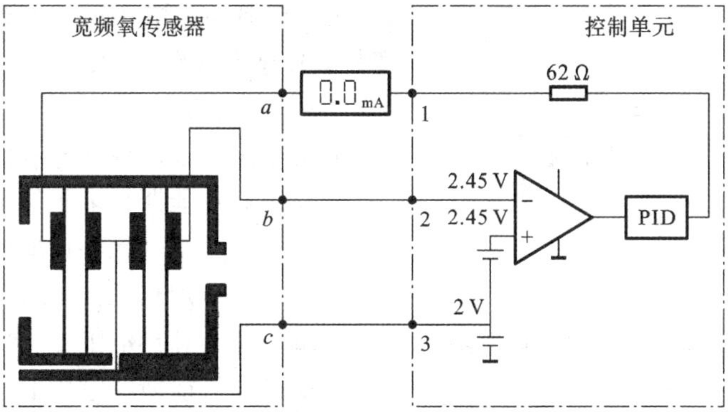

图 2-79 $\lambda=1$ 时宽频氧传感器的工作过程

如图 2-80 所示，当 b 点的电压高于基准电压时，单元泵流过反向电流，$\lambda<1$，此时要向排气检测室泵送氧。

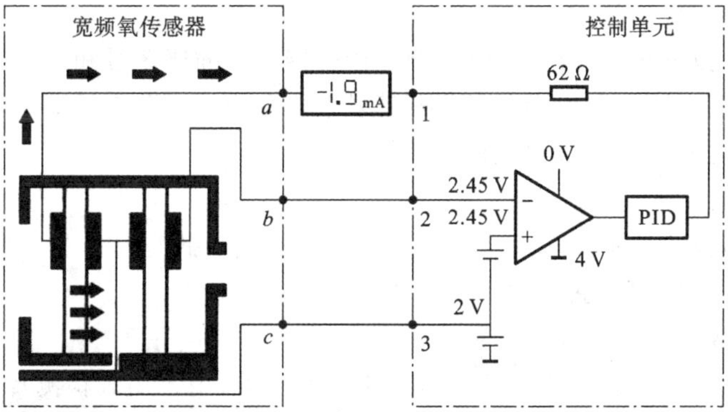

图 2-80 $\lambda<1$ 时宽频氧传感器的工作过程

如图 2-81 所示，当 b 点的电压低于基准电压时，$\lambda>1$，单元泵流过正向电流，此时要从排气检测室抽出氧。

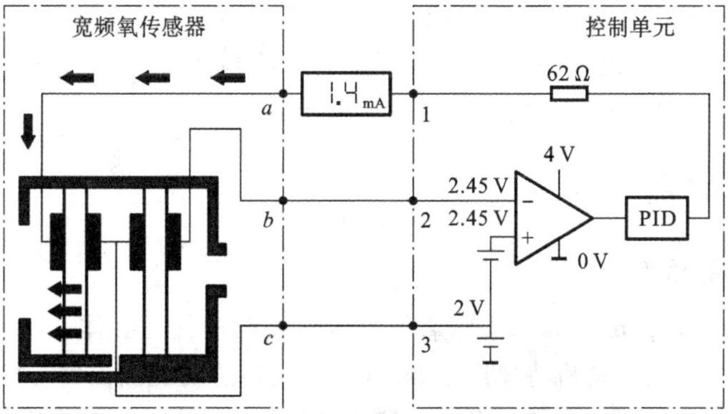

图 2-81 $\lambda>1$ 时宽频氧传感器的工作过程

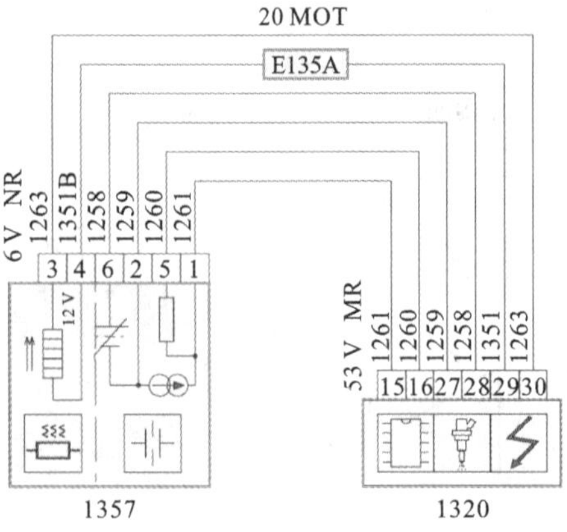

图 2-82　宽频氧传感器与控制模块连接线路

6. 宽频氧传感器的检修

1）宽频氧传感器线路结构

以标致 3008 型轿车为例，图 2-82 所示为标致 3008 型轿车，Bosch Motronic MED 喷射系统所配置的宽频氧传感器线路结构图。

2）各端子的含义

1 号端子——泵氧单元电流信号；

2 号端子——能斯特电压信号(－)；

3 号端子——加热元件接地控制；

4 号端子——加热元件 12 V 供电；

5 号端子——补偿电阻；

6 号端子——能斯特电压信号(＋)。

3）宽频氧传感器的检测

检测宽频氧传感器最好的方法是采用解码器和废气分析仪进行配合检查。如果解码器的空燃比参数与废气分析仪的值不匹配，则需要进行进一步的检查。可根据以下 4 个步骤进行检查诊断。

(1) 检查加热元件。

关闭点火开关，拔下传感器线束插座，测量传感器线束插座 3 号和 4 号端子间的电阻，其阻值应在 10～20 Ω 之间，否则要更换宽频氧传感器。如正常，打开点火开关，检查传感器线束插座 4 号端子与搭铁之间的电压，参数值为 12 V。

(2) 检查校准电阻。

关闭点火开关，拔下传感器线束插座。测量传感器线束插座 5 号和 1 号端子间的电阻，其阻值应该在 30～300 Ω 之间，否则要更换宽频氧传感器。

(3) 检查传感器参考地电压。

关闭点火开关，拔下传感器线束插座。打开点火开关，用万用表检测传感器线束插座 2 号端子与搭铁之间的电压，参数值为 2 V。

(4) 检查单元泵和感应室信号电压。

用一个双通道示波器，连接示波器的地线到参考地，接着连接一个通道到感应室信号线(传感器线束插座 6 号端子)，另一个通道连接单元泵输入信号线(传感器线束插座 1 号端子)。感应室信号电压应该一直保持为 0.45 V。如果不是首先检查电路，接着检查泵单元，泵单元信号电压会以 0.5～0.6 V 的幅度波动，示波器要设置为 AC 耦合，这样才能显示出负的电压值。在混合气从最浓变稀时，会产生一个大于 1.0 V 的电压变化。

三、爆震传感器

1. 爆震传感器的功用

爆震传感器(detonation sensor，DS)直接安装在发动机气缸缸体上，检测发动机异常燃烧而产生的破坏性爆震。当发动机将要产生爆震时，爆震传感器能测出发动机缸体传来的加速振动，并把这种振动转变成电信号送给 ECU。ECU 按程序推迟点火提前角，从而使发动机脱离爆震区，以免影响发动机的使用寿命甚至损坏发动机。

概念　发动机爆震是可燃混合气异常燃烧导致气缸压力急剧上升而引起的气缸剧烈振动。

2. 爆震传感器的结构和工作原理

检测发动机爆震的方法有3种：一是检测发动机燃烧室的压力变化；二是检测发动机缸体的振动频率；三是检测混合气燃烧的噪声。通过直接检测燃烧室压力变化来检测发动机振动的测量精度高，但传感器安装复杂且耐久性差，一般用于测量仪器。检测混合气燃烧噪声的方法为非接触式检测，其耐久性好但测量精度与灵敏度较低，实际应用很少。实际应用的压力检测传感器均为间接测量式，通过检测发动机缸体振动频率来检测爆震的优点是测量灵敏度高、传感器安装方便且输出电压变化大，因此现代汽车工业广泛采用该种检测方法。

3. 压电效应

某些电介质，当沿着一定方向对其施力而使其变形时，其内部就产生极化现象，同时在它的两个表面上产生符号相反的电荷，当外力去掉后，又重新恢复不带电状态，电荷的多少与施加在电介质上力的大小成正比。这种现象称为压电效应。

压电效应分为正压电效应和逆压电效应，如果对压电材料施加压力，它便会产生电位差（称之为正压电效应），反之施加电压，则产生机械应力（称为逆压电效应）。如果压力是一种高频振动，则产生的就是高频电流。而高频电信号加在压电陶瓷上时，则产生高频声信号（机械振动），这就是我们平常所说的超声波信号。也就是说，压电陶瓷具有机械能与电能之间的转换和逆转换的功能。

目前，利用振动法检测爆震的传感器有磁致伸缩式（逆压电效应）和半导体压电式（正压电效应）两种，其中正压电效应又有共振型和非共振型之分。磁致伸缩式由于需要检测线圈，结构比较复杂，在当今发动机上已未使用。

4. 非共振型压电式爆震传感器

非共振型压电式爆震传感器以接收加速度信号的形式，来判别爆震是否产生。传感器结构如图2-83所示。它由两个压电元件同极性相向对接，使用的配重用一根螺钉固定在壳体上，它将加速度变换成作用于压电元件上的压力，输出电压由两个压电元件的中央取出。这种传感器构造简单，制造时不需调整。

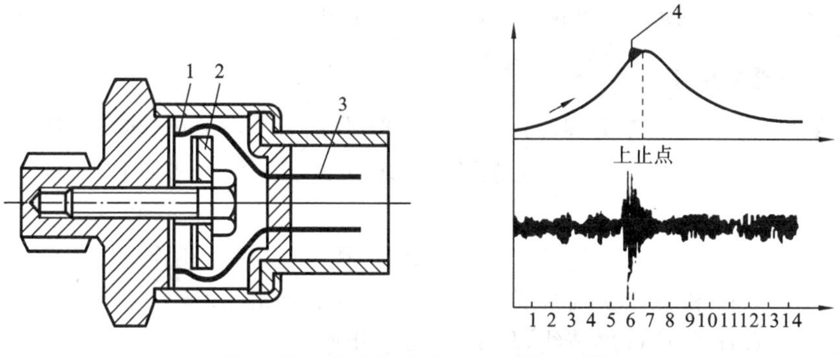

图2-83　非共振型压电式爆震传感器

1—压电元件；2—惯性配重；3—信号输出线；4—爆燃压力波

发动机振动时，安装在发动机缸体上的爆震传感器内部配重因受振动的影响，而产生加速度，因此，压电元件就会受到加速时惯性力的作用而产生电压信号。图2-84所示为非共振型压电式爆震传感器输出电压与频率的关系。因此，必须将反映发动机振动频率的输出电压信号送至识别爆震的滤波器中，判别是否有爆震产生。这种传感器的感测频率范围设计成由0至数十千赫兹，可检测具有很宽频带的发动机的振动频率。

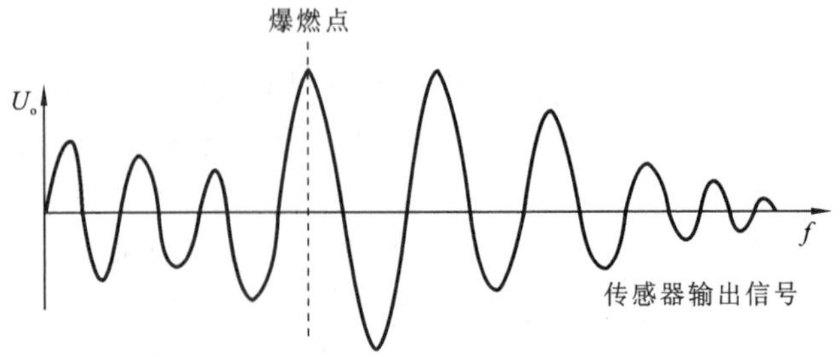

图 2-84　非共振型压电式爆震传感器输出电压与频率的关系

5. 共振型压电式爆震传感器

此种型式的爆震传感器利用产生爆燃时的发动机振动频率，与传感器本身的固有频率相符合，而产生共振现象，用以检测爆震是否发生。该传感器在爆震时的输出电压比无爆震时的输出电压高得多，因此无须使用滤波器，即可判别有无爆震产生。图 2-85 所示为共振型压电式爆震传感器的结构，压电元件紧密地贴合在振荡片上，振荡片则固定在传感器的基座上。振荡片随发动机振动而振荡，波及压电元件，使其变形而产生电压信号。当发生爆震时，发动机的振动频率与振荡片的固有频率相符合，振荡片产生共振，此时压电元件将产生最大的电压信号。

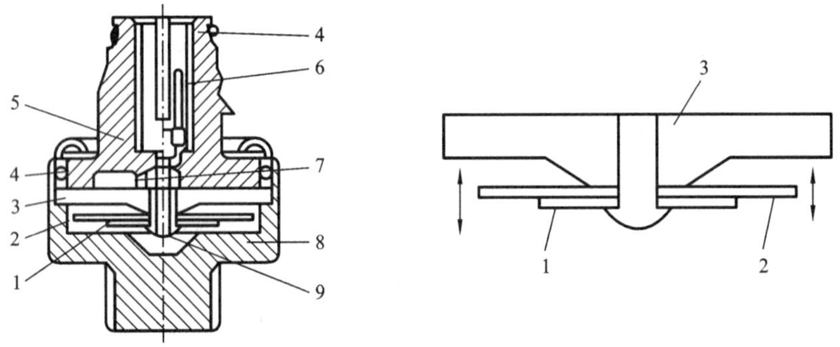

图 2-85　共振型压电式爆震传感器

1—压电元件；2—振荡片；3—基座；4—O 形密封圈；5—连接器；6—接头；7—密封剂；8—壳体；9—引线

6. 爆震传感器的检修

以桑塔纳 2000GSi 型轿车为例，图 2-86、图 2-87 分别为桑塔纳 2000GSi 型轿车发动机电控系统的爆震传感器(G61 和 G66)的连接电路和 3 线插座，其检测方法如下。

1) 电路分析

1 号端子——G61 和 G66 正信号线，与 ECU 60 号、68 号端子相连；

2 号端子——G61 和 G66 负信号线，与 ECU 67 号端子相连；

3 号端子——G61 和 G66 屏蔽线，与 31 号端子相连。

2) 检测内容的确定

桑塔纳 2000GSi 型轿车使用的爆震传感器(G61 和 G66)是压电效应式，属于无源传感器。检测内容有：信号电压，G61、G66 与 ECU 连接线路的工作状态和爆震传感器的预紧力等。

3) 诊断程序与检测步骤

(1) 读取故障代码或数据流。

读取故障存储中的故障代码，若故障码显示 G61、G66 有故障，或进入故障检测仪“读取测量数据块”功能(功能代码“08”)选择 13、14、15、16 显示组。若显示不正常，应首先检测传感器与ECU的连接线路。为确保爆震传感器功能完好，在检测前需按规定的力矩（20 N·m）紧固爆震传感器。

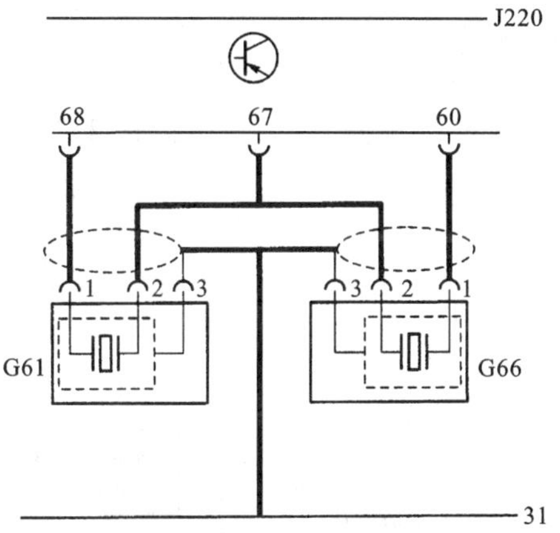

图2-86 桑塔纳2000GSi型轿车发动机电控系统爆震传感器（G61和G66）连接电路

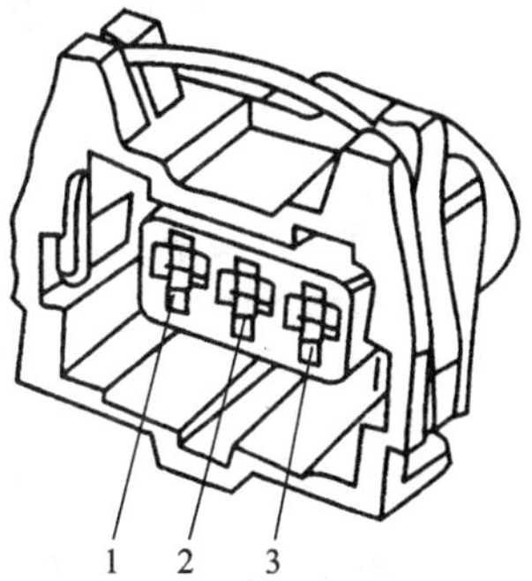

图2-87 爆震传感器（G61和G66）3线插座

（2）检查传感器的信号电压。

先将发动机启动并使其处于怠速状态，然后用一把扳手叩击靠近爆震传感器的进气歧管部分（注意不要用力太大，绝不要直接敲击传感器本身）。扳手叩击所产生的振动足以使爆震传感器工作，爆震信号传给ECU，ECU应该立刻推迟点火时刻，这时怠速要有一短暂的变化。也可以用一点火正时灯来观察点火时刻的改变。如果没有任何反应，即点火时刻不变化，那就要检查连接导线、插头和插座甚至ECU，看导线连接是否良好，有没有短路或断路，插头、插座的接触有没有问题，ECU本身有没有故障等。若上述检查都没有异常，必是爆震传感器故障。

（3）检查连接线路。

关闭点火开关，断开蓄电池负极电缆。分别拔下爆震传感器G61和G66的3线插座和ECU的28线插座；用万用表分别检测爆震传感器G61插座的1号端子与ECU插座的68号端子、爆震传感器G66插座的1号端子与ECU插座的60号端子之间的导线电阻，不得大于0.5 Ω。检测爆震传感器G61和G66插座的2号端子与ECU插座67号端子间的导线电阻，其阻值不得大于1.0 Ω。导线与导线之间不得有短路或漏电。否则更换线束。

特别提示：发动机出现爆震并不一定是爆震传感器损坏，配置了涡轮增压的发动机、废气再循环装置的EGR阀故障、发动机气缸内积炭、点火时刻过于提前、可燃混合气过稀、真空泄漏、发动机过热及燃油辛烷值过低等，都会使发动机出现爆震。

任务4 开关式传感器的结构与检测

常规的开关是控制部件，现代电控汽车采用的开关大多被定义为传递信号的传感器，称为开关式传感器。这是因为ECU除检测上述传感器的信号外，还需要检测各种开关信号。这些开关信号对ECU的控制工作有着重要的影响。

一、开关式传感器电路特点

开关式传感器输入电路仅提供高/低（HI/LO）或开/关（ON/OFF）信号。开关式传感器输入电路产生 0 V 或外加电压信号。开关式传感器输入电路分为电源侧开关传感器电路和接地侧开关传感器电路,如图 2-88 所示。

1. 接地侧开关传感器电路

1) 接地侧开关传感器电路特点

如图 2-89 所示,接地侧开关传感器电路由 ECU 控制电路、开关式传感器、稳压电源、限流电阻和电压表构成完整回路。

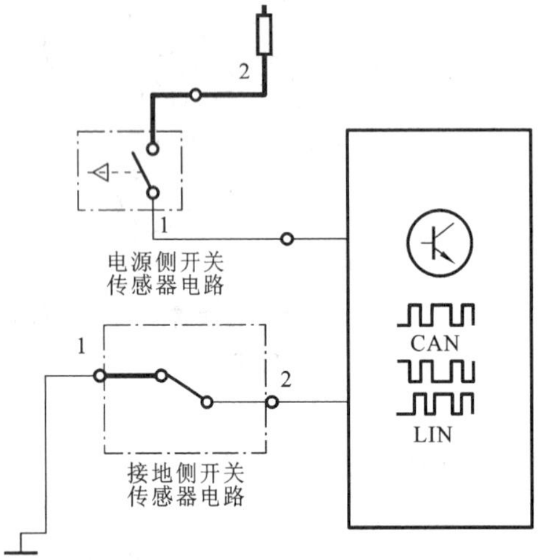

图 2-88　开关式传感器输入电路

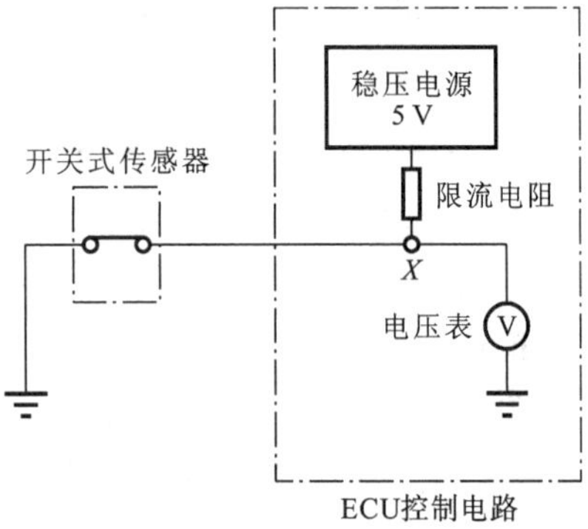

图 2-89　接地侧开关传感器电路

2) 接地侧开关式传感器工作原理

(1) 接地侧开关式传感器闭合。

如图 2-90 所示,接地侧开关式传感器闭合时,构成接地回路。因此,全部电压由限流电阻承受,X 点电压为 0 V。

(2) 接地侧开关式传感器断开。

如图 2-91 所示,接地侧开关式传感器断开时,X 点电压将保持为 5 V。在控制模块与接地开关之间发生短路时,X 点电压将接近于 0 V。

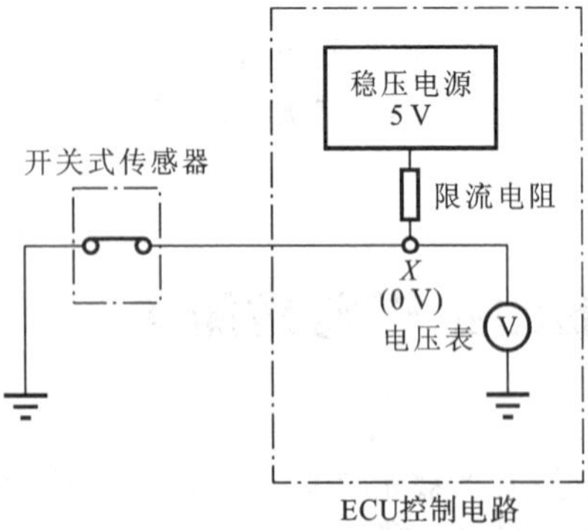

图 2-90　接地侧开关式传感器闭合

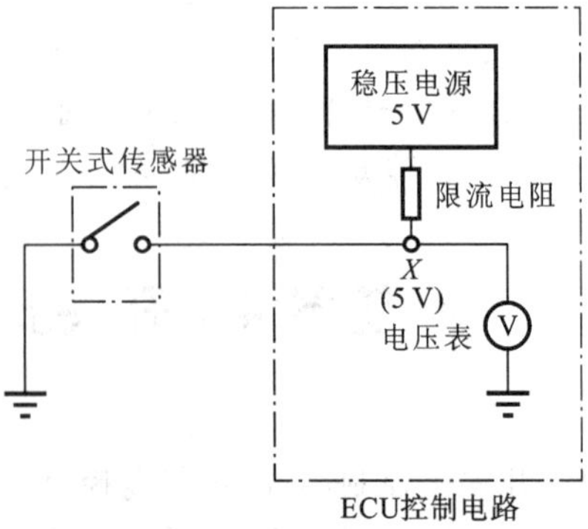

图 2-91　接地侧开关传感器断开

2. 电源侧开关传感器电路

1) 电源侧开关传感器电路特点

如图 2-92 所示,电源侧开关传感器电路由 ECU 控制电路、开关式传感器、熔断器、限流电阻和电压表构成完整回路。

2）电源侧开关式传感器工作原理

（1）电源侧开关式传感器闭合。

如图2-93所示，电源侧开关式传感器闭合时，电流流过电路，全部电压降出现在电阻上，此时 X 点的电压为电源电压。

（2）电源侧开关式传感器断开。

如图2-94所示，电源侧开关式传感器断开时，正常状态下，电路中没有电流，因而在电阻上没有电压降，电压表读数为0 V。

在电源开关与控制模块间发生断路或短路时，X 点电压将接近0 V。

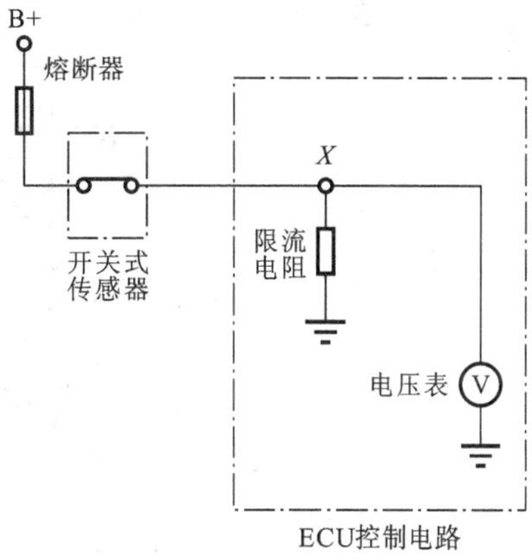

图2-92 电源侧开关传感器电路

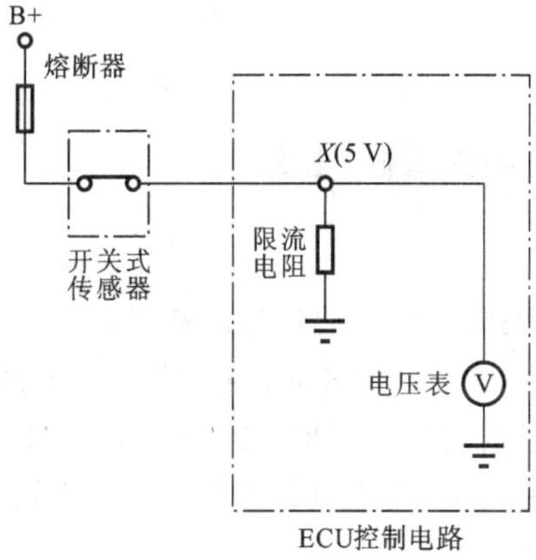

图2-93 电源侧开关式传感器闭合

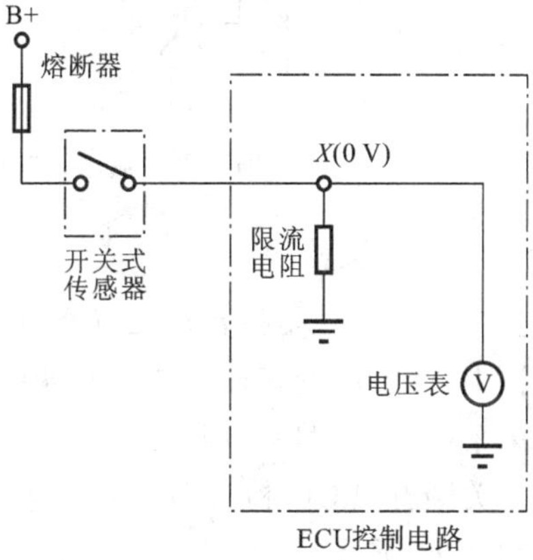

图2-94 电源侧开关式传感器断开

特别提示：绝大多数情况下，短路会使开关供电线路上的电路保护装置动作，将供电线路断开。

二、开关式传感器实例

1. 点火开关信号

点火开关与ECU的连接关系如图2-95所示。当点火开关接通时，ECU会检测到12 V电压信号输入。ECU检测到点火开关信号后进行发动机启动前的准备工作。其主要工作如下：控制怠速控制电动机进入初始位置；确定发动机启动喷油时间和点火时刻；接通燃油泵继电器电路；检测节气门位置传感器信号；接通氧传感器加热元件。

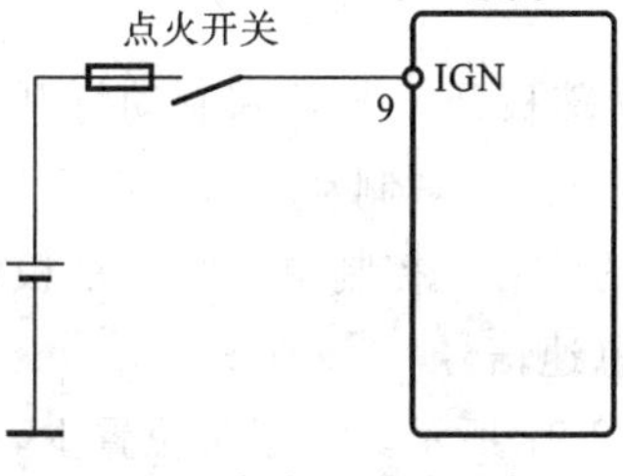

图2-95 点火开关信号电路

2. 启动开关信号

启动开关信号是指启动电动机电路接通的信号。启动开关与ECU的连接关系如图2-96所示。启动开关信号来自于启动继电器的开关。当ECU接收到启动开关信号后，检测发动机曲轴位置传感器与凸轮轴位置传感器的输入信号，控制喷油和点火。

部分车型燃油喷射系统不采用专用启动开关信号，而是根据发动机转速信号确定启动状态。

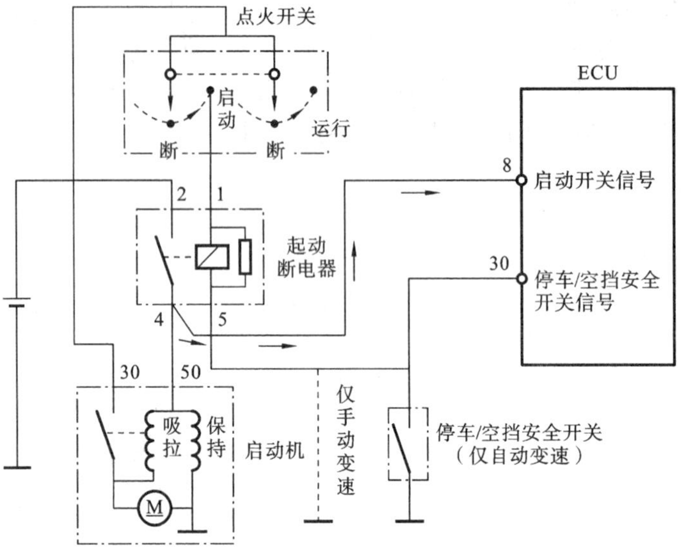

图 2-96 启动开关信号和空挡安全开关信号电路

3. 空挡安全开关信号

空挡安全开关信号是指自动变速器挡位选择开关所处位置的信号。空挡启动开关安装在变速器壳体上，当自动变速器的选挡操纵手柄处于“P”或“N”位置时，空挡安全开关接通，ECU 检测到低电平(0 V)信号，此时发动机才能启动。当选挡操纵手柄处于“D”“L”或“R”位置时，空挡安全开关断开，ECU 检测到一个高电平(12 V)信号，此时发动机不能启动。空挡安全开关的位置如图 2-96 所示。

4. 空调开关信号

当 ECU 检测到空调开关信号(高电平)后，根据发动机工况确定是否直接启动空调压缩机。当发动机处于怠速运行状态时，ECU 首先增加怠速转速到一定值后，再启动空调压缩机；当发动机处于部分负荷运行工况时，则立即启动空调压缩机；当发动机急加速或全负荷运行时，ECU 将立即停止空调压缩机的工作。

5. 动力转向开关信号

在具有动力转向系统的汽车上，才具有动力转向开关信号。动力转向开关是一个压力开关，安装在动力转向系统的高压回路中。当动力转向泵负荷大或发动机转速低，使动力转向系统的压力高于一定值时，动力转向开关接通。ECU 将接收到一个低电平信号，如果此时发动机处于怠速状态，ECU 将增加发动机怠速转速，防止发动机因负荷增大而熄火。

6. 制动踏板开关信号和制动灯开关信号

在奥迪 A6 APS 与 ATX 发动机电子节气门控制系统中，制动踏板开关 F47 和制动灯开关 F，这 2 个传感器(开关)都集成在位于制动踏板的部件中。每踩一下踏板，“制动踏板已踏下”信号被电子节气门控制系统使用两次，该信号是反馈制动踏板位置的信号。控制单元收到踏板已踏下信号后，关闭巡航；如加速踏板位置传感器损坏，则作为替代怠速信号。

制动踏板开关 F47 和制动灯开关 F 与 ECU 的连接电路如图 2-97 所示。在正常位置上，制动灯开关 F 是打开的，它从 30 号端子得到电压。在正常位置上，制动踏板开关是闭合的，它从

15 号端子得到电压。

7. 蓄电池电压信号

在汽车上，蓄电池正极直接与 ECU 连接，如图 2-97 所示。ECU 检测蓄电池电压信号的功用是：当发动机停止工作时，蓄电池直接向 ECU 的存储器供电；当发动机工作时，ECU 将根据蓄电池电压变化对喷油持续时间和点火线圈一次电路接通时间进行修正。当电压升高时，减少喷油时间，并减少点火线圈一次电路接通时间。

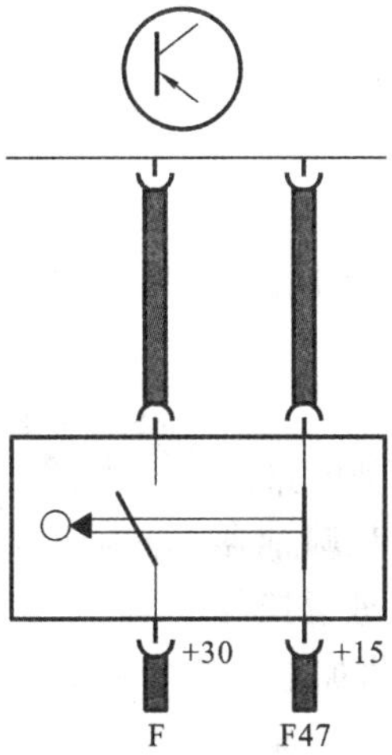

图 2-97 制动踏板开关 F47 和制动灯开关 F 与 ECU 的连接电路

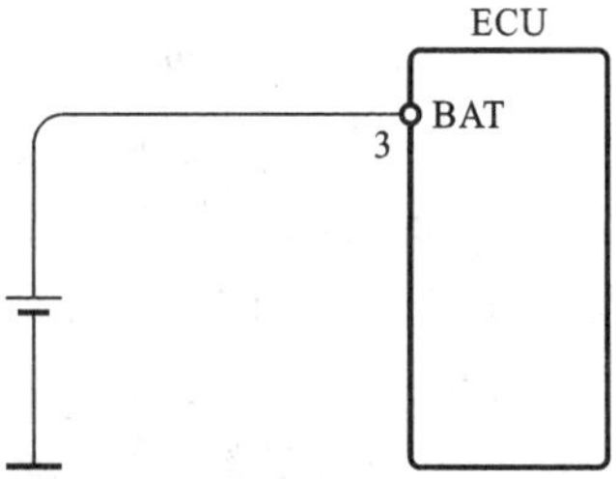

图 2-98 蓄电池电压信号

特别提示：在车载总线控制系统的电路中，绝大部分开关都起着开关传感器的作用。

任务 5 主要执行器的结构与检测

将 ECU 传来的电信号转换为机械运动并做功的装置称为执行器，也称为执行机构、执行装置或执行元件。ECU 不论有多么优异的控制、计算功能，但如果没有良好的电气-机械转换元件，即执行器，整个控制系统是不能工作的。执行器的最后输出形态是把电信号转换为力或位移等物理量，即在实际上管理着汽车的操作。执行器虽然没有传感器那样的高技术，但要求相应的零部件与整个控制装置的结构组成一体，能够在耐振动、耐冲击、耐高温、防水、防油、防污染、抗噪声等方面具有可靠的工作性能。

汽油机电控系统执行器的功用是将 ECU 送来的控制电（压）信号变换成物理动作，如图 2-99 所示，以达到改变发动机操作状态的目的。对执行器的要求一般是工作可靠、反应速度快、控制精度高。

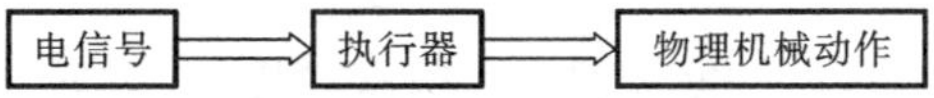

图 2-99 执行器的功用

汽油机电控系统中常见的执行器有喷油器、点火装置、各类直流电动机、各类电磁阀、压力（真空压力、增压压力和油压等）与机械转换的控制装置及燃油供给装置等。在本任务，我们主要介绍喷油器、怠速控制装置和点火线圈的工作原理与诊断方法。

一、喷油器

电磁喷油器简称喷油器，俗称喷嘴，安装在燃油分配管上，其功用是接收来自发动机 ECU 的信号，计量燃油喷射系统的喷油量。

喷油器是发动机电控燃油喷射系统执行机构中的一个关键部件，是一种加工精度非常高的精密器件。为了满足燃油喷射系统控制精度的要求，要求喷油器具有抗堵塞性能好、燃油雾化好和动态流量范围大等优点。20 世纪 80 年代以来，工业发达国家先后开发研制了各种不同结构形式的电磁喷油器。

1. 电磁喷油器分类

1）按喷油器的总体结构分类

按喷油器的总体结构不同可分为轴针式、球阀式和片阀式 3 种。目前轿车上主要采用轴针式喷油器。

2）按喷油器驱动电路分类

喷油器驱动电路分为电流型驱动电路和电压型驱动电路。

（1）电流型驱动电路适用于不带附加电阻的低阻型喷油器。低阻型喷油器直接与蓄电池相连，通过 ECU 中的晶体管对流过喷油器线圈的电流进行控制。

（2）电压型驱动电路适用于高阻型喷油器和带有附加电阻的低阻型喷油器。

3）按燃油喷射控制方式分类

按燃油喷射控制方式不同可分为传统型（饱和开关驱动型）喷油器、电流控制型（峰值保持型）喷油器（节气门喷射及进气口喷射系统）、脉冲宽度调制型喷油器和 PNP 型喷油器。

（1）传统型（饱和开关驱动型）喷油器　主要在多点燃油喷射系统中使用，用于顺序喷射的系统中。发动机 ECU 接地电路接通时，驱动三极管打开，吸起喷油器中的油针，开始喷油。当 ECU 断开控制电路时，驱动三极管被切断，喷油停止。

（2）电流控制型（峰值保持型）　峰值保持型喷油器一般用在节气门喷射系统和缸内直喷系统中，其特点是启动时以约 4 A 电流供给喷油器线圈，然后减少到 1 A 以下（当喷油器结构设计一定后，喷油器线圈的阻值是基本不变的，电流大小的控制可通过改变电压的方式实现，例如现代缸内直喷系统中使用的喷油器的开启电压为 65 V～70 V，维持电压是 12 V。65 V～70 V 的开启电压可以使得喷油嘴的阀针快速打开，当喷油嘴的阀针完全开启后，维持阀针的开启电压为 12 V）。峰值保持型电路实际上是使两个不同的电路作用于喷油器。两个电路同时作用于喷油器时，可供应较高的起始电流给喷油器，使其能够快速开启。喷油器开启后，其中一个电路切断，另一个电路继续维持喷油器的开启，直到喷射时间结束。当第二个电路也切断后，喷油器关闭，结束喷油。

（3）脉冲宽度调制型喷油器　脉冲宽度调制型喷油器有较高的启动电流以快速打开喷油器。当喷油器开启后，接地端开始脉冲式地接通，从而切断电流，以延长喷油器开启时间，同时限制通过喷油器的电流。

（4）PNP 型喷油器　常见于多点燃油喷射系统中，与其他喷油系统驱动器的区别就在于它的脉冲电源端接在负极上。PNP 型喷油器的喷油时间开始于发动机 ECU 电源开关将蓄电池电路接通时，喷油时间结束于发动机 ECU 完全断开控制电路时。

上述四种类型的喷油器都有限制电流通过的方法，因为过大的电流会损坏喷油器。

4）按喷油器线圈阻值分类

按喷油器线圈阻值大小，喷油器可分为高阻型（13～18 Ω）和低阻型（1～3 Ω）两种。

2. 电磁喷油器的结构特点

图 2-100 所示为轴针式喷油器的结构，主要由针阀阀体、针阀阀座、线束插座、电磁线圈和复位弹簧等组成。

3. 电磁喷油器的工作原理

目前，汽油机电控系统使用的喷油器属于开关型电磁阀，当喷油器的电磁线圈接通电流后，线圈中就会产生磁场，在磁场的作用下，阀体克服复位弹簧的弹力而升起，从而带动与阀体一体的针阀离开阀座使阀门打开，具有一定压力的燃油通过阀针所控制的阀门出口以雾状喷出。当喷油器电磁线圈的电流切断时，电磁吸力消失，阀体在复位弹簧的弹力作用下复位，针阀回落到阀座上将阀门关闭而停止喷油。

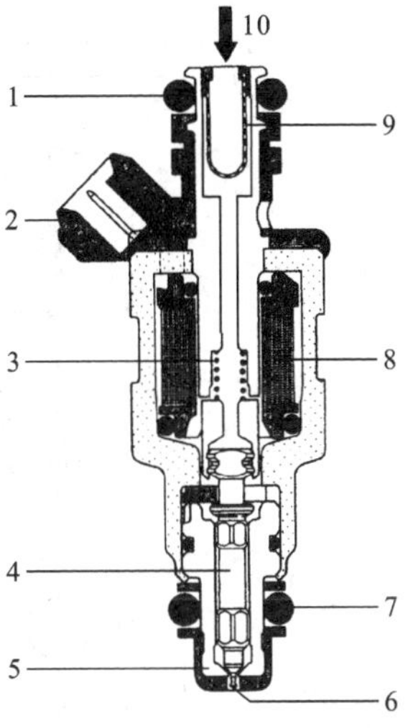

图 2-100 轴针式喷油器的结构

1、7—O 形圈；2—插座；3—复位弹簧；4—阀体；5—阀座；6—轴针；8—电磁线圈；9—滤网；10—进油口

特别提示：

1. 当针阀行程、喷口面积确定，喷口处环境压力与燃油压力的差值保持恒定时，则喷油量就由针阀的开启时间，即电磁线圈的通电时间来决定。

2. 在发动机其他管理系统中大多数执行器都是电磁式，例如 EGR 电磁阀、EVAP 电磁阀和 VCT 电磁阀等。主要结构与工作原理与电磁喷油器的相同，不同的是有的第一代用的是开关型电磁阀，升级后用的是线性阀电磁阀。相关内容将在后续任务中介绍。

4. 喷油器的检修

当喷油器发生堵塞、滴漏等故障时，发动机 ECU 检测不到，使用故障检测仪也读取不到故障信息。在多点式燃油喷射系统中，先检查每一个喷油器上导线插座和插头连接是否良好，相互插接是否牢靠。然后启动发动机，用机械式听诊器检查喷油器的工作，此时若能听到清楚、紧促的“咔嗒”声，就说明喷油器工作正常。个别喷油器不工作，可将它的导线插头拔下，连接二极管试灯。在发动机工作时，二极管试灯闪亮说明 ECU 送出的控制信号正常，喷油器本身可能有故障，否则就表明 ECU 或从 ECU 过来的导线有故障。喷油器的故障也可以通过检测其电阻和电压进行判断。

对喷油器的进一步检查、清洁堵塞或更换喷油器应到专门修理厂去进行，也可以购买喷油器清洗剂，直接将它加到燃油箱中，在发动机工作的过程中可防止或清除喷油器的堵塞。

桑塔纳 2000GSi 型轿车发动机电控系统的喷油器（N30、N31、N32、N33）与 ECU 连接电路如图 2-101 所示。简单、直接检查喷油器的方法是在发动机运转时，用手指接触喷油器，正常时可感觉到喷油器喷油时的脉动，否则进行下列检查。

1）检查喷油器本体电阻

关闭点火开关，拔下喷油器插座，测量喷油器插头间的电阻值。冷态阻值应为 13～18 Ω（发动机热态时，电阻提高 4～6 Ω）。否则喷油器有故障，应更换。

2）检查电源

关闭点火开关，拔下喷油器插座，在插座的 1 号端子和接地之间接入电压表。原地启动发动机，启动瞬时电压表的读数应为电源电压（大于 11.5 V）。如果没有电压，应检查燃油泵继电器和连接电路。

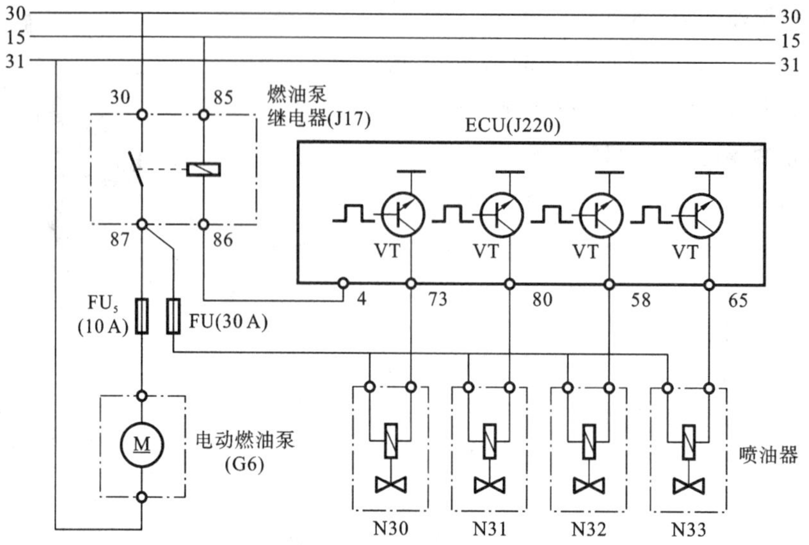

图 2-101　桑塔纳 2000GSi 型轿车发动机电控系统的喷油器与 ECU 连接电路

3）检查连接线路

在喷油器插座 1 号端子与 2 号端子接入 LED 试灯。启动发动机，LED 试灯闪亮说明有控制信号，接下来可检测喷油质量。LED 试灯不亮，检查线路。检查 1 缸喷油器插座的 2 号端子与 ECU 插座的 73 号端子、2 缸喷油器插座的 2 号端子与 ECU 插座的 80 号端子、3 缸喷油器插座的 2 号端子与 ECU 插座的 58 号端子、4 缸喷油器插座的 2 号端子与 ECU 插座的 65 号端子间的电阻，其阻值应小于 1.0 Ω。导线和导线之间不得有短路和漏电。否则，应更换相应导线。如导线也正常，说明 ECU 有问题。

4）检查喷油质量

上述检查没有问题，可检查喷油质量。关闭点火开关，取下喷油器，接好插座，在喷油器下放一量杯。打开点火开关，使发动机原地怠速运行，30 s 内喷油量应该为 78～85 mL，喷油形状应为不大于 35°的圆锥形状，且雾化良好。关闭发动机后，喷油器不应漏油，正常油压下，每分钟漏油不应多于两滴，否则，更换喷油器。

二、怠速执行器

怠速执行器的功用是发动机处于怠速时，根据 ECU 送来的控制信号调整进入发动机的空气量，从而调节怠速转速。ECU 是根据空调压缩机、动力转向泵、发动机等负载变化来控制怠速执行器的。

怠速执行器调整怠速的方式有两种，如图 2-102 所示。图 2-102(a)是直接操纵节气门来调节进气量，称为节气门直动式；图 2-102(b)是通过控制节气门旁通空气道的开度来调节进气量，称为旁通空气式。桑塔纳 GLi、2000GLi 型轿车采用旁通空气式，桑塔纳 2000GSi 型轿车发动机电控系统采用节气门直动式。

怠速执行器按照驱动方式的不同分为步进电机式、脉冲电磁阀和直流伺服电机式等类型。

步进电机式大多在非电子节气门控制系统中采用，而在电子节气门控制系统中则采用直流电机式控制节气门开度。利用占空比旋转电磁阀控制节气门开度的方法目前在怠速控制系统中已不采用。

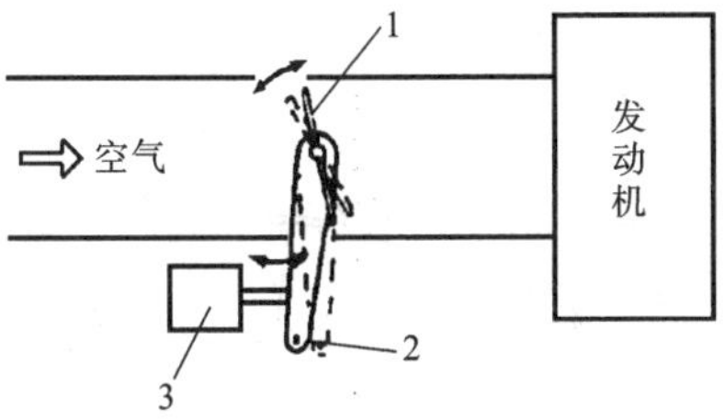

(a)节气门直动式

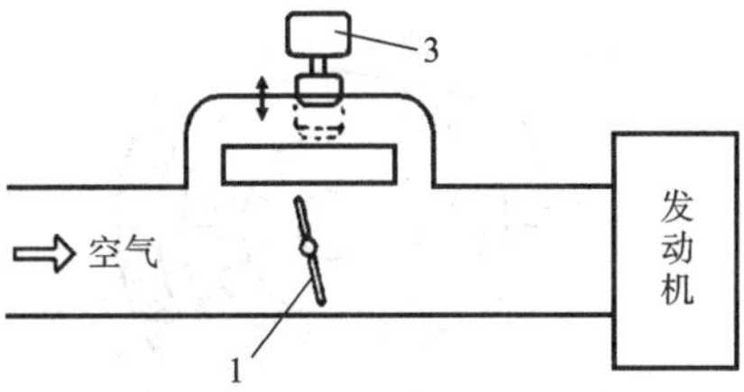

(b)旁通空气式

图 2-102 进气量的调整方式

1—节气门;2—节气门操纵臂;3—怠速执行器

1. 步进电机式怠速执行器

1)步进电机的结构

如图 2-103 所示,步进电机由定子、定子线圈、爪极和永磁式转子等部件组成。

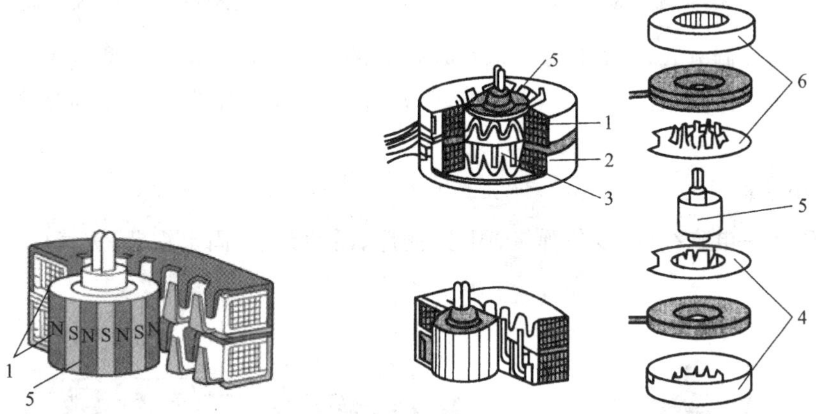

图 2-103 步进电机的结构

1、2—定子线圈;3—爪极;4、6—定子;5—永磁式转子

2)步进电机的工作原理

如图 2-104 所示,该步进电机由十六个永久磁铁构成的转子和定子线圈组成。控制步进电机的励磁,使定子磁场由形式①变到形式②,由于 N、S 磁极的相互吸引,使转子旋转 1/32 圈,见形式③;改变定子线圈的励磁,使转子和定子的磁场反方向错开,则转子反方向旋转 1/32 圈。由于步进电机是按照进给步数顺序控制的,轴的位置改变需要一定时间,因此响应速度有限。

3)节气门直动控制方式怠速控制装置

节气门直动控制方式怠速控制装置由 ECU 控制步进电机,再通过步进电机控制节气门开度,调节怠速时的进气量,完成怠速控制的各项内容。如图 2-105 所示的节气门直动控制方式怠速控制装置,是近年在电控汽油发动机中采用得较多的一种结构形式。

该怠速控制装置安装在节气门体上,主要由步进电机总成 2、减速齿轮 3、节气门操纵齿板 4 等组成。汽油发动机在怠速工况运转时,在 ECU 控制下,步进电机正转一定步数,经过减速齿轮组的减速增矩,由最后一级小齿轮拨动节气门操纵齿板转动,节气门操纵齿板通过传动机构把节气门打开至某一开度;若步进电机反转,则节气门开度随之变小。由此能够根据怠速工况负荷变化,对怠速时的空气量进行调节。节气门操纵齿板与节气门之间为单向传动,因此不会和加速踏板对节气门控制发生干涉。

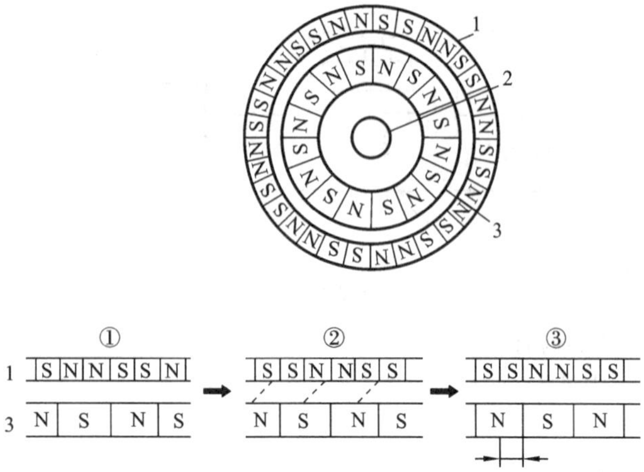

图 2-104　步进电机的工作原理

1—定子线圈；2—电机轴；3—转子(永久磁铁)；

形式②—转动；形式③—1/32 圈

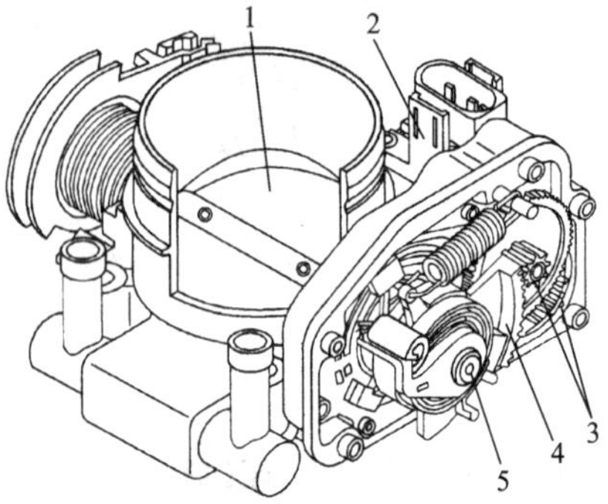

图 2-105　节气门直动控制方式怠速控制装置

1—节气门；2—步进电机总成；

3—减速齿轮；4—节气门操纵齿板；5—节气门轴

节气门直动控制方式，具有位置控制稳定性好的优点。但怠速控制装置工作时，为了克服节气门关闭方向回位弹簧的作用力，采用能起增矩作用的减速齿轮组，使变位速度下降，故存在响应较慢的不足。

2. 脉冲电磁阀

脉冲电磁阀由电磁线圈、复位弹簧、阀芯、阀座、活动铁芯、固定铁芯、进气口和出气口等组成，如图 2-106 所示。

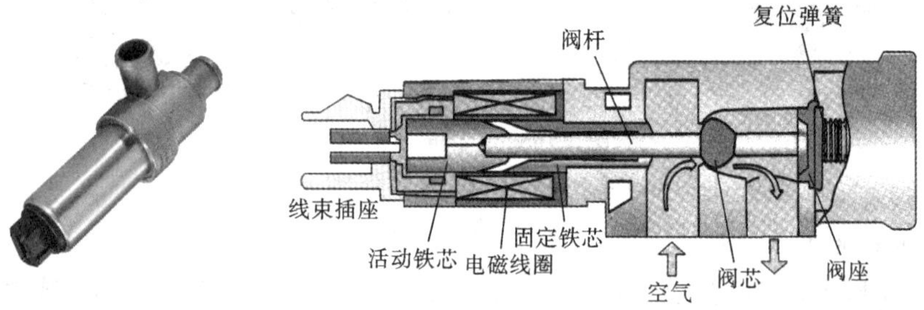

图 2-106　脉冲电磁阀

工作原理：电磁线圈接通电流时产生电磁吸力，克服复位弹簧的弹力，使活动铁芯向右移动，阀口开启；反之，则阀口关闭。

当发动机怠速运转时，ECU 依据各种传感器信息，通过分析处理后，向电磁线圈发出频率相同而占空比不同的控制脉冲信号，改变阀芯开启或关闭时间来调节进气量，如图 2-107 所示。

占空比在 0～100％范围内变化。占空比越大，线圈中平均电流越大，线圈电磁吸力越强，阀门开度越大；反之，阀门开度越小。

3. 直流伺服电机式怠速执行器

在电子节气门控制系统(ETCS)中，可用到的执行器有步进电机式和直流伺服电机式两种类型。从控制精度这个角度相比，步进电机式没有直流伺服电机式高，因此在电子节气门控制系统中，步进电机式较少作为执行器应用。而直流伺服电机式采用脉冲宽度调制技术，其具有频率高、功率密度高、可靠性高等多种优点，因此在汽车电子节气门控制系统中得到广泛应用。

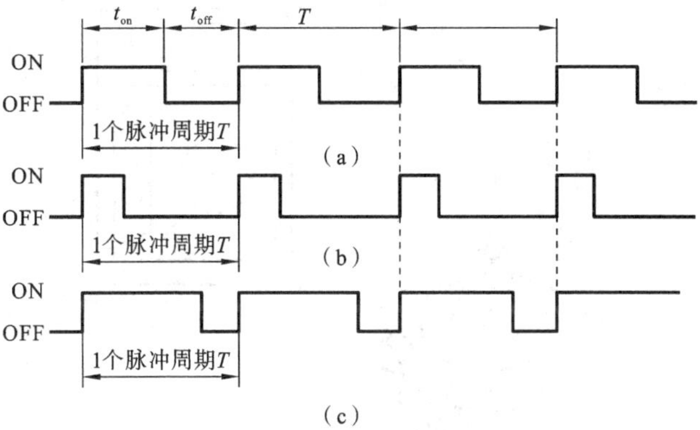

图 2-107 不同状态下的占空比控制脉冲信号

1）直流伺服电机的结构与控制原理

在电子节气门中，直流伺服电机由转子、定子和回位弹簧等组成，如图 2-108 所示。直流伺服电机现广泛采用脉冲宽度调制（PWM）技术，控制单元通过调节脉宽调制信号的占空比来控制直流伺服电机转角的大小。此外，电机输出转矩和脉宽调制信号的占空比成正比。

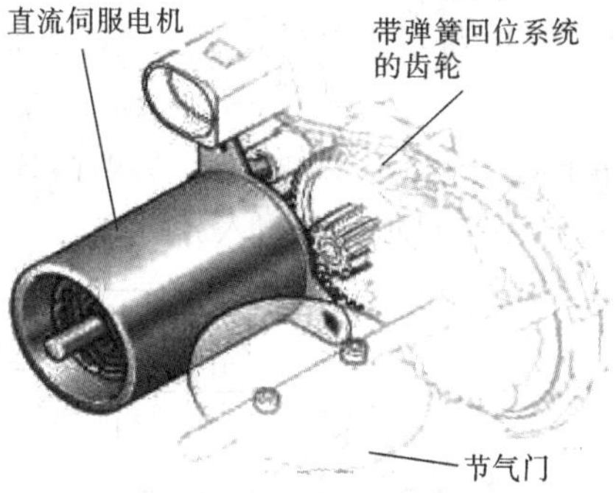

图 2-108 电子节气门中的直流伺服电机

2）电子节气门组件的控制过程

加速踏板位置传感器将加速踏板的位置信号转换为电压信号输入到电控单元，电控单元同时接收其他系统的控制数据，进行运算处理后输出 PWM 驱动信号给电机，控制电机的输出转矩。电机带动节气门克服回位弹簧力转动到相应的开度。PWM 驱动信号占空比与电机输出转矩成正比。电机的输出转矩与回位弹簧阻力矩平衡时，节气门开度保持不变；占空比增大时，电机驱动转矩大于回位弹簧阻力矩，节气门开度增加；反之，电子节气门开度减小。与节气门轴相连的开度传感器将节气门开度信号反馈给 ECU，构成闭环位置控制系统。

ECU 对系统的功能进行监控，如果发现故障，将点亮系统故障指示灯，提示驾驶员系统有故障。节气门不再受电机控制，节气门在回位弹簧的作用下返回到一个小开度的位置，使车辆低速行驶到维修地点。

4. 步进电机式怠速执行器检查

以丰田汽车公司发动机步进电机式怠速执行器为例。

1）检测步进电机式怠速执行器工作电压

对于步进电机式怠速执行器，拆下怠速执行器线束连接器，将点火开关置于“ON”位置，检测电源端子与搭铁间的电压值（应为 9～14 V）。

2）检测步进电机式怠速执行器线圈电阻

如图 2-109 所示，拆下怠速执行器，用万用表电阻挡测量怠速执行器线圈的电阻值。步进电机式怠速执行器通常有 2～4 组线圈，各组线圈的电阻值为 10～30 Ω。如线圈电阻值不在上述范围内，应更换怠速执行器。

3）步进电机式怠速执行器的动作检查

将蓄电池电源以一定顺序输送给步进电机式怠速执行器各线圈，就可使步进电机式怠速执

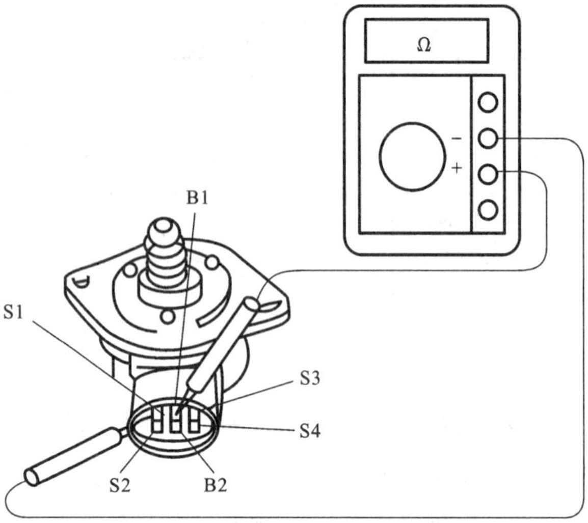

图 2-109　步进电机式怠速执行器线圈电阻的检测

行器动作。各种步进电机式怠速执行器的线圈形式和接线端的布置形式都不同。如图 2-110 所示，首先，将步进电机式怠速执行器插接器端子 B1 和 B2 与蓄电池正极相连，然后将端子 S1、S2、S3、S4 依次(S1—S2—S3—S4)与蓄电池负极相接，此时步进电机应转动，阀芯向外伸出；若将端子 S1、S2、S3、S4 按相反的顺序(S4—S3—S2—S1)与蓄电池负极相接，步进电机应朝相反的方向转动，阀芯向内缩入。

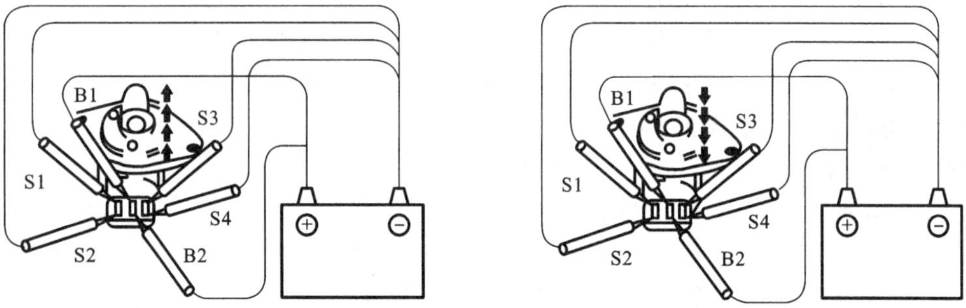

(a) 各端子按S1—S2—S3—S4顺序与蓄电池负极相连　(b) 各端子按S4—S3—S2—S1顺序与蓄电池负极相连

图 2-110　步进电机式怠速执行器的动作检查

三、电子点火模块

1. 电子点火模块的组成

电子点火模块(也称电子点火器或电子点火组件)实际是一个功率电子开关，它是由电子点火模块内部控制电路、点火线圈和火花塞组成的，用于分电器微机点火系统的早期点火模块电路，如图 2-111 所示。

2. 电子点火模块的作用

电子点火模块在汽油发动机微机点火控制系统中的主要功能是接收 ECU 发出的有关指令(如各工况下最佳点火时刻的点火正时信号)，在合适的时刻由电子点火模块内部控制电路通过点火线圈、火花塞点燃气缸中被压缩的可燃混合气，使各缸依次完成各自的工作循环，不断地将

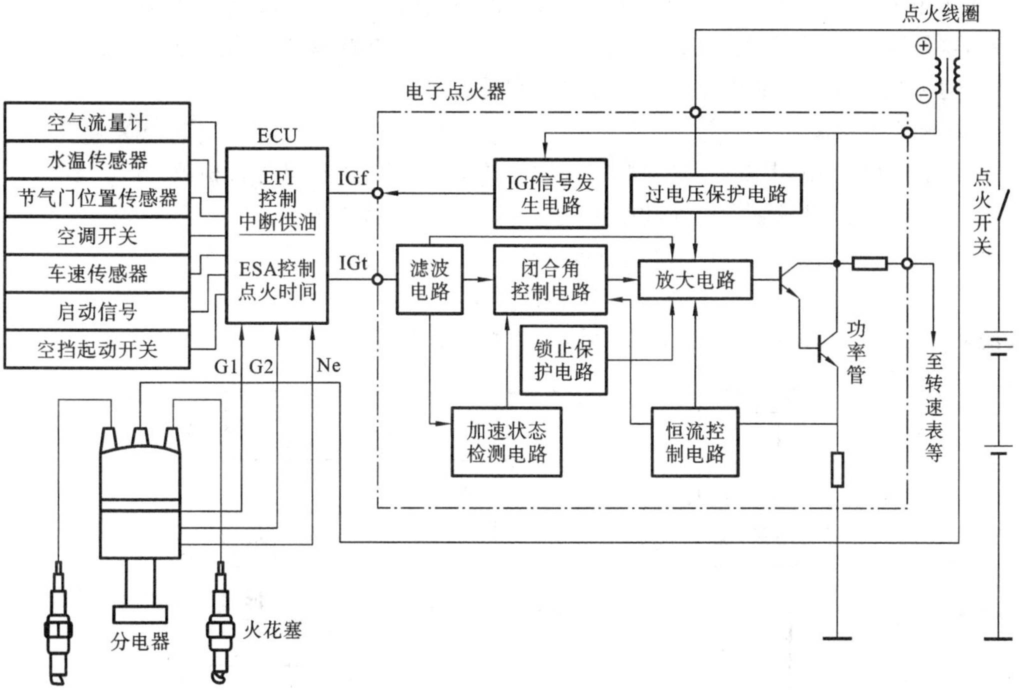

图 2-111 用于分电器点火系统的点火模块电路

热能转换为机械能，达到驱动汽车行驶的目的。为了保证微机点火控制系统的正常工作，电子点火模块除上述的主要功能外，还要完成以下工作。

1）点火确认

当点火线圈初级电流切断时，产生反电动势触发IGf信号发生电路，使其输出一个点火确认信号（IGf）给ECU。IGf信号也称为点火安全信号。

在电喷发动机中，喷油器的驱动信号来自车速传感器与曲轴位置传感器，如果点火系统出现故障，火花塞不能点火，而该传感器工作正常时，喷油器会继续喷油。为避免这种现象的发生，当IGf信号连续3～6次没有反馈给ECU时，ECU就判断此时发动机已熄火，并向EFI系统的喷油控制电路发出中断供油的指令，以防止浪费燃油、再启动困难以及行驶时三元催化转化器过热等现象的发生。

2）过电压保护

当汽车电源供电电压过高时，该电路使点火器放大电路中的功率管截止，以保护点火线圈与功率管。

3）闭合角控制

所谓闭合角（也称接通角），是指点火线圈初级电路通电期间曲轴转过的角度。闭合角控制电路可控制点火器中功率管的导通时间，即控制点火线圈初级电路的通电时间，以保证次级电路产生合适的点火高压。

4）锁止保护

锁止保护电路也称发动机停转断电保护电路，如发动机熄火而点火开关仍接通，一般在点火线圈和功率管的导通时间超过预定值时，该电路控制功率管截止，切断初级电路的电流，以保护点火线圈和功率管不被烧坏，并避免不必要的电能消耗。

5）恒流控制

保证在任何转速下，在极短的时间内，都能使点火线圈初级电流达到规定值（一般为6～7

A),以减小转速对次级电压的影响,改善点火性能。同时,还可防止因初级电流过大而烧坏点火线圈,这是因为ESA系统采用了高能点火线圈,其初级电路取消了附加电阻,且初级线圈电阻很小,初级从通电开始到断路时其电流可达到很大值。

6) 加速状态检测

当发动机转速急剧上升时,加速状态检测电路对这种加速状况进行检测,并将检测到的状态信号输送给闭合角控制电路,使功率管提前导通,以增大闭合角。

现代发动机点火系统中点火模块与点火线圈的组合有两种类型:一类是点火模块与ECU集成在一起,控制点火线圈点火的功率部件在ECU上,如图2-112所示;另一类是点火模块与点火线圈组合在一起,ECU只给控制信号,如图2-113所示。

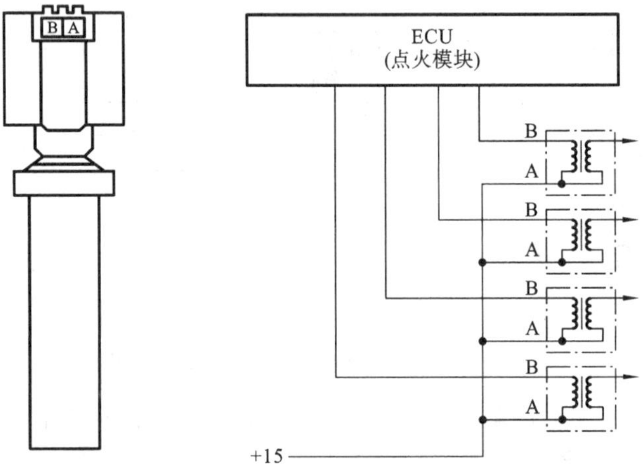

图2-112 点火模块集成在ECU内

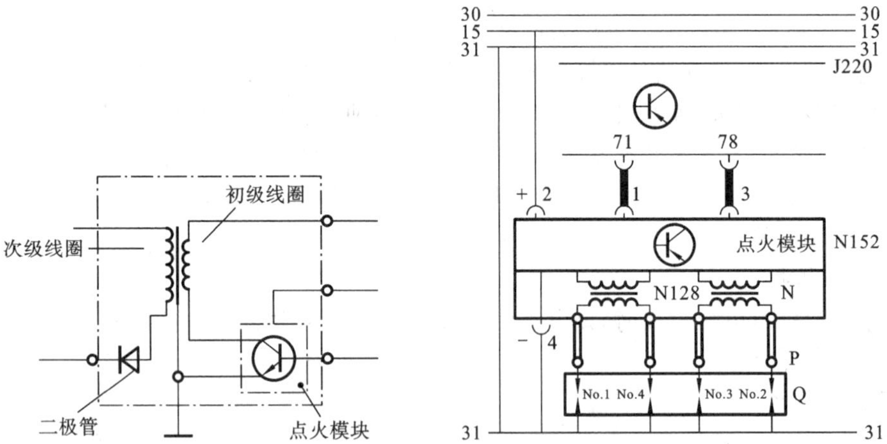

(a) EDIS系统　　(b) COP点火系统

图2-113 点火模块与点火线圈组合

3. 点火线圈检修

点火线圈的故障主要表现在以下几个方面:点火线圈漏电;点火线圈内部短路,造成跳火电压下降。目前生产的轿车大多都已采用独立点火系统,图2-114、图2-115、图2-116所示分别为一汽丰田卡罗拉轿车使用的点火控制系统电路、点火线圈供电电路和各缸点火线圈4线插座端子图。

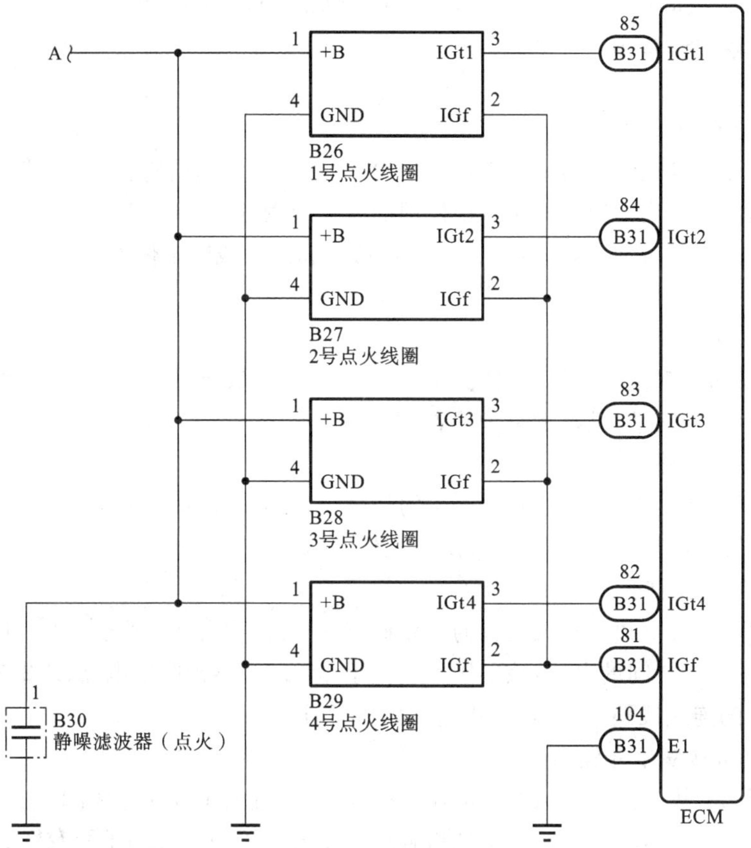

图 2-114　卡罗拉轿车点火控制系统电路

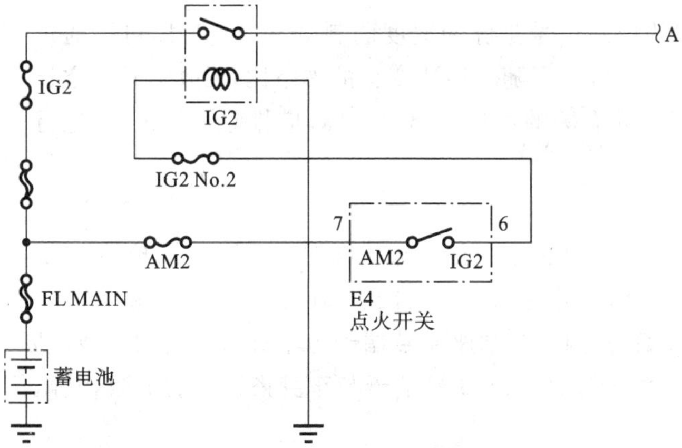

图 2-115　点火线圈供电电路

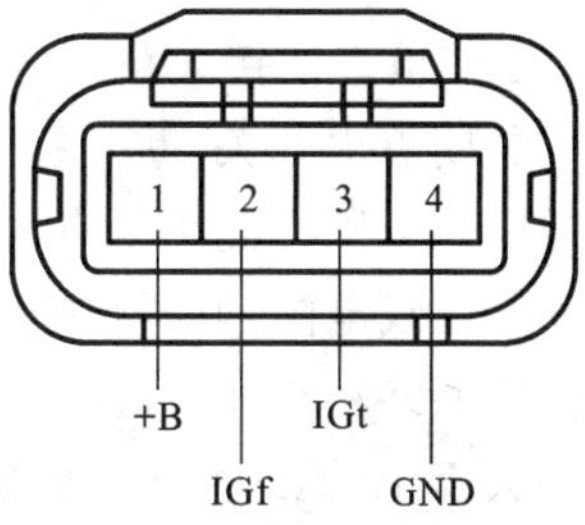

图 2-116　卡罗拉轿车点火线圈线束插座端子图

1）电路分析

(1) 四个点火线圈的初级线圈都是四根线；

(2) 四个点火线圈共用一个电源线+B，与继电器(IG2)的 87 号端子相连；

(3) 四个点火线圈共用一个接地线 GND；

(4) 四个点火线圈共用一个点火确认信号 IGf 线，与 ECM 的 81 号端子相连；

(5) 每个点火线圈都和 ECM 独立连接一根控制线 IGt(IGt1、IGt2、IGt3、IGt4),它们分别与 ECM 的 85、84、83、82 号端子相连,由 ECM 根据发动机的工作情况,控制每个缸点火线圈的工作时刻。

2) 检查内容的确定

通过对组合式(点火线圈与点火模块组合)独立点火线圈的结构、工作原理及工作电路分析等理论知识的学习,一汽丰田卡罗拉轿车使用的点火线圈的检测内容有:点火线圈外观、点火线圈工作电压、点火线圈与 ECM 连接线路的工作状态和点火线圈本体电阻等。

3) 诊断程序与检测步骤

(1) 外观检查。

检查点火线圈外观是否有损坏,插头是否松动,是否有腐蚀的部位,点火线圈的固定螺栓是否符合规定扭矩。如正常,进行下一步检查。

(2) 读取故障代码。

在发动机怠速运转下,读取故障存储中的故障代码,若故障码显示某个点火线圈(以 1 号点火线圈为例)有故障,应首先检测点火线圈的工作电压。

(3) 检测点火线圈的工作电压。

关闭点火开关,拔下故障点火线圈的 4 线插座,打开点火开关,用万用表测量 4 线插座的 1 号端子与车身搭铁点之间的电压,该电压不应低于 11.5 V。否则,继电器(IG2)有故障,或与继电器(IG2)有关的连接线路有故障,应排除。如正常,进行下一步检查。

(4) 检查初级线圈信号输出。

关闭点火开关,拔下故障点火线圈的 4 线插座,用专用探针分别背插于点火线圈 4 线插座的 1 号端子与 3 号端子,用万用表电阻挡检查插入 1 号端子与 3 号端子的专用探针与点火线圈 4 线插座的 1 号端子与 3 号端子内的铜片接触是否正常。连接故障点火线圈的 4 线插座,打开点火开关,启动发动机:(方法一)用二极管试灯检查 4 线插座的 1 号端子与 3 号端子,二极管试灯应闪烁;(方法二)ECM 对初级线圈的控制信号是脉冲宽度调制(PWM)信号,可以通过万用表检测点火线圈 4 线插座的 1 号端子与 3 号端子随着转速变化的占空比,无故障时占空比应随转速提高而增加。否则,点火线圈与 ECM 有关的连接线路有故障,应排除。如正常,进行下一步检查。

(5) 检查连接线路。

关闭点火开关,断开蓄电池负极电缆,分别拔下 1 号点火线圈的 4 线插座和 ECM 上的 125 线插座。分别检测 1 号点火线圈插座与 ECM 插座上 2 号端子—81 号端子、3 号端子—85 号端子间的导线电阻,其阻值应始终小于 1 Ω;检测 4 线插座 4 号端子与车身搭铁间的导线电阻,其阻值应始终小于 1 Ω;检测点火线圈 4 线插座的 1、2、3 号端子与车身搭铁间的电阻,其阻值应始终大于 10 kΩ,否则要更换线束。

(6) 点火线圈的性能检测。

关闭点火开关,拔下故障点火线圈的 4 线插座,用万用表测量故障点火线圈 4 线插头:

测量初级绕组电阻　测量 4 线插座的 2 号端子与 3 号端子之间的电阻,由于内部具有大功率三极管,对点火线圈的各端子进行测量时都应有电阻存在,否则说明点火线圈内部的三极管损坏;

测量次级绕组电阻　测量 4 线插座的 1 号端子与火花塞连接端子之间的电阻,由于内部具有大功率二极管,点火线圈只能正向测量次级绕组的电阻,检测值应符合维修手册要求,否则要更换点火线圈。

学习评价

◆检验您对直接负荷传感器相关知识的了解程度

下列问题中哪些答案是正确的？在答案中至少有一项是正确的。

1. 能够检测到空气质量流量的传感器是(　　)。

A. 翼片式空气流量传感器

B. 卡门涡旋式空气流量传感器

C. 热线式空气流量传感器

D. 热膜式空气流量传感器

E. 温度传感器电阻型空气流量传感器

2. 与质量式空气流量传感器信号电压有关的是(　　)。

A. 节气门开度大小

B. 进气歧管压力高低

C. 空气的体积流量多少

D. 空气的质量流量多少

3. 在讨论桑塔纳2000GSi发动机空气流量传感器2号端子的电压测量时，甲同学说关闭点火开关，拔下线束插座，再打开点火开关测量2号端子和地(搭铁)之间的电压即可；乙同学说这不全，还应启动发动机，谁的方法正确？(　　)

A. 甲同学

B. 乙同学

C. 甲、乙同学

4. 与空气流量传感器有关的正确信息是(　　)。

A. 把空气流量转换为电信号的装置

B. 把空气流速转换为电信号的装置

C. 提供决定基本喷油量的主控信号

D. 提供决定基本点火提前角的主控信号

5. 空气流量传感器直流电压信号与进气流量成正比，流量越大，电压越(　　)。

A. 高

B. 低

C. 不变

6. 打开点火开关，不启动发动机，热线式或热膜式空气流量传感器(　　)。

A. 有电流流过控制回路

B. 有信号电压输出

C. 没有电流流过控制回路

D. 没有信号电压输出

7. 能够分辨空气分子运动方向的空气流量传感器是(　　)。

A. 翼片式

B. 卡门涡旋式

C. 热膜式

D. 温度传感器电阻型

8. 目前，车用进气歧管绝对压力传感器采用最普遍的是(　　)。

A. 半导体压敏电阻型

B. 电容式

C. 电感式

D. 谐振式

9. 与进气歧管绝对压力传感器信号电压有关的是(　　)。

A. 节气门开度大小

B. 进气歧管压力高低

C. 空气的体积流量多少

D. 空气的质量流量多少

10. 在发动机尚未运转的情况下，进气歧管绝对压力传感器测出的气压是(　　)。

A. 绝对压力

B. 环境压力

C. 歧管真空度

11. 半导体压敏电阻型进气歧管绝对压力传感器的检测内容有(　　)。

A. 传感器工作电压

B. 传感器信号电压

C. 传感器与 ECU 连接线束的导通性

D. 传感器本体

12. 进气歧管绝对压力传感器直流电压信号与歧管绝对压力成正比，压力越大，电压越(　　)。

A. 高

B. 低

C. 不变

自我评价______分　　小组评价______分　　教师评价______分

◆检验您对间接负荷传感器相关知识的了解程度

下列问题中哪些答案是正确的？在答案中至少有一项是正确的。

1. 控制系统之所以要有节气门开度信号，其主要用途是(　　)。

A. 用来判断发动机的工况是处于怠速控制区、部分负荷区还是节气门接近全开的加浓区(或催化转化器的高温保护区)。

B. 用来界定开环、闭环控制区。

C. 用节气门转角变化率的大小作为加速、减速过程中修正喷油量的条件。

D. 可与空气流量传感器的信号对照互检，提供后者发生损坏的信息，并代替后者与转速信号配合，作为 ECU 控制喷油量的条件参数。

2. 对于综合式节气门位置传感器而言，当节气门全关闭时，怠速电刷与怠速触点之间的状态是(　　)。

A. 接触

B. 断开

C. 不受节气门控制

3. 对于综合式节气门位置传感器而言，随着节气门开度变化增大，电阻器的节气门开度电刷便随节气门轴转动，传感器输出的信号电压随之发生变化，其信号电压变化特点是（　　）。

A. 节气门开度越大，输出电压越高

B. 节气门开度越大，输出电压越低

C. 不一定，要看车系的设计定义

4. 对于大众车系电子节气门控制系统而言，当一个节气门位置传感器信号中断，系统采取的控制措施是（　　）。

A. 使用另一个传感器信号，对加速踏板响应不变

B. 踩加速踏板无反应，发动机在 1500 r/min 左右运行

C. 巡航关闭，EPC 灯亮，存储故障码

5. 负温度系数（NTC）型热敏电阻式温度传感器的电阻具有（　　）。

A. 温度升高阻值减小的特性

B. 温度升高阻值增大的特性

C. 阻值变化与温度变化无关

6. 如果冷却液温度传感器故障或信号中断，发动机电控单元将启动备用模式，把冷却液温度值设定在 80 ℃左右，同时记录故障代码。此时，车辆虽然能够正常行驶，但会造成（　　）。

A. 无论冷、热车，发动机均启动困难

B. 油耗增加

C. 怠速稳定性降低

D. 废气排放量升高

7. 进气温度信号用于对（　　）。

A. 空气密度的变化进行修正

B. 空气温度的变化进行修正

C. 喷油量进行修正

8. 温度传感器的种类有很多，现代汽车广泛采用的是（　　）。

A. NTC 型

B. PTC 型

C. 金属热电阻型

9. 与冷却液温度传感器的信号电压有关的是（　　）。

A. 排气管温度高低

B. 进气歧管压力高低

C. 冷却液温度高低

D. 进气温度高低

10. 对冷却液温度传感器的检测内容有多项，说法正确的是（　　）。

A. 甲说有参考电压和信号电压

B. 乙说有信号电压和电阻特性

C. 丙说三项内容均检测

自我评价______分　　小组评价______分　　教师评价______分

◆检验您对运行状态传感器相关知识的了解程度

下列问题中哪些答案是正确的？在答案中至少有一项是正确的。

1. 属于无源转速传感器的是（　　）。

A. 电磁感应式
B. 光电效应式
C. 霍尔效应式
D. 磁阻效应式
2. 在传感器的实际检测中,不需要检测工作电压的传感器是(　　)。
A. 电磁感应式转速传感器
B. 霍尔效应式转速传感器
C. 氧化锆式氧传感器
D. 压电式爆震传感器
3. 检测霍尔效应式转速传感器信号电压的仪器是(　　)。
A. 数字万用表
B. 车用示波器
C. 二极管试灯
D. 解码器
4. 氧化锆式氧传感器是(　　)。
A. 开关型氧传感器
B. 极限电流型氧传感器
C. 宽频氧传感器
5. 对宽频氧传感器相关信息表述正确的是(　　)。
A. 能够精确反馈排气中的空燃比
B. 流经单元泵的电流大小与空燃比成正比
C. 流经单元泵的电流大小与空燃比成反比
D. 当 $\lambda=1$ 时单元泵没有电流流过
6. 对压电式爆震传感器相关信息表述正确的是(　　)。
A. 检测发动机燃烧室的压力变化获得爆震信息
B. 检测发动机缸体的振动频率获得爆震信息
C. 当有爆震发生时,无须工作电压就能输出信号电压
D. 当有爆震发生时,ECU 按程序减小点火提前角
7. 宽频氧传感器在混合气浓时,下列描述正确的是(　　)。
A. 感应室两侧的电压值始终大于 0.45 V
B. 为达到平衡,发动机控制单元减小控制电流使单元泵提高泵氧效率
C. 感应室两侧的电压值维持在 0.45 V
D. 感应室两侧的电压值始终小于 0.45 V

自我评价______分　　小组评价______分　　教师评价______分

◆检验您对开关式传感器相关知识的了解程度
下列问题中哪些答案是正确的?在答案中至少有一项是正确的。
1. 对开关式传感器输入电路特点表述正确的是(　　)。
A. 开关式传感器输入电路仅提供高/低(HI/LO)信号
B. 开关式传感器输入电路产生 0 V 或外加电压信号(5 V、12 V)
C. 开关式传感器输入分为电源侧开关传感器电路和接地侧开关传感器电路

D. 开关式传感器输入电路仅提供开/关(ON/OFF)信号

2. 对接地侧开关式传感器工作原理表述正确的是(　　)。

A. 当接地侧开关式传感器闭合时,ECU 检测到的是低电位

B. 当接地侧开关式传感器闭合时,ECU 检测到的是高电位

C. 当接地侧开关式传感器断开时,ECU 检测到的是低电位

D. 当接地侧开关式传感器断开时,ECU 检测到的是高电位

3. 对电源侧开关式传感器工作原理表述正确的是(　　)。

A. 当电源侧开关式传感器闭合时,ECU 检测到的是低电位

B. 当电源侧开关式传感器闭合时,ECU 检测到的是高电位

C. 当电源侧开关式传感器断开时,ECU 检测到的是低电位

D. 当电源侧开关式传感器断开时,ECU 检测到的是高电位

4. 对开关式传感器进行故障诊断时判断正确的是(　　)。

A. 在电源侧开关与控制模块间发生断路或短路时,控制模块检测到的电压将接近 0 V

B. 在电源侧开关与控制模块间发生断路或短路时,控制模块检测到的电压将接近 5 V

C. 在接地侧开关与控制模块间发生短路时,控制模块检测到的电压将接近 0 V

D. 在接地侧开关与控制模块间发生断路时,控制模块检测到的电压将接近 5 V

5. 不论接地侧开关是闭合还是断开,控制模块检测到的电压始终是 5 V,对此故障判断正确的是(　　)。

A. 接地侧开关故障

B. 接地侧开关与控制模块间的线路与蓄电池负极发生短路

C. 接地侧开关与控制模块间的线路发生断路

6. 当 ECU 检测到点火开关信号后,进行发动机启动前的准备工作有(　　)。

A. 接通氧传感器加热元件

B. 控制怠速控制电动机进入初始位置

C. 确定发动机启动喷油时间和点火时刻

D. 检测节气门位置传感器信号

7. 对蓄电池电压信号相关信息表述正确的是(　　)。

A. 当发动机停止工作时,蓄电池直接向 ECU 的存储器供电

B. ECU 将根据蓄电池电压变化对喷油持续时间和点火线圈一次电路接通时间进行修正

C. 当电压升高时,减少喷油时间,同时减少点火线圈一次电路接通时间

D. 当电压降低时,增加喷油时间,同时增加点火线圈一次电路接通时间

自我评价______分　　小组评价______分　　教师评价______分

◆检验您对汽油机电控系统主要执行器相关知识的了解程度

下列问题中哪些答案是正确的? 在答案中至少有一项是正确的。

1. 对喷油器相关信息表述正确的是(　　)。

A. 喷油器可以安装在燃油分配管上

B. 接收来自发动机 ECU 的信号,计量燃油喷射系统的喷油量

C. 喷油器可以安装在燃烧室处的缸盖上

D. 目前在汽车上使用最多的喷油器属于开关型电磁阀

2. 检测电磁喷油器控制信号的仪器是(　　)。

A. 数字万用表

B. 车用示波器

C. 二极管试灯

D. 解码器

3. 对怠速执行器相关信息表述正确的是(　　)。

A. 怠速执行器是调整进入发动机的进气量,来调节怠速转速

B. 怠速执行器是调整进入发动机的喷油量,来调节怠速转速

C. 按照执行器驱动方式的不同,目前在发动机上使用的怠速执行器有步进电机式、占空比旋转电磁阀和直流伺服电机式等类型

D. 不论目前在发动机上使用的哪种形式的怠速执行器,都具备正转、反转和角度定位的功能

4. 缸内直喷系统中喷油器设定开启电压为 65 V～70 V 的原因是(　　)。

A. 增加喷油量

B. 因为喷油器安装在燃烧室,气缸压力高

C. 因为缸内直喷系统中燃油压力高

D. 可以使得喷油器的阀芯快速打开

5. 在电子节气门控制系统中,优先使用直流伺服电机作为执行器的原因是(　　)。

A. 控制精度高

B. 直流伺服电机可采用脉冲宽度调制技术,频率高,功率密度高

C. 可靠性高

D. 具备正转、反转和角度定位的功能

6. 对电子点火模块相关信息表述正确的是(　　)。

A. 电子点火模块实际是一个功率电子开关

B. 电子点火模块是由电子点火模块内部控制电路、点火线圈和火花塞组成的

C. 能接收 ECU 发出的有关指令,在合适的时刻通过点火线圈、火花塞点燃气缸中被压缩的可燃混合气

D. 具有点火确认和向 ECU 输出点火确认信号的功能

自我评价______分　　小组评价______分　　教师评价______分

项目 3
汽油机空气供给系统电控技术与检修

3

知识目标

（1）能够复述电控汽油机空气供给系统的组成和功用。

（2）能够讨论怠速控制、可变进气歧管控制、进气增压控制和可变气门正时及升程等控制系统的控制内容和控制过程。

（3）能够解释系统中相关传感器或执行器出现故障时对控制系统的影响。

（4）能够解释相关子系统出现故障时对发动机工作的影响。

（5）能够初步建立电控汽油机空气供给系统典型综合故障的诊断思路。

技能目标

（1）能够参照维修手册，按正确的步骤与方法在车完成对空气供给系统中相关传感器、执行器的检测。

（2）能够识读和分析空气供给系统相关控制电路图。

（3）能够初步完成怠速控制、可变进气歧管控制、进气增压控制和可变气门正时及升程等控制系统的故障分析。

（4）能初步完成电控汽油机空气供给系统典型综合故障（发动机启动困难、怠速异常）的诊断与排除。

任务1　电控汽油机空气供给系统认知

发动机不同的转速、负荷工况和过渡工况所适宜的空燃比是不同的,为了使发动机在不同的工况下的稳定性、动力性、经济性和排放性保持最佳,就要求电控发动机的空气供给系统除了准确计量进入气缸的空气量外,还应完成对进气系统进气量的控制。研究表明,发动机输出功率和转矩是受到进气量限制的,为了提高发动机输出功率和转矩,各国汽车工程师不断努力,终于使进气控制技术得到了长足的发展。为了使发动机在不同的工况下吸入更多的空气,电控发动机的空气供给系统引入了较多先进的控制系统,例如怠速控制系统、可变进气歧管控制系统、进气管涡旋控制系统、增压控制系统、可变气门正时和气门升程电控系统等。这些先进的控制系统,较好地保证了发动机在不同工况下的稳定性、动力性、经济性和排放性仍能保持最佳。

一、电控汽油机空气供给系统概述

1. 电控汽油机空气供给系统的功用

电控汽油机的空气供给系统在电控燃油喷射系统(EFI)中的作用就是向发动机提供各个工况下混合气燃烧所需的空气量,并测量出进入气缸的空气量,与燃油供给系统配合完成对空燃比(A/F)的电子控制。

2. 进气量的检测方式

电控汽油机对进气量的测量方式可分为直接测量和间接测量两种。

1）直接测量(质量流量方式)

直接测量法采用空气流量计(即空气流量传感器)直接测量吸入的空气量,采用这种方式的电子控制燃油喷射系统被称为质量流量方式的电子控制燃油喷射系统,空气供给流程如图3-1所示。

2）间接测量(速度密度方式)

速度密度方式是利用发动机转速和进气歧管绝对压力,推算出每一循环吸入发动机的空气量,根据算出的空气量计算燃油的喷射量,空气供给流程如图3-2所示。

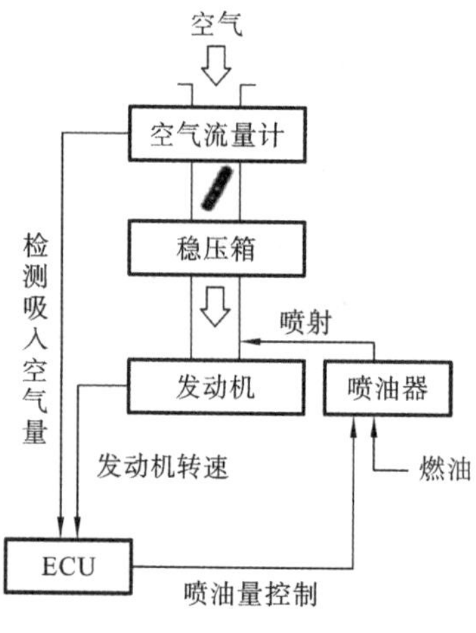

图3-1　直接测量(质量流量方式)空气供给流程

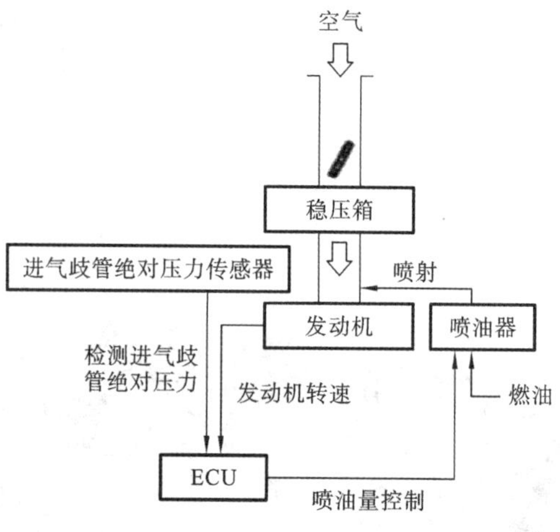

图3-2　间接测量(速度密度方式)空气供给流程

对于质量流量方式的电子控制燃油喷射系统，吸入的空气经过空气滤清器过滤后，由空气流量传感器进行测量，然后通过节气门体到达稳压箱，再经进气歧管进入各个气缸。

对于速度密度方式的电子控制燃油喷射系统，空气进入发动机的路径相同，不同之处在于利用进气歧管绝对压力传感器代替空气流量传感器进行进气量的测量。

二、电控汽油机空气供给系统的组成与作用

电控汽油机空气供给系统的主要特点是进气歧管较长且还设有动力腔，其目的是充分利用进气歧管内的空气动力效应，增大不同工况下的进气量，提高发动机的动力性。该系统由空气滤清器、空气流量传感器/进气歧管绝对压力传感器、节气门位置传感器、怠速控制装置、进气总管、动力腔（或谐振腔、稳压箱）和进气歧管等组成。

1. 空气滤清器

空气滤清器的作用是防止空气中的灰尘、杂物等随空气被吸入气缸，同时还可以防止发动机回火时火焰传到外面。

2. 空气流量传感器

空气流量传感器安装在空气滤清器与节气门体之间，其功用是检测发动机进气量大小，并将空气流量信息转换成电信号输入电控单元（ECU），作为决定基本喷油量和基本点火提前角的主控信号之一。

3. 进气歧管绝对压力传感器

进气歧管绝对压力传感器安装在与进气歧管一体的稳压箱上，其功用是检测发动机进气歧管的绝对压力并将绝对压力信息转换成电信号输入电控单元，与空气流量传感器的功用相同，是决定基本喷油量和基本点火提前角的主控信号之一。

4. 节气门位置传感器

节气门位置传感器安装在节气门体内，其功用是将节气门开度信号转变成电信号输入ECU。节气门的开度代表发动机负荷的大小，ECU根据节气门开度信号判断发动机的工况，如怠速工况、部分负荷工况、大负荷工况等，从而对发动机进行相应的控制。

5. 进气管

进气管包括进气总管、动力腔和进气歧管等。在早期化油器供油模式（时间恒定、压力控制）下，为了防止低温时汽油冷凝，进气管的进气歧管部分设计得很短，并把进气管与排气管铸在一起，利用排气管中高温废气的热量对进气管入口处的可燃混合气进行预热，如图3-3所示。但是，合理的歧管长度或直径变化是可以提高充气效率的。电控燃油喷射技术改变了供油模式（压力恒定、时间控制），从而改变了进气管的作用，即从把可燃混合气分别送到发动机的各气

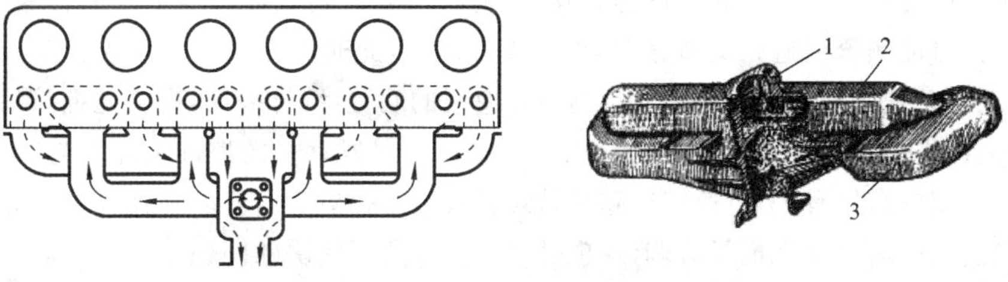

图3-3 化油器供油模式下的进气管结构

1—化油器安装凸缘；2—进气管；3—排气管

缸,变成了把空气分别送到发动机的各气缸。由于这种质的变化,将进气歧管设计得较长或设计成不同的形状,甚至使其长度、直径具有可变性成为可能,如图 3-4 所示。

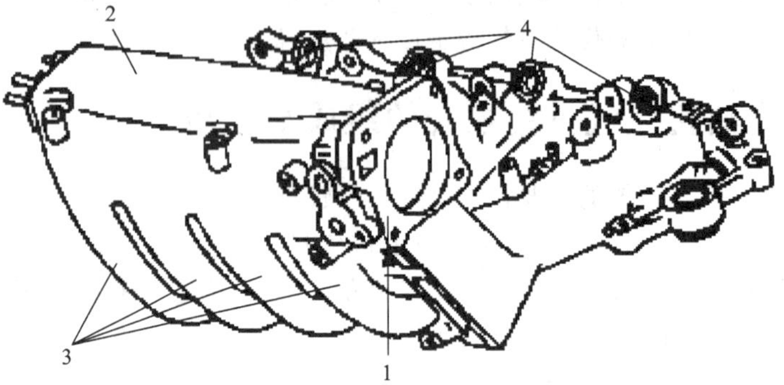

图 3-4　燃油喷射供油模式下的进气管结构

1—节气门体安装位置;2—动力腔(或谐振腔、稳压箱);3—进气歧管;4—喷油器安装位置

6. 动力腔

动力腔(或谐振腔、稳压箱)的主要作用有:① 为需要采集绝对压力(真空度)的传感器、执行器等提供稳定的采样点;② 利用进气行程在进气管内产生的惯性效应和波动效应提高充气效率、增大转矩。

7. 怠速执行器

怠速执行器按照执行器驱动方式的不同而分为占空比旋转电磁阀式、步进电机式和直流伺服电机式等类型,怠速执行器的功能就是改变怠速时的进气量。

任务 2　电控汽油机怠速控制系统的组成与怠速控制

怠速工况是车用汽油机最常用的工况之一,发动机怠速工况运转的性能也是评价发动机性能的重要指标。

汽油机的怠速性能主要体现在三个方面:怠速稳定性、怠速排放及怠速油耗。当发动机在怠速工况运转时,发动机对外不输出动力,燃料消耗所产生的功率全部用于抵消摩擦损耗。同等转速下,当发动机的温度状态发生变化时,摩擦阻力随之变化,会造成转速波动;其次,当空调压缩机工作或用电负荷加大时也会造成转速波动,上述情况严重时常常造成发动机熄火。如何迅速适应这种变化,及时调整进气量、供油量和点火提前角等参数,保证发动机怠速稳定在设定的最优转速下,且在车辆运行的整个寿命周期内保持这种稳定性,是怠速控制所要解决的首要问题。车辆行驶在市区时,可能频繁地遇到交通路口,需要停车怠速,此时有害气体的排放状况如何,对环境保护至关重要。怠速工况汽油机的油耗也是不容忽视的问题,统计表明,在交通拥挤的市区,怠速工况的燃油消耗占燃油消耗总量的百分之三十。怠速工况发动机的燃油消耗除与空燃比有关以外,还与怠速转速的高低有关,怠速转速越高,燃油消耗相对越高。但是,转速太低,则运转稳定性恶化,因此它们之间需要动态最优协调,这也是怠速控制所要解决的问题。

1. 怠速控制系统的组成

怠速控制系统的组成如图 3-5 所示。怠速控制系统主要的输入信号有节气门位置传感器信号、转速传感器信号、水温传感器信号、进气歧管绝对压力传感器信号/空气流量传感器信号及与发动机负荷变化有关的开关信号等；主要执行器有怠速执行器、喷油器和点火控制模块等。

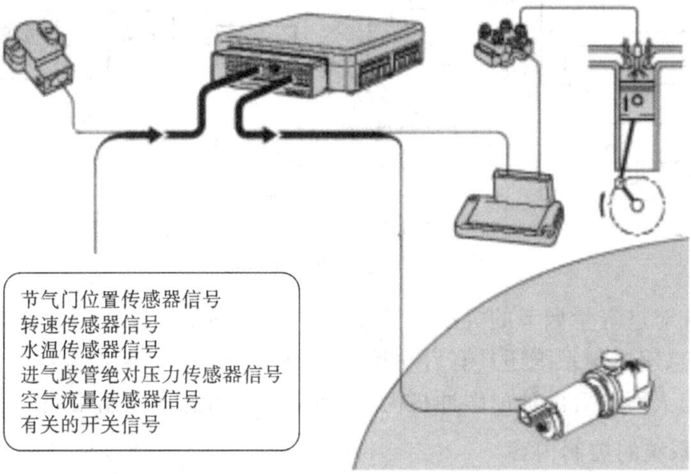

图 3-5 怠速控制系统的组成

2. 怠速控制系统的分类

在发动机的不同配置中，怠速控制系统曾出现过旁通空气式和节气门直动式两种形式，如图3-6所示。由于目前配置电子节气门控制系统的汽车越来越多，旁通式怠速控制系统已基本淘汰。

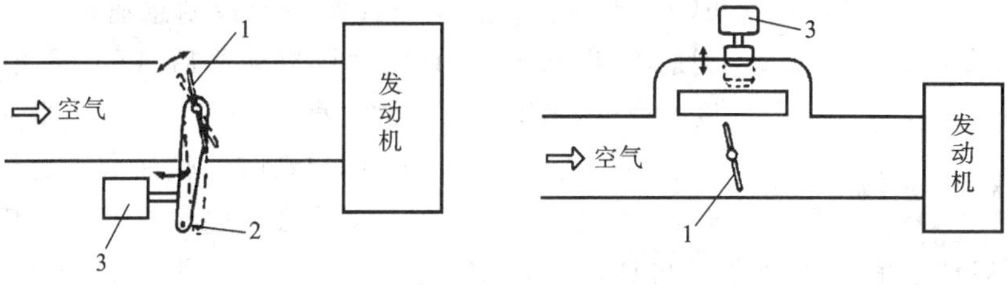

图 3-6 怠速控制的方式

1—节气门；2—节气门操纵臂；3—怠速执行器

3. 怠速控制系统的控制原理

当发动机怠速运行时，节气门处于全关位置，即进入发动机的空气量是通过怠速执行器调节的，同时配合喷油量及点火提前角的控制，改变怠速工况燃料消耗所发出的功率，以稳定或改变怠速转速。图 3-7 所示为怠速控制过程示意图。ECU 根据冷却液温度、空调压缩机负荷和空挡信号等确定将要控制的目标转速，并由节气门开度信号及车速信号判断发动机是否处于怠速状态。例如：车速传感器提供车速信号，节气门位置传感器提供怠速触点开闭信号，这两个信号用来判定发动机是否处于怠速状态。发动机怠速时，节气门关闭，节气门位置传感器的怠速触点 IDL 闭合，传感器输出端子 IDL 输出低电平信号。因此，当 IDL 端子输出低电平信号时，如果车速为零或低于 2 km/h，就说明发动机处于怠速状态；如果车速高于 2 km/h，则说明发动机处于减速状态。如果判定是怠速状态，则怠速转速控制开始，ECU 不断地将测得的发动机转速与设定的目标转速相比较，根据比较结果，控制怠速执行器工作，增大或减少进气量，同时控制供油量及点火参数，保证怠速转速稳定在目标转速上。而目标转速的确定，随发动机机型的不同、温度状态的变化以及空调压缩机负荷的大小而异。

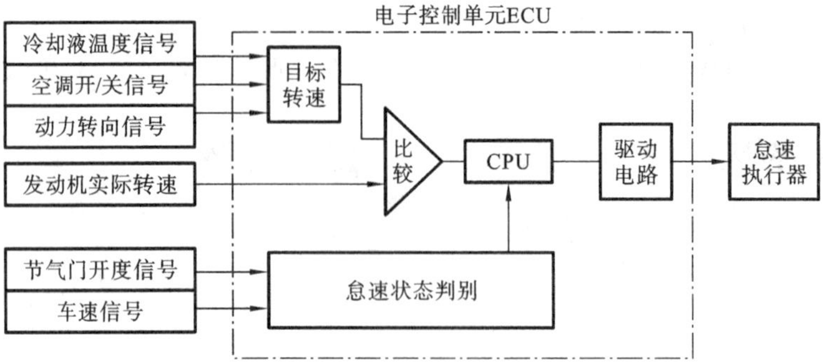

图 3-7 怠速控制过程示意图

怠速控制系统对进气量调节的灵活性与实时性,使得所谓怠速控制已远不止对怠速转速稳定性的控制,很多怠速控制系统还具有启动控制、暖机控制、高怠速控制等功能。另外,为防止急减速时发动机熄火而设置的油门缓冲机构,其功能也可由怠速控制系统来完成。

4. 怠速控制系统的控制内容

怠速执行器要根据 ECU 的指令控制节气门最小开度或控制一个旁通空气道的通路面积,以控制冷机启动、暖机工况、热机怠速工况和减速工况下的发动机进气量(虽简称怠速进气量,但并非只限于怠速工况)。

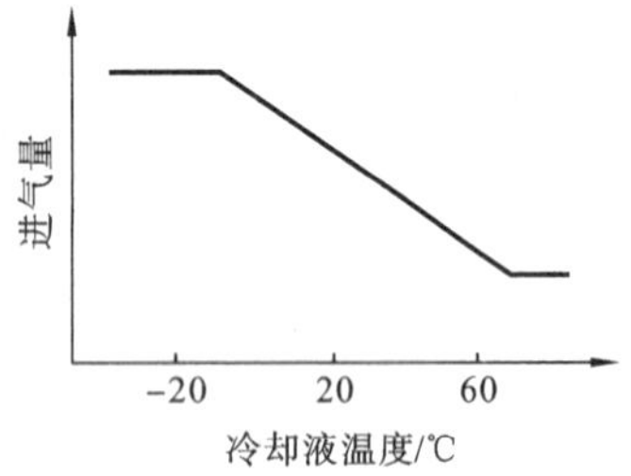

图 3-8 启动控制

1)启动控制

发动机在启动时,因为工况不稳定,很多传感器的信号 ECU 并没有采用,怠速控制系统控制怠速执行器使进气量达到最大,以利于启动;发动机启动之后,ECU 再根据冷却液温度的高低,确定进气量的大小,如图 3-8 所示。此时点火提前角为初始点火提前角。另外,启动时的喷油量还受蓄电池电压的影响,蓄电池电压低时,ECU 会在原有的喷油量基础上加一定补偿值,保证启动效果,从而使发动机具有一个稳定的转速。启动控制通常为开环控制。

2)暖机控制

发动机启动之后,进入暖机阶段。怠速控制系统根据冷却液温度的变化不断调整旁通空气道进气量的大小,使发动机在温度状态变化的情况下保持稳定的转速,如图 3-9 所示。当冷却液温度未达到预先设定的阈值时,怠速转速的设定一般较高,以便于暖机;当达到设定的阈值后,暖机控制结束,发动机进入正常怠速。暖机控制通常也是开环控制。

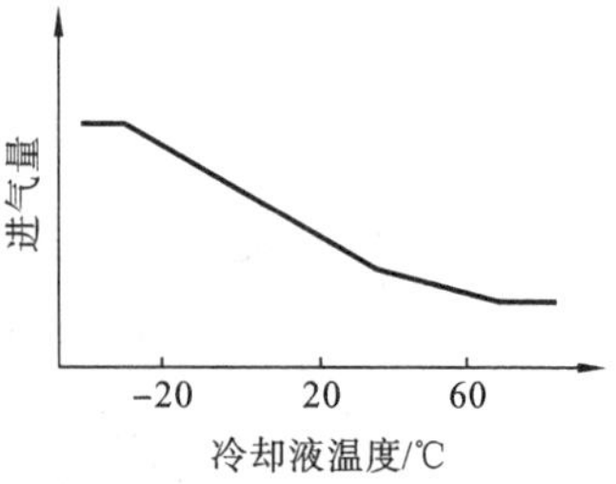

图 3-9 暖机控制

3)怠速闭环控制

当发动机水温较低时,系统给出较高的目标转速以加速暖机;对于采用机械风扇的发动机,当发动机水温较高时,系统也会给出高怠速,目的是增加冷却水箱的进风量。

当暖机过程结束,或者 ECU 检测到节气门全关信号,且车速低于 2 km/h,则怠速控制系统开始按图 3-7 所示的程序进行怠速反馈控制。在怠速运转时,ECU 将接收到的转速信号与确定的目标转速相比较,当其差值超过一定范围(通常为 20 r/min)时,ECU 通过调整怠速控制阀的开度大小,调节怠速空气供给量,使发动机的实际转速与目标转速相同。如图 3-10 所示,在反馈控制的过程中,若遇空调器开关接通/断开、转向压力开关接通/断开、空挡信号接通/断开,或使用的电器增多等发动机负荷突然变化的情况,目标转速变为高怠速,为了避免怠速转速的波动，怠速控制系统要及时控制怠速执行器动作，使进气量增大或减小一定的量。

如果发动机的负荷增加造成发动机的转速降低，ECU 则控制点火提前角，当发动机转速提升到预定的目标转速后，点火推迟。

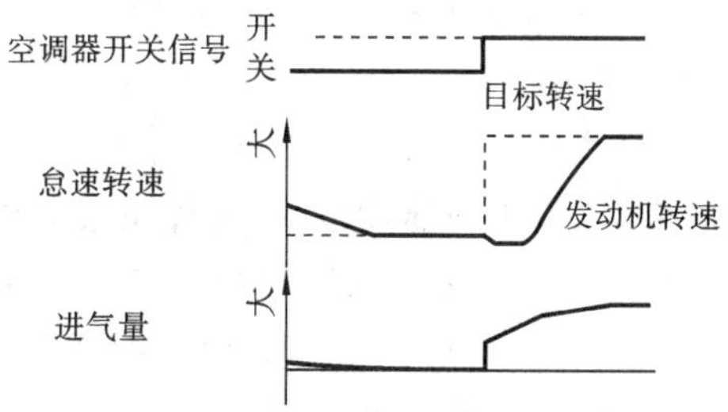

图 3-10 空调器开关接通时的怠速控制

4）缓冲模式控制

当节气门关闭且计算的缓冲空气流量不为零，同时汽车还在以大于 2 km/h 的车速移动时，进入缓冲模式。以前计算的预备流量（称为缓冲空气流量）按指数规律衰减为零，使基本怠速仍保持预期的空气流量。由于节气门关闭时的发动机负荷受到各种路况和坡度的影响，并不是真正的怠速负荷，故此时禁止进行怠速闭环控制和学习。

5）学习控制

ECU 内部存储着怠速执行器的控制信号与发动机怠速转速的对应表，但在发动机长期使用的过程中，由于磨损等原因会导致怠速执行器的性能发生变化。当怠速执行器的位置相同，但实际怠速转速与目标转速有偏差时，利用反馈系统使怠速转速回归目标转速的同时，ECU 会记忆调整后的发动机转速与怠速执行器位置之间的对应关系，并在以后的怠速控制过程中使用更新后的存储数据。

要注意的是：如果蓄电池断开一定的时间，ECU 将重新进行怠速控制的学习。

5. 发动机怠速不良的故障诊断

故障表现：怠速不稳，易熄火。

1）故障现象

发动机启动正常，但不论冷车或热车，怠速均不稳定，怠速转速过低，易熄火。

2）故障原因

（1）进气系统有漏气处。

（2）燃油压力太低。

（3）空气滤清器堵塞。

（4）喷油器雾化不良、漏油或堵塞。

（5）怠速调整不当。

（6）怠速控制阀或旁通空气阀工作不良。

（7）火花塞工作不良。

（8）空气流量计有故障。

（9）气缸压缩压力过低、不均匀。

3）故障诊断与排除

（1）先进行故障自诊断，检查有无故障码。如果有，则按所显示的故障码内容查找故障部位。

（2）检查进气系统各管路接头、各真空软管、废气再循环系统和燃油蒸气回收系统是否漏气。

（3）检查怠速控制阀的工作是否正常。拔下怠速控制阀线束插头，如果发动机转速无变化，说明怠速控制阀或控制电路有故障，应检修电路、清洗插头、清洗或更换怠速控制阀。

（4）怠速时逐个短路各缸高压线，检查发动机转速的下降值是否相等。如果某缸在短路高压线时，发动机转速基本不变，说明该缸工作不良或不工作，应检查该缸火花塞或喷油器是否有故障、喷油器控制电路是否正常、该缸压力是否过低。

(5) 仔细听各缸喷油器在怠速时的工作声音。如果各缸喷油器工作声音有差异,说明各缸喷油量不相等,应清洗、拆检或更换喷油器。

(6) 检查各缸的高压火花。若某缸火花太弱或断火,应检测分火头、分电器盖、高压分线、点火器、发动机转速传感器、连接导线及其线束插头等。

(7) 拆检各缸火花塞,检查电极是否烧蚀或积炭,火花塞电极间隙是否正常。

(8) 检查燃油压力。怠速时的燃油压力应为 250 kPa 左右。若燃油压力偏低,应检查油压调节器、电动燃油泵、燃油滤清器及电动燃油泵的进油滤网、连接管路等。

(9) 按规定的程序,调整发动机怠速。

(10) 检查空气流量计是否卡滞,如果不良,应清洁或更换。

(11) 检查气缸压缩压力,若压力低于 0.8 MPa,应拆检发动机。

发动机怠速不平稳故障的诊断与排除流程如图 3-11 所示。

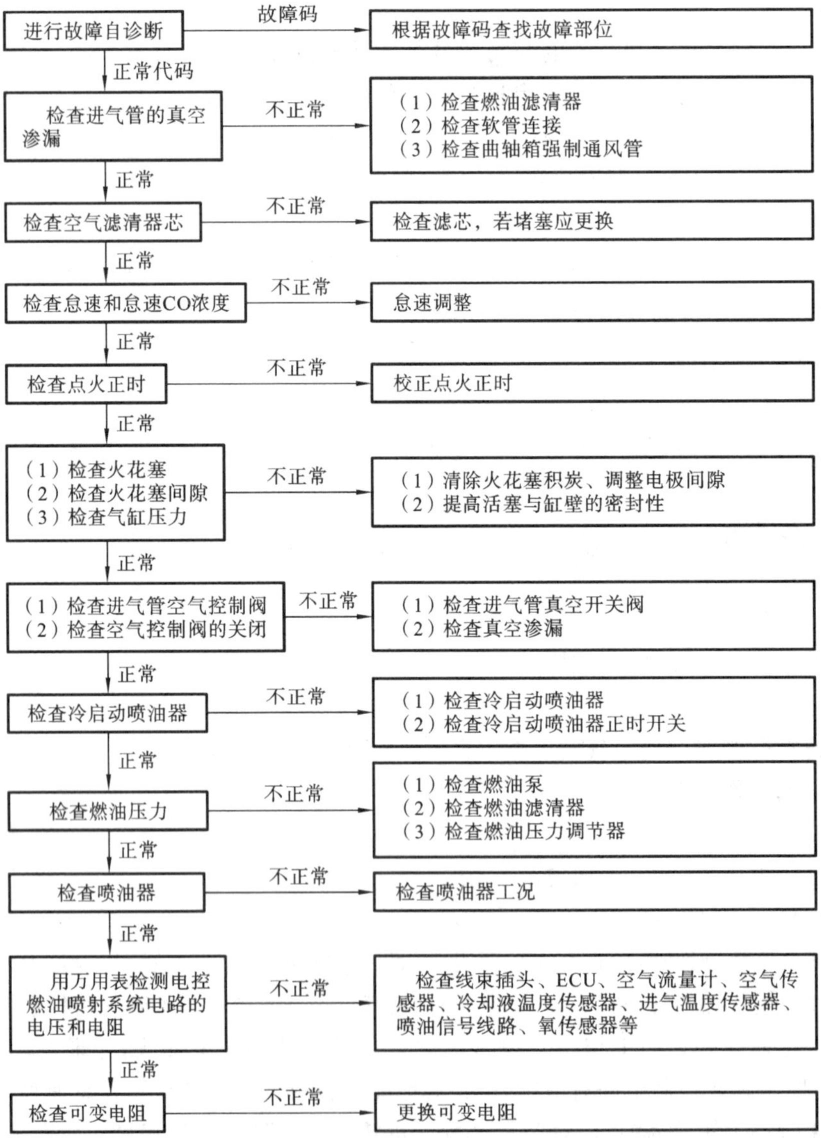

图 3-11　发动机怠速不平稳故障的诊断与排除流程

任务3 进气歧管气道控制技术

一、发动机进气动态效应认知

有效地利用进气管内的压力波动现象，是使每循环进入气缸的新鲜空气量增加的有力措施。图 3-12 为采用惯性增压后某发动机上测出的进气管内靠近气缸一端的压力随曲轴转角变化的曲线。图 3-12(a)为原机(进气管长度为 300 mm)的压力波曲线，从图示曲线可以看出，在进气门即将关闭时，该处的压力小于 98 kPa，而且整根曲线的波动不大。图 3-12(b)为进气管的长度改成 1140 mm 后的压力波曲线，压力波动十分剧烈。当进气门即将关闭时，该处的压力达到 117.6～127.5 kPa，从而提高了进入气缸的空气密度。粗略估算，进入气缸的空气量可增加 27.2%。这种现象是进气管内压力波动的结果，分析其原因，可归结为惯性效应和波动效应两类。进气动态效应通常被视为是惯性效应和波动效应共同作用的结果。

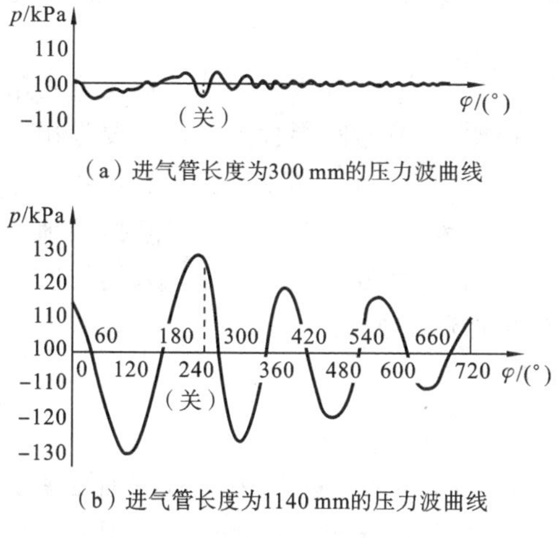

图 3-12 增压后某发动机的进气管内压力波曲线

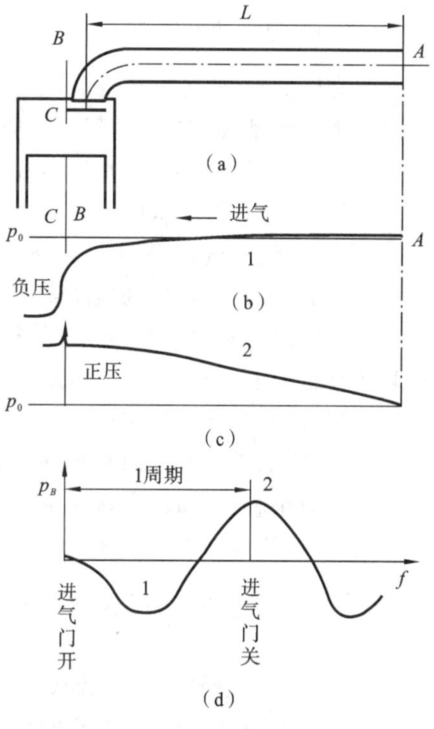

图 3-13 进气管惯性效应的说明

1. 进气惯性效应

进气门打开初期，由于活塞向下运动以及气流的惯性，气缸内产生很大的负压(即真空度)，进气管内也产生很大负压，新鲜空气从进气管的外端流入。同时，从气缸中传出膨胀波，通过气门通道沿进气管向进气管口端传播，传播的速度为 $\alpha-u$。α 为音速，u 为气流速度。当膨胀波到达进气管口端后，又从进气管口端向气缸方向反射回气缸，称为压缩波，其速度为 $\alpha+u$。此压缩波反射到气缸后，使气缸内的压力逐渐上升。如果进气管的长度适当，使膨胀波发出到压缩波反射回到气缸处所经过的时间，正好与进气门从开启到关闭所需的时间配合，当压缩波到达气缸时，进气门正好关闭，则能把较高压力的空气关在气缸内，得到增压效果，这种效应一般称为惯性效应。图 3-13 是惯性效应的说明，图 3-13(b)、图 3-13(c)表示进气门刚开启和关闭时，沿进气管长度各处的压力分布图；图 3-13(d)为进气管靠气缸端(B 点)的压力随时间的变化曲线。若正当 B 点压力波处于波峰位置时，关闭进气门，对实现增压有利。当然，若进气管的长度不适当，进气门关闭时，B 点的压力不是处于波峰位置，而是在波谷，即到达 B 点的不是压缩波而是膨胀波，那么就会降低气缸压力，得到相反结果。

2. 进气波动效应

当进气门关闭之后，进气管里的气柱还在继续波动，对下一个进气循环的进气量有影响，这一影响称为波动效应，可用图 3-14 说明。

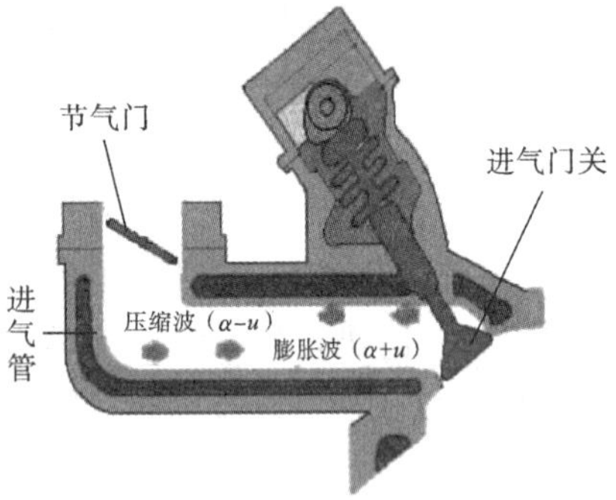

图 3-14　波动效应

当进气门关闭时，进气管内流动的空气因急速停止而受到压缩，在进气门处产生压缩波，向进气管的开口端(即进气管口端)传播，当气流的速度为 u 时，此压缩波的传播速度为 $\alpha-u$。当压缩波传到开口端时，将要产生反射波，由于这种边界条件(开口、管外压力不变)的作用，反射波的性质与入射波的性质相反，即为膨胀波。它以 $\alpha+u$ 的传播速度向进气门处传播，在到达进气门处时，若进气门尚未打开，则其边界条件为封闭型，那么，在进气门处的反射波的性质与入射波的性质相同，即为膨胀波，此膨胀波向进气管开口端传播，在开口端再次反射时，反射波为压缩波，又向进气门处传播。这样周而复始，气波在进气管中来回传播，进气门处的压力也时高时低，形成压力波。如果进气管的形状、长度和直径较合适，有利于压力波的反射和谐振，使正压波与下循环进气过程重合，就能使进气结束时的压力升高，达到提高充气效率的目的。

由于惯性效应是利用本循环进气行程的反射波，故衰减小，振幅大。而波动效应是利用上一循环进气行程的、经过多次反射后的波，故衰减大，振幅小。因此，惯性效应起主要作用。通过上述分析可知，进气气流在进气管中的变化是非常复杂的。一个长度和截面面积固定的进气管，只能在一定的转速范围内有较好的动态效应和充气效果。一般在低转速工作时，较细长的进气管充气效果较好；而在高转速工作时，短而粗的进气管充气效果较好。如果采用长度可变的进气管，则可使发动机在较大的转速范围内都有较好的充气效果。

二、进气歧管气道控制技术的类型

IMRC——进气歧管气道控制(intake manifold runner control)技术，在各种汽油发动机上采用的形式并不完全一样，主要有四种类型。分别是长度可变，长度无极可变，主、副通道可变和截面面积可变等四种控制技术。这四种技术都是利用了发动机工作时，进气管产生的动态效应而研发的。但还有一项技术，即 IMSC——进气歧管涡旋控制(intake manifold swirl control)技术，与进气管产生的动态效应无关。

1. 长度可变进气歧管控制技术

1）结构特点

如图 3-15 所示，为奥迪 V6 发动机可变进气系统的进气歧管的几何形状。进气歧管内装有转换阀，转换阀的工作由膜片式机械执行器控制，膜片式机械执行器由电磁阀控制，电磁阀又受控于 ECU。在发动机不同工况的转速下，可实现两个不同长度的进气管路变换。

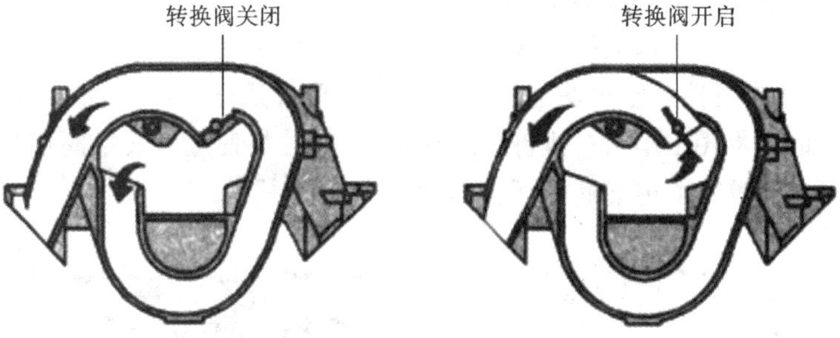

（a）低速时转换阀关闭　（b）高速时转换阀开启

图 3-15　奥迪 V6 长度可变进气歧管

2）工作原理

当发动机转速低于 4100 r/min 时，每个气缸进气管中的转换阀总是处于关闭位置的，形成路径较长而截面较小的进气管道，利用进气惯性增压作用来增加充气量，提高转矩和功率，如图 3-15(a)所示；当发动机转速大于 4100 r/min 时，进气管中的转换阀开启，构成路径较短而截面较大的进气管道，利用降低进气阻力来增加进气量，保持原设计功率，如图 3-15(b)所示。

2. 截面面积可变(双通道)进气歧管控制技术

1）结构特点

图 3-16 所示为丰田汽车公司采用的双进气管参与工作的可变进气控制系统示意图。图中显示每个气缸配有 4 个气门(2 个进气门和 2 个排气门)，2 个进气门各配有一个进气管道，其中一个进气管道中装有进气转换阀。在发动机低速运转、小负荷工作时，转换阀关闭，只利用一个进气通路，即将发动机总的进气通路数减半，如图 3-16(a)所示，此时进气流速提高，进气惯性大，可提高发动机扭矩；当发动机高转速、大负荷工作时，转换阀开启，两条进气通路同时工作，如图 3-16(b)所示，此时进气截面大大增加，进气阻力减小，充气量增加，使高转速时的动力性得到很大的提高。

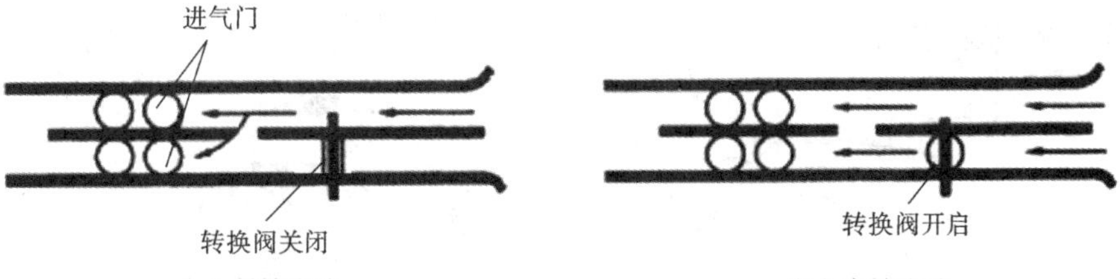

（a）低转速时　（b）高转速时

图 3-16　丰田汽车双通道可变进气控制系统原理图

2）工作原理

图 3-17 所示为丰田汽车发动机可变进气控制系统的示意图(图中只画出带有转换阀的进气管，另一不带转换阀的进气管未画出)。进气管中进气转换阀的关闭和开启，是由膜片式执行器来完成的。膜片式执行器的工作压力，则由发动机电控模块通过控制电磁真空通道阀来进行控制。进气转换阀(通路)的控制过程如下。

发动机在中、低速工作时，电磁真空通道阀不通电，膜片式执行器与电磁真空通道阀的空气滤清器(通大气)之间的通路被切断(OFF)，而与真空罐之间形成通路(ON)。此时储存在真空罐的进气歧管的负压作用在膜片式执行器上，吸力作用使执行器带动拉杆，关闭进气转换阀，即关闭了各气缸中的一个进气通道,如图 3-17(a)所示。

发动机高速工作时,发动机电控模块输出控制信号,使驱动电路三极管导通,电磁真空通道阀通电工作。膜片式执行器与空气滤清器(大气)之间形成通路(ON),而与真空罐之间的通道则被切断(OFF),此时大气压作用在执行器膜片室,通过拉杆使进气转换阀打开,结果各气缸的进气通道扩大为两个,增大了进气通道面积,如图 3-17(b)所示。

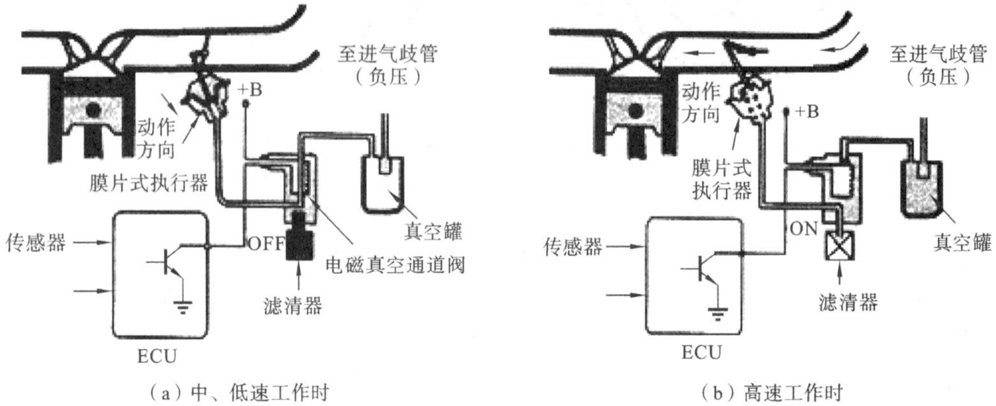

图 3-17　丰田汽车发动机可变进气控制系统示意图

3. 主、副通道可变进气歧管控制技术

1)结构特点

图 3-18 所示为日产汽车发动机可变进气系统的原理图,该系统分别由两个截面积和长度不同的通道所构成,其中主通道上设置有一控制阀门,由 ECU 控制。

2)工作原理

当发动机在低速运转、小负荷工作时,ECU 不发出控制信号,转换阀关闭,进气仅通过细长的进气管流入,可以提高进气流速。由于细长管的动态效应,改善了中低速的扭矩特性;当发动机在高转速、大负荷工作时,ECU 发出控制信号,转换阀开启,空气流经短而粗的进气管道,大大提高了充气量,从而获得较大的功率。

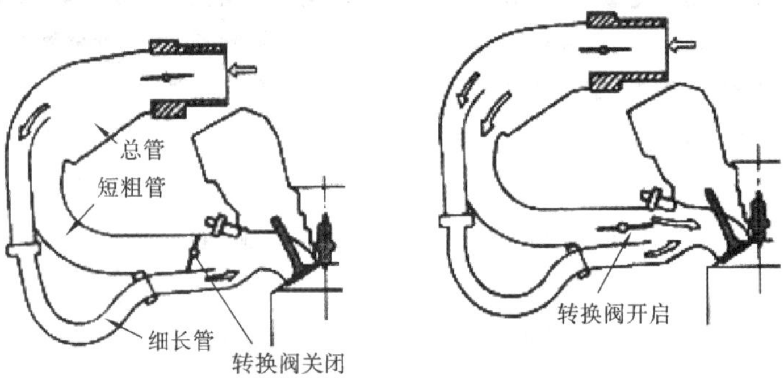

图 3-18　日产汽车发动机主、副通道可变进气歧管控制原理图

4. 长度无级可变进气歧管控制技术

上述介绍的几种形式的可变进气歧管控制系统都只是 2 级可调,这显然不能完全满足各个转速下引擎的进气需求。解决的办法是设计一套进气歧管长度连续可变的机构,例如奔驰、宝马等车系就应用了这方面的技术,图 3-19 所示为宝马(BMW)发动机上采用的进气管长度无级

可变的控制系统。

1）结构特点

该系统在进气管箱体的中央，有一个空气转鼓（转子），它的内腔通到上游进气口（空气滤清器端），空气出口则通往进气管，空气转鼓与电动机轴相连，电动机在ECU控制下来控制进气管的长度，通过转子角度的变化，使进气气流进入气缸的长度连续可变，这显然更能满足各个转速下的进气效率要求。

2）工作原理

当在低转速下，发动机控制单元使电动机逆时针转动，使用长的进气管；当在高转速下，电动机带动转鼓顺时针转动，使用短的进气管。由于进气管长度的调节是无级变化的，因此被称为长度无级可变的进气机构。它能使任意曲轴转速下的进气管长度值达到最佳，充气效率提高，所以提升了发动机的动力性。

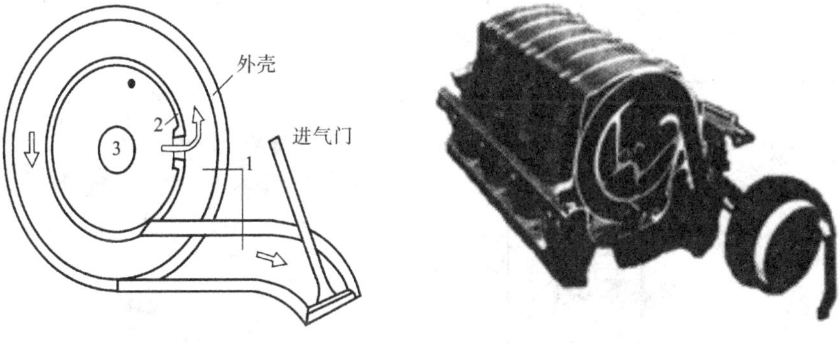

（a）长度无级变化的进气管模型　　（b）宝马发动机的可变进气系统

图3-19　进气管长度无级可变控制系统

1—进气通道；2—转鼓；3—进气口

5. 进气歧管涡旋控制系统

在长安福特和丰田汽车发动机当中，部分发动机除采用了进气歧管气道控制（IMRC）技术外，还采用了进气歧管涡旋控制（IMSC）技术。

1）进气系统（VIS）结构特点

图3-20所示为长安福特汽车发动机进气系统（VIS）的结构特点，在布置上，IMSC布置于进气歧管末端，IMRC布置于进气歧管中，每个IMRC和IMSC阀板由专门的真空马达控制。

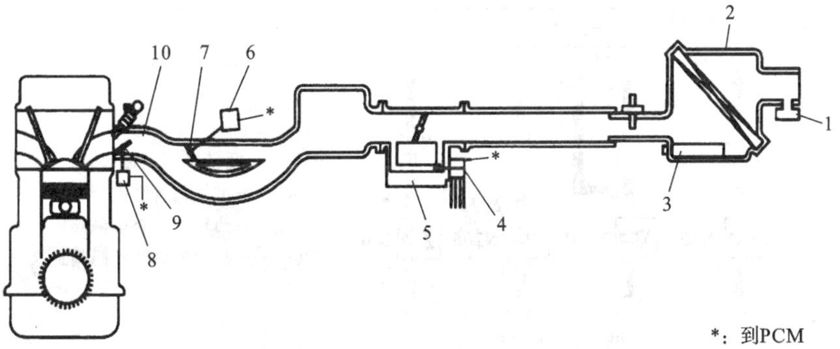

图3-20　长安福特汽车发动机进气系统结构特点

1—谐振腔；2—空气滤清器；3—PCM；4—IAC；5—节气门体；6—IMRC电磁阀；7—IMRC翼板；8—IMSC电磁阀；9—IMSC翼板；10—进气歧管

电磁阀由动力控制模块(PCM)控制。发动机转速以及发动机负荷等都用来作为输入信号。

2）进气歧管涡流控制 IMSC

IMSC 不是利用进气“动态效应”工作的，IMSC 是通过加强进气涡流来改善混合气的燃烧效果的。

进气管内安装一个涡流控制板，在发动机低速或小负荷时使 IMSC 涡流控制板关闭，气流经过涡流控制板缝隙形成了很多涡流，如图 3-21 所示。涡流使混合气更均匀，有利于燃烧室火焰传播，其结果是显著地改善了燃烧效果，发动机在低速时的扭矩提高，并且燃油经济性和排放性能都得到改善。当发动机高速运转时，进气量大且流动速度快，混合气均匀且燃烧效果好。

在具体的执行上，进气歧管涡流的控制过程如图 3-22 所示，PCM 直接控制 IMSC 电磁阀，电磁阀控制真空通道从而实现 IMSC 阀门的关闭。IMSC 电磁阀通电，真空到达 IMSC 阀门真空动作单元，阀门关闭；IMSC 电磁阀断电，关闭真空源，阀门开启。IMSC 电磁阀的工作电压为蓄电池电压。

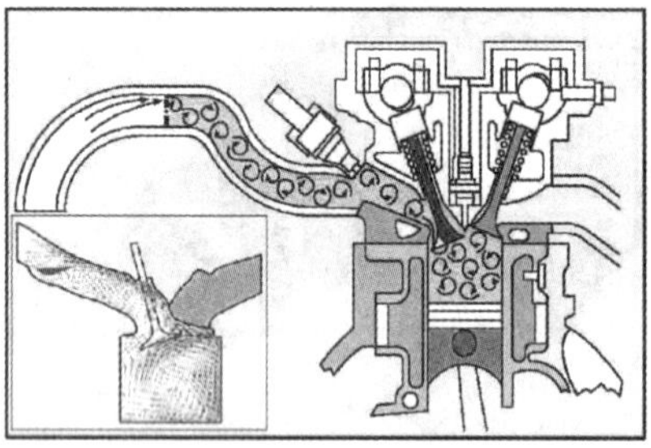

图 3-21 涡流形成

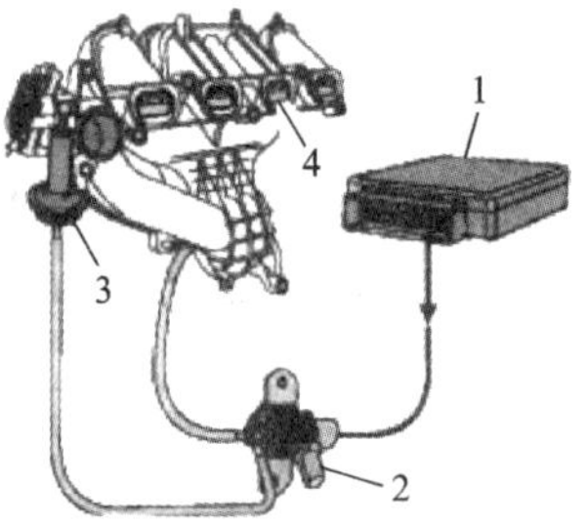

图 3-22 进气歧管涡流的控制

1—PCM；2—IMSC 电磁阀；3—真空阀；4—涡流控制板

长安福特汽车发动机进气系统使用的 IMRC 技术为长度可变进气歧管控制技术，在此不再复述。

三、可变进气歧管控制系统的诊断检修

以奥迪 A6 的可变进气歧管控制系统为例，诊断检修方法如下。

图 3-23 所示为奥迪 A6 可变进气歧管控制系统电路。

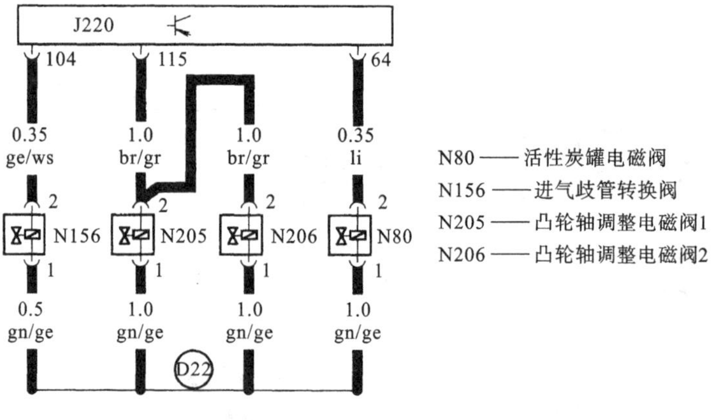

图 3-23 奥迪 A6 可变进气歧管控制系统电路

1. 进气歧管控制系统功能的检查

将发动机转速直接提高到4700 r/min以上，这时进气歧管真空单元应吸紧(其安装位置在进气歧管左前部，点火线圈下面)，进气歧管从长管转换到短管。

如果转换过程未发生，则进行下述检测。

(1) 检查进气歧管转换阀N156。

(2) 检查真空罐密封性。

(3) 检查真空管路密封性、是否导通及安装是否正确。

(4) 检查转换机构是否运动灵活(用手操纵变速杆)。

进气歧管控制系统功能检查步骤如下。

(1) 连接VAS5051或VAS5052，选择地址号“01”(发动机电控系统)，按0和8键选择“读取测量数据块”，按Q键确认输入。再按0，9和5键，选择显示组95(怠速时进气歧管切换)，按Q键确认输入。屏幕显示：

读取测量数据块 95			→
×× r/min	×.××ms	××℃	SU-V ASU

第一项：发动机转速，工作范围为550～6800 r/min，规定值为××r/min。

第二项：发动机负荷，工作范围为0.00～100.00 ms。

第三项：冷却液温度，工作范围为80.0～105.0 ℃。

第四项：进气歧管切换，规定值为SU-V ASU。

(2) 检查进气歧管转换系统，即显示区第四项的显示。规定值应为SU-V ASU(进气歧管转换阀关)。

(3) 将转速提高到约4700 r/min(显示区第一项)，注意观察显示区第四项的显示。这时进气歧管转换功能应开始工作。如果显示Stufe 1(第1级)，但进气歧管真空单元没有吸紧，则检查进气歧管转换阀及真空系统的密封性。

2. 真空系统的检查

(1) 使发动机怠速运转2～3 min(以产生真空)。

(2) 拔下进气歧管转换阀N156的插头。

(3) 如图3-24所示，用V. A. G1594中的检测线和鳄鱼夹将转换阀的一个端子与发动机搭铁相连，用遥控器V. A. G1348/3A、接线V. A. G1348/3-2和辅助电缆将转换阀另一个端子接到正极上。

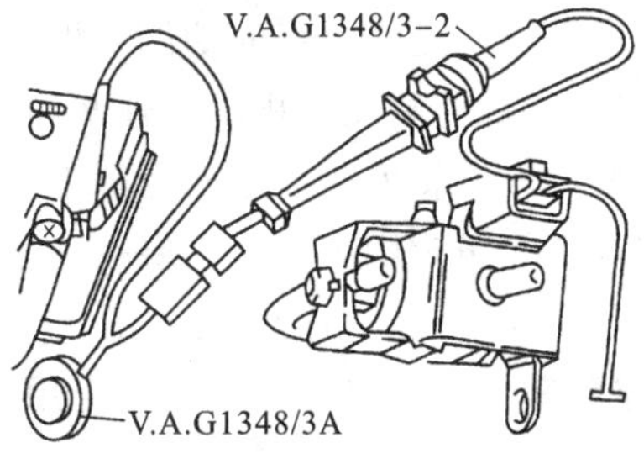

图3-24 真空系统的检查

(4) 操纵遥控器V. A. G1348/3A 2～3 min，在此期间真空单元应处于吸紧状态。如果真空单元回到原位，按下述步骤检查真空单元。

(5) 拔下进气歧管真空单元上的真空管。将手动真空泵V. A. G1390接到真空单元上。操纵手动真空泵并注意转换过程，检查真空单元密封性。只要手动真空泵在起作用，真空单元就不应回到原位。如需要，更换真空单元。

3. 进气歧管转换阀的检查

(1) 检查进气歧管转换阀N156执行元件。使发动机怠速运转2～3 min以产生真空，关闭发动机，打开点火开关，进行执行元件诊断(功能代码03)并触发进气歧管转换阀，转换阀应咔嗒响(可感觉到或听到),1 min 后执行元件诊断中止。

(2) 进气歧管转换阀 N156 的电阻检测。拔下进气歧管转换阀 N156 的插头,用 V. A. G1526(或汽车万用表)测量端子间的电阻,其电阻值应为 25～35 Ω。如果没有达到规定值,更换进气歧管转换阀 N156。

(3) 检查进气歧管转换阀 N156 的供电。拔下进气歧管转换阀 N156 的插头,用 V. A. G1594 辅助接线将二极管测电笔接到插头 1 号端子和发动机搭铁之间,短时启动发动机,二极管测电笔应亮。如果二极管测电笔不亮,则检查 N156 的熔断器是否正常,检查从进气歧管转换阀插头 1 号端子到熔断器的导线是否断路,并检查燃油泵继电器及其功能是否正常。

(4) 检查进气歧管转换阀的触发状况。用 V. A. G1594 检测线将二极管测电笔接到进气歧管转换阀 1 号端子(正极)和 2 号端子之间,进行执行元件诊断。触发进气歧管转换阀时,二极管测电笔应闪亮。如果二极管测电笔不闪亮或一直亮着,将检测盒接到发动机 ECU 线束上,不接发动机 ECU,如果二极管测电笔一直亮着,则检测从进气歧管转换阀插头 2 号端子到检测盒 104 号端子之间的导线是否搭铁。如果二极管测电笔不闪亮,则检查从进气歧管转换阀插头 2 号端子到检测盒 104 号端子间的导线是否断路或对正极短路,如有故障,则排除搭铁或断路故障;如导线既无断路也无短路,则更换发动机 ECU。

任务 4　进气增压系统

所谓增压是将进入气缸前的新鲜空气预先进行压缩,然后再以高密度送入气缸。增压的主要作用是提高发动机进气量,从而提高发动机的功率和扭矩,让车子更有劲。一台发动机采取了增压措施后,其最大功率与未装增压器的时候相比可以增加 40%甚至更高,也就是说,同样一台发动机在经过增压之后能够产生更大的功率。但是进气压力并不是越大越好,因为对于汽油发动机而言,压力过高,容易产生爆燃。因此,在装有增压系统的发动机上要加装进气增压控制系统。

进气增压控制系统的功能是根据发动机进气压力的大小,控制增压装置的工作,以达到控制进气压力,提高发动机动力性和经济性的目的。

根据增压装置使用的动力源不同,增压装置可分为废气涡轮增压系统和动力增压系统两种类型。废气涡轮增压系统主要是利用发动机排出的废气能量驱动增压装置工作,而动力增压系统是利用发动机输出的动力或者电源驱动增压装置工作。由于动力增压系统浪费发动机的动力,在轿车中废气涡轮增压系统应用更为广泛。下面详细介绍废气涡轮增压系统。

一、废气涡轮增压系统

1. 废气涡轮增压系统的组成与功用

废气涡轮增压系统利用发动机排出的具有一定能量(高压、高温)的废气,驱动涡轮增压器中的动力涡轮,再带动与动力涡轮同轴的增压涡轮(工作叶轮)一起转动。增压涡轮一般位于空气流量传感器与进气门之间的进气管道中。增压涡轮转动时,对从空气滤清器进入的新鲜空气进行压缩,从而使更多的、密度更大的空气进入气缸。这样,燃油就可以更加充分地燃烧,在增加发动机扭矩的同时提高了燃油的经济性,减少了汽车排气对大气的污染。

图 3-25 为早期废气涡轮增压系统的主要组成部件,主要有涡轮增压器、增压压力控制电磁

阀、膜片执行器和中冷器等，没有设置涡轮增压器泄压阀。现代轿车的废气涡轮增压系统除了保留早期废气涡轮增压系统的主要部件外，还在增压涡轮的进、出口之间新增了涡轮增压器泄压阀（喘振控制），安装位置如图 3-26 所示。

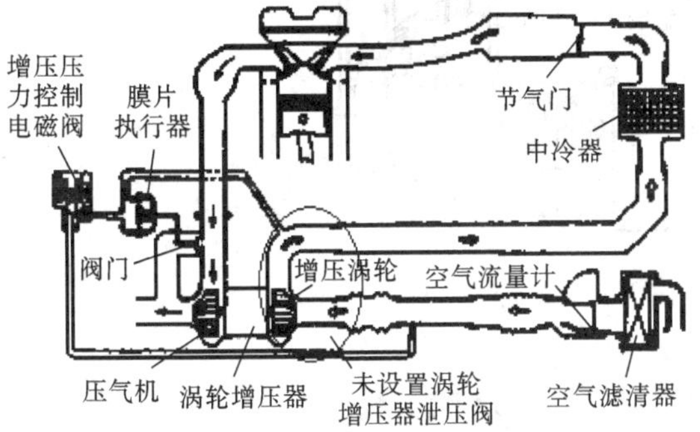

图 3-25 早期废气涡轮增压系统的组成

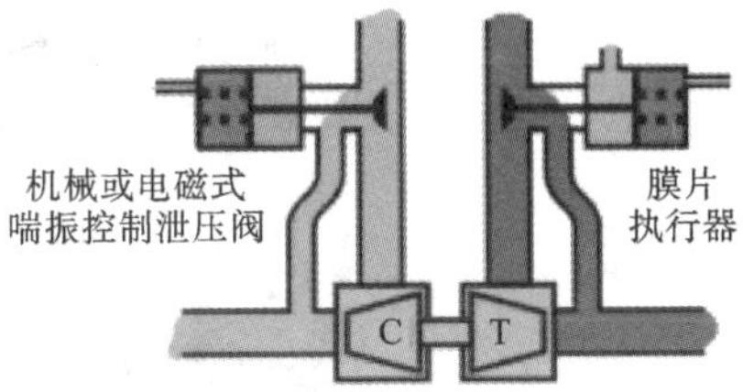

图 3-26 涡轮增压器泄压阀安装位置

2. 废气涡轮增压系统主要部件的结构与作用

1）废气涡轮增压器

废气涡轮增压器实物与内部结构如图 3-27 所示。

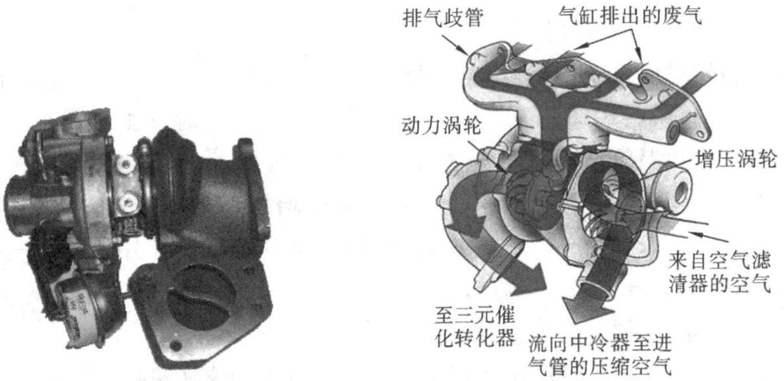

图 3-27 废气涡轮增压器实物与工作原理

废气涡轮增压器内有动力涡轮和增压涡轮，它们安装在同一根轴上，当废气从排气歧管流至动力涡轮的叶轮处，其压力就使动力涡轮叶轮转动，同时增压涡轮也转动，迫使空气进入气缸。

2）增压压力调节单元

增压压力调节单元主要由增压压力控制电磁阀、膜片执行器和废气旁通阀等部件组成，如图 3-28 所示。发动机 ECU 通过控制增压压力控制电磁阀，进一步控制膜片执行器使废气旁通阀动作，从而改变实际涡轮增压压力。对于控制而言，膜片执行器上的压力取决于增压压力和增压压力控制电磁阀上通电电压的占空比。可用图 3-29 说明膜片执行器工作原理，当阀门打开时，增压压力下降；当阀门关闭时，增压压力上升。电磁阀控制的最大增压压力可达到1.5 bar。

3）冷却器

由于汽油机增压器的热负荷大，因此在废气涡轮增压系统中，一般都带有冷却器（也称为中冷器），它可降低进气温度，对消除发动机爆燃、提高进气效率等都十分有利。

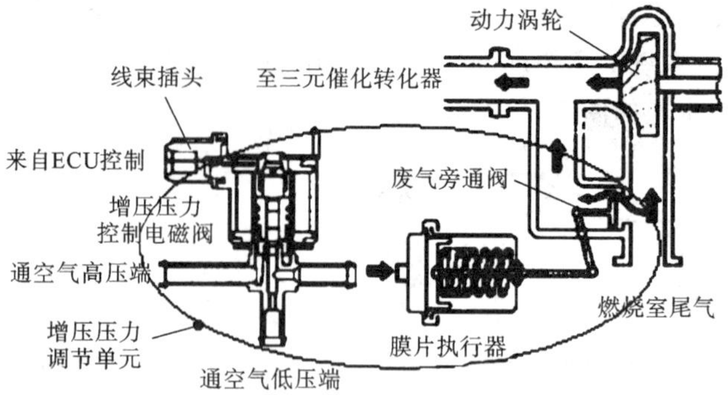

图 3-28　增压压力调节单元

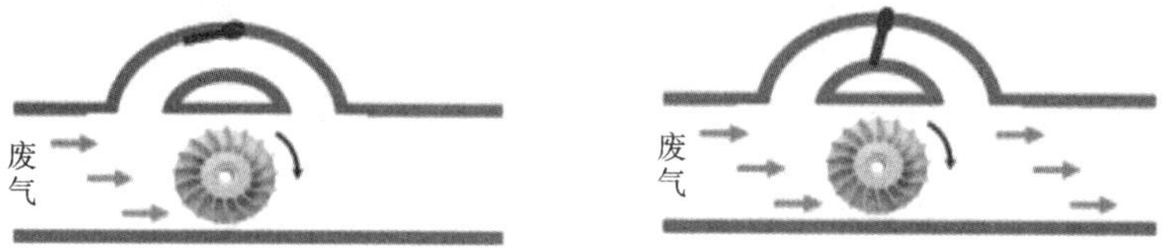

（a）阀门打开，增压压力下降　（b）阀门关闭，增压压力上升

图 3-29　膜片执行器工作原理

4）涡轮增压器(喘振)泄压阀

早期的废气涡轮增压系统中(例如丰田超越 3.0 L 等)没有设置涡轮增压器(喘振)泄压阀(有的车系称为回风阀)，图 3-25 所示。这可能使发动机工作时存在如下隐患：当突然关闭节气门时会导致在节气门和涡轮增压器叶轮之间产生背压，因此，增压器的叶轮会被制动，被制动的涡轮增压器导致大量的增压压力损失；当节气门再次打开，需要产生增压效果的时候，涡轮增压器叶片转动速度会急剧下降，降低了响应速度，损失了动力，如图 3-30 所示。为了避免上述可能的隐患，现代中高档轿车所配置的废气涡轮增压发动机在废气涡轮增压系统中增加了涡轮增压器(喘振)泄压阀。涡轮增压器泄压阀的作用是：平衡压气机叶轮侧上下游压力，保持压气机叶轮的旋转；当再次发出请求时，压气机叶轮的旋转有利于缩短压气机叶轮的响应时间。

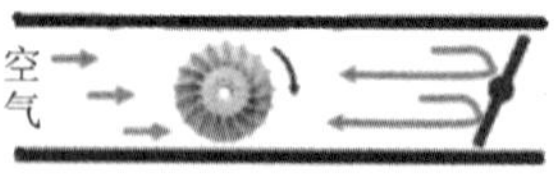

图 3-30　节气门和涡轮增压器叶轮之间产生背压

涡轮增压器(喘振)泄压阀按工作原理不同可分为机械控制式和电磁控制式两种类型。

(1) 机械控制式泄压阀。

在长安福特新福克斯轿车 2.0 L 发动机所配置的废气涡轮增压系统中用到的涡轮增压器(喘振)泄压阀(注：福特车系定义为回风阀、德系车定义为机械式换气阀)，是一个机械控制装置，它通过压力差控制，工作原理与燃油压力调节器相似，回风阀在增压压力和进气歧管压力的压力差值超过一定值(弹簧力)的时候将会打开。其结构与工作原理如图 3-31、图 3-32 所示。

(2) 电磁控制式泄压阀。

在标致(3008)、长安福特新蒙迪欧和大众帕萨特等轿车的废气涡轮增压系统中用到的涡轮增压器(喘振)泄压阀都是由电磁阀控制的，但结构有所不同。在标致(3008)、长安福特新蒙迪欧轿车废气涡轮增压系统中用到的是电磁阀直接控制泄压阀，而大众帕萨特等轿车则先由电磁阀控制机械式换气阀，再由机械式换气阀控制泄压阀动作。电磁控制式泄压阀的结构与安装位置如图 3-33 所示。电磁控制式泄压阀通过涡轮增压器壳体上的一个旁通管路，控制压缩空气进入增压侧的进口，工作过程如图 3-34 所示。

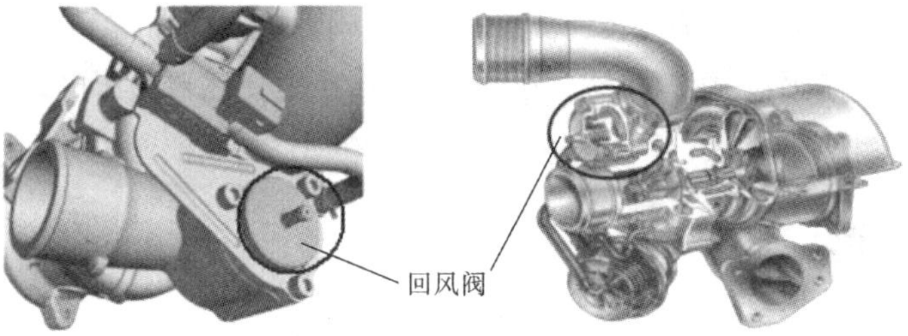

图 3-31 回风阀的结构与安装位置

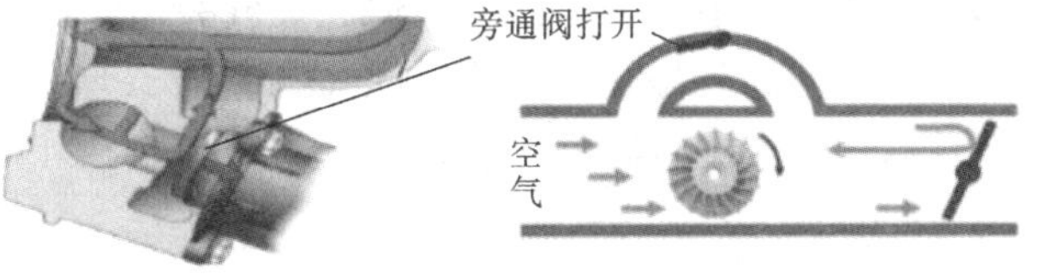

(a)滑行模式(旁通阀打开,不产生背压)

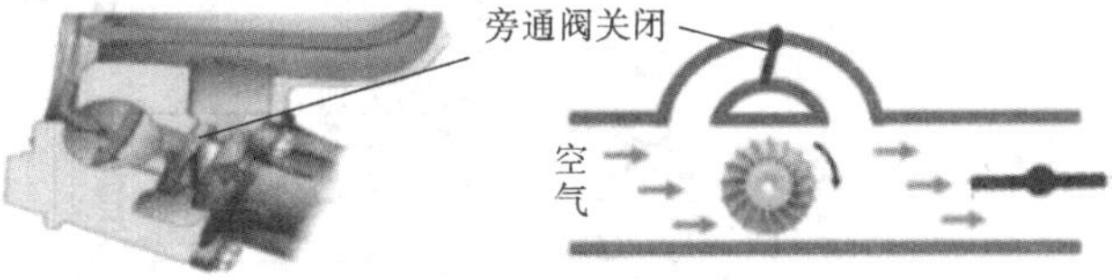

(b)发动机在负载的工况下运行(旁通阀关闭,将压缩空气送入气缸)

图 3-32 回风阀的工作原理

图 3-33 电磁控制式泄压阀的结构与安装位置

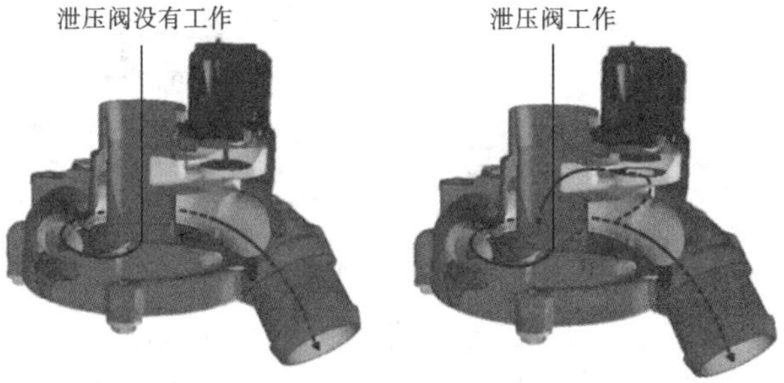

图 3-34 电磁控制式泄压阀工作过程

5)增压压力传感器

早期的废气涡轮增压系统中没有设置增压压力传感器(例如丰田超越 3.0 L 等),所以控制策略为开环控制。现代轿车在中冷器出口处的进气总管上安装了增压压力传感器,如图 3-35 所示。它将经增压并冷却后的进气压力信号传给 ECU,实现闭环控制。如果增压压力传感器失效,ECU 无法得到增压后的空气压力信息,在这种故障模式下 ECU 不再对增压系统进行控制,增压压力控制电磁阀会一直处于不工作的状态,此时汽油机的热负荷过大

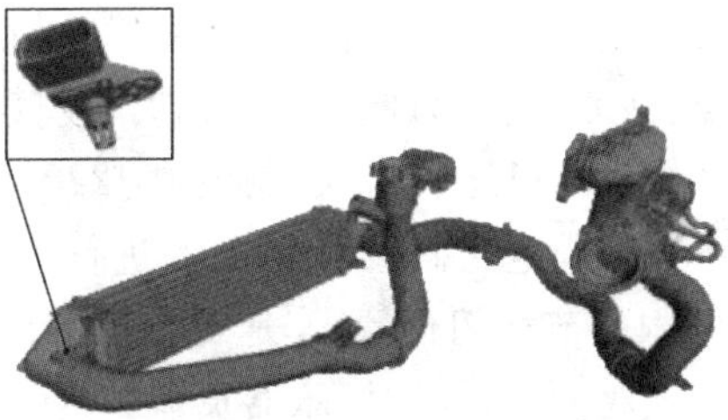

图 3-35 增压压力传感器安装位置

并发生爆燃。目前,在废气涡轮增压系统中使用的增压压力传感器有3线和4线两种形式,3线的增压压力传感器内部没有集成进气温度传感器(例如德系轿车等),4线的增压压力传感器内部集成了进气温度传感器(例如福特轿车等)。增压压力传感器为压电式,工作原理与进气歧管绝对压力传感器相同。

二、应用实例

以大众帕萨特等轿车AWL 1.8T发动机为例。

1. 系统组成

大众帕萨特等轿车AWL 1.8T发动机采用的单涡轮增压系统,其组成如图3-36所示。该系统的主要装置有涡轮增压器、膜片执行器、中间冷却器、废气旁通阀和机械式换气阀等。系统的电控元件有发动机控制模块J220、增压压力控制电磁阀N75、增压器空气再循环电磁阀N249、空气流量计G70、发动机转速传感器G28和增压压力传感器G31等。

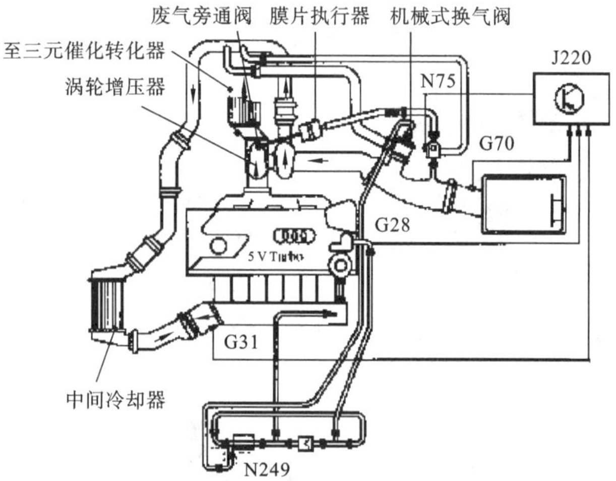

图3-36 AWL 1.8T发动机涡轮增压系统组成

2. 增压压力控制系统工作原理

在发动机ECU的存储器中,存储着发动机增压压力特性图的有关数据,在发动机工作时,ECU通过空气流量/歧管压力、冷却液温度、节气门位置和发动机转速等相关传感器信息计算出理论增压压力值,对增压压力控制电磁阀进行控制。同时,发动机ECU根据增压压力传感器等输入的反馈信息,确定当时的实际进气增压压力,然后将实际增压压力与理论压力值进行比较。若实际增压压力值与理论压力值不相符合,发动机ECU就修正输出控制信号,通过对增压压力控制电磁阀进行控制,改变膜片执行器上的压力,使废气旁通阀动作,改变实际增压压力。即当实际进气压力低于理论值时,废气旁通阀关闭;当实际进气压力高于理论值时,废气旁通阀打开。发动机运转时,控制模块J220根据空气流量、发动机转速、增压压力等传感器信号,对增压压力控制电磁阀N75的通断进行控制,改变膜片室中的压力,使废气旁通阀动作。控制模块J220根据节气门位置、车速等传感器信号,对空气再循环电磁阀N249的通断进行控制,使机械式换气阀动作,卸载增压器负荷。

1）增压压力调节单元

增压压力调节单元安装在涡轮增压器前端，如图 3-37 所示。通过橡胶软管经增压压力控制电磁阀 N75 与增压器压气机外壳出口相连接，涡轮室内的废气旁通阀由增压压力调节单元的膜片执行器通过推杆控制。当冲击涡轮的废气量增加时，涡轮转速加快，增压压力提高，当增压压力达到一定值时，增压压力调节单元内膜片执行器动作，通过推杆和杠杆使废气旁通阀打开一个角度，此时，冲击涡轮的废气量减少，涡轮转速下降，相应地增压压力也下降。如增压压力继续增大，则废气旁通阀开度也增大，从而实现对增压压力的自动调节。

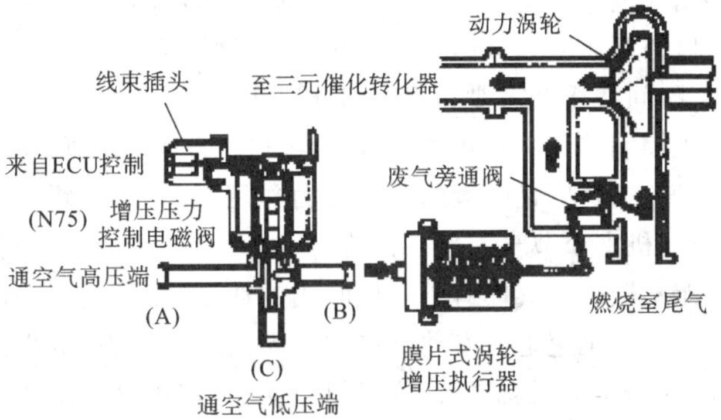

图 3-37 增压压力调节单元

增压压力控制电磁阀（N75）上有 3 个管口 A、B、C，通过橡胶软管分别与增压器压气机出口、增压压力调节单元及低压进气管（压气机入口）相连接，如图 3-37 所示。发动机控制单元根据需要，以占空比方式给增压压力控制电磁阀通电，改变加在增压压力调节单元膜片执行器上的气压以调节增压压力。在中低速、小负荷时，增压压力控制电磁阀的 A 端与 B 端连通，允许增压压力调节单元自动调节增压压力；在加速或高速、大负荷时，该电磁阀由发动机控制单元以占空比的方式供电，低压通气端与另两端连通，使加在增压压力调节单元膜片执行器上的压力下降，废气旁通阀开度减小，增压压力提高。占空比越大，增压压力越高。

2）机械式空气再循环阀（机械式换气阀）

机械式空气再循环阀并联安装在压气机出口的软管与低压进气管之间。如图 3-38 所示，该阀有 3 个管接头，2 根粗管 A、B 分别与增压器压气机出口的高压软管和压气机入口的低压进气管相连接，细管 C 通过真空管与增压器空气再循环电磁阀 N249 相连接。阀内有真空膜片，

（a）实物图

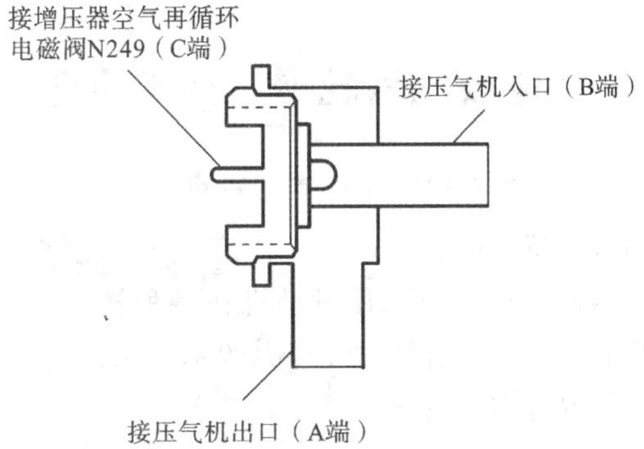

（b）结构示意图

图 3-38 机械式空气再循环阀

当膜片室的真空度较小时，机械式空气再循环阀不开启，当有较大真空度作用于膜片上时，阀开启，增压后的部分空气又返回低压进气管。

3）增压器空气再循环电磁阀 N249

增压器空气再循环电磁阀 N249 安装在进气歧管下面，如图 3-39 所示。阀上的 3 个管接头 A、B、C 分别与进气歧管、机械式空气再循环阀及真空罐相连接。该阀受发动机控制单元控制，不通电时进气歧管与机械式空气再循环阀的膜片室相通，通电时真空罐与机械式空气再循环阀的膜片室相通。在发动机怠速或小负荷工况时，进气歧管的真空度较大，发动机进气不需要增压，此时增压器空气再循环电磁阀不通电，进气歧管的真空度作用于机械式空气再循环阀使阀开启，增压器压气机出口的高压空气流回到低压端，此时增压器不起作用，在车辆高速行驶急减速时，节气门突然关闭，瞬间增压器需要卸荷。因此时进气歧管内的真空度不足以开启机械式空气再循环阀，故发动机控制单元将立即给增压器空气再循环电磁阀 N249 通电，使真空罐与机械式空气再循环阀接通，在真空罐强大的真空吸力作用下阀开启，增压器被卸荷。增压器卸荷的目的是使增压器压气机室至节气门前存在的高压压力瞬间被卸掉，使压气机叶轮旋转的阻力不致过大，这样一是能减轻高压气体对压气机叶轮的冲击，二是能使涡轮增压器保持在较高的转速，使增压器在需要时能迅速地向发动机提供所需的增压压力，减少涡轮增压器的“迟滞”现象。中冷器安装在废气涡轮增压器之后、节气门之前，其作用是将增压后的较热空气进行冷却，为防止进气温度过高发生爆震，增压压力传感器安装在中冷器出口处，用于检测冷却后的进气压力。

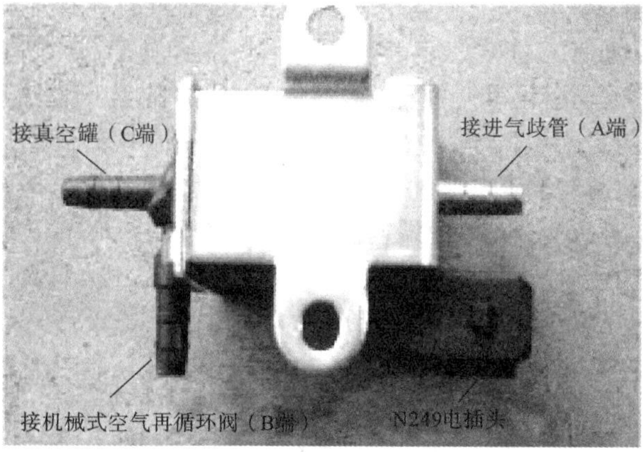

图 3-39　增压器空气再循环电磁阀 N249

三、其他废气涡轮增压技术简介

1. 传统废气涡轮增压技术的特点

目前，在轿车中普遍使用的传统废气涡轮增压系统为单涡轮单通道结构，虽然具有以下优点：① 能提高进气密度，使发动机在各种转速下达到较高的充气效率，增加输出功率，提高扭矩，降低油耗；② 能消除大气压力的不同引起的实际充气量的变化对发动机的影响，对一般发动机来说，海拔高度升高 1000 m，功率下降 8%～10%，油耗增加 4%～5%；③ 增压器所消耗的功率是由排出的废气提供的，对发动机输出的有效功率影响不大。其缺点也非常突出，例如：① 受发动机转速影响，低转速时增压效果不明显，待发动机转速提升到一定值时才会有出色表现；② 涡轮迟滞，在低转速时，涡轮增压器没有介入，同时废气仍然要驱动涡轮旋转，排气没有自然吸气式发动机顺畅，此时的发动机扭矩输出要比同等排量的自然吸气式发动机还弱；③ 驾驶舒适性较差，随着发动机转速的升高，例如突破 3000 r/min 以后，涡轮增压器突然介入，这个时候发动机产生的动力将陡增，这种动力的突然增大影响了动力输出的平稳性，而涡轮迟滞会给驾驶舒适性带来一定影响。

随着新技术的不断发展增压技术也在不断进步，下面就目前开发的几种废气涡轮增压新技术向读者做一简单介绍。

2. 双涡流单涡轮增压技术

双涡流单涡轮增压器的主要技术特点是：采用双通道及动态控制技术，在涡轮增压器的结构上基本上与普通的涡轮增压器相同，还是采用单涡轮形式，只不过它是将发动机的排气歧管分为两个导管，六缸发动机将每 3 个气缸（1 缸、2 缸、3 缸，6 缸、5 缸、4 缸）中的 6 个排气门接通在一根导管上通向涡轮增压器，四缸发动机将每 2 个气缸（1 缸、4 缸，2 缸、3 缸）中的 4 个排气门接通在一根导管上通向涡轮增压器，废气依旧按照 1 缸—5 缸—3 缸—6 缸—2 缸—4 缸（1 缸—3 缸—4 缸—2 缸）的顺序从气缸内排出，而两个导管则由于排气时间上的不同前后依次将废气送入涡轮增压器，也就使得涡轮增压器受到前后两股气体的带动，如图 3-40 所示。这样的设计和控制大大削弱了各缸间的干扰，使进气更为充分的同时也具有更强的脉冲增压，进而让涡轮在极低的转速内就能产生极佳的增压效果，有效地改善了低速时的迟滞性，使得发动机峰值扭矩的爆发更早，燃油经济性更佳。目前主要使用车型有宝马 N55 发动机、沃尔沃 S80L 3.0 L T6 发动机、雪铁龙 09 款 C4 EP6DT 型 1.6 L 发动机。

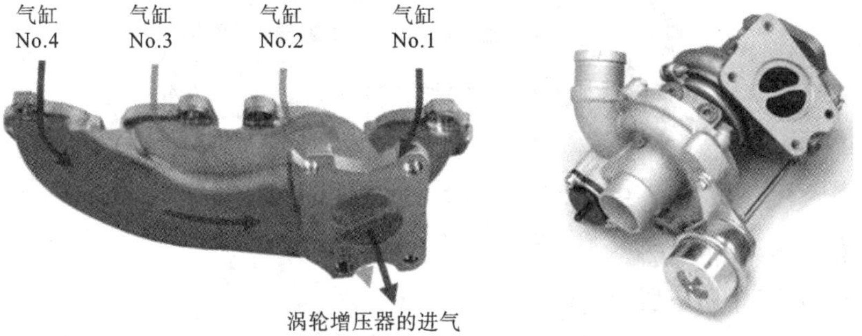

图 3-40　双涡流单涡轮增压器

图 3-41 所示为 C4 EP6DT 型 1.6 L 发动机双涡流单涡轮增压系统，该系统由真空执行器控制电磁阀、双涡流单涡轮增压器、增压调节真空执行器、真空泵、ECU 及相关连接管路组成。

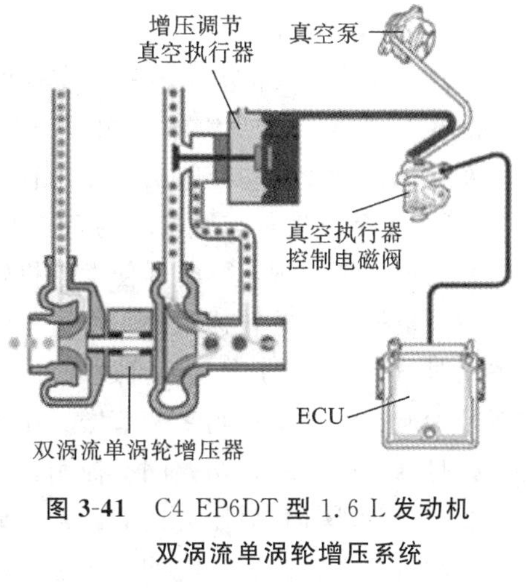

图 3-41　C4 EP6DT 型 1.6 L 发动机双涡流单涡轮增压系统

3. 双涡轮增压技术

双涡轮增压技术常用于多缸大排量发动机上，结构复杂、成本高是其特点之一。这种增压方式又分为串联式和并联式两种形式。

1）并联式双涡轮增压技术

并联是指一台发动机上采用两个涡轮增压器，每组涡轮都是同规格的，每组涡轮负责引擎半数气缸的工作，在发动机低转速的时候，较少的排气即可驱动涡轮高速旋转以产生足够的进气压力，减少涡轮迟滞效应。保时捷 911 turbo、宝马 3.0 L 发动机配置的都是并联涡轮增压器，图 3-42 所示为宝马 3.0 L 双涡轮增压六气缸发动机和配置的双涡轮增压系统结构组成。

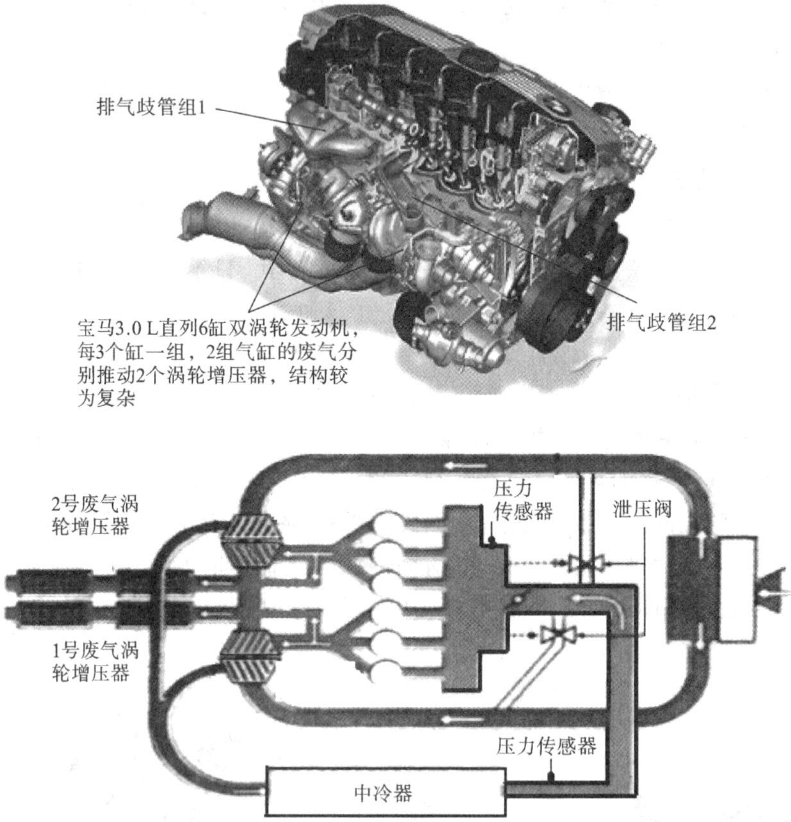

图 3-42　宝马 3.0 L 双涡轮增压发动机

2）串联式双涡轮增压技术

(1) 串联式双涡轮增压器的整体结构。

串联涡轮通常是一大一小两组涡轮串联搭配而成，低转速时推动反应较快的小涡轮，使低转速扭矩满足要求，高转速时大涡轮介入，提供充足的进气量，功率输出得以提高，马自达 13B-REW 发动机和大众奥迪 3.0I-V6-IDI 发动机配置的就是串联式双涡轮增压器。图 3-43 所示为大众奥迪 3.0I-V6-IDI 发动机配置的串联式双涡轮增压器的整体结构。

(2) 串联式双涡轮增压器的工作原理。

图 3-44 所示为大众奥迪 3.0I-V6-IDI 发动机配置的串联式双涡轮增压器的工作原理。

发动机处于较低转速时的工作过程(不高于 2300 r/min)　如图 3-45(a)所示，涡轮切换阀完全关闭，于是废气都流经较小的高压废气涡轮增压器，规定的增压压力由可变几何形状的涡轮叶片的调节来实现，这样，即使发动机转速低，也能获得极快的响应特性。

发动机处于中等转速时的工作过程(2300～3400 r/min)　如图 3-45(b)所示，在废气泄压阀关闭时，较大且不断有气流流过的低压废气涡轮增压器的输出功率开始增大，增压压力调节功能开始通过涡轮切换阀来调节增压压力，目的是将绕开较小的高压废气涡轮增压器的涡轮旁通支路打开一些。涡轮切换阀所控制在阀座上的压力减小，这样会对高压废气涡轮增压器产生较大影响(切换阀前、后压力比的因素造成的)。

发动机处于较高转速时的工作过程(大于 3400 r/min)　如图 3-45(c)所示，涡轮切换阀和

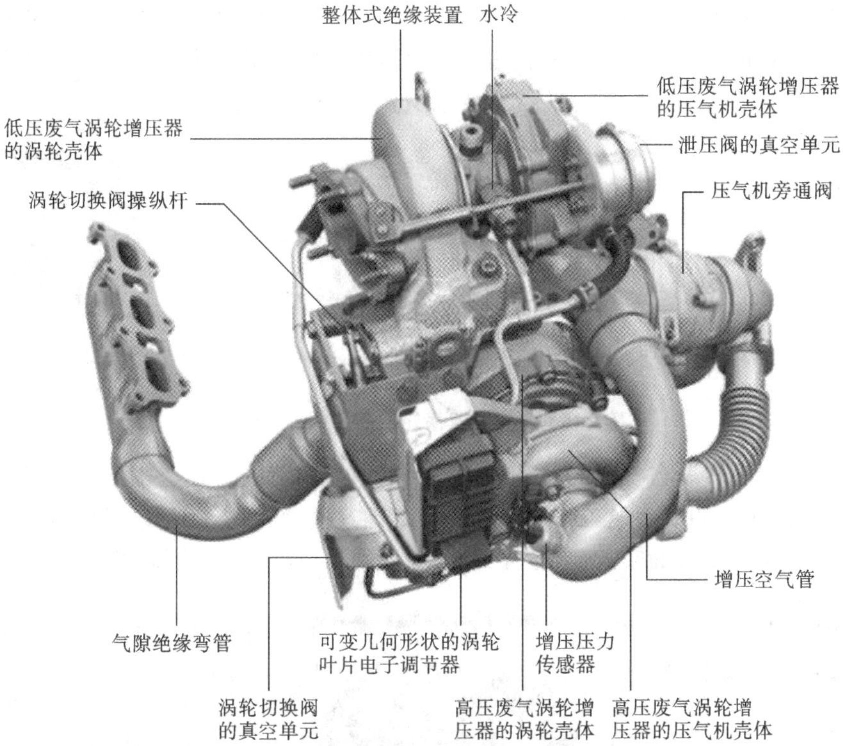

图 3-43　奥迪 3.0I-V6-IDI 串联式双涡轮增压器的整体结构

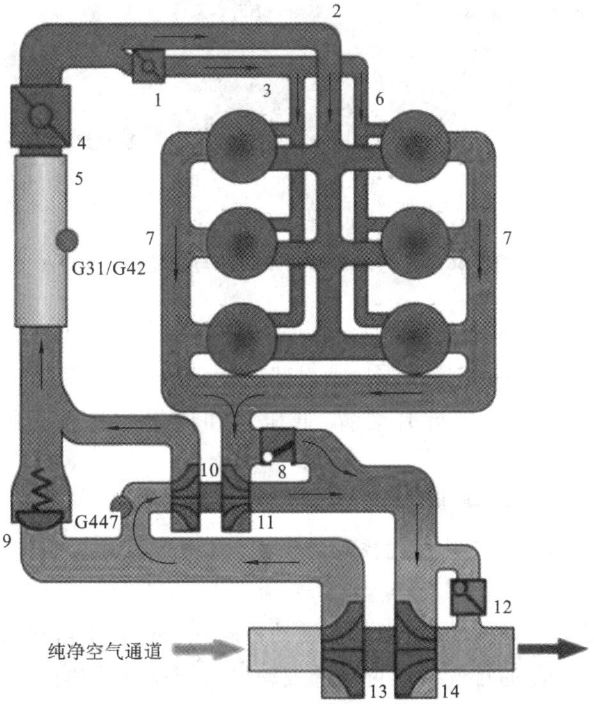

图 3-44　奥迪 3.0I-V6-IDI 发动机串联式双涡轮增压器的工作原理

1—中央涡流翻板；2—涡流通道(切线进气道)；3—充气通道；4—节气门；5—增压空气冷却器；6—进气歧管；7—排气歧管；8—涡轮切换阀 ；9—压气机旁通阀；10—高压压气机；11—高压涡轮器(带有可变几何形状的涡轮叶片)；12—废气泄压阀；13—低压压气机；14—低压涡轮器；G31—增压压力传感器；G42—进气温度传感器；G447—增压压力传感器

较小的高压废气涡轮增压器的涡轮旁通支路完全打开，增压压力只通过低压废气涡轮增压器的废气泄压阀来进行调节。低压废气涡轮增压器的结构可以使得发动机获得良好的工作特性，在转速不高于 5200 r/min 时均可获得较大的功率(这个转速范围很宽)。

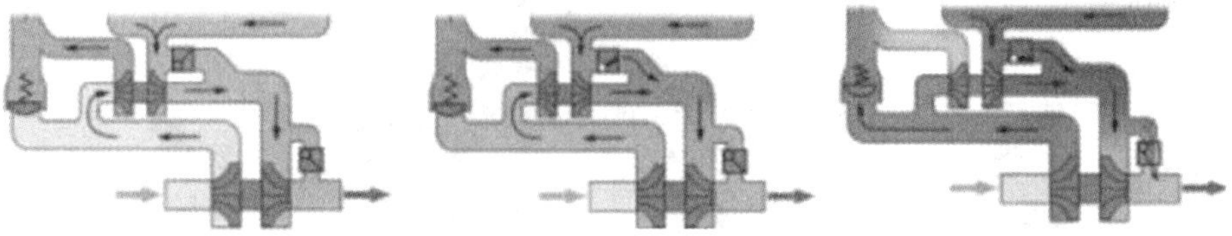

(a) 发动机处于较低转速时的工作过程　(b) 发动机处于中等转速时的工作过程　(c) 发动机处于较高转速时的工作过程

图 3-45　串联式双涡轮增压器的工作过程

上述调节形式下转速与扭矩的关系如图 3-46 所示，调节的转速范围与温度条件和海拔高度条件有关，增压压力调节功能工作时，ECU 会考虑这些因素。在双级增压中，发动机的相应特性还取决于涡轮切换阀的密封性，非常小的泄漏可能导致高压涡轮器出现较大的压力损失。

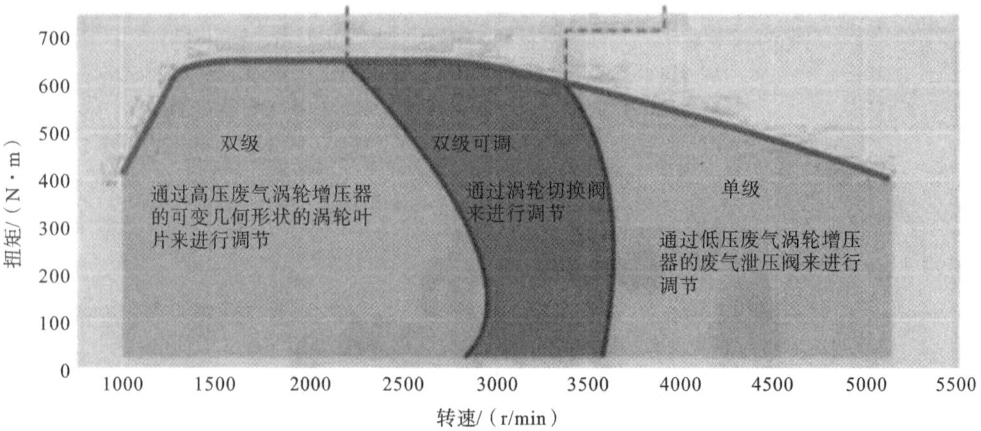

图 3-46　不同调节形式下转速与扭矩的关系

4. 可调叶片式涡轮增压器

图 3-47 所示为大众宝来涡轮增压直接喷射柴油发动机(TDI)配置的可调叶片式涡轮增压器功能结构。特点是增加了调整叶片装置、低压箱和调整叶片电磁阀 N75(充气压力控制阀)等。

1) 可调叶片式涡轮增压器优点

该种涡轮增压器采用可调式叶片代替旁通支路，可调式叶片控制作用在涡轮上的气流量。可调式叶片由真空膜片室控制。其优点是：

(1) 由于废气流量由可调式叶片控制，在发动机转速较低时也可保证大功率输出；

(2) 作用于涡轮上较低的排气背压可降低发动机高转速时的油耗；

(3) 由于充气压力达到最佳状态，从而在整个转速范围内提高了燃烧效率。

2) 可调叶片式涡轮增压器工作原理

可调叶片式涡轮增压器工作原理可用图 3-48 说明。图 3-48(a)所示为一个等截面的管子，图 3-48(b)所示为一个变截面的管子，如果两个管子内的压力相同，气体流过变截面管子的速度要比流过等截面管子的速度快得多，可调叶片式涡轮增压器就是采用这一原理。

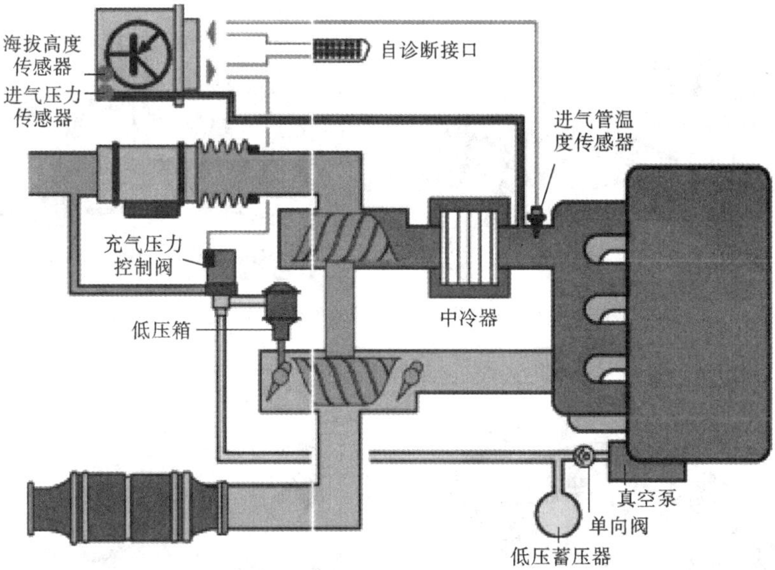

图 3-47 可调叶片式涡轮增压器功能结构

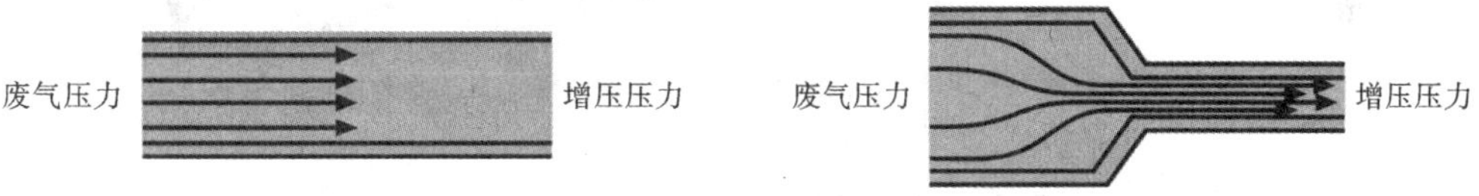

(a) 等截面管子　　(b) 变截面管子

图 3-48 可调叶片式涡轮增压器工作原理

3) 可调叶片式涡轮增压器工作过程

(1) 当发动机转速低时。如图 3-49(a)所示,当发动机转速低时,因排气量小,使废气流速减慢,涡轮转速随之降低,导致充气压力下降。此时,驱动装置使叶片轴顺时针旋转一角度,由此减小了废气流通截面,使其流速加快,涡轮转速也随之加快。这样使发动机低转速运行时涡轮转速也很高,仍能产生足够的充气压力。

(2) 当发动机转速高时。如图 3-49(b)所示,当发动机转速高时,因排气量大,使废气流速加快,此时驱动装置使叶片轴逆时针旋转一角度,由此增加了废气流通截面,使其流速减慢,涡轮仍保持同样转速,充气压力保持恒定。

4) 可调叶片式涡轮增压器的结构

(1) 调整叶片。可调叶片式涡轮增压器调整叶片如图 3-50 所示,叶片连同叶片轴一同安装在支承圈上,叶片轴后有一个导销,该销卡在调整圈内,调整圈转动致使叶片轴转动,最终使叶片转动,由此改变废气流通截面面积。调整圈由控制杆系驱动,控制杆系又由真空膜片室驱动。

(2) 真空膜片室。真空膜片室的作用是根据电磁阀 N75 输送的信号驱动控制杆系。图 3-51所示为发动机怠速时 N75 通电,真空膜片室与真空源相通,叶片顺时针旋转到极限。图 3-52 所示为发动机高速时 N75 不通电,真空膜片室与大气相通,叶片逆时针旋转到极限。

(3) 进气压力传感器。进气压力传感器安装在控制单元内部,用一根硬塑管连接到中冷器后的进气总管上,感知经增压并冷却后的进气压力,电控单元利用此信号来计算叶片角度。如果此信号中断,叶片将处于应急状态,即叶片逆时针旋转到极限,保持废气进气口截面积最大。此时,失去充气压力可调功能,由此会导致输出功率降低。

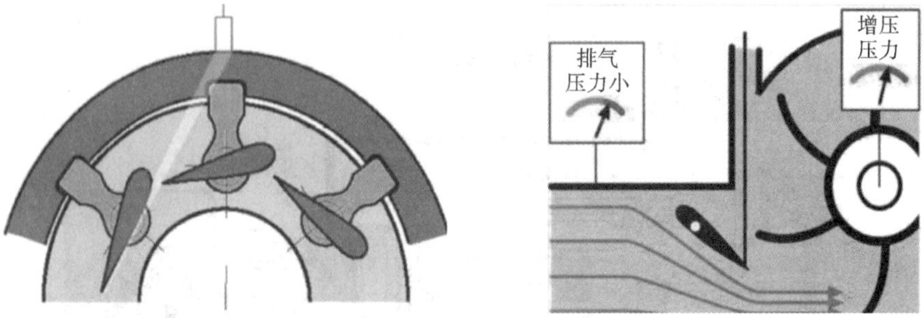

叶片角度小→废气进口截面积小→流速加快→涡轮转速随之加快

(a) 当发动机转速低时

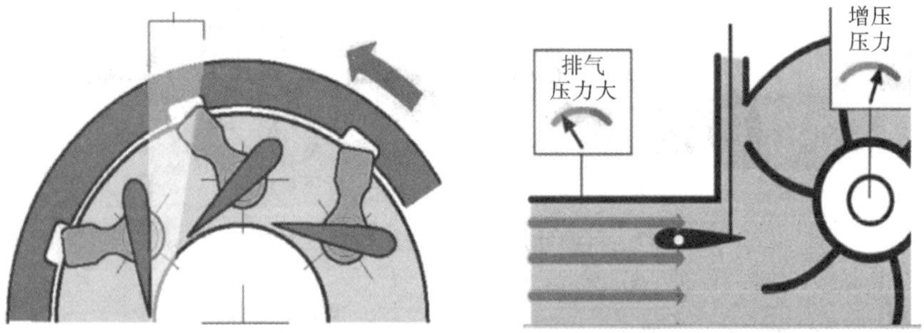

叶片角度大→废气进口截面积大→流速减慢→充气压力保持恒定

(b) 当发动机转速高时

图 3-49 可调叶片式涡轮增压器工作过程

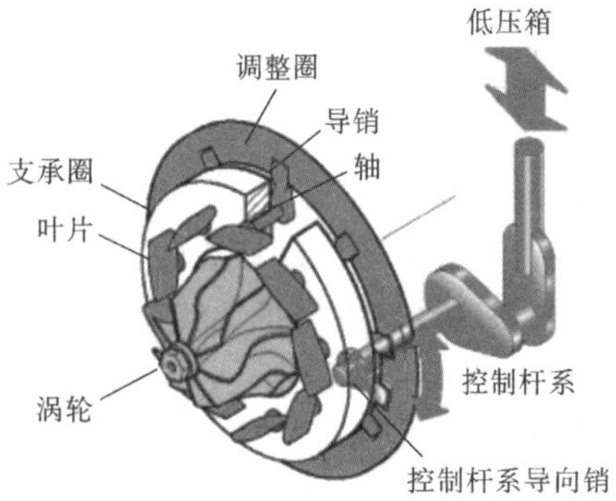

图 3-50 调整叶片

(4) 电磁阀 N75。发动机电控单元能迅速响应发动机转速的变化，通过调整电磁阀 N75 的电流占空比，使真空膜片室获得相适应的真空度，将充气压力控制在最佳状态。

5. 进气增压系统的常见故障的诊断方法

涡轮增压器故障表现在整车上主要有发动机功率不足、增压器工作噪声过大、涡轮增压器压气机侧漏油、涡轮增压器排气涡轮侧漏油、发动机润滑油消耗量过大或排气冒蓝烟等。如果遇到以上问题，应采用以下步骤进行机上诊断，确定故障原因以后，再决定是否更换涡轮增压器。其诊断方法如下。

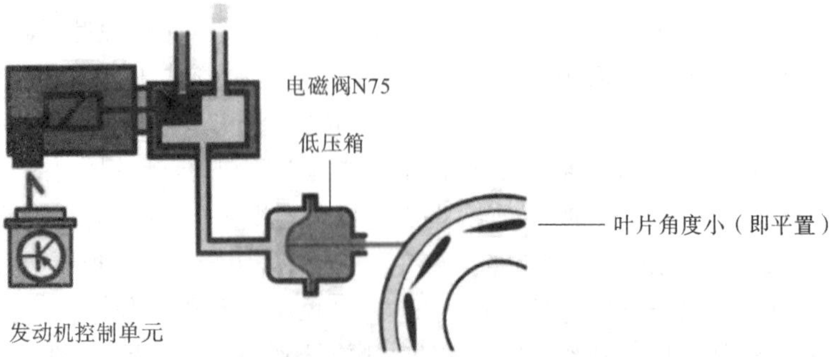

图 3-51 发动机怠速时 N75 通电

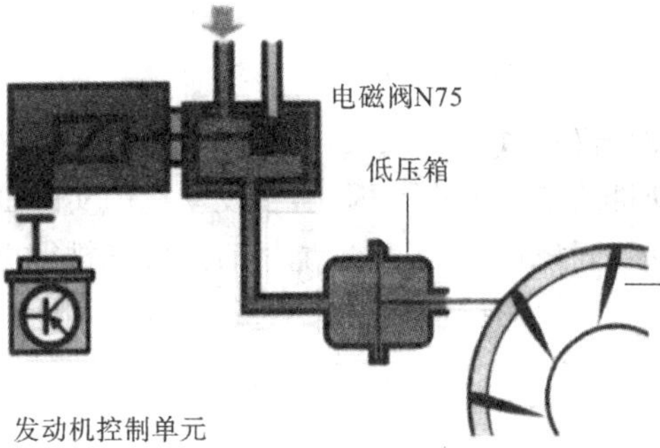

图 3-52 发动机高速时 N75 不通电

1）发动机功率不足

检查空气滤清器是否阻塞，压气机与发动机进气管的连接是否松动，发动机进气管是否漏气，气缸压力是否正常，发动机的排气歧管是否漏气，中冷器是否损坏，涡轮增压器壳体是否损坏，涡轮增压器转子总成是否有黏合或摩擦现象，压气叶轮和排气涡轮是否磨损等。

2）涡轮增压器工作噪声过大

检查空气滤清器是否阻塞，发动机进气管或排气管是否松动，压气机进气管道或压气机壳体中是否有异物，发动机排气系统中是否有异物，涡轮增压器转子总成是否有黏合或摩擦现象，压气叶轮和排气涡轮是否磨损等。

3）涡轮增压器压气机侧漏油

检查空气滤清器是否发生阻塞，涡轮增压器润滑油回油管路是否发生阻塞，发动机曲轴箱内的压力是否过高，曲轴箱内润滑油是否过多等。

4）涡轮增压器排气涡轮侧漏油

检查发动机曲轴箱内的压力是否过高，润滑油是否过多，涡轮增压器润滑油回油管路是否阻塞等。

5）发动机润滑油消耗量过大或发动机排气冒蓝烟

检查发动机曲轴箱压力是否过高，发动机本身是否烧机油，涡轮增压器压气机侧的油封是否漏油，涡轮增压器排气涡轮侧的油封是否漏油等。

总之，在故障诊断中要积极使用检测电脑，有方向性地优先排除电气故障。在怀疑涡轮增压器损坏的故障诊断中，如果涡轮增压器的损坏不易检查、无法确定，则按排除法，先排除其他可能性原因，进而确定是否是涡轮增压器的故障；反之，则优先检查涡轮增压器。在使用当中，不宜将涡轮增压器汽车视同一般汽车进行操作。

任务5 可变气门正时及可变气门升程控制系统

一、可变气门及其作用原理

通过操纵进气门和排气门，可实现对发动机充量交换过程的控制。其特性参数主要有三个：气门开启相位、气门开启持续角度（指气门保持升起持续的曲轴转角）和气门升程。这三个特性参数对发动机的性能、油耗和排放有重要影响。通常将气门开启相位和气门开启持续角度统称为气门正时。随着发动机负荷和转角的改变，这三个特性参数（特别是进气门开启相位和开启持续角度)的最佳选择是完全不同的。

1. 传统发动机配气机构对发动机性能的影响

当发动机高速运转时,一个工作冲程仅持续千分之几秒。这么短的时间,往往会引起发动机进气不足和排气不净,从而影响发动机的工作效率。因此,在发动机的实际工作中,为了增大进气量,进气门需要提前开启、延迟关闭;同样地,为了使燃烧过后的废气排得更干净,排气门也需要提前开启、延迟关闭,这样才能保证发动机有效地运作。这种情况下,必然会出现一个进气门和排气门同时开启的时刻,称为"气门重叠角",如图 3-53 所示。

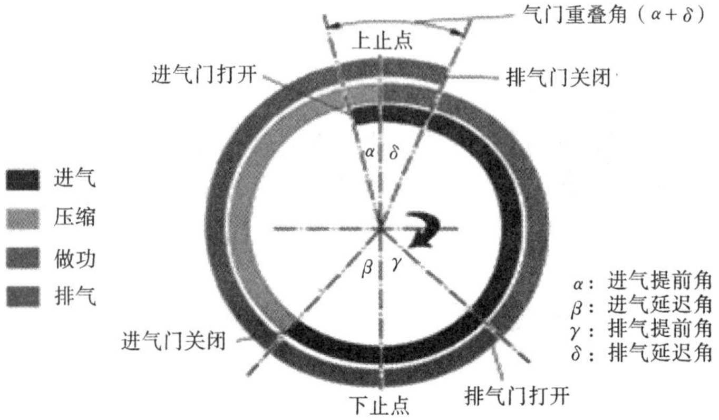

图 3-53 配气相位图

气门重叠角对发动机性能影响很大。发动机的转速越高,每个工作循环吸气和排气的时间越短,要达到更高的充气效率,就需要延长发动机的吸气和排气时间。因此,当转速越高时,气门重叠角大一些好。但是,发动机在低转速工况下,过大的气门重叠角则会使缸内气流紊乱,吸气量反而会下降。此时,发动机控制单元也很难对空燃比进行精确的控制,从而导致怠速不稳、低速运转动力不足等现象。反之,如果配气机构只对低转速工况进行优化,那么发动机就无法在高转速下达到较高的峰值功率。普通发动机在设计时只能选择一个折中的方案,不可能在低速和高速工况下都达到最优状态。为了解决这个问题,就要求配气相位可以根据发动机工况的不同进行调节,高、低转速下都能够获得理想的进、排气效率。

图 3-54 所示为传统发动机的配气机构,机构包括正时齿轮、凸轮轴、气门传动组件(气门、推杆、摇臂等)。由于凸轮轴由曲轴通过皮带或链条进行传动,发动机装配完成后两者的相对位置固定不变,因此气门正时的各个角度都是固定不变的。这就使发动机的进气量相对是固定的,因此,发动机的性能潜力不能得到良好的发挥。随着汽油发动机的高速化和汽车排放要求的日趋严格,传统发动机的配气机构和气门升程已不能满足发展的需要,因此可变气门正时及可变升程控制系统技术得到迅速的发展。

2. 可变气门机构的分类

(1) 按其控制内容分为可变配气相位机构和可变配气升程机构两大类。

(2) 按是否同时控制进、排气门分为只控制进气门的可变气门机构和同时控制进、排气门的双可变气门机构。

(3) 按控制过程分为分段可变气门机构和连续可变气门机构。

(4) 按控制方法分为变换凸轮式、变换凸轮轴转角式和变换摇臂支点式。

(5) 按气门升程曲线形式分类。如图 3-55 所示,按气门升程曲线形式可分为:① 改变气门

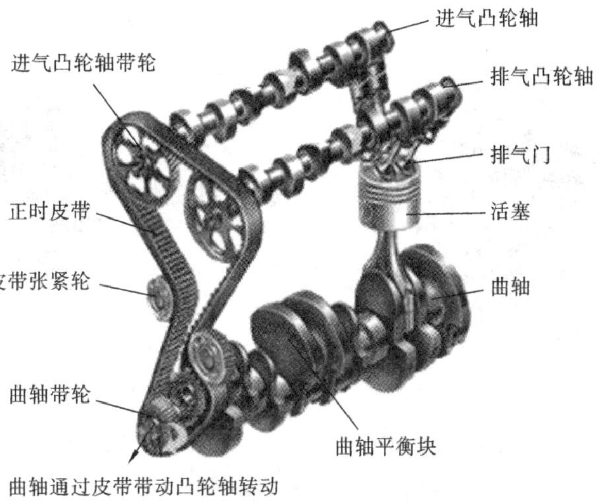

图 3-54　传统发动机的配气机构

开启相位，保持气门开启持续角度和气门升程特征不变，如图 3-55(a)所示；② 改变气门开启持续角度，保持气门开启相位不变，如图 3-55(b)所示；③ 改变气门升程特征，保持气门开启相位和开启持续角度不变，如图 3-55(c)所示；④ 形式①～形式③的组合，如图 3-55(d)所示；⑤ 部分气缸的气门完全不升起，从而改变发动机的有效排量。

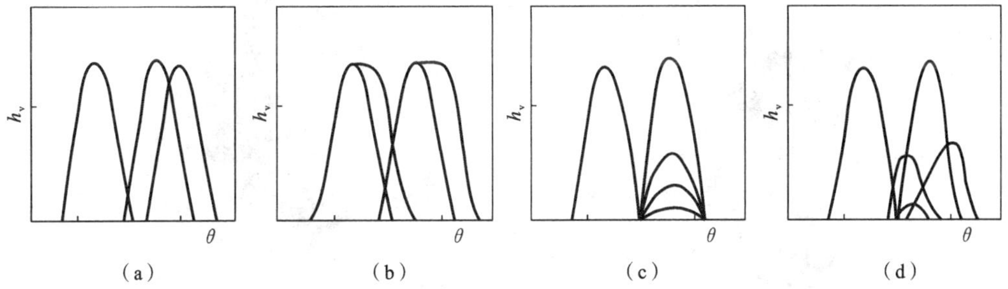

图 3-55　气门升程曲线形式

3. 可变气门机构的控制策略

为了使发动机在各种不同的工况下，获得理想的性能，同时又达到降低油耗和排放的目的，可变气门机构采取的控制策略如下。

1) 怠速、小负荷以及启动、暖机工况

如图 3-56 所示，当发动机处于怠速、小负荷以及启动、暖机工况时，控制单元将进气门开启相位延迟，减小进气提前角；同时将排气门配气相位提前，减小排气延迟角，从而减小或消除气门重叠角，防止废气进入进气通道，以稳定燃烧过程，提高怠速运转的稳定性和燃油经济性，并降低排放污染。

2) 中小负荷工况

如图 3-57 所示，当发动机处于中小负荷工况时，控制单元将增大进气提前角和排气延迟角，以增大气门重叠角，产生缸内废气再循环(这种设计可以取消 EGR 装置)，降低排放污染，并减小排气行程后期和进气行程早期的泵气损失。

3) 中低转速、大负荷工况

如图 3-58 所示，当发动机处于中低转速、大负荷工况时，控制单元将保持适当的进气延迟角，

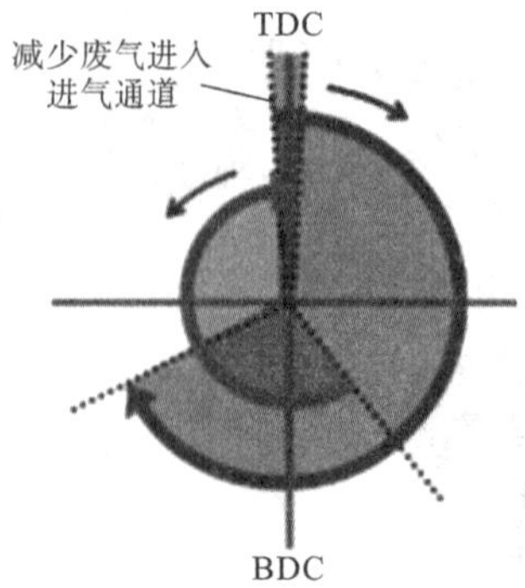

图 3-56　怠速、小负荷以及启动、暖机工况

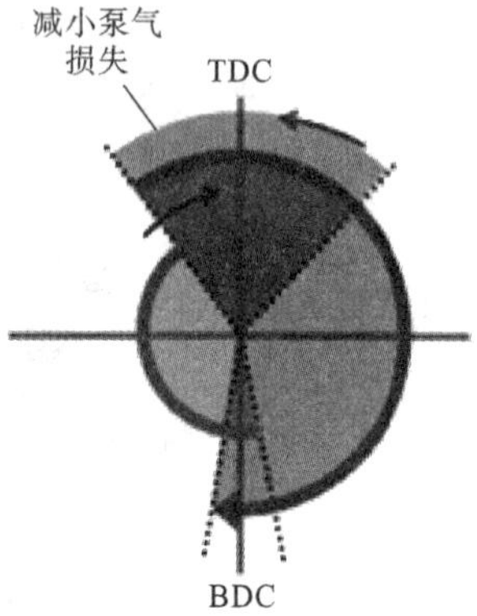

图 3-57　中小负荷工况

以充分利用进气惯性,提高充气量;同时将排气门配气相位推迟,减小排气提前角,以充分利用燃烧气体的压力做功,提高燃油经济性。

4) 高速、大负荷工况

如图 3-59 所示,当发动机处于高速、大负荷工况时,控制单元将尽量增大进气延迟角,以充分利用进气惯性,提高充气量;同时适当增大排气提前角,以减小排气行程后期的泵气损失,提高发动机的输出功率。

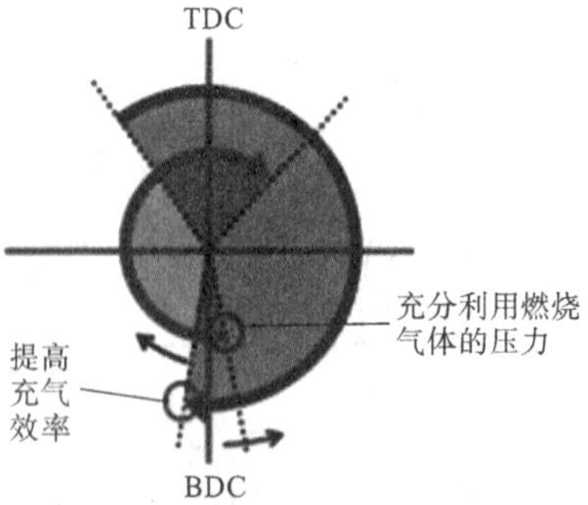

图 3-58　中低转速、大负荷工况

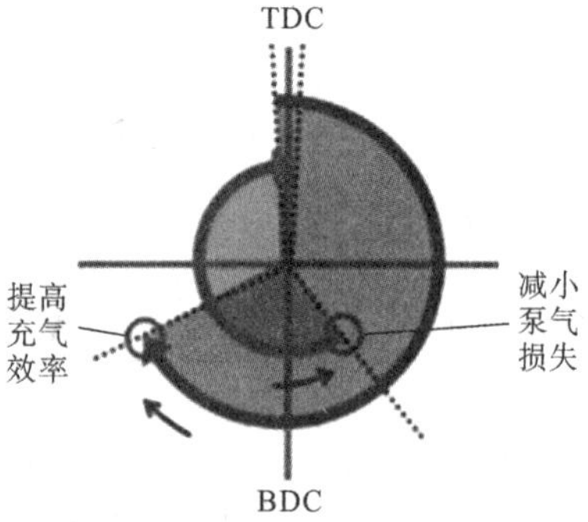

图 3-59　高速大负荷工况

二、可变气门正时技术

可变气门正时技术(VVT),在目前的所有主要车系的发动机上都已使用,先后出现了以丰田汽车公司为代表的可变气门正时控制系统,宝马车系第一代可变气门正时控制系统(VA-NOS)和大众车系第一代可变气门正时控制系统等。虽然机械控制结构有所不同,但都属于凸轮轴配气相位可变结构。

(一) 大众车系第一代可变气门正时控制系统

帕萨特 B5 轿车选用的 2.8 L V6 发动机配置了大众车系第一代可变气门正时控制系统,该可变气门正时控制系统从俯视观察,其传动方式以及进、排气凸轮轴分布如图 3-60 所示,排气凸轮轴安装在外侧,进气凸轮轴安装在内侧。曲轴通过齿形皮带首先驱动排气凸轮轴,排气凸轮轴通过链条驱动进气凸轮轴。

1. 可变气门正时控制系统的工作原理

如图 3-61(a)所示为发动机在高速状态下,为了充分利用气体进入气缸的流动惯性,提高最大功率，进气门延迟角增大后的位置（轿车发动机通常工作在高速状态下，所以这一位置为一般工作位置）。如图 3-61(b)所示为发动机在低速状态下，为了提高最大扭矩，进气门延迟角减小后的位置。

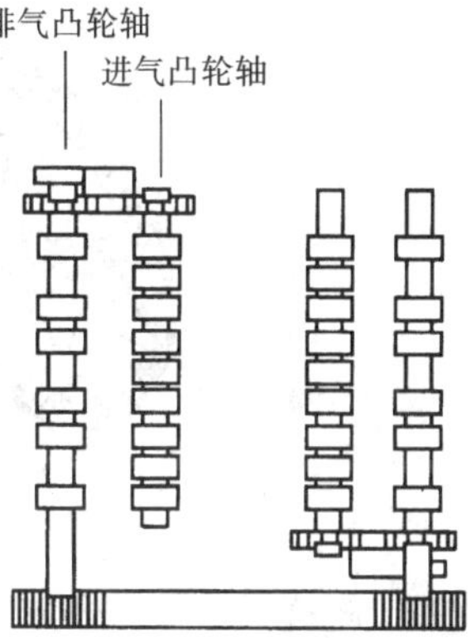

图 3-60　发动机可变气门正时控制系统传动方式以及进、排气凸轮轴分布

进气凸轮轴由排气凸轮轴通过链条驱动，两轴之间设置一个可变气门正时调节器，在内部液压缸的作用下，正时调节器可以上升和下降。当发动机转速下降时，可变气门正时调节器下降，上部链条被放松，下部链条作用着排气凸轮轴旋转拉力和正时调节器向下的推力。由于排气凸轮轴在曲轴正时皮带的作用下不可能逆时针旋转，所以进气凸轮轴受到两个力的共同作用：一是在排气凸轮轴正常旋转带动下链条的拉力；二是正时调节器推动链条，传递给排气凸轮轴的拉力。进气凸轮轴顺时针额外转过一个大小为 θ 的角度，加快了进气门的关闭，亦即进气门延迟角减小 θ。

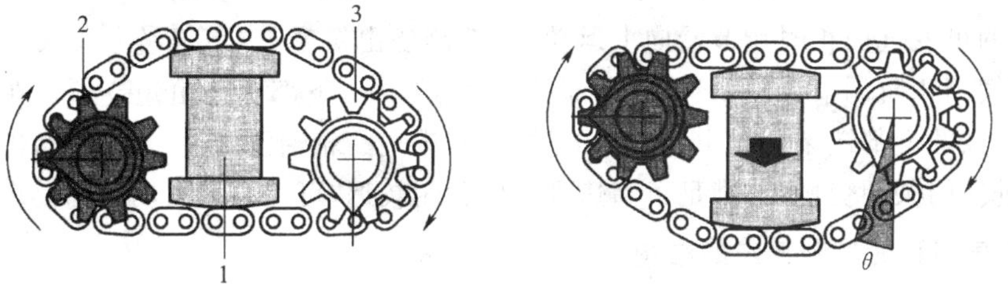

（a）高速状态　　（b）低速状态

图 3-61　可变气门正时控制系统的工作原理

1—正时调节器；2—排气凸轮轴；3—进气凸轮轴

当转速提高时，正时调节器上升，下部链条被放松。排气凸轮轴顺时针旋转，首先要拉紧下部链条，使之成为紧边，进气凸轮轴才能被排气凸轮轴带动旋转。就在下部链条由松变紧的过程中，排气凸轮轴已转过一个大小为 θ 的角度，进气凸轮轴才开始动作，进气门关闭变慢了，亦即进气门延迟角增大 θ。

2. 可变气门正时控制系统的工作状态

从图 3-62 和图 3-63 中不难看出，该发动机左侧和右侧的可变气门正时调节器操作方向始终要求相反。当发动机的左侧可变气门正时调节器向下运动时，右侧可变气门正时调节器向上运动，左侧链条紧边在下边，右侧链条紧边在上边。正时调节器向下移动时，紧边链条都是由短变长。

图 3-62　发动机转速不高于 1000 r/min 时

图 3-63　发动机转速高于 3700 r/min 时

当帕萨特 B5 轿车发动机转速不高于 1000 r/min 时，要求进气门关闭得较早，如图 3-62 所示。左列缸对应的可变气门正时调节器向下运动，上部链条由长变短，下部链条由短变长。右列缸对应的可变气门正时调节器向上运动，上部链条由短变长，下部链条由长变短。左、右列缸对应的进气凸轮轴在两个力的共同作用下都顺时针额外转过一个角度，加快了进气门的关闭，满足了低速进气门关闭较早，可提高最大扭矩的要求。

当帕萨特 B5 轿车发动机转速高于 3700 r/min 时，要求进气门关闭得较迟，如图 3-63 所示。左列缸对应的可变气门正时调节器向上运动，上部链条由短变长，下部链条由长变短。右列缸对应的可变气门正时调节器向下运动，上部链条由长变短，下部链条由短变长。在左列缸的下部链条、右列缸的上部链条同时由长变短的过程中，排气凸轮轴已转过一个角度，进气凸轮轴才开始动作，进气门关闭变慢了，满足了高速进气门关闭较迟，可提高最大功率的要求。

3. 可变气门正时控制系统的结构

帕萨特 B5 轿车 2.8 L V6 发动机的可变气门正时控制系统由 Motronic M3.8.2 发动机控制单元进行控制。可变气门正时控制系统的结构如图 3-64 所示。

左、右列缸对应的可变气门正时机构均设置了一个可变气门正时电磁阀，如图 3-66 所示。发动机在获得转速传感器的信息后，对左、右列缸对应的可变气门正时电磁阀的控制方式做出正确选择，并控制阀体动作。当获得不同阀体位置时，通往可变气门正时调节器内的液压缸油路变换，使得可变气门正时调节器上升或下降，以致使左、右列缸对应的进气门获得不同的延迟角。

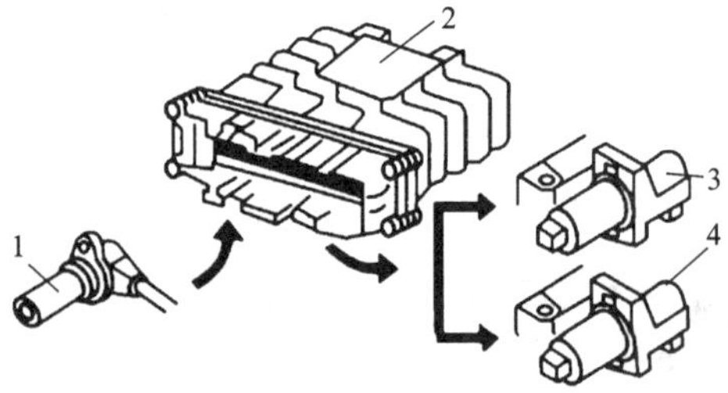

图 3-64　可变气门正时控制系统的结构

1—发动机转速传感器；2—发动机控制单元；3—气缸列 1 可变气门正时阀；4—气缸列 2 可变气门正时阀

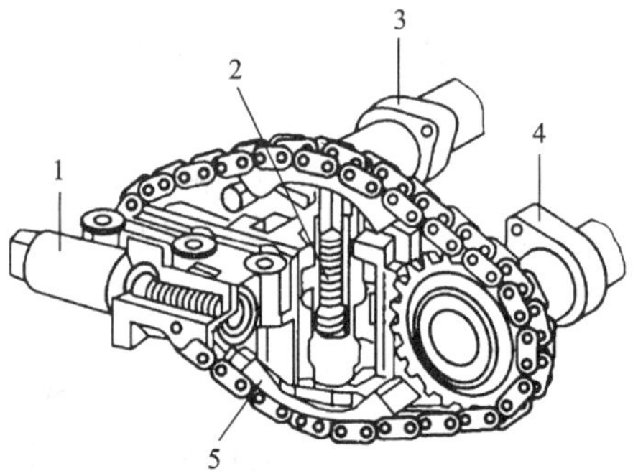

图 3-65　可变气门正时电磁阀

1—可变气门正时电磁阀；2—液压缸；3—排气凸轮轴；4—进气凸轮轴；5—可变气门正时调节器

4. 存在的不足

以上所述发动机可变气门正时控制系统，是通过微机控制可变气门正时调节器上升和下降获得齿形皮带与进气凸轮（进气门）的相对位置变化，这种结构属于凸轮轴配气相位可变结构，一般可调整 20°～30°曲轴转角。由于这种机构的凸轮轴、凸轮型线及气门开启持续角度均不变，虽然高速时可以加大进气延迟角，但是气门重叠角却减小，这是它的缺点。故这种结构特点的可变气门正时控制系统已没有再使用。

（二）宝马车系第一代可变气门正时控制系统（VANOS）

1992 年，宝马推出了气门无级调节管理——Double-VANOS 双凸轮轴可变气门正时控制系统，是应用在 BMW M3 上的世界首创技术。VANOS 是一个由车辆发动机管理系统操纵的液压和机械相结合的凸轮轴控制设备。此控制系统的优点是可以根据发动机运行状态，通过凸轮轴精确的角度控制对进气门和排气门的气门正时进行无级调节，并且不受油门踏板位置和发动机转速的影响。VANOS 基于一个能够调整进、排气凸轮轴与曲轴相对位置的调整机构。在实际驾驶中，这意味着在发动机转速较低时可以提供足够的扭矩，而在高转速范围内则可达到最佳的功率，同时双凸轮轴可变气门正时控制系统可极大地减少未燃烧的残余气体，从而改进了发动机的怠速性能。

1. 宝马车系第一代可变气门正时控制系统（VANOS）的结构

宝马车系第一代可变气门正时控制系统（VANOS）的结构如图 3-66 所示。在 VANOS 发动机内有系统所要求配套的两条链轮。曲轴驱动排气凸轮上的链轮，排气凸轮链轮被螺栓固定于排气凸轮上，第二套齿轮驱动穿过进气凸轮的第二根链条，进气凸轮上的大链轮没有固定在凸轮上，因为其中间有个大孔，孔内有一套螺旋形的齿，在凸轮的一端有一个外侧也是螺旋形的齿轮，但它太小，无法与大链轮内侧的齿轮相连接。有一小块杯状带有螺旋形齿轮的金属，其内侧与凸轮相配合，外侧与链轮配合。VANOS 系统的可变性就是源于齿轮的螺旋形。杯状装置由受 DME（数字式电子发动机管理系统）控制依靠油压的液压机构驱动。

图 3-66 VANOS 的结构

2. 宝马车系第一代可变气门正时控制系统（VANOS）的工作过程

在油门踏板位置和发动机转速的作用下，进、排气凸轮轴的气门正时根据发动机所需的功率进行了调整，怠速时，电磁线圈控制油压推动杯状齿轮运动，运动方向如图 3-67 所示，凸轮正时延迟。在非怠速状态下，电磁线圈控制油压推动杯状齿轮运动，运动方向如图 3-68 所示，在中等转速下推动凸轮轴提前 12.5°。虽然宝马第一代可变气门正时控制系统能使进气和排气凸轮的正时在较大转速范围内持续变化，但由于机械控制结构特点所限，凸轮提前角调整范围较小，故该系统现也已不采用。

图 3-67 怠速时，凸轮正时延迟

图 3-68 非怠速状态下，凸轮正时提前

(三) 带叶片调节器的可变气门正时控制系统(VVT)

带叶片调节器的可变气门正时控制系统(VVT)是由丰田汽车公司首先运用在汽车上的，系统中首次使用了叶片调节器(OCV，或称可变配气门定时器)。目前所有主流车系的 VVT 都使用了叶片调节器，结构可能不尽相同，但控制原理是一样的。下面以大众车系带叶片调节器的可变气门正时控制系统为例，向读者介绍这方面的相关知识。

1. 大众车系可变气门正时控制系统的布置形式与基本结构

图 3-69 所示为大众车系可变气门正时控制系统在发动机上的布置形式与基本结构，这两种形式的 VVT 的结构和功能是相同的，区别在于某些部件的布置或形状不同。VVT 主要包括下列部件。

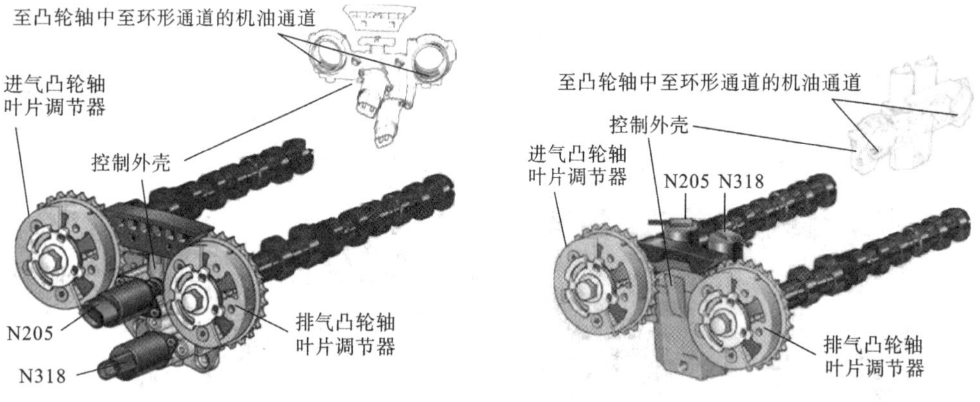

(a) V5、V6发动机　　(b) W8、W12发动机

图 3-69 大众车系可变气门正时控制系统在发动机上的布置形式与基本结构

1) 两个叶片调节器

调节进气凸轮轴的叶片调节器被直接安装在进气凸轮轴上，它根据发动机控制单元的信号调节进气凸轮轴。调节排气凸轮轴的叶片调节器被直接安装在排气凸轮轴上，它根据发动机控制单元的信号调节排气凸轮轴。两个叶片调节器都是由液压操控的，并且通过控制外壳与发动机的机油系统连接。

2) 控制外壳

控制外壳被安装在缸盖上，通向两个叶片调节器的机油通道都位于控制外壳内。

3) 两个电磁阀

控制外壳内安装有两个电磁阀。它们根据发动机控制单元的信号将机油压力传导至叶片调节器，进气凸轮轴正时调节阀 N205 控制进气凸轮轴，排气凸轮轴正时调节阀 N318 控制排气凸轮轴。

2. 大众车系可变气门正时控制的实现

对可变气门正时的控制是通过发动机控制单元实现的，如图 3-70 所示。要调节凸轮轴，需要有发动机转速、发动机负荷和发动机温度以及曲轴和凸轮轴位置的信息。

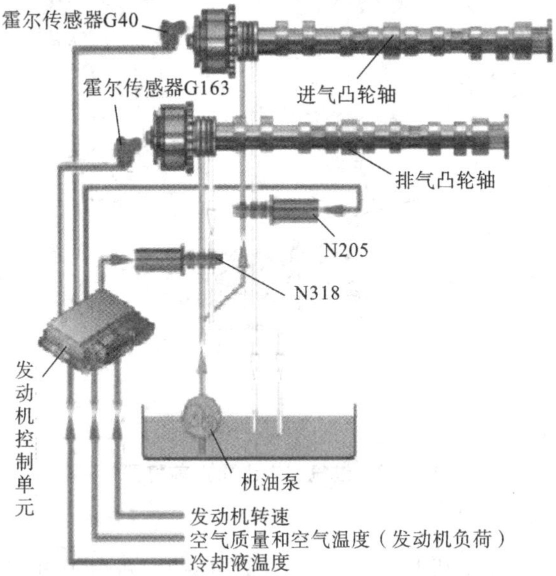

图 3-70 大众车系可变气门正时控制的实现

要调节凸轮轴，发动机控制单元驱动调节阀 N205 和 N318，调节阀 N205 和 N318 打开控制外壳的机油通道，这样发动机机油就流经控制外壳和凸轮轴，然后流入叶片调节器，叶片调节器旋转并且根据发动机控制单元的要求调节凸轮轴。

3. 大众车系可变气门正时控制系统主要部件的结构

1）进气凸轮轴叶片调节器的结构

如图 3-71 所示，进气凸轮轴叶片调节器包含下列部件：带外转子的外壳（直接与正时链条连接）、内转子（直接与凸轮轴连接）和机油通道。

2）进气凸轮轴提前的调节

在整个发动机转速范围内，进气凸轮轴都由发动机控制单元调节，最大调节值为 52°曲轴转角。调节取决于存储在发动机控制单元中的调节曲线图。

对于废气再循环和增加扭矩而言，进气凸轮轴被设置在“进气门在上止点前打开”的位置上。要改变位置，发动机控制单元驱动进气凸轮轴正时调节阀（N205）。

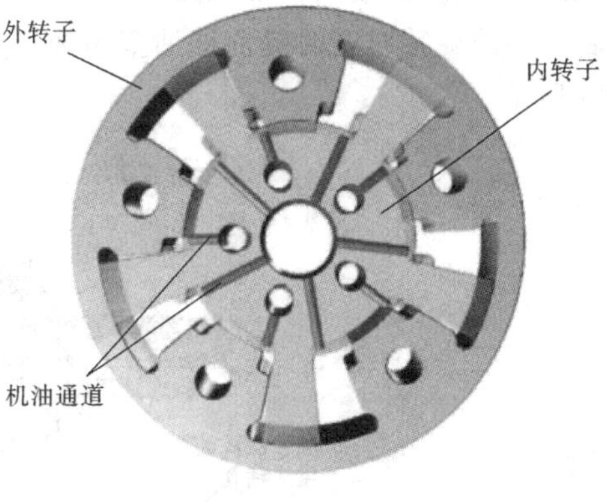

图 3-71 进气凸轮轴叶片调节器的结构

当气门被驱动时，它就使得控制活塞运动。在控制外壳中，正时提前的机油通道根据调节的程度被打开。结果，处于压力状态下的发动机机油的流经路线为：压力状态下的发动机机油→控制外壳→凸轮轴的环形通道→凸轮轴表面的 5 个钻孔→叶片调节器的 5 个提前储油室。机油推动内转子叶片，内转子做相对于外转子（相对于曲轴）的旋转，并与凸轮轴一起旋转，结果,凸轮轴沿着曲轴旋转的方向继续旋转并且使得进气门较早打开。过程如图 3-72 所示。

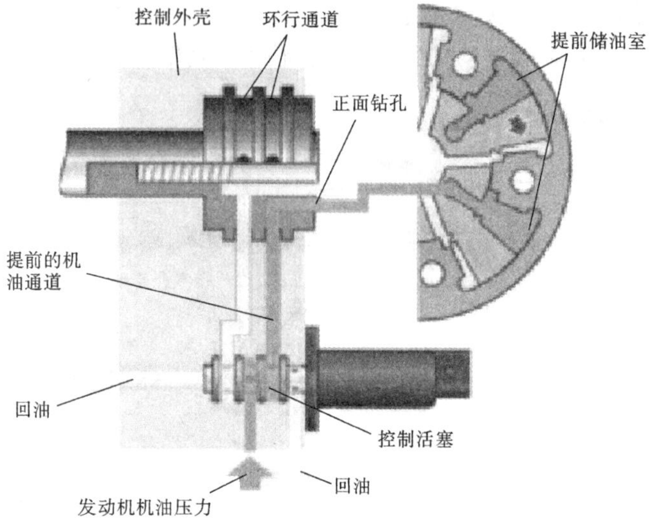

图 3-72　进气门在上止点前打开

3）进气凸轮轴滞后的调节

当发动机怠速时或需要发动机具有很大的输出功率时,进气凸轮轴旋转,从而使得进气门较迟打开,即在上止点后打开,要使得进气凸轮轴滞后,发动机控制单元驱动进气凸轮轴正时调节阀(N205)。

电磁阀通过使控制活塞运动的方式打开正时滞后的油道。结果,处于压力状态下的发动机机油的流经路线为:压力状态下的发动机机油→控制外壳→凸轮轴的环形通道→凸轮轴叶片中的钻孔→凸轮轴叶片调节器固定螺栓的袋式钻孔→叶片调节器的 5 个钻孔→内转子背后的正时滞后储油室。机油沿着凸轮轴旋转的方向推动内转子和凸轮轴转动,从而使得气门较迟打开。同时,正时滞后的机油通道打开,控制活塞打开正时提前室通道并释放其中的压力。沿着滞后方向的旋转对正时提前储油室施加压力并将正时提前储油室中的机油压出去。过程如图 3-73 所示。

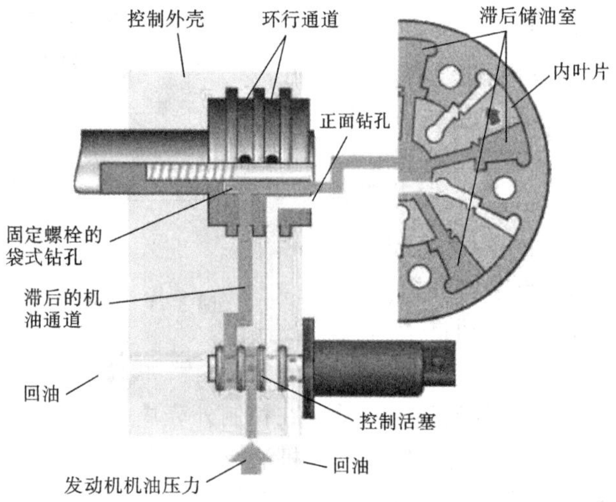

图 3-73　进气门在上止点后打开

4）调节的工作原理

发动机控制单元以霍尔传感器信号为基础，检测进气凸轮轴的瞬时位置，然后根据存储在发动机控制单元中的曲线图来对凸轮轴进行调节。

当电磁阀 N205 被发动机控制单元驱动时，例如需要正时提前时，进气凸轮轴正时调节阀(N205)就将控制活塞沿正时提前方向推。机油压力经控制外壳作用于凸轮轴叶片调节器，然后将凸轮轴推向提前位置。此时，控制活塞压向提前方向会自动打开正时滞后方向的机油回油通道，当调节至要求达到的角度时，进气凸轮轴正时调节阀(N205)就将控制活塞推至一个能使叶片调节器的两个储油室压力保持恒定的位置。如果要将正时向滞后方向调节，则流程与之相反。调节使得进气凸轮轴在提前和滞后之间连续不断地变化，其中调节的最大值为 52°曲轴转角。过程如图 3-74、图 3-75 所示。

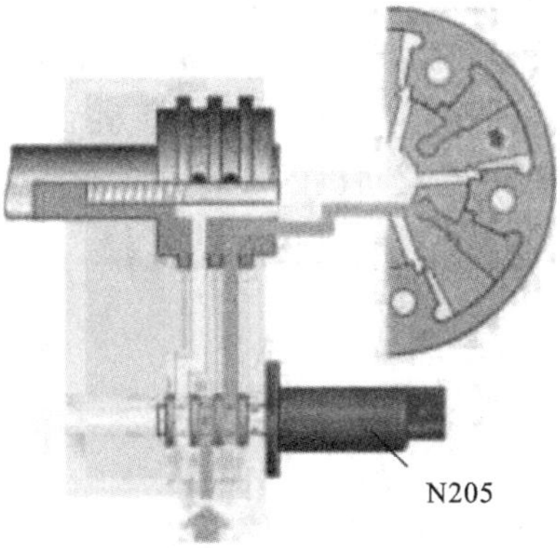

图 3-74　调节进行时

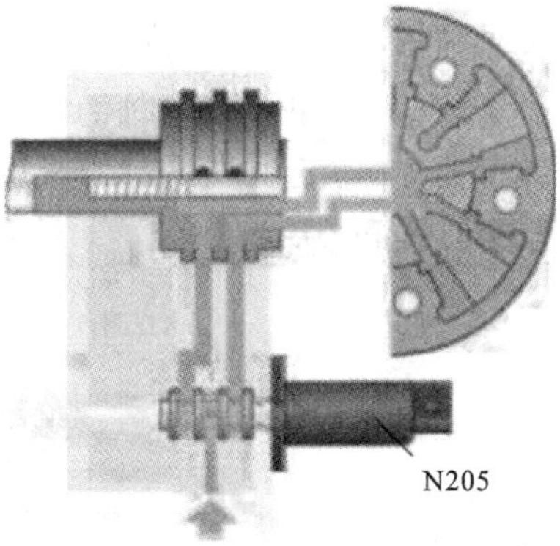

图 3-75　两储油室压力保持恒定

5）排气凸轮轴叶片调节器的结构

排气凸轮轴叶片调节器与进气凸轮轴叶片调节器在结构上是完全相同的，但是内转子的叶片宽度较大，因为排气凸轮轴的最大调节值为 22°曲轴转角。

6）排气凸轮轴基本位置的调节

图 3-76 所示为排气凸轮轴处在基本位置时的工作原理，当发动机被启动时和发动机的转速高于怠速转速时，排气凸轮轴处在基本位置上，即排气凸轮轴正好在上止点之前关闭。在功

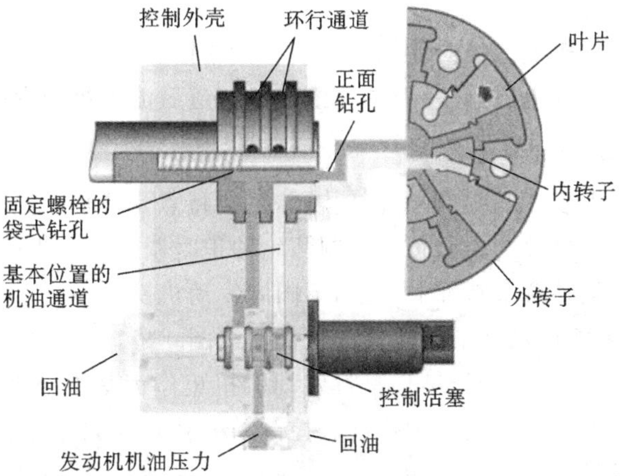

图 3-76　基本位置的调节

率输出、扭矩和废气再循环操作模式中,排气凸轮轴都处于此位置。排气凸轮轴正时调节阀(N318)不动作。

在基本位置上,排气凸轮轴位置使得排气门恰好在上止点之前关闭。这时发动机控制单元不驱动排气凸轮轴正时调节阀(N318)。在此位置上,正时滞后的机油通道处于打开状态。结果,处于压力状态下的发动机机油的流经路线为:压力状态下的发动机机油→机油通道→排气凸轮轴的环形通道→凸轮轴正面钻孔→凸轮轴叶片调节器的机油储油室。机油推动内转子的叶片,叶片旋转至停止位,同时使凸轮轴与它一起旋转。只要电磁阀不动作,凸轮轴就保持在此位置。

7) 排气凸轮轴怠速位置的调节

图 3-77 所示为调节排气凸轮轴怠速位置的工作原理。在怠速和发动机转速约为 1200 r/min时,排气凸轮轴被设置在提前位置上,排气凸轮轴正时调节阀(N318)由发动机控制单元驱动。它推动控制活塞并且打开控制外壳中的另一条机油通道。这条机油通道打开后,处于压力状态下的发动机机油的流经路线为:压力状态下的发动机机油→排气凸轮轴中的环形通道→排气凸轮轴上的钻孔→排气凸轮轴的叶片调节器。此时,压力状态下的发动机机油推动排气凸轮轴叶片调节器中内转子的叶片,叶片以及排气凸轮轴沿着发动机的旋转方向被按压,从而使得排气门较早打开和关闭。

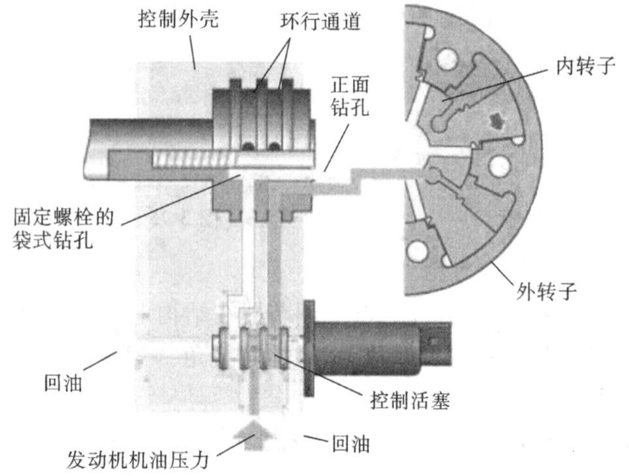

图 3-77　怠速位置的调节

储油室中叶片前部的机油流经凸轮轴叶片调节器的钻孔、固定螺栓的袋式钻孔和凸轮轴的环形通道后流回电磁阀。在电磁阀中,机油流经回油通道后流入控制盒的罩盖中。

4. 发动机控制单元——VVT 控制

图 3-78 所示为 VVT 发动机控制单元结构图,主要特点是增加了凸轮轴位置传感器和一个凸轮轴正时调节阀。发动机控制单元负责控制凸轮轴正时调节阀。为此,发动机控制单元存储着进气凸轮轴和排气凸轮轴调节特性曲线图,不同的发动机操作模式(例如发动机启动、暖机和正常工作等模式)分别有相应的调节凸轮轴的特性曲线图。

VVT 发动机控制单元的新功能结构是将发动机扭矩作为基本数据的,并且控制单元对它进行计算后执行所有其他的发动机管理措施。控制单元使用来自空气流量传感器信号等计算扭矩。

1) 空气流量传感器 G70

发动机控制单元使用空气流量传感器 G70 的信号来计算容积率,以容积率、氧传感器信号

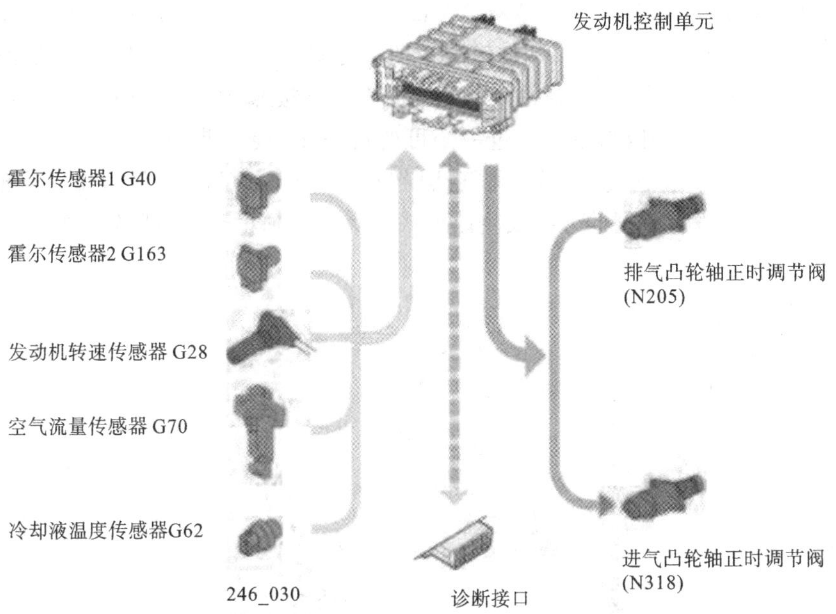

图 3-78 发动机控制单元——VVT 控制

和点火正时的数据为基础，计算扭矩数值。在可变正时系统中，此传感器信号被用来根据负载状况对凸轮轴进行调节。如果空气流量传感器发生故障，发动机控制单元制造一个替代信号，凸轮轴按照给出的操作条件继续工作。

2）发动机转速传感器 G28

发动机转速传感器 G28 为电磁式，发动机控制单元利用此信号来探测发动机的转速和曲轴上止点的位置。但要调节凸轮轴，发动机控制单元必须知道曲轴的准确位置。要准确地探测出曲轴的位置，发动机控制单元使用来自传感器转子上每一个齿的信号，传感器转子上的缺齿起判断曲轴上止点位置的作用。在可变正时系统中，此传感器信号被用来根据发动机转速对凸轮轴进行调节。如果发动机转速传感器发生故障，发动机停止运转并且不能再次启动。

3）霍尔传感器 1(G40)和霍尔传感器 2(G163)

两个霍尔传感器都位于正时链条盖中，它们的任务是将进气凸轮轴和排气凸轮轴的位置信息传递给发动机控制单元。它们是通过读取位于相应凸轮轴上传感器转子的信号传递信息的，发动机控制单元通过霍尔传感器 1(G40)检测进气凸轮轴的位置，通过霍尔传感器 2(G163)检测排气凸轮轴的位置。

发动机控制单元利用发动机转速传感器的信号来探测曲轴的位置，与来自凸轮轴位置传感器的信号配合，发动机控制单元计算出凸轮轴相对于曲轴的位置来对凸轮轴进行精确的调节和快速启动发动机。

如果有一个霍尔传感器发生故障，就不能对凸轮轴进行调节。但是，发动机仍能继续运转并且在熄火后仍能重新启动，但会出现启动困难故障。如果两个霍尔传感器都发生故障，发动机仍能继续运转直至发动机熄火，发动机熄火后，不能重新启动。

4）冷却液温度传感器 G62

冷却液温度传感器 G62 位于节温壳体内，它向发动机控制单元传送当前发动机温度的信息。此传感器信号被用来根据温度状况启动时凸轮轴的调节，如果冷却液温度传感器发生故障，控制单元用存储的温度作为替代值。

5）进气凸轮轴正时调节阀(N205)和排气凸轮轴正时调节阀(N318)

进气凸轮轴正时调节阀(N205)和排气凸轮轴正时调节阀(N318)都集成在凸轮轴调节控制外壳内。它的任务是:根据来自控制单元的额定值将机油按照调节的方向和距离导向凸轮轴叶片调节器。要调节凸轮轴,控制单元通过一个可变占空比(接通-断开率)驱动气门。进气凸轮轴正时调节阀(N205)调节进气凸轮轴,排气凸轮轴正时调节阀(N318)调节排气凸轮轴。

如果至凸轮轴正时调节阀的导线发生故障或一个凸轮轴正时调节阀发生故障,可变正时调节功能失效。

发动机控制单元——VVT 控制电路如图 3-79 所示。

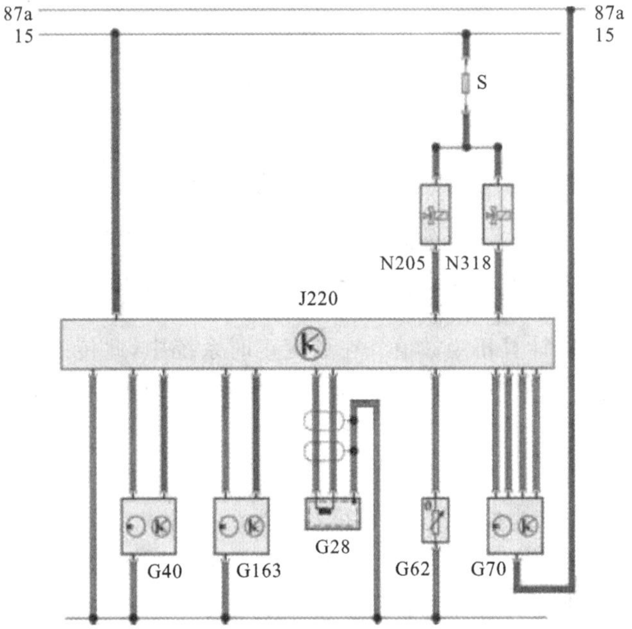

图 3-79　发动机控制单元——VVT 控制电路

三、可变气门升程技术(VVL)

传统的汽油发动机的气门升程是固定不可变的,也就是说凸轮轴的凸轮型线只有一种。这就造成了该升程不可能使发动机在高速区和低速区都得到良好响应。传统汽油发动机的气门升程——凸轮型线设计是对发动机在全工况下的平衡性选择。其结果是发动机既得不到最佳的高速效率,也得不到最佳的低速扭矩,但得到了全工况下最平衡的性能。

VVL 的采用,使发动机在高速区和低速区都能得到满足需求的气门升程,从而改善发动机高速功率和低速扭矩。

可变气门升程技术,按控制效果的不同可分为阶段式气门升程调节（DVVL)和连续式气门升程调节（CVVL)两种形式,阶段式气门升程调节目前使用的技术有本田汽车公司的可变气门正时和升程电子控制（VTEC)、丰田汽车公司的智能可变气门正时及升程控制(VVTL-i)和奥迪可变气门升程控制（AVS)等,连续式气门升程调节则以宝马无级可变电子气门控制(Valvetronic)为代表。

(一) 本田汽车公司的可变气门正时和升程电子控制(VTEC)系统简介

VTEC 系统是本田汽车公司在 1989 年推出的,本田目前在国内销售的车型共有 SOHC 及

DOHC两种结构的发动机，它们虽然都配有VTEC或i-VTEC系统，但具体实现方式不太相同。飞度、锋范以及思域等车型搭载的都是本田的R系列发动机，采用的是SOHC单顶置凸轮轴结构，两个进气气门和两个排气气门均由一根凸轮轴驱动，只能在发动机的进气端进行气门升程的调节。

而本田的思铂睿、雅阁和CR-V的2.4 L车型均搭载的是DOHC双顶置凸轮轴结构的K系列发动机，可在发动机的进、排气端均进行气门升程的调节。

一般情况下，汽车发动机每缸气门组只由一组凸轮驱动，而VTEC系统的发动机却重新设计了中低速用和高速用两组不同的气门驱动凸轮，并可通过电控系统对VTEC系统中的电液执行器进行智能控制，进行自动转换，进而保证了发动机中低速与高速不同的配气相位及进气量的要求，使发动机在高、低速情况下运转均能达到动力性、经济性与低排放的统一和极佳状态。

VTEC系统可变配气定时机构能根据发动机转速的高低，自动转换不同的凸轮来驱动气门启闭。由于高、低速凸轮的轮廓不同，在改变配气定时的同时，也就改变了气门升程。

1. VTEC系统的组成

在K系列发动机上，VTEC系统可变配气定时机构的组成如图3-80所示。在该机构中，进、排气凸轮轴上均设置高速凸轮3和低速凸轮2、4两种凸轮；两个低速凸轮分别驱动第一摇臂5和第二摇臂7，高速凸轮则驱动中间摇臂6；在摇臂上装有可移动的液压活塞11、12和一个限位活塞14 。从图3-80可以看出，在K系列发动机上VTEC系统配气机构与普通配气机构相比较，主要区别是凸轮轴上的凸轮较多，且升程不等，结构复杂。除了原有的控制两个气门的一对凸轮——主凸轮（第一低速凸轮）和次凸轮（第二低速凸轮），以及一对摇臂——主摇臂（第一摇臂）和次摇臂（第二摇臂）外，还增加了一个较高的中间凸轮（高速凸轮）和相应的摇臂（中间摇臂），三根摇臂内部装有由液压控制移动的小活塞，如图3-81所示。

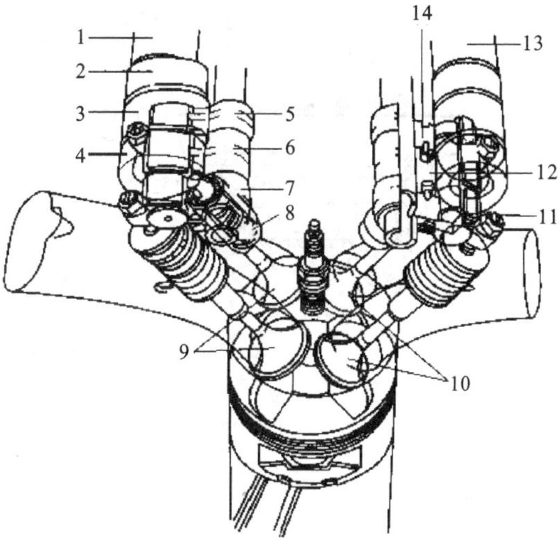

图3-80 本田VTEC系统可变配气定时机构的组成

1—进气凸轮轴；2—第一低速凸轮；3—高速凸轮；4—第二低速凸轮；5—第一摇臂；6—中间摇臂；7—第二摇臂；8—空动弹簧；9—进气门；10—废气门；11—液压活塞A；12—液压活塞B；13—排气凸轮轴；14—限位活塞

2. VTEC系统的工作过程

1）发动机在中、低速工作时

当发动机在中、低速工作时，没有油压作用于启闭开关，如图3-82(a)所示。（注：参照图3-83①所示理解控制过程。）

2）发动机在高转速工作时

当发动机在高速工作时，在油压的作用下，液压活塞A、B向图3-82(b)箭头所示的方向移动，使第一、二摇臂与中间摇臂结合成一个摇臂。三个摇臂一起在高速凸轮的作用下驱动气门启闭，这时气门的升程和开启时间都相应增大了，使得单位时间内的进气量更大，发动机动力也更强。此时低速凸轮不起作用。（注：参照图3-83③所示理解控制过程。）

当发动机转速下降到某一转速时，摇臂内的液压也随之降低，活塞在回位弹簧作用下退回

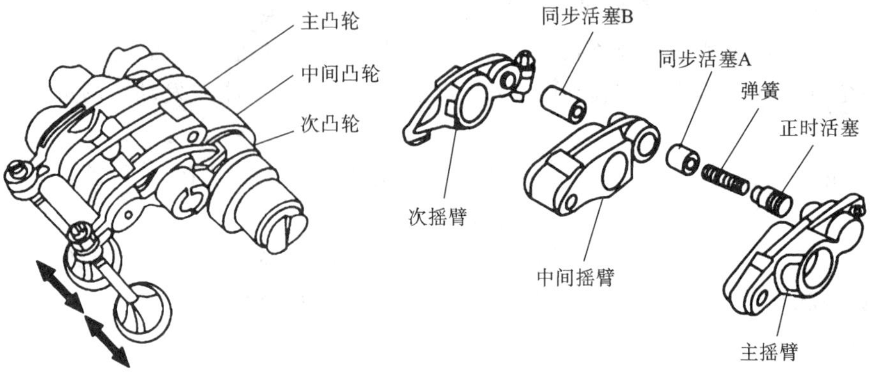

图 3-81　VTEC 系统凸轮与摇臂机构图

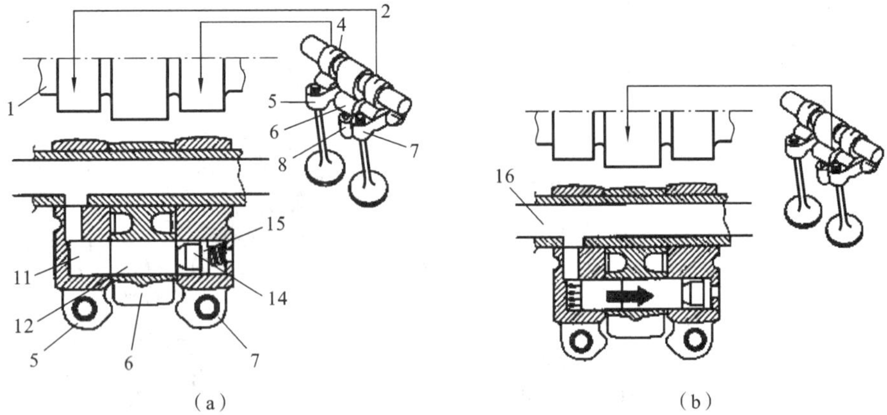

图 3-82　VTEC 系统可变配气升程定时机构的工作原理

15—复位弹簧;16—油道(其余图注同图 3-80)

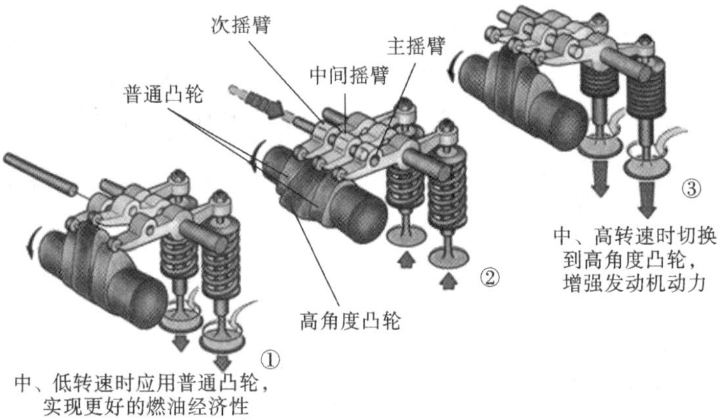

图 3-83　本田 VTEC 可变气门升程控制过程

原位,三根摇臂分开。(注:图 3-83②所示为过渡控制过程。)

3. VTEC 系统的电子控制

VTEC 系统的电子控制与大多数同类系统一样,不考虑负荷信息。ECU 只根据发动机转速、车速和发动机温度控制电磁阀,使油路中的滑阀令摇臂中液压活塞 A 左方油腔或与压力油接通,或泄压,如图 3-84 所示。

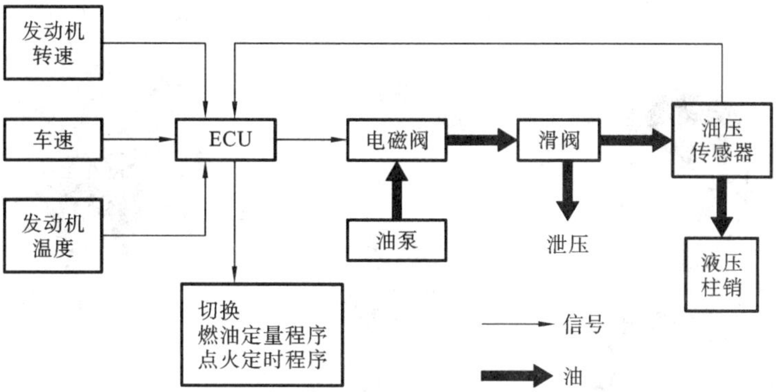

图 3-84 VTEC 系统电子控制框图

油压传感器将液压活塞 A 左方油腔中的油压信号传送给 ECU。ECU 收到油压升高的信号后，便将燃油定量程序和点火正时程序从适合于低转速气门规律的模块切换到适合于高转速气门规律的模块。当系统出现故障时，显然将锁定在低转速气门规律上运行。

4. VTEC 系统的控制电路

发动机 ECU 控制 VTEC 的工作，如图 3-85 所示，ECU 接收发动机传感器的参数(包括发动机转速、进气压力、车速、水温等)并进行处理，输出相应的控制信号，通过电磁阀调节摇臂活塞液压系统，从而使发动机在不同的转速工况下由不同的凸轮控制，影响进气门的开度和时间。

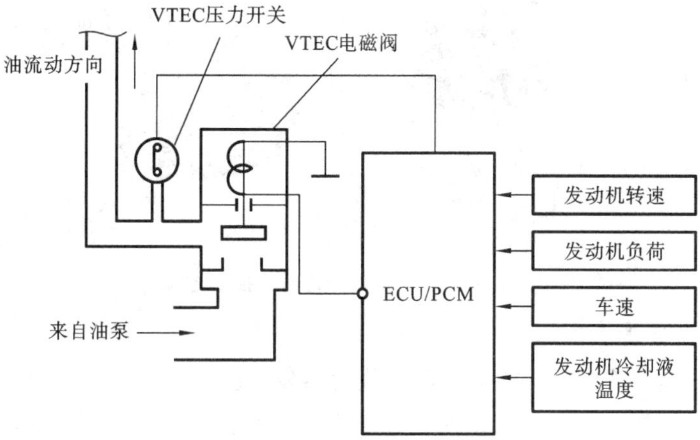

图 3-85 VTEC 系统的控制电路

(二) 丰田汽车公司的智能可变气门正时及升程控制(VVTL-i)系统简介

1. 丰田汽车公司可变气门升程摇臂控制装置的组成

图 3-86 所示为丰田汽车公司可变气门升程摇臂控制装置的组成，特点是在原来的 VVT-i 系统上增加了可以切换不同角度的凸轮的控制装置，来决定是否顶到大角度的凸轮或小角度的凸轮。

2. VVTL-i 系统的工作过程

1) 发动机在低转速工作时

在发动机低转速工作时，ECM 不向电液式执行器发出控制指令，电液式执行器不工作，由于摇臂内的拖板式从动件未移动，所以是小角度的凸轮(中、低速凸轮)部分通过滚轮式从动件

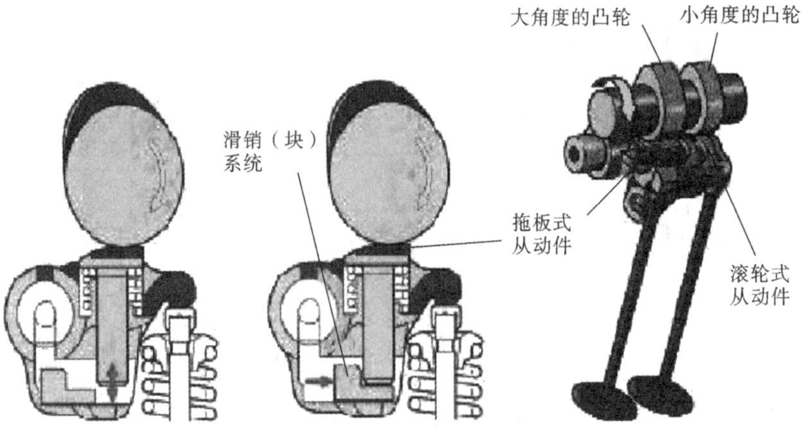

图 3-86　丰田汽车公司可变气门升程摇臂控制装置的组成

有效地顶到摇臂，此时由于没有发动机压力机油作用在驱动拖板式从动件的活塞上，拖板式从动件未被顶起，此时，大角度的凸轮(高速凸轮)虽然一样在转动，但是却是无效地空转，过程如图 3-87 所示。

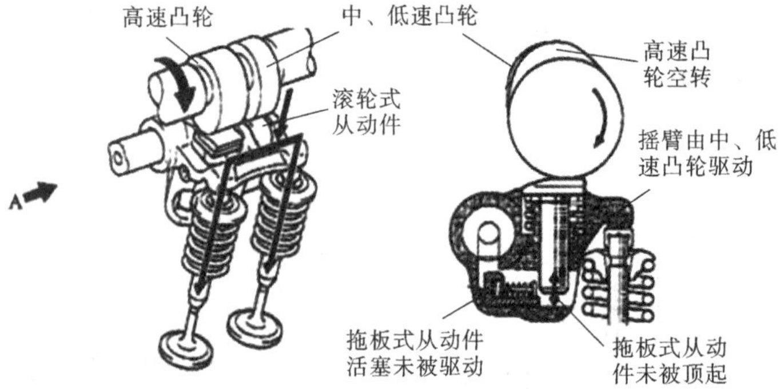

图 3-87　发动机低转速时的控制过程

2）发动机在高转速工作时

在发动机高转速工作时，ECM 向电液式执行器发出控制指令，电液式执行器工作，此时由于有发动机压力机油作用在驱动拖板式从动件的活塞上，拖板式从动件被顶起，于是换成大角度的凸轮(高速凸轮)部分效地顶到摇臂，小角度的凸轮(中、低速凸轮)虽然在转动，但是却是无效地空转，过程如图 3-88 所示。

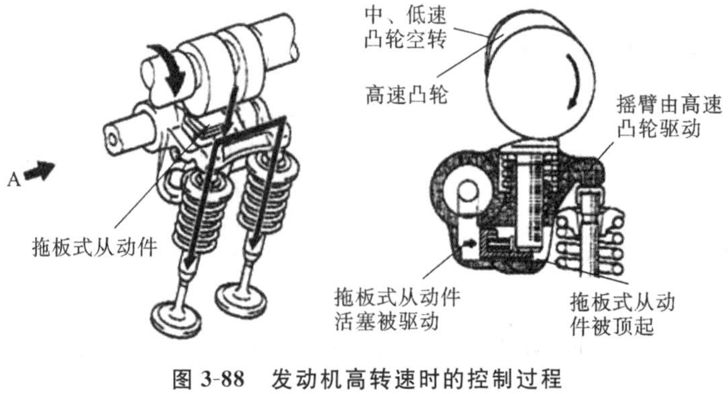

图 3-88　发动机高转速时的控制过程

（三）奥迪 AVS 可变气门升程系统简介

1. AVS 可变气门升程系统的组成

如图 3-89 所示，AVS 系统为每个进气门设计了两组不同角度的凸轮，进气凸轮轴上有花键，带有内花键的凸轮块装在凸轮轴上。

这些凸轮块可在轴向移动约 7 mm，其上有两个不同外形的凸轮，一个升程小，一个升程大。同时，在凸轮轴上安装有螺旋沟槽套筒。螺旋沟槽套筒由电磁驱动器加以控制，用以切换两组不同的凸轮，从而改变进气门的升程。

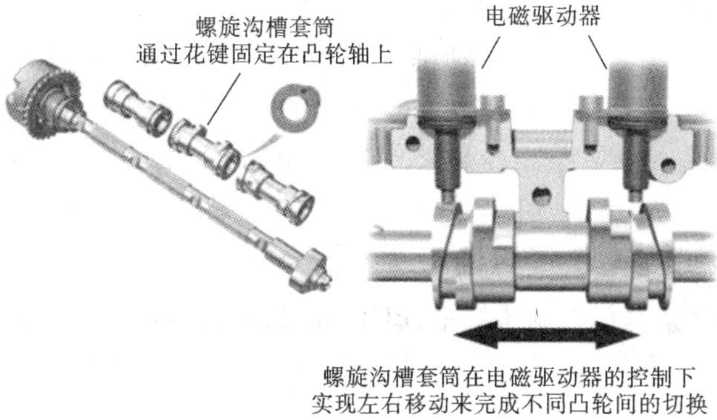

图 3-89 奥迪 AVS 可变气门升程系统凸轮轴的结构

2. AVS 可变气门升程系统的工作过程

凸轮块的纵向移动是通过两个金属销来实现的，两个电磁驱动器上的金属销垂直于凸轮轴布置在缸盖中，由电磁执行元件来控制。这两个金属销是插在凸轮块的凹槽内的。下沉的金属销伸到凸轮块端部的螺旋形滑槽内，在凸轮块转动过程中，螺旋形的槽曲线使得凸轮块纵向移动。在移动结束处，已断电的执行元件上的金属销被相应的槽底形状又推回到初始位置了。于是凸轮块就准确地定位于轴向轴承侧。

另一个金属销和另一侧的滑槽协同工作，可以使得凸轮块返回到原来的位置，如图 3-90 所示。

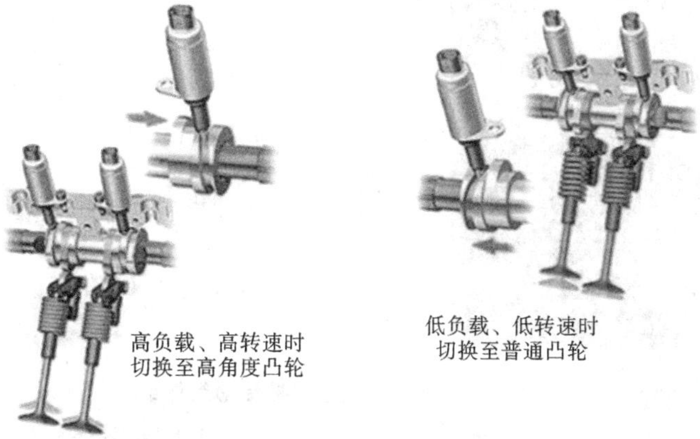

（a）　　（b）

图 3-90 奥迪 AVS 可变气门升程系统的工作过程

当发动机在高负载的情况下,AVS系统将凸轮向右推动7 mm,使角度较大的凸轮推动气门顶杆,如图3-90(a)所示。在此情况下,气门升程可达到11 mm,以提供燃烧室最佳的进气流量和进气速度,实现更加强劲的动力输出。

而在发动机低负载的情况,为了追求发动机节油性能,此时AVS系统则将凸轮推至左侧,以较小的凸轮推动气门顶杆,如图3-90(b)所示。

AVS系统中两个进气门无论是在普通凸轮还是高角度凸轮下的相位和升程是有差别的,也就是说两个进气门开启和关闭的时间以及升程并不相同。这种不对称的进气设计是为了让空气在流经两个进气门后,同时配合特殊造型的燃烧室和活塞头,可以令混合气在气缸内实现翻转和紊流,进一步优化混合气的状态。

奥迪AVS可变气门升程系统在发动机转速为700~4000 r/min之间工作,当发动机处于中间转速区域进行定速巡航时,AVS系统可以为车辆提供很好的节油效果。奥迪AVS可变气门升程系统可以在转速700~4000 r/min之间工作,在AVS系统的辅助下,气缸的进气流量控制程度较以往更为精准。

(四)宝马无级可变电子气门控制系统简介

在电控发动机电子节气门控制系统中,ECU通过油门踏板位置传感器和其他负荷信息确定节气门的开度,进而改变进入气缸内的空气量。由于节气门就是一个节流阀,发动机工作时会产生泵气损失,这会造成不小的能量损失,影响发动机效率。

而宝马无级可变电子气门控制(Valvetronic)系统通过在大气压力下进气并进行免节气门负荷控制,可显著降低换气损失,从而明显减少耗油量。

1. Valvetronic系统结构

Valvetronic系统机械传动组件结构如图3-91所示。宝马无级可变电子气门控制系统发展到现在已有三代产品。

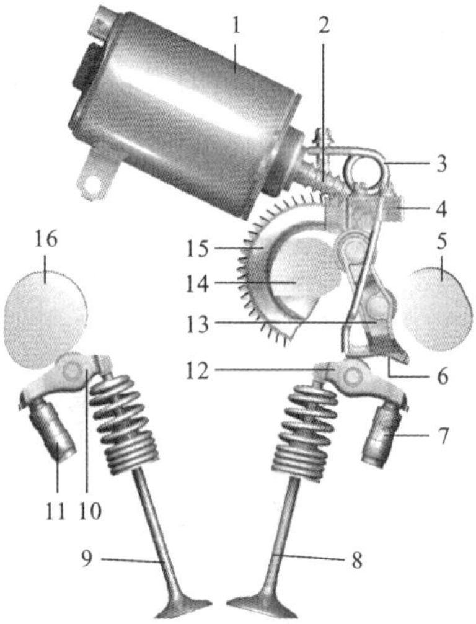

图3-91 Valvetronic系统机械传动组件结构

1—伺服电机;2—蜗杆;3—扭转弹簧;4—固定架;5—进气凸轮;
6—斜台;7—液压挺柱;8—进气门;9—排气门;10—气门压杆;11—液压挺柱;
12—气门压杆;13—中间推杆;14—偏心轴;15—涡轮;16—排气凸轮

2. 第一代 Valvetronic 系统(Valvetronic Ⅰ)

1) 气门升程控制单元

第一代 Valvetronic 系统负责控制气门升程,在第一代 Valvetronic 系统中由一个附加气门升程控制单元控制气门升程。气门升程控制单元的任务是控制伺服电机,以便根据发动机控制单元的指令调节偏心轴。为了获得理想的动态性能,需要很高的电流强度。因此,Valvetronic 系统要对负责执行车灯功能的控制单元进行适配,以免车内和车外照明装置亮度不稳定。

带有整流器的直流伺服电机负责调节偏心轴,通过改变电机转动方向和节拍控制时间可对偏心轴进行相应调节。进行最大调节时,伺服电机的电流可达到 40 A。

第一代 Valvetronic 系统的中间推杆装有用于偏心轴的滑动轴承,如图 3-92(a)所示。气门升程为 0.3 mm 至 9.7 mm。气门升程本身无法进行免节气负荷控制。为此,需要结合使用 VANOS,该装置可调节气门关闭时刻。

配置 Valvetronic 系统的发动机,在进气过程中节气门几乎一直完全开启,负荷控制通过进气门关闭时刻实现。虽然 Valvetronic 系统可以通过进气门和偏心轴传感器精确控制进气量,但发动机仍保留了节气门,目的是要完成以下任务:

(1) 燃油箱通风;

(2) 曲轴箱通风;

(3) 应急运行;

(4) 三元催化转化器加热。

为了确保燃油箱通风和曲轴箱通风正常,必须通过节气门调节至大约 50 Mbar 的进气管低压,进气管内有一个压力传感器可提供参考基准。

2) 偏心轴传感器

在第一代 Valvetronic 系统中装有偏心轴传感器,偏心轴传感器测量偏心轴转角,从而为调节功能提供实际参数。偏心轴传感器将偏心轴位置发送给气门升程控制单元或 DME。其测量角度范围为 180°。偏心轴传感器按磁阻效应原理工作,当附近磁场更改位置时,铁磁导体就会改变自身的电阻。为此,偏心轴上装有 1 个带有永久磁铁的磁轮,偏心轴旋转时,这些磁铁的磁力线就会穿过传感器内的导磁材料。由此产生的电阻变化通过发动机控制单元换算为气门升程。为了工作时的稳定可靠,在维修时必须用 1 个非磁性固定螺栓将磁轮固定在偏心轴上,否则传感器无法正常工作。

3) 调节电机

第一代 Valvetronic 系统的伺服电机采用的是普通直流电机并带有整流器,直流电机的作用是负责调节偏心轴,通过改变电机转动方向和节拍控制时间可对偏心轴进行相应调节。进行最大调节时,伺服电机的电流可达到 40 A。

3. 第二代 Valvetronic 系统(Valvetronic Ⅱ)

就负荷控制原理而言,Valvetronic Ⅱ与 Valvetronic Ⅰ相同。Valvetronic Ⅱ通过改变气门机构,对伺服电机和调整 VANOS 单元的调节范围进行了系统优化。

主要区别是:

(1) 中间推杆上用于偏心轴的滑动轴承被一个滚柱轴承替代,从而减小了气门机构内的摩擦,如图 3-92(b)所示;

(2) 中间推杆的导向更准确,仅需一个用于引导和支承中间推杆的弹簧;

(3) 气门机构的移动质量减少了13%;

(4) 改善了进气门的升程范围,最大升程增至9.90 mm,而更重要的是最小升程降至0.18 mm。

4. 第三代 Valvetronic 系统(Valvetronic Ⅲ)

第三代 Valvetronic 系统与第二代 Valvetronic 系统的不同点主要有以下几点:

(1) 伺服电机的安装位置第二代 Valvetronic 系统的不同,如图3-92(c)所示;

(2) 伺服电机是新型无刷三相直流电机,负责调节偏心轴,且在伺服电机内集成了偏心轴传感器;

(3) 偏心轴传感器为集成霍尔式。

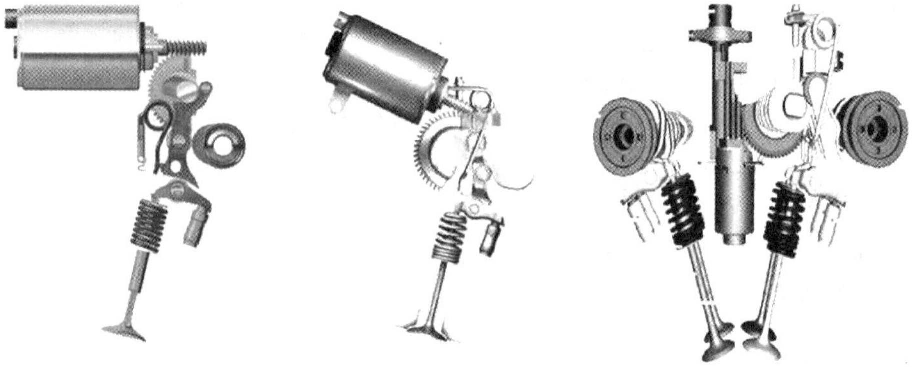

(a) (b) (c)

图3-92 三代 Valvetronic 系统机械传动组件结构

5. 发动机控制单元

发动机控制单元包含有控制气门升程的特性曲线,用于确定所需气门升程的主要信息是驾驶员通过加速踏板传递的负荷要求。系统根据输入数据确定气缸额定进气量,额定进气量换算为气门升程和正时时间范围。通过这些因素得到进气门的关闭时刻,实现最佳燃烧效果。所需的残余气体量只能通过排气凸轮轴控制装置(排气 VANOS)进行调节,因为进气管内没有产生回流的低压。发动机控制单元负责控制 VANOS。使用 Valvetronic 时,升程指令通过 CAN 总线接口发送至气门升程控制单元,使用 Valvetronic Ⅱ、Ⅲ时,通过发动机控制单元控制气门行程。

6. Valvetronic 的工作过程

伺服电机布置在凸轮轴上方,用于调节偏心轴。伺服电机的蜗杆嵌入安装在偏心轴上的蜗轮内。进行调节后无须特别锁止偏心轴,因为蜗杆传动机构具有足够的自锁能力。

当电机工作时,蜗轮蜗杆机构会首先驱动偏心轴发生旋转,偏心轴扭转可使固定架上的中间推杆朝进气凸轮轴方向移动。但由于中间推杆也靠在进气凸轮轴上,因此滚子式气门压杆相对中间推杆的位置会发生变化。中间推杆的斜台朝排气凸轮轴方向移动。凸轮轴旋转和凸轮向中间推杆移动使中间推杆上的斜台发挥作用,斜台推动滚子式气门压杆,从而使进气门继续向下移动,进气门因此继续开启。

中间推杆改变凸轮轴与滚子式气门压杆之间的传动比。在满负荷位置时,气门升程和持续开启时间达到最大值(9.9 mm);在怠速位置时,气门升程和持续开启时间达到最小值(0.18 mm),进气门的升程变化如图3-93所示。

由于怠速时的最小气门升程非常小,因此必须确保气缸充气均匀分布。所有气门的开启程度必须相同。因此滚子式气门压杆和相关中间推杆分为不同等级。通过标记出的参数可区分不同等级的部件。

(五) Multiair 电控液压进气系统简介

Multiair 电控液压进气系统由菲亚特汽车公司在 2009 年日内瓦车展上正式发布,装备有 Multiair 电控液压进气系统发动机如图 3-94 所示。

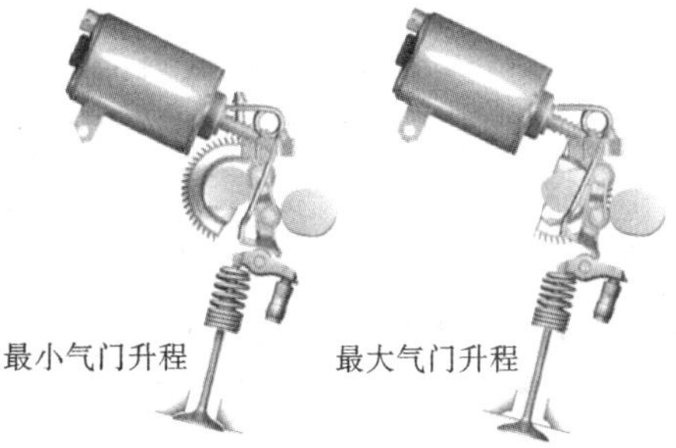

图 3-93 进气门的升程变化

图 3-94 装备有 Multiair 电控液压进气系统发动机

1. 研发背景

传统的节气门发动机会产生泵气损失,会造成不小的能量损失,影响发动机效率。

1) 泵气损失

由传统节气门发动机的原理我们知道,在传统发动机上,无论是拉线油门还是电子油门,其控制的都是节气门开度。在传统发动机上,进气流程都是空气首先经过空气滤清器,然后再通过空气节流阀(节气门)进入进气管,最后通过打开的气门进入燃烧室。当发动机在低负荷运转或者怠速的时候,节气门开度较小,甚至接近闭合的程度,但此时的活塞和气门并不会停止运转。这种情况下,当活塞动作往下拉,则会从接近关闭的进气管吸入空气,这时节气门和活塞之间的区域便会形成真空,此时节气门内外的压强差就会对活塞的动作形成很大的抵抗力,大大消耗能量。在怠速的时候,节气门接近闭合,此时造成的能量损失也是很大的。这就是常说的泵气损失。

2) 进气迟滞

节气门的这种特质(泵气损失),还会造成另一个问题。因为节气门的隔断,进气歧管内会由于活塞的惯性而产生负压,造成节气门内外气压的不平衡。当节气门打开时,通过节气门的空气就不能迅速地进入气缸内,而是有一个反应过程,这个过程直接体现为驾驶感受,就是踩下油门踏板以后,动力响应的迟滞。为解决这个缺陷,最有效的方法就是加大进气歧管内的气压,让节气门内外的压强差尽量小。对于一些主打性能的发动机,设计师会尽可能地将节气门设计在离气门较近的位置,从而降低节气门内外的气压差,进而提升发动机的响应速度。由于进气的迟滞,发动机的喷油和配气都很难做到精确控制,因此发动机的经济性和效率都会受到影响。

2. Multiair 电控液压进气系统的特点与优点

1) 取消了进气凸轮轴和节气门

当取消了进气凸轮轴和节气门后,进入气缸的空气量由气门直接开启来控制,这个变化带

图 3-95　Multiair 电控液压进气系统的特点

来的优势显而易见:取消了进气凸轮轴,可以精简缸盖结构并减轻发动机自重。如图 3-95 所示。

2) 电磁控制系统的高速响应性

电磁控制系统的高速响应也是传统结构所不能比拟的。因为这个特点,Multiair 电控液压进气系统才能实现在一个冲程内多次开闭进气门的多重升程技术,从而使极低负荷下,发动机同样可以拥有较高的燃烧效率。

3) 降低了泵气损失,并提高了发动机的响应速度

取消了节气门之后,由于没有了进气迟滞的影响,配气和喷油精确性也会得到相应提升。而由于 Multiair 的进气歧管前少了节气门这么个拦路虎,气门和外界空气之间只剩下空气滤清器这个阻力,不仅没有了泵气损失效应,进气阻力大大降低,而且由于进气歧管内与外界基本不存在压强差,气门上方可以维持恒定的气压,空气进入燃烧室的速度就不会受到影响,发动机的响应速度也就得到了大幅的提升。对于涡轮增压发动机而言,这个特性更能提升涡轮发动机的动力响应性。

4) 轻量化和小型化

由于 Multiair 技术取消了节气门,并且只使用一根凸轮轴(针对直列发动机而言),在发动机轻量化和小型化方面比传统顶置双凸轮轴发动机更有优势,双缸发动机总质量减轻了 20%,并节省出约 25%的发动机舱空间。

5) 发动机的各项性能指标的提升

(1) 发动机最大功率和最大扭矩将会得到 10%和 15%的提升。

(2) 油耗则会降低 10%,悬浮颗粒和氮氧化物排放则可以减少 40%和 60%。

6) Multiair 与废气涡轮的搭配可进一步提高发动机功率

由于进气歧管前少了节气门的阻隔,因此可以最大限度地发挥涡轮增压的效果。菲亚特最新的 1.4 T Multiair Turbo 发动机,最大功率达到了 125 kW,最大扭矩则达到了 250 N·m。未来如果在 Multiair 的基础上增加缸内直喷技术,发动机性能和效率还将提升到一个更高的层次。

3. Multiair 电控液压进气系统的结构

Multiair 最大的特点就是开创性地使用电控液压控制系统驱动气门正时和升程。如图 3-96所示,它通过一套由凸轮轴驱动的电磁液压阀,实现了进气门的升程和正时的无级可调,虽然依旧是每缸 4 气门的结构,但是却取消了进气门一侧的凸轮轴,只保留了排气门一侧的凸轮轴来驱动进、排气门。

从图 3-96 可看出,Multiair 系统的结构确实非常简单,气门上方设计有一个液压腔,液压腔一端与电磁阀相连,电磁阀则通过 ECU 信号,根据工况的不同适时调节流向液压腔内的油量。由凸轮轴驱动的活塞通过推动液压腔内的油液,控制气门的开启。

从图 3-97 所示的 Multiair 简化结构图能更清晰地看出系统整个工作过程。在实际结构中,凸轮轴和活塞其实被设计在排气门一侧凸轮轴上,凸轮通过摇臂推动活塞,而活塞通过液压腔的密封油液打开进气门,如图 3-98 所示。

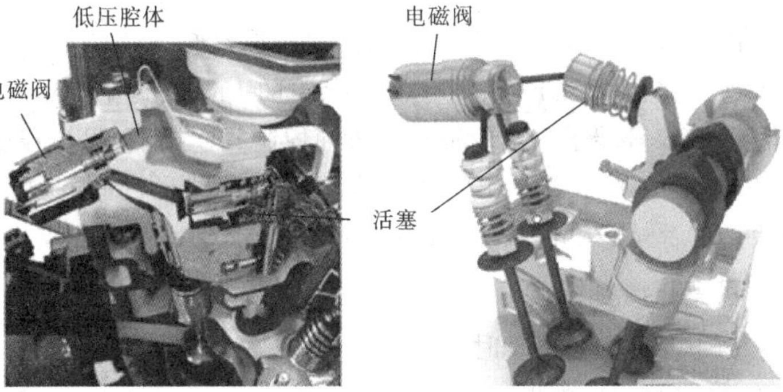

图 3-96　排气门由凸轮轴直接推动，而进气门则通过一组电磁液压系统进行精确控制

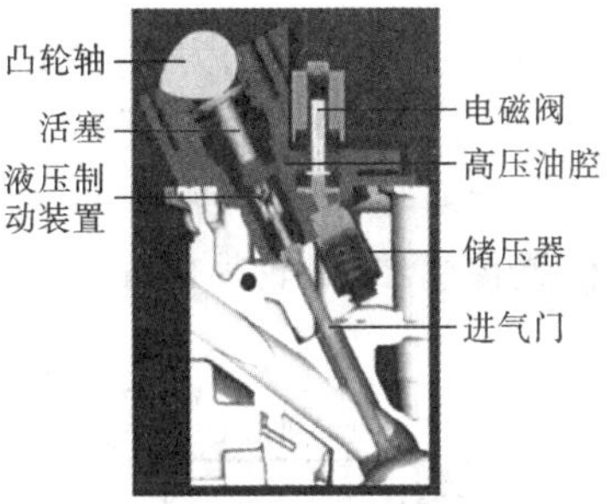

图 3-97　Multiair 简化结构图

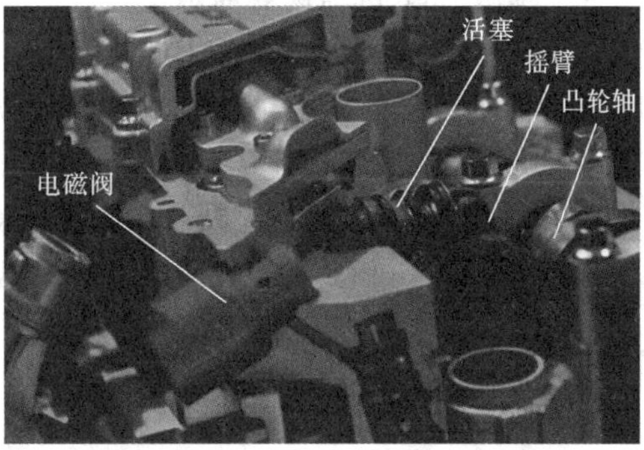

图 3-98　Multiair 的实际结构

4. Multiair 技术的工作原理

当工作开始时，电磁阀通过 ECU 信号向液压腔内供给适量的油液，然后电磁阀关闭。这时，液压腔内的油的体积恒定，与液压腔相连的活塞就可以将排气凸轮轴施加的压力传递到进气门，从而完成气门的开启。气门的开度大小则取决于流向液压腔内油量的多少。

当电磁阀开启时，液压腔内的油液就会从高压油腔进入低压油腔。气门则不再跟随排气凸轮轴运动，而是在气门弹簧的作用下完成关闭。阀门关闭的最后一步，则由专用的液压制动装置控制，从而使得气门的每次闭合过程都能做到舒缓而规律。

为了让发动机达到更高的效率，气门升程可以根据发动机的进气需求和不同转速进行适时调整。主要有下列几种不同的进气策略：气门全开、进气门早关、进气门晚开和同一冲程内多次开启气门的多重升程模式等。

四、丰田 VVT-i 可变正时系统检测与故障排除

1. VVT-i 可变正时系统零件检测与故障排除

1）检查凸轮轴正时机油控制阀线圈电阻及工作状况

断开蓄电池负极和凸轮轴正时机油控制阀连接器 C2，测量端子之间的电阻，20 ℃时阻值应为 6.9 Ω～7.9 Ω。如不符合技术标准，应更换凸轮轴正时机油控制阀。启动发动机，脱开凸轮轴正时机油控制阀连接器 C2，并检查发动机转速，发动机转速应正常。将蓄电池电压施加在凸轮轴正时机油控制阀端子间，并检查发动机转速，若发动机怠速不稳或失常，则首先检查凸轮轴正时齿轮，必要时更换凸轮轴正时齿轮；如凸轮轴正时齿轮工作正常，则更换凸轮轴正时机油

控制阀。

2）检查发动机 ECU 与凸轮轴正时机油控制阀间的配线和连接器

检测发动机 ECU 连接器 E9 24 号端子与 21 号端子间的电阻，应为 1 MΩ 或者更大。检测发动机 ECU 连接器 E9 23 号端子与凸轮轴正时机油控制阀连接器 C2 2 号端子间的电阻，应为 1 Ω 或更小。检测发动机 ECU 连接器 E9 23 号端子与 21 号端子之间的电阻，应为 1 MΩ 或者更大。若正常，则检查是否是间歇性故障；若不正常，则修理或者更换配线和连接器。

2. 检查 VVT-i 可变正时系统

当 VVT-i 可变正时系统发生故障时，会产生 3 个有关的故障码：P1346、P1349 和 P1656。产生这 3 个故障码的原因及故障处理如下。

1）故障码 P1346

产生故障码 P1346 的原因有曲轴位置传感器故障、凸轮轴位置传感器故障、机械系统（正时皮带跳齿、齿带过长）故障、发动机 ECU 故障。

（1）检查曲轴位置传感器、凸轮轴位置传感器端子间的电阻，冷态时分别为 1630 Ω～2740 Ω、835 Ω～1400 Ω，热态时分别为 2065 Ω～3225 Ω、1060 Ω～1645 Ω。若正常，则进行下一步检查；若不正常，则更换曲轴位置传感器、凸轮轴位置传感器。

（2）检查如图 3-99 所示的电路中发动机 ECU 与曲轴位置传感器、凸轮轴位置传感器间的配线和连接器。

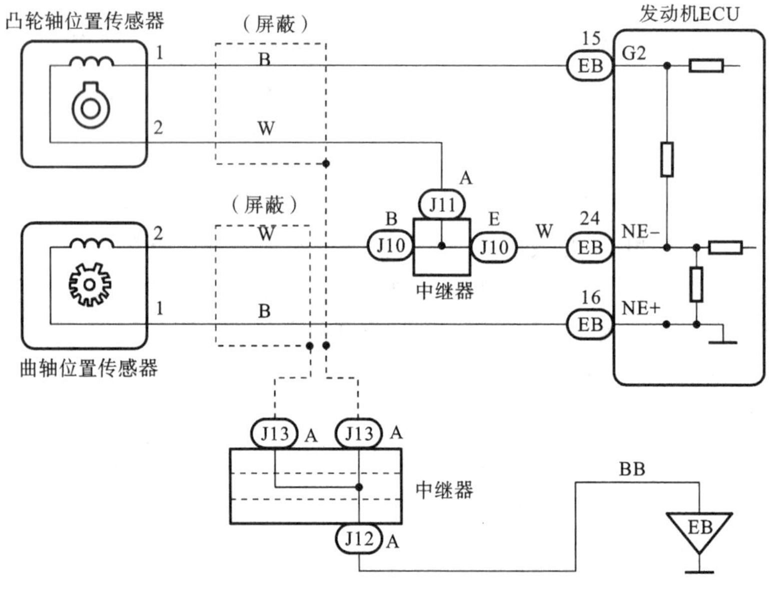

图 3-99　故障码为 P1346 的检查电路

脱开曲轴位置传感器连接器 C3，脱开发动机 ECU 连接器 E8，检测曲轴位置传感器连接器 C3 1 号端子与发动机 ECU 连接器 E8 16 号端子（NE＋）、曲轴位置传感器连接器 C3 2 号端子与发动机 ECU 连接器 E8 24 号端子（NE－）间的导通性，正常情况下应导通；若不正常，则修理或更换配线和连接器。检测发动机 ECU 连接器 E8 16 号端子与 17 号端子间、24 号端子与 17 号端子间的电阻（是否短路），正常阻值应为 1 MΩ 或大于 1 MΩ。

脱开凸轮轴位置传感器连接器 C1，脱开发动机 ECU 连接器 E8，检测凸轮轴位置传感器连接器 C1 1 号端子（G＋）与发动机 ECU 连接器 E8 15 号端子（G2）间的导通性及凸轮轴位置传感器连接器 C1 2 号端子与发动机 ECU 连接器 E8 24 号端子（NE－）间的导通性，正常情况下应导通。检测发动机 ECU 连接器 E8 17 号端子(E1)与凸轮轴位置传感器连接器 C1 1 号端子间的电阻(是否短路),正常阻值应为 1 MΩ 或大于 1 MΩ。检测发动机 ECU 连接器 E8 24 号端子与 17 号端子间的电阻(是否短路),正常阻值应为 1 MΩ 或大于 1 MΩ。

(3) 检查曲轴位置传感器、凸轮轴位置传感器的安装情况,若不正常,则紧固曲轴位置传感器、凸轮轴位置传感器。检查曲轴位置传感器信号齿盘,若不正常,则修理或更换曲轴位置传感器信号齿盘。

(4) 在完成上述步骤后,检查气门正时。若正常,则检查并更换发动机 ECU;气门正时若不正常,则调整气门正时。

2) 故障码 P1349

产生故障码 P1349 的原因有气门正时不正常、凸轮轴正时机油控制阀有故障、VVT-i 控制器总成有故障、发动机 ECU 有故障。

(1) 检查气门正时。若不正常,则调整气门正时。

(2) 检查凸轮轴正时机油控制阀线圈电阻及工作状况,步骤如前所述。

(3) 检查发动机 ECU。将点火开关转至 ON 位置,用示波器检测图 3-100 所示电路中的发动机 ECU 连接器 E9 24 号端子(OCV+)与 23 号端子(OCV-)间的波形。若不正常,则检查并更换发动机 ECU。

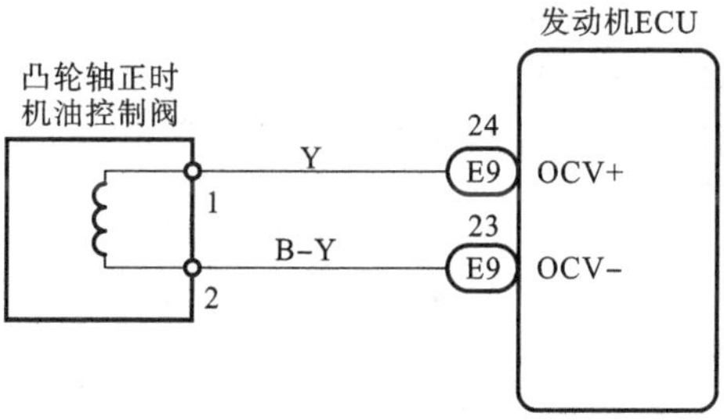

图 3-100 故障码为 P1349 或 P1656 时,检测发动机 ECU 的电路

3) 故障码 P1656

产生故障码 P1656 的原因有凸轮轴正时机油控制阀电路断路或短路、发动机 ECU 有故障。

(1) 将点火开关转至 ON 位置,用示波器检测图 3-100 所示电路中的发动机 ECU 连接器 E9 24 号端子(OCV+)与 23 号端子(OCV-)间的波形。若不正常,则检查并更换发动机 ECU。

(2) 检查凸轮轴正时机油控制阀线圈电阻。断开蓄电池负极和凸轮轴正时机油控制阀连接器 C2,测量端子之间的电阻,20 ℃时正常阻值为 6.9 Ω~7.9 Ω。如不符合技术标准,应更换凸轮轴正时机油控制阀。

(3) 检查图 3-100 所示电路中发动机 ECU 与凸轮轴正时机油控制阀间的配线和连接器。检测发动机 ECU 连接器 E9 24 号端子与凸轮轴正时机油控制阀连接器 C2 1 号端子间的电阻,正常阻值应为 1 Ω 或更小。检测发动机 ECU 连接器 E9 24 号端子与 21 号端子间的电阻,正常阻值应为 1 MΩ 或更大。检测发动机 ECU 连接器 E9 23 号端子与凸轮轴正时机油控制阀连接器 C2 2 号端子间的电阻,正常阻值应为 1 Ω 或更小。检测发动机 ECU 连接器 E9 23 号端子与 21 号端子间的电阻,正常阻值应为 1 MΩ 或更大。若正常,则检查是否是间歇性故障;若不正常,则修理或更换配线和连接器。

学习评价

◆检验您对电控汽油机空气供给系统、怠速控制系统相关知识的了解程度

下列问题中哪些答案是正确的？在答案中至少有一项是正确的。

1. 对于质量流量方式的电子控制燃油喷射系统，计量空气流量的传感器是(　　)。

A. 空气流量传感器

B. 进气歧管绝对压力传感器

C. 进气发动机转速传感器

D. 节气门位置传感器

2. 动力腔(或谐振腔、稳压箱)的主要作用是(　　)。

A. 为需要采集绝对压力(真空度)的传感器、执行器等提供稳定的采样点

B. 利用进气行程在进气管内产生的惯性效应提高充气效率、增大转矩

C. 利用进气行程在进气管内产生的波动效应提高充气效率、增大转矩

3. 发动机电控单元 ECU 判断发动机是否处于怠速状态的依据是(　　)。

A. 车速低于 2 km/h，怠速触点闭合

B. 车速低于 2 km/h，怠速触点断开

C. 车速高于 2 km/h，怠速触点闭合

4. 怠速控制系统的控制模式有多种，发动机在(　　)下进行开环控制。

A. 启动工况

B. 暖机工况

C. 减速工况

D. 热机怠速工况

5. 怠速闭环控制的条件是(　　)。

A. 车速低于 2 km/h，怠速触点闭合且在暖机工况时

B. 车速低于 2 km/h，怠速触点闭合且待暖机工况结束时

C. 车速高于 2 km/h，怠速触点闭合且在减速工况时

6. 对电控发动机的空气供给系统主要作用描述不正确的是(　　)。

A. 不断地将测得的发动机转速与设定的目标转速相比较

B. 根据比较结果，控制怠速执行器工作，增大或减少进气量

C. 根据进气量控制供油量及点火参数

D. 根据发动机的负荷确定目标转速

7. 不属于怠速性能评定内容的是(　　)。

A. 怠速排放

B. 怠速稳定性

C. 怠速动力性

D. 怠速油耗

8. 造成怠速不稳、易熄火的故障原因有多项，与本项目学习内容有关的故障原因是(　　)。

A. 进气系统有漏气处

B. 燃油压力太低

C. 怠速控制阀或旁通空气阀工作不良

D. 空气流量计有故障

E. 火花塞工作不良

自我评价______分　　小组评价______分　　教师评价______分

◆检验您对电控汽油机进气歧管气道控制技术相关知识的了解程度

下列问题中哪些答案是正确的？在答案中至少有一项是正确的。

1. 对于进气管相关知识表述正确的是(　　)。

A. 长度和截面面积固定的进气管，只能在一定的转速范围内有较好的充气效果

B. 在低转速工作时，较细长的进气管充气效果较好

C. 在高转速工作时，短而粗的进气管充气效果较好

D. 如果进气管长度或截面面积可变，发动机在较大的转速范围内都有较好的充气效果

2. 奥迪 V6 发动机可变进气控制系统可实现(　　)。

A. 进气管长度变换

B. 进气管截面面积变换

C. 进气管长度无极变换

D. 主、副通道变换

3. 有两个不同截面面积进气管的可变进气控制系统可实现(　　)。

A. 进气管长度变换

B. 进气管截面面积变换

C. 进气管长度无极变换

D. 主、副通道变换

4. 在进气歧管涡旋控制系统中，进气管内安装一个涡旋控制板，PCM 控制 IMSC 电磁阀驱动涡旋控制板关闭或打开，使发动机扭矩提高，并且使燃油经济性和排放性能都得到改善，PCM 的控制过程是(　　)。

A. 在发动机高速或大负荷时使 IMSC 涡旋控制板关闭

B. 在发动机低速或小负荷时使 IMSC 涡旋控制板关闭

C. 在发动机低速或小负荷时使 IMSC 涡旋控制板打开

D. 在发动机高速或大负荷时使 IMSC 涡旋控制板打开

自我评价______分　　小组评价______分　　教师评价______分

◆检验您对电控汽油机废气涡轮增压技术相关知识的了解程度

下列问题中哪些答案是正确的？在答案中至少有一项是正确的。

1. 对于进气增压技术相关知识表述正确的是(　　)。

A. 所谓增压是将进入气缸前的新鲜空气预先进行压缩，然后再以高密度送入气缸

B. 增压的主要作用是提高发动机进气量，从而提高发动机的功率和扭矩

C. 进气压力越大越好，因为能够产生更大的功率

D. 根据增压装置使用的动力源不同，增压装置可分为废气涡轮增压系统和动力增压系统两种类型

E. 增压技术改写了“排量大小决定功率”的传统观念

2. 对于废气涡轮增压系统相关知识表述正确的是(　　)。

A. 废气涡轮增压主要是利用发动机排出的废气的能量驱动增压装置工作

B. 废气涡轮增压在没有浪费发动机动力的同时提高发动机的功率和扭矩

C. 废气涡轮增压器内的动力涡轮和增压涡轮安装在同一根轴上

D. 废气涡轮增压没有利用发动机的动力驱动增压装置工作,所以不易产生爆震

3. 对于增压压力调节单元相关知识表述正确的是(　　)。

A. 增压压力调节单元是由增压压力控制电磁阀、膜片执行器和废气旁通阀等部件组成的

B. ECU 通过通电电压的占空比来控制增压压力控制电磁阀动作

C. 膜片执行器的工作原理是,当阀门打开时,增压压力上升;当阀门关闭时,增压压力下降

D. 电磁阀直接控制废气旁通阀动作

4. 废气涡轮增压系统中中冷器的作用是(　　)。

A. 降低被压缩的进气温度

B. 消除发动机爆燃

C. 冷却涡轮增压器

5. 对于涡轮增压器(喘振)泄压阀相关知识表述正确的是(　　)。

A. 涡轮增压器泄压阀按工作原理不同可分为机械控制式和电磁控制式两种类型

B. 机械控制式泄压阀是一个机械控制装置,它通过压力差控制,工作原理与燃油压力调节器相似

C. 泄压阀的作用是消除节气门突然关闭时,在节气门和涡轮增压器叶轮之间产生的背压

D. 泄压阀的作用是减小废气对动力涡轮的冲击力,降低增压压力

E. 泄压阀的作用是使增压系统中的压缩空气通道与未压缩空气通道导通或关闭

6. 对于增压压力传感器相关知识表述正确的是(　　)。

A. 增压压力传感器大多安装在中冷器出口处

B. 增压压力传感器检测到的是增压并冷却后的进气压力信号

C. 增压压力传感器的作用是将检测到的增压并冷却后的进气压力信号传送至 ECU,ECU 计算出占空比电压,控制增压压力控制电磁阀动作

D. 增压压力传感器的作用是将检测到的增压并冷却后的进气压力信号传送至 ECU,ECU 确定当时的实际进气增压压力,然后将实际进气压力与理论压力值进行比较,进行闭环控制

7. 双涡流单涡轮增压器的主要技术特点是(　　)。

A. 涡轮增压器的结构上基本上与普通的涡轮增压器相同,不同的是发动机的排气歧管分为两个导管

B. 根据两个导管排气时间上的不同,前后依次将废气送入涡轮增压器

C. 双涡流单涡轮增压技术通过设计和控制策略的改变,大大削弱了各缸间的干扰,使进气更为充分

D. 双涡流单涡轮增压技术通过设计和控制策略的改变,涡轮在极低的转速内就能产生极佳的增压效果,有效地改善了低速时的迟滞性

E. 双涡流单涡轮增压技术通过设计和控制策略的改变,使得发动机峰值扭矩的爆发更早,燃油经济性更佳

8. 对于双涡轮增压技术相关知识表述正确的是(　　)。

A. 在并联式双涡轮增压系统中,一台发动机上采用两个同规格的涡轮增压器,每组涡轮负责发动机半数气缸的工作

B. 并联式双涡轮增压系统在发动机低转速的时候,较少的排气即可驱动涡轮高速旋转以

产生足够的进气压力，减小涡轮迟滞效应

C. 在串联式双涡轮增压系统中涡轮通常是一大一小两组涡轮串联搭配而成

D. 串联式双涡轮增压系统在低转速时推动反应较快的小涡轮，使低转速时扭矩满足要求

E. 串联式双涡轮增压系统在高转速时大涡轮介入，提供充足的进气量，功率输出得以提高

9. 对于可调叶片式涡轮增压器相关知识表述正确的是(　　)。

A. 可调叶片式涡轮增压器采用可调式叶片代替旁通支路，取消了旁通支路上的增压压力调节单元

B. 可调式叶片由真空膜片室控制，控制作用在涡轮上的气流量

C. 由于废气流量由可调式叶片控制，在发动机转速较低时也可保证大功率输出

D. 作用于涡轮上较低的排气背压可降低发动机高转速时的油耗

E. 由于充气压力达到最佳状态从而在整个转速范围内提高了燃烧效率

自我评价______分　　小组评价______分　　教师评价______分

◆检验您对可变气门正时及可变气门升程控制系统相关知识的了解程度

下列问题中哪些答案是正确的？在答案中至少有一项是正确的。

1. 在发动机的实际工作中，为了增大进气量，进气门需要(　　)。

A. 提前开启、延迟关闭

B. 提前开启、提前关闭

C. 延迟开启、提前关闭

D. 延迟开启、延迟关闭

2. 在发动机的实际工作中，为了使燃烧过后的废气排得更干净，排气门需要(　　)。

A. 提前开启、延迟关闭

B. 提前开启、提前关闭

C. 延迟开启、提前关闭

D. 延迟开启、延迟关闭

3. 发动机在低转速工况下，过大的气门重叠角会使得(　　)。

A. 缸内气流紊乱，吸气量下降

B. 怠速不稳

C. 低速运转动力不足

D. 废气排放增加

4. 当发动机处于怠速、小负荷以及启动、暖机工况时，VVT 控制单元将进气门配气相位延迟，减小进气提前角；同时，将排气门配气相位提前，减小排气延迟角的目的是(　　)。

A. 防止废气进入进气通道，以稳定燃烧过程，提高怠速运转的稳定性和燃油经济性，并降低排放污染

B. 降低排放污染，并减小排气行程后期和进气行程早期的泵气损失

C. 充分利用燃烧气体的压力做功，提高燃油经济性

D. 减小排气行程后期的泵气损失，提高发动机的输出功率

5. 当发动机处于中小负荷工况时，VVT 控制单元将增大进气提前角和排气延迟角，以增大气门重叠角的目的是(　　)。

A. 防止废气进入进气通道，以稳定燃烧过程，提高怠速运转的稳定性和燃油经济性，并降低排放污染

B. 降低排放污染,并减小排气行程后期和进气行程早期的泵气损失

C. 充分利用燃烧气体的压力做功,提高燃油经济性

D. 减小排气行程后期的泵气损失,提高发动机的输出功率

6. 当发动机处于中低转速、大负荷工况时,VVT 控制单元保持适当的进气延迟角的同时减小排气提前角的目的是(　　)。

A. 防止废气进入进气通道,以稳定燃烧过程,提高怠速运转的稳定性和燃油经济性,并降低排放污染

B. 降低排放污染,并减小排气行程后期和进气行程早期的泵气损失

C. 充分利用燃烧气体的压力做功,提高燃油经济性

D. 减小排气行程后期的泵气损失,提高发动机的输出功率

7. 当发动机处于高速、大负荷工况时,VVT 控制单元将尽量增大进气延迟角的目的是(　　)。

A. 防止废气进入进气通道,以稳定燃烧过程,提高怠速运转的稳定性和燃油经济性,并降低排放污染

B. 降低排放污染,并减小排气行程后期和进气行程早期的泵气损失

C. 充分利用燃烧气体的压力做功,提高燃油经济性

D. 减小排气行程后期的泵气损失,提高发动机的输出功率

8. 对于叶片调节器相关知识表述正确的是(　　)。

A. 叶片调节器由带外转子的外壳、内转子和机油通道等部分组成

B. 叶片调节器由带外壳外转子直接与正时链条连接,内转子直接与凸轮轴连接

C. 叶片调节器的带外壳外转子和内转子都设有机油通道,用于保证叶片调节器正常工作

D. 叶片调节器被直接安装在进气凸轮轴或排气凸轮轴上,根据发动机控制单元的信号调节进气凸轮轴

9. 凸轮轴是在(　　)的操作模式下被调节的。

A. 扭矩

B. 怠速

C. 废气再循环

D. 功率输出

10. 大众车系出现可变正时调节功能失效故障,且发动机仍能继续运转并在熄火后仍能重新启动的可能故障原因是(　　)。

A. 两个霍尔传感器同时故障

B. 一个霍尔传感器故障

C. 发动机转速传感器故障

D. 凸轮轴正时调节阀故障

E. 空气流量传感器故障

11. 凸轮轴是如何被调节的,并且调节的角度是多少?(　　)

A. 进气凸轮轴只能被设置在两个位置上,最大调节范围为曲轴转角的 22°

B. 进气凸轮轴可以被设置在调节范围的任何位置上,最大调节范围为曲轴转角的 52°

C. 排气凸轮轴可以被设置在调节范围的任何位置上,最大调节范围为曲轴转角的 52°

D. 排气凸轮轴只能被设置在两个位置上,最大调节范围为曲轴转角的 22°

12. 可变气门升程技术有阶段式和连续式两种形式,属于阶段式气门升程调节技术的是

（　　）。

A. 本田汽车公司的可变气门正时和升程电子控制（VTEC）

B. 丰田汽车公司的智能可变气门正时及升程控制(VVTL-i)

C. 奥迪可变气门升程控制(AVS)

D. 宝马无级可变电子气门控制(Valvetronic)

13. 对于宝马 Valvetronic Ⅱ相关知识表述正确的是(　　)。

A. 进气门升程的调整范围是 9.90 mm～0.18 mm。

B. 进气门升程的调整范围是 9.70 mm～0.3 mm。

C. 偏心轴传感器为集成霍尔式

D. 偏心轴传感器为电磁式

E. 在进气过程中节气门几乎一直完全开启,负荷控制通过进气门关闭时刻实现

自我评价______分　　小组评价______分　　教师评价______分

项目 4
汽油机燃油供给系统电控技术与检修

4

知识目标

（1）能够复述电控汽油机燃油供给系统的组成和功用。

（2）能够讨论电控汽油机燃油供给系统的控制内容和控制过程。

（3）能够掌握识读和分析燃油泵控制电路的方法。

（4）能够解释系统中相关传感器或执行器出现故障时对控制系统的影响。

（5）能够初步建立电控汽油机燃油供给系统典型综合故障的诊断思路。

技能目标

（1）能够参照维修手册，按正确的步骤与方法在车完成对燃油供给系统中相关传感器、执行器的检测。

（2）能够识读和分析电控汽油机燃油供给系统燃油泵控制电路图。

（3）能够按正确的步骤与方法完成燃油供给系统的卸压。

（4）能够按正确的步骤与方法完成油轨及喷油器的拆装。

（5）能够完成喷油器电气特性和机械特性检测。

（6）能够初步完成电控汽油机燃油供给系统典型综合故障的诊断与排除。

任务 1　电控汽油机燃油喷射系统认知

电控汽油机燃油喷射系统(EFI)控制的核心问题是根据准确计量进入气缸的空气量对燃油定量的电子控制,实际上就是对空燃比(A/F)的电子控制。因为对于以均质可燃混合气为工质的汽油机来说,其功率的调节依靠节气门改变吸入的空气量来实现,而燃油供给系统的基本任务就是控制供给的汽油量,使之能与发动机吸入的空气量相适应,以形成空燃比适当的可燃混合气。

电控汽油机燃油喷射系统是随着机械式控制系统、机电结合式控制系统和电子控制技术的发展而逐步发展形成的。为了便于全面了解电控汽油机燃油供给系统的总体情况,有必要向读者介绍发动机燃油供给系统的分类情况。

1. 按喷油器与气缸的数量关系分类

1) 单点燃油喷射系统

单点燃油喷射系统是在节气门体上安装一个或两个喷油器,向进气歧管中喷射燃油从而形成可燃混合气,如图4-1所示。这种喷射系统因喷油器安装在节气门体上集中进行燃油喷射,所以又称为节气门体燃油喷射系统或集中燃油喷射系统。该喷射系统用节气门的开启角度和发动机转速来控制空燃比,省去了空气流量传感器,结构和控制方式更加简单,又兼顾了发动机性能和成本,对发动机结构的影响也较小。但这种节气门体燃油喷射系统对混合气的控制精度比较低,各个气缸混合气的均匀性也比较差。

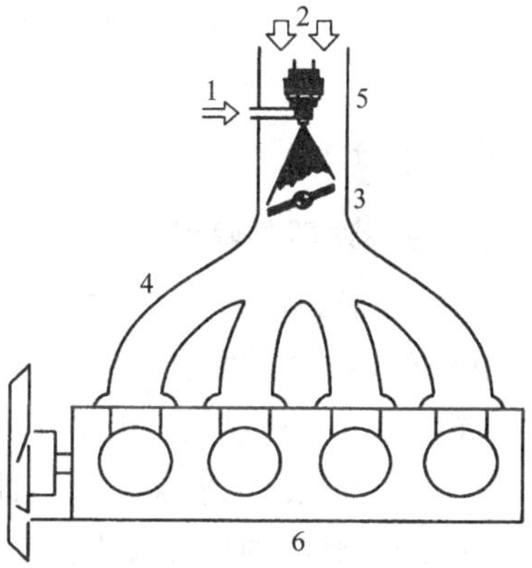

图 4-1　单点燃油喷射

1—汽油;2—空气;3—节气门;4—进气歧管;5—喷油器;6—发动机

2) 多点燃油喷射系统

多点燃油喷射系统根据喷油器的安装位置又可分为进气道喷射和缸内直接喷射两种。

(1) 进气道喷射。

进气道喷射是指在每一个气缸的进气门前安装一个喷油器,如图4-2所示。喷油器喷射出燃油后,在进气门附近与空气混合形成可燃混合气,这种喷射系统能较好地保证各缸混合气总量和浓度的均匀性。目前,大多数车型如桑塔纳、本田雅阁、捷达等都采用这种多点燃油喷射系统。

(2) 缸内直接喷射。

缸内直接喷射是指将高压燃油直接喷射到气缸内,如图4-3所示。这种喷射技术使用特殊的喷油器,燃油喷雾效果更好,并可在缸内产生浓度渐变的分层混合气(从火花塞往外逐渐变稀)。因此可以用超稀的混合气,工作油耗和排放也远远低于普通汽油发动机。此外,这种喷射方式使混合气体积和温度降低,爆燃的倾向减少,发动机的压缩比可比进气道喷射时大大提高。目前在世界主流车系中已经大量使用。

与单点燃油喷射系统相比较,多点燃油喷射系统对混合气的控制更为有效,主要因为这种控制系统是在每个气缸口或每个气缸内均安装一个喷油器,保证了发动机每个气缸内混合气浓度的均匀性。同时,这种系统是将燃油喷射在进气门处或直接喷到气缸内,燃油和空气混合得更充分,而且无须预热进气歧管来帮助燃油雾化,反之,可以冷却进气来提高进气量,增大功率,节气门响应更快。燃油与空气混合进入气缸燃烧后，氧传感器将排气中氧含量的检测结果输送给发动机电控单元(ECU)，发动机电控单元能及时进行混合气浓度的反馈修正。此外，将燃油喷射在进气门附近或气缸内，避免了进气管的形状和表面质量对混合气的影响。

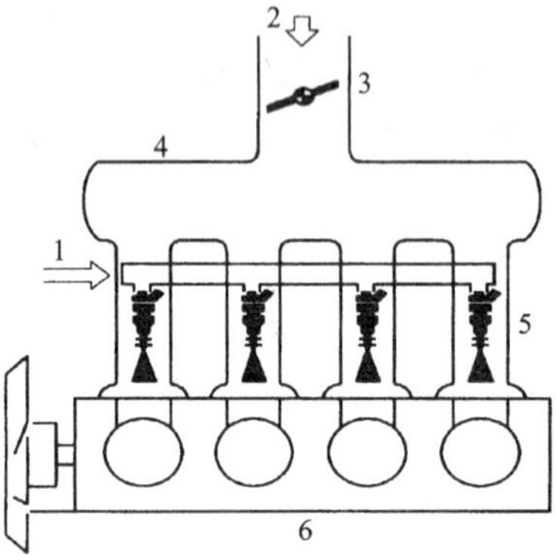

图 4-2　多点进气道燃油喷射

1—汽油；2—空气；3—节气门；
4—进气歧管；5—喷油器；6—发动机

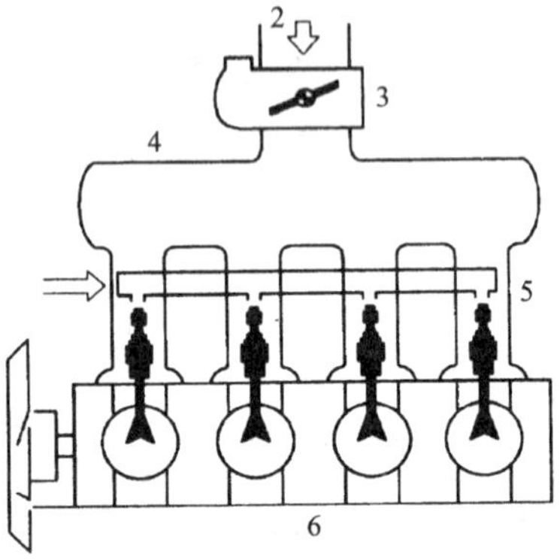

图 4-3　多点缸内直接喷射

1—汽油；2—空气；3—节气门；
4—进气歧管；5—喷油器；6—发动机

2. 按喷油器的喷射方式分类

按喷油器的喷射方式不同，电控燃油喷射系统可以分为以下两类。

1）连续性燃油喷射系统

连续性燃油喷射系统大多应用于机械式或机电混合式的燃油喷射系统中，这种燃油喷射系统是在每个气缸口均安装一个喷油器，只要系统给它提供一定的压力，喷油器就会持续不断地喷射出燃油，其喷油量的大小不是取决于喷油器，而是取决于燃油分配器中燃油计量槽孔的开度及计量槽孔内外两端的压差。

2）间歇性燃油喷射系统

间歇性燃油喷射系统是在发动机运转期间间歇性地向进气歧管中喷油，其喷油量的大小取决于喷油器的开启时间，即发动机 ECU 发出的喷油脉冲宽度。这种燃油喷射方式广泛地应用于现代电控燃油喷射系统中。

这两种系统相比较而言，因为连续性燃油喷射系统控制喷油量的大多是机械元件，所以对混合气的相对控制精度比较差，而间歇性的电控燃油喷射系统则可以很好地解决这方面的技术问题。

3. 多点间歇喷射按各缸喷油相位分类

1）同时喷射

各缸喷油器同时喷油，此时各缸喷油相位不同，显然不能用于直接喷射。

同时喷射方式中，各缸喷油器开始喷油和停止喷油的时刻完全相同，为了减少各缸混合气形成时间上的差异，一般发动机每转一转，各缸喷油器同时喷油一次，发动机一个工作循环所需的油量，分两次喷入进气歧管，因此这种喷射方式也称同时双次喷射方式。各缸喷油器的喷油正时及工作情况如图 4-4 所示。

2）分组喷射

各缸喷油器分成若干组，同组喷油器同时喷油，组与组之间以均匀的曲轴转角间隔喷油。分组喷射方式把汽油发动机的全部气缸分成 2 组(4 缸机)或 3 组(6 缸机)，电控系统用 2 个或 3

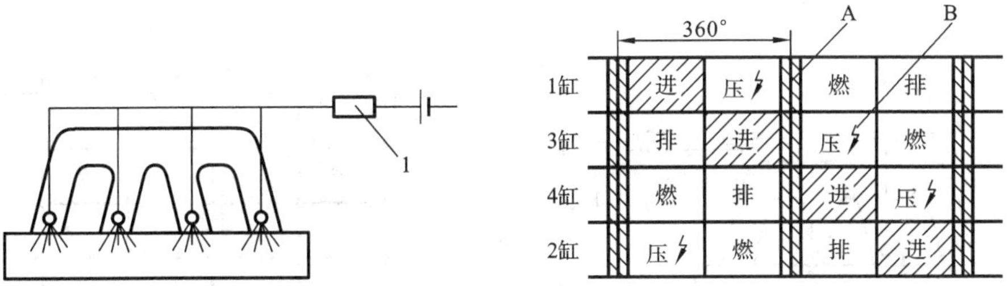

（a）喷油器工作情况　　（b）喷油相位图

图 4-4　同时双次喷射方式

A—喷油；B—点火；1—电控单元

个控制电路控制各组气缸的喷油器。汽油发动机运行时，各组气缸的喷油器按组依次喷射，同组内 2 个喷油器按同时喷射方式工作，每个工作循环各组喷油器都喷射一次。分组喷射方式各组喷油器的喷油正时和工作情况如图 4-5 所示。

分组喷射方式的控制电路虽然比同时喷射方式的复杂，但各缸混合气的均匀性及空燃比控制精度都有了较大的提高，广泛应用于以满足国Ⅱ排放标准要求为目标的中低档轿车电控汽油发动机中。

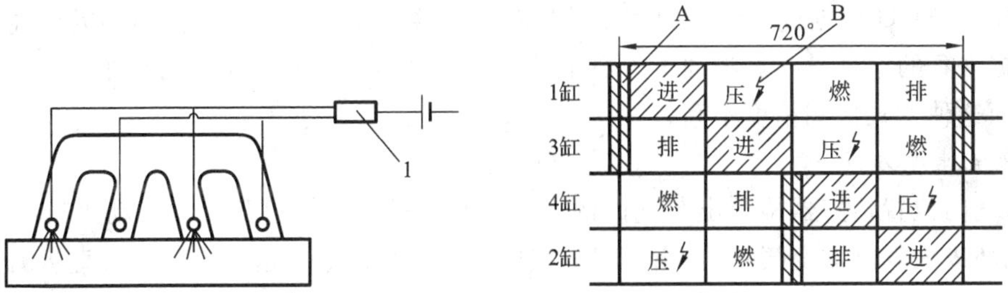

（a）喷油器工作情况　　（b）喷油相位图

图 4-5　分组喷射方式

A—喷油；B—点火；1—电控单元

3）顺序喷射

各缸喷油器都在各自固定的曲轴相位喷油，效果最佳，目前盛行。在连续喷射的场合不存在喷油相位的问题。

顺序喷射方式也称独立喷射方式。发动机运行时，各缸喷油器按各缸的工作顺序，依次把汽油喷入各缸的进气歧管，发动机曲轴每转两转，各缸喷油器按各缸点火顺序依次喷油一次，如图 4-6 所示。由于顺序喷射方式是按各缸的工作顺序进行喷油的，因此在电控系统中，必须设置检测基准气缸活塞所处工作行程的传感器，由此得到判缸信号，据此控制各缸喷油器的工作顺序。各缸喷油开始时刻固定不变，一般在排气行程上止点前 60°～70°曲轴转角。

顺序喷射方式需要有与喷油器数目相同的控制电路，在控制程序中需增加基准气缸判别、正时计算、喷油时序控制等内容，因此硬件设计和软件设计都比分组喷射控制复杂。但是，顺序喷射方式可以使每个气缸都具有相同的最佳喷油正时，对提高各缸混合气的品质，保证各缸混合气质量的一致性，具有十分重要的意义。现在，以满足国Ⅲ排放标准要求为目标的轿车电控汽油发动机，都已采用顺序喷射时序的控制方式。

4. 按进气量的检测方式分类

1）质量流量方式（L 系统）

该系统即用空气流量传感器直接检测出进气管的空气流量，来确定进入气缸的空气量。

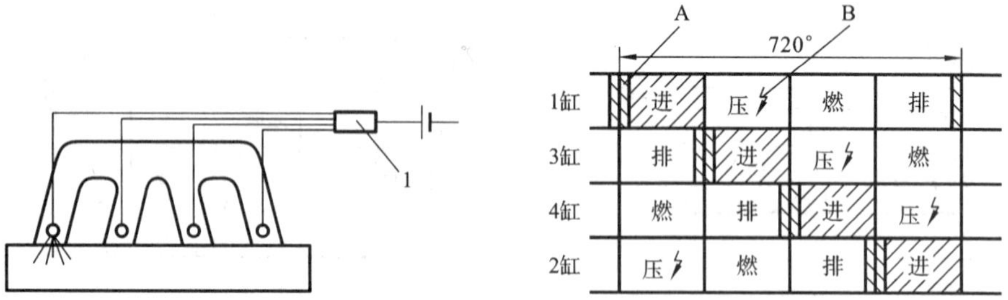

（a）喷油器工作情况　　（b）喷油相位图

图 4-6　顺序喷射方式

A—喷油；B—点火；1—电控单元

ECU 根据测得的空气流量和发动机转速计算出需要喷射的燃油量并控制喷油器工作。这里的空气量是发动机每一工作循环吸入的空气量，可由单位时间测得的空气量除以工作循环数求得。这种方式检测精度较高，目前使用较为广泛。

2）速度密度方式(D 系统)

该方式也称压力型空气流量检测方式。通过进气歧管绝对压力传感器测出进气管(或进气歧管)的压力，ECU 根据进气管压力和发动机转速间接推算发动机每工作循环吸入气缸的空气量，再根据推算的空气量计算喷油量。由于进气管压力和吸入的空气量之间并不是简单的线性关系，因而这种方式检测精度不高。

3）节流速度方式

由节气门位置传感器检测出节气门的开度，ECU 根据节气门开度和发动机转速间接推算每工作循环吸入气缸的空气量，再由算出的空气量计算喷油量。这种方式因为直接测量节气门开度的角位移，过渡工况的响应性能好，但节气门开度、发动机转速与空气流量之间的函数关系复杂，空气量难以精确测量。目前，有的车型在发动机电控燃油喷射系统中将该系统作为备用系统，即当空气流量传感器或进气歧管绝对压力传感器出现故障时启用。

进气量的检测方法也可归纳为直接检测和间接检测两种。质量流量方式为直接检测法，速度密度方式和节流速度方式为间接检测法。目前，汽车上常用质量流量方式和速度密度方式来实现混合气的空燃比控制。

任务 2　电控汽油机燃油供给系统的组成与工作原理

电控汽油机燃油供给系统简称燃油供给系统，其功用是向发动机提供各种工况下混合气燃烧所需的燃油。目前，电控汽油机上配置的燃油供给系统主要有喷油器安装在进气道处的低压燃油供给系统和喷油器安装在燃烧室处的缸内直喷高压燃油供给系统两种形式。

一、低压燃油供给系统

（一）低压燃油供给系统的组成与工作过程

低压燃油供给系统如图 4-7 所示，主要由燃油箱、电动燃油泵、输油管、燃油滤清器、油压调节器、燃油分配管、喷油器和回油管等组成。燃油分配管又称为供油总管或油轨。低压燃油供给系统分为有回油的燃油供给系统(见图 4-7(a))和无回油的燃油供给系统(见图 4-7(b))。由于无回油的燃油供给系统减少了发动机对回流燃油的加热，油箱内的燃油温度相对较低，从而减少了燃油的蒸发。

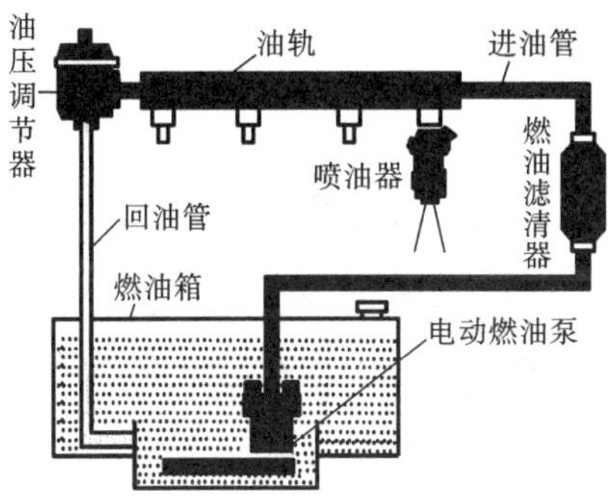

（a）有回油的燃油供给系统

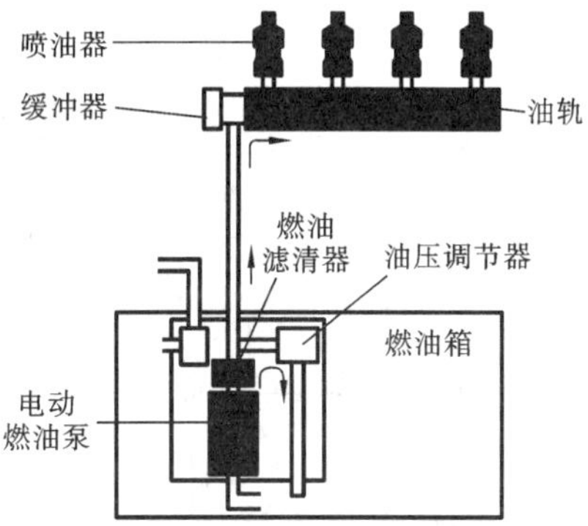

（b）无回油的燃油供给系统

图 4-7　低压燃油供给系统

燃油泵从燃油箱中泵出一定流量、一定压力的燃油，经过燃油滤清器除去杂质及水分后，送至燃油脉动阻尼器(有的汽车装在回油管上，有的汽车未装)，以减少其脉动，再经油压调节器调节油压，使油路中的油压高于进气歧管压力并保持在 300 kPa 不变，这样具有恒定压力的燃油流向燃油分配管，送至各缸喷油器，喷油器根据 ECU 的喷油指令，开启喷油阀，将适量的燃油喷于进气门前，待进气冲程时，燃油混合气被吸入气缸中。此外，为了改善发动机的低温启动性能，早期的车辆在进气歧管上安装了一个冷启动喷油器，现代轿车则采用软件程序。

进入发动机气缸的燃油流过的路径为：燃油箱→燃油泵→输油管→燃油滤清器→燃油分配管→喷油器。喷油器将燃油喷射在进气门附近。

当燃油泵泵入供油系统的燃油增多、油路中的油压升高时，油压调节器将自动调节燃油压力，保证供给喷油器的油压基本不变。供油系统过剩的燃油由回油管流回油箱，回油路径为：燃油箱→燃油泵→输油管→燃油滤清器→燃油分配管→油压调节器→回油管→燃油箱。部分现代新型燃油喷射发动机，油压调节器是装在燃油箱内的电动燃油泵总成上的，所以无回油管。

（二）低压多点喷射燃油供给系统主要部件结构与功用

1. 燃油箱

燃油箱的主要功用是加注、存储和冷却燃油，为汽车行驶提供一定里程的燃油量。在燃油箱盖内装有单向空气阀，具有压力平衡作用。燃油箱盖堵塞会使箱内压力降低，导致发动机启动困难、行驶中易熄火等现象的发生。燃油箱不管用什么材料，必须防腐蚀，燃油滤清器、燃油输送管、燃油分配管都应在两倍正常工作压力或比正常工作压力高出 30 kPa 的压力条件下不发生泄漏。任何正常行驶条件下，燃油都不允许从燃油滤清器罩或压力平衡装置中溢出。即使在发生意外情况，燃油箱从汽车上移开时，也不能让燃油点燃。

目前，在一些后轮驱动的轿车和 SUV 等车型上使用了一种马鞍形油箱。

1) 马鞍形油箱的结构与工作原理

马鞍形油箱的结构与工作原理如图 4-8 所示。马鞍形油箱被分为主油箱和副油箱，只在主油箱内设置一个电动燃油泵；当电动燃油泵工作时，具有一定压力、一定流量的燃油从燃油泵的出油管分为三路流出，一路经过单向阀 3 通过主进油管 4 到油轨，另两路分别通过主油箱进油管 9 和副油箱进油管 6 到主、副油箱；在主油箱和副油箱内分别安装了文丘里管，通过设置在副油箱中的文丘里管，利用文丘里效应，使副油箱里的燃油通过副油箱出油管 8 输往主油箱；主油箱中也设置文丘里管的目的是和设置在副油箱中的文丘里管共同作用,使得马鞍形油箱两侧(主、副油箱)的液位保持平衡。

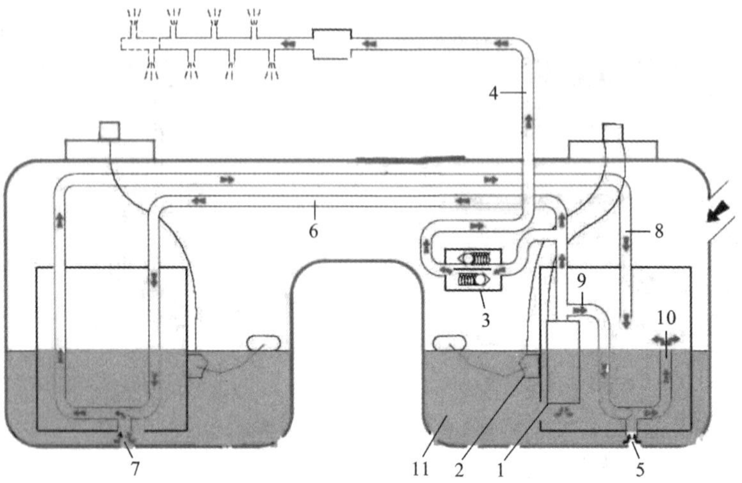

图 4-8　马鞍形油箱的结构与工作原理

1—燃油泵;2—油位传感器;3—单向阀;4—主进油管;5—主油箱文丘里管吸附口;6—副油箱进油管;7—副油箱文丘里管吸附口;8—副油箱出油管;9—主油箱进油管;10—主油箱出油管;11—燃油

2)文丘里效应

当流体流过阻挡物时,在阻挡物的背面上方端口附近将形成负压,从而产生吸附作用并导致在阻挡物的背面上方端口附近的空气或液体流动。文丘里效应就是把流体由粗变细,加快流体的流速,使流体在文丘里管出口的后侧形成一个真空区,产生吸附作用,如图 4-9 所示。

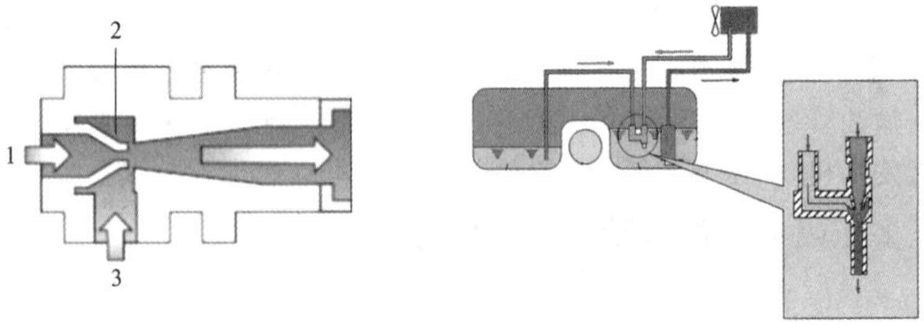

图 4-9　文丘里效应

1—压缩流体入口;2—喷嘴;3—吸附腔

压缩流体从文丘里管的入口 A 进入,由于截面逐渐减小,压缩流体压强增大,流体的流速也随之变大。这时就在吸附腔 C 处产生了一定的真空度,致使周围的空气或液体被吸入。

2. 电动燃油泵

电动燃油泵是燃油供给系统的主要组成部件之一,功能是在规定的流量和压力下供给系统足够的燃油。其工作过程为:首先,从燃油箱内吸入燃油(若燃油泵安装在燃油箱外部,则通过吸油管吸油);然后,经压缩或动量转换将燃油压力提高到油压调节器要求的数值;继而,通过压力作用将燃油输送到喷油器中。

1)电动燃油泵的分类

(1)如图 4-10 所示,电动燃油泵按照安装形式可分为箱内安装式燃油泵和箱外安装式燃油泵(串联泵)两种。

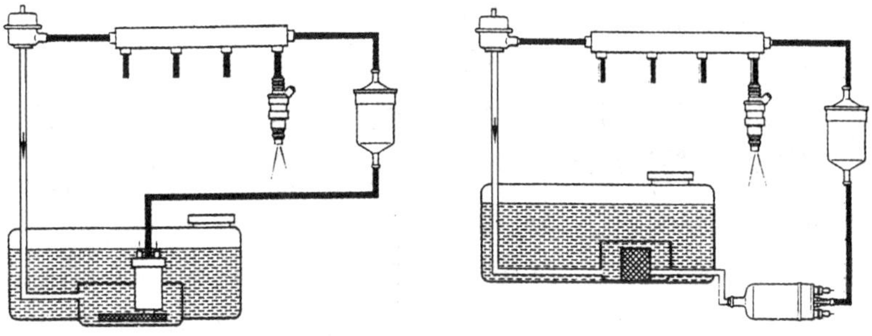

图 4-10 电动燃油泵的安装形式

(2) 按照泵油原理,电动燃油泵分为正排量泵和流量型泵,正排量泵又分为滚柱泵和内齿轮泵,流量型泵又分为涡轮泵和侧槽泵。

(3) 按照串联级数,电动燃油泵可分为单级泵和两级泵。

2) 电动燃油泵的典型结构

电子控制燃油喷射系统所采用的燃油泵是一种称之为湿式结构的电动燃油泵。电动燃油泵主要由燃油泵和直流电动机两部分组成,泵与电动机同轴,由泵壳封闭成为一体,其中充满燃油。虽然直流电动机需要的电流很大,但由于燃油的不断流过,使其得到了良好的冷却。涡轮式电动燃油泵如图 4-11 所示。

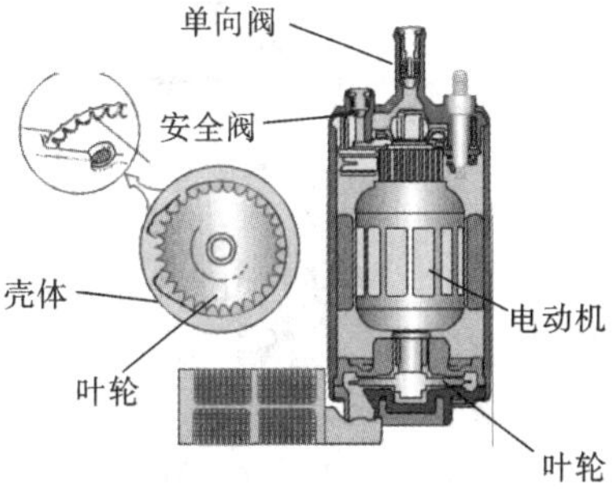

图 4-11 涡轮式电动燃油泵

此外,电动燃油泵上还设有限压阀(安全阀)和单向阀。限压阀的作用是防止在工作中,出口下游因某种原因堵塞时,发生管路破损和燃料泄漏。当出油口油压上升至限定压力值时(一般为 320 kPa),限压阀打开,高压燃油与泵的进油口侧连通,燃油在泵和电动机内部循环。单向阀的作用是保存残余压力。当发动机熄火,燃油泵刚刚停止输送燃油时,单向阀立即关闭,以保持泵和油压调节器之间的燃油具有一定的压力,该压力可使高温情况下的启动变得容易。

图 4-12 所示为德国 BOSCH 公司生产的两级电动燃油泵,采用内齿轮泵和单流式侧槽泵组合,它们相互独立并轴向串联,由一根电驱轴驱动。

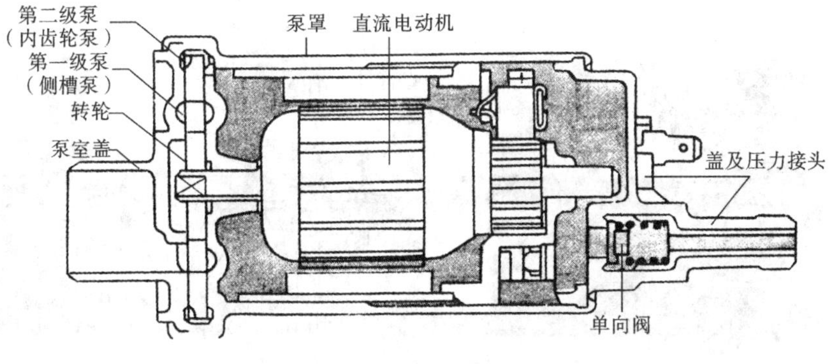

图 4-12 两级电动燃油泵

在现代汽车上，将燃油泵直接安装在油箱内的趋势日益明显，因此出现了两级泵的设计。低压泵用于分离蒸气，主输油泵用于提高压力，二者在电动输油泵内由同一电动机驱动。

由于侧槽泵具有良好的分离蒸气的能力，且输送压力低，可避免气泡的重新产生，因此，初级均采用侧槽泵。主输油泵则根据输送压力要求的不同可采用正排量泵或涡轮泵，这样可以把侧槽泵具有的良好的热燃油输送性能和主输油泵的增压能力结合起来。

3. 燃油滤清器

燃油滤清器串联在供油管路中，如图 4-13 所示，结构如图 4-14 所示。燃油滤清器可滤去燃油中直径大于 0.011 mm 的机械杂质。它在堵塞后将使油压降低，造成发动机功率下降、启动困难等现象。燃油滤清器的正常使用寿命与其大小和燃油中所含污染物的多少有关，一般为 4 万公里左右。由于我国生产的燃油含有的杂质比较多，空气质量也较差，因此应注意及时更换燃油滤清器。更换燃油滤清器时，应使滤清器壳体上标注的方向与燃油流向一致。

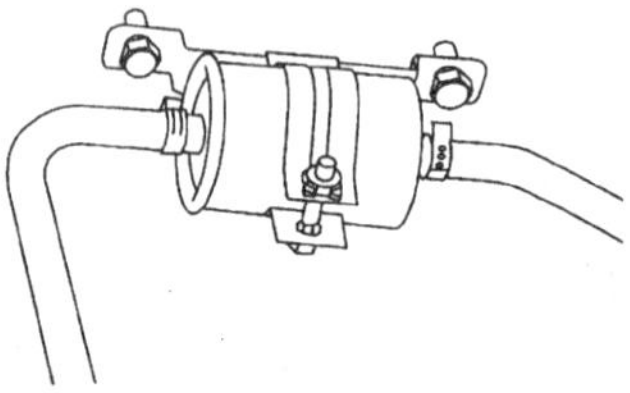

图 4-13　燃油滤清器安装位置

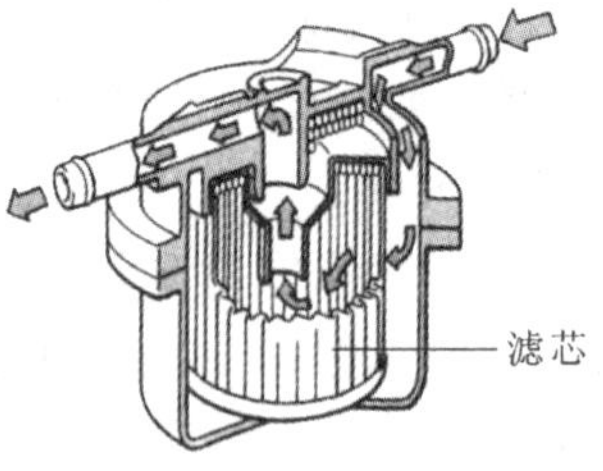

图 4-14　燃油滤清器结构

4. 燃油压力调节器

燃油压力调节器(油压调节器)安装在燃油分配管上，其功用一是调节供油系统的燃油压力，使喷油器进出口的压力差保持恒定，即使系统油压 p_f 与进气歧管压力 p_i 之差 Δp 保持恒定(一般设定为 $\Delta p = p_s = p_f - p_i = 300$ kPa，其中 p_i 为负值，p_s 为弹簧弹力)；二是缓冲压力波动(喷油器间歇喷油引起的压力波动和燃油泵供油时产生的压力波动)。

1) 燃油压力调节器的结构

油压调节器的外形与结构如图 4-15 所示，主要由弹簧、阀体、阀门和铝合金壳体组成。阀体固定在金属膜片上，阀体与阀门之间安装有一个球阀。球阀用弹片托起，球阀与阀体之间设有一个弹力较小的弹簧，使球阀与阀门保持接触。在铝合金壳体上，设有油管接头和真空管接头，进油口接头与燃油分配管连接，回油口接头连接回油管并与燃油箱相通，真空管接头与节气门至进气歧管之间的真空管连接。

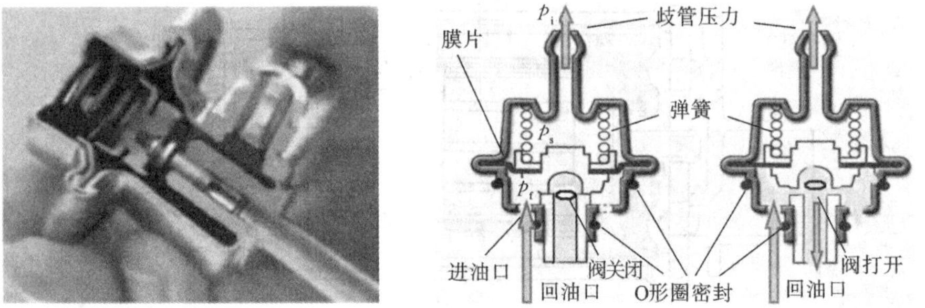

图 4-15　燃油压力调节器的外形与结构

2）油压调节器调压原理

油压调节器实际上是一个膜片式溢流阀，当供油系统的燃油从油压调节器进油口进入调节器油腔时，燃油压力作用在与阀体相连的金属膜片上。当燃油压力升高使油压作用在膜片上的压力超过调节器弹簧的预紧力与弹簧室内空气压力的合力时，油压推动膜片向上拱曲，调节器阀门打开，部分燃油从球阀经回油口和回油管流回燃油箱，使燃油压力降低。当燃油压力降低到调节器控制的系统油压时，球阀关闭使系统油压恢复到一定值。

3）油压调节器的输出特性

在油压调节器上接有一根真空管，该真空管将发动机进气歧管的真空度引入油压调节器的弹簧室（真空室）。由于进气歧管的压力始终低于大气压力，因此，当进气歧管的压力随节气门开度变化而变化时，进气压力将对调节器膜片产生一个吸力，从而使供油系统的燃油压力发生改变。

例如，当发动机怠速运转时，进气歧管的压力 p_i 约为－54 kPa，燃油压力 p_f 为

$$p_f = p_s + p_i = [300 + (-54)]\ \text{kPa} = 246\ \text{kPa}$$

当发动机全负荷运转时，进气歧管的压力 p_i 约为－5 kPa，燃油压力 p_f 为

$$p_f = p_s + p_i = [300 + (-5)]\ \text{kPa} = 295\ \text{kPa}$$

由此可见，由于进气歧管负压的作用，当发动机怠速运转，燃油压力达到 246 kPa 时，油压调节器的球阀就会打开泄压；当发动机全负荷运转，燃油压力达到 295 kPa 时，球阀才打开泄压。通过油压和进气负压的共同作用，使燃油分配管中的油压与进气歧管中的气压之压力差保持 300 kPa 不变，如图 4-16 所示，其目的是保证喷油器喷油量的大小只与喷油器阀门的开启时间有关，而与系统油压值和进气歧管的负压值无关。

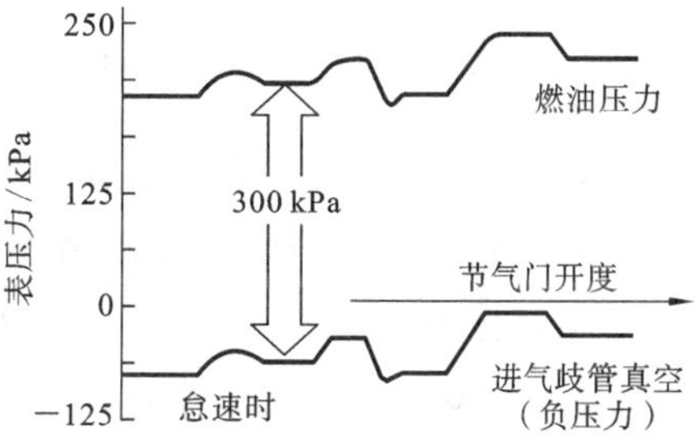

图 4-16　燃油压力调节器输出特性

5. 燃油分配管

燃油分配管又称为油轨，结构如图 4-17 所示。安装在发动机进气歧管上部，其功用是固定喷油器和油压调节器，并将燃油分配给每只喷油器。

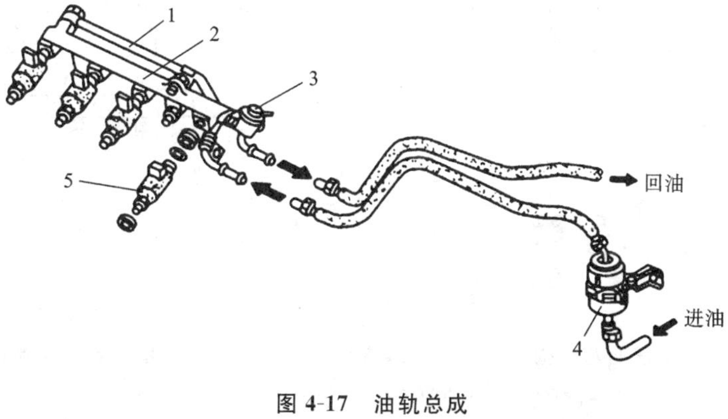

图 4-17　油轨总成

1—进油管；2—燃油分配管；3—油压调节器；4—燃油滤清器；5—喷油器

6. 电磁喷油器

电磁喷油器简称喷油器，俗称喷嘴，安装在燃油分配管上，其功用是计量燃油喷射系统的喷

油量。喷油器是发动机电控燃油喷射系统执行机构中的一个关键部件，它的好坏直接影响燃油供给系统能否正常工作。喷油器的相关知识已在项目 2 中介绍，在此不再复述。

二、缸内直喷高压燃油供给系统(GDI)

(一) 缸内直喷高压燃油供给系统的组成

图 4-18 所示为福特车系缸内直喷高压燃油供给系统，该系统由低压供油系统和高压供油系统两部分组成。

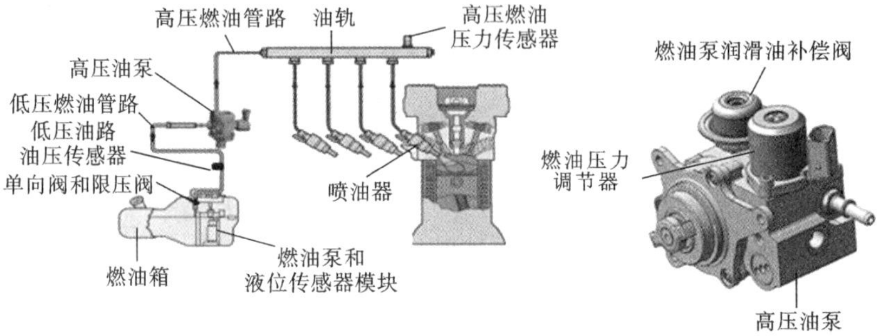

图 4-18　缸内直喷高压燃油供给系统组成

(二) 低压供油系统主要部件及其功用

低压部分采用了无回油燃油供给系统，其结构如图 4-19 所示。

1. 油泵控制模块(FPDM)与电子油泵

油泵控制模块(FPDM) 单独安装在油箱上，控制逻辑如图 4-20 所示。油泵控制模块(FP-DM)的工作电压(12 V)由车身控制模块 GEM 供应，通过电子油泵控制线路控制低压油路的压力。PCM 将所需要油压的控制信号传递给 FPDM，该信号是一个低频的 PWM 信号(占空比为 10%～85%)，FPDM 在收到 PCM 发送过来的所需油压的控制信号后又以高频信号(占空比为 0～100%)驱动电子油泵，通过低压油路油压传感器实现闭环控制。

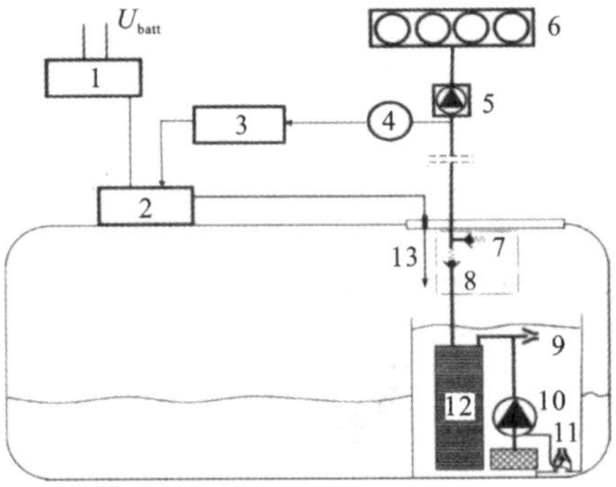

图 4-19　低压油路结构

1—车身控制模块(GEM)；2—油泵控制模块(FPDM)；3—PCM；4—低压油路油压传感器；5—高压油泵；6—发动机；7—过压保护阀；8—单向阀；9—泄压阀；10—电子油泵；11—机械泵；12—燃油滤清器；13—电子油泵控制线路

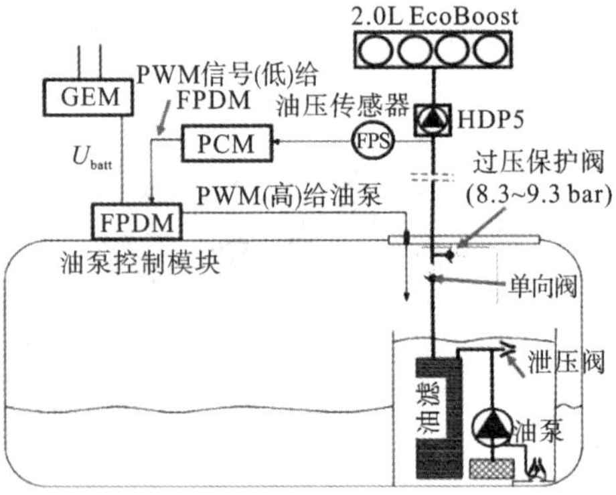

图 4-20　控制逻辑

电子油泵根据该信号给高压油泵供油，而发动机不同工况所需的燃油量由 PCM 进行计算和控制，所以不存在回油。由于 PCM 对低压油路油压进行控制，所以施加在高压油泵上的油压只有 380 kPa～620 kPa，这个范围的压力是高压油泵可以正常工作的压力。

特别提示：有的轿车如标致 3008 目前所使用的 Bosch MED 17.4 喷射系统还未采用先进的电子油泵技术，固保留燃油压力调节器，调节低压燃油的压力，在调压过程中有回油通过燃油压力调节器流回燃油箱。

2. 低压油路油压传感器

低压油路油压传感器监测低压油路的燃油压力，PCM 通过油压传感器的信号实现低压回路油压闭环控制。低压油路油压传感器输出的电压信号是随着油压的上升而上升的。

3. 泄压阀

电子油泵在长时间高速运转时会产生很高的热量，当燃油通过油泵后就会使燃油的温度升高，低压燃油管路里容易形成气泡，严重的情况下产生气堵，会造成发动机停机或难以启动。使用泄压阀（直径为 0.55 mm），可以除去油管中的燃油蒸气，提高低压油管的燃油流速，从而避免在任何工况下产生气泡（气阻）。

4. 单向阀和过压保护阀

油管上安装有一个单向阀和过压保护阀。这两个元件一起安装。过压保护阀防止低压端压力过高，当压力达 830 kPa～930 kPa 时，阀门开启，多余的燃油返回到燃油箱。

单向阀确保发动机停机后的油压稳定，防止燃油回流到燃油箱。单向阀的弹簧弹力是预先设定好的，只有在压力超过 125 kPa（绝对压力）时才会打开。

以前的无回油系统中，发动机停机后，油压会直接施加在油泵和油滤（燃油滤清器）上。发动机再次启动时，油泵必须克服这个油压才能把燃油送往油轨，这样就会增加油泵的负荷，从而造成油泵磨损量增大。引入单向阀和过压保护阀后，发动机一旦停机，油泵和油滤上的油压也会迅速降低。

（三）高压供油系统主要部件及其功用

高压部分的结构如图 4-21 所示，包括高压油泵、燃油管路接头（低压燃油）、高压燃油压力传感器、高压燃油管路、油轨和喷油器等。高压油泵对来自低压部分的燃油加压，并通过高压燃油管路将高压燃油送入油轨，高压燃油压力传感器负责检测油轨中的油压，以便精确地控制油轨中的燃油压力。最后由喷油器将高压燃油喷入气缸。

1. 高压油泵的结构

目前福特车系主要使用的是 HDP5 型高压油泵。该油泵是由三段式凸轮驱动的单缸泵，燃油计量阀集成在油泵上。其结构如图 4-22 所示，高压油泵由泵柱塞、燃油计量阀、高压侧的燃油释放阀、低压侧的压力缓冲器等组成。泵油量取决于发动机转速和燃油计量阀的控制，高压油泵产生的最大油压为 15 MPa。

1）限压阀

限压阀结构如图 4-23 所示，该阀防止高压端压力过高，当油压达到 20 MPa 时打开。

2）压力缓冲器

压力缓冲器衰减低压管路中由高压油泵产生的脉冲振动。这样保证了高压腔在发动机转速比较高的情况下也有比较好的充油效果。压力缓冲器由两层隔膜组成，气垫就在两层隔膜之间，结构如图 4-24 所示。

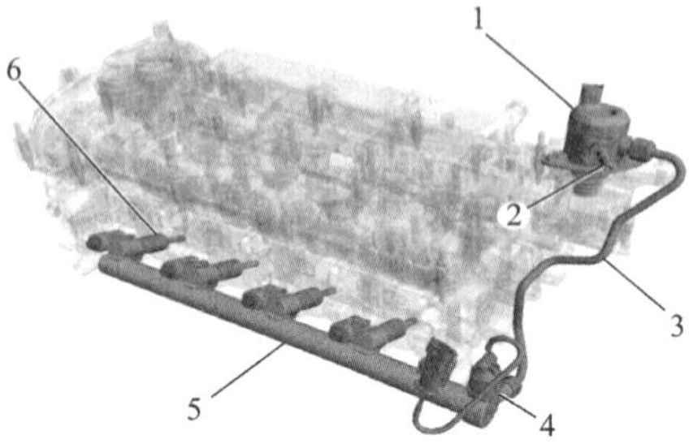

图 4-21 高压油路组成

1—高压油泵；2—燃油管路接头(低压燃油)；
3—高压燃油管路；4—高压燃油压力传感器；
5—油轨；6—喷油器

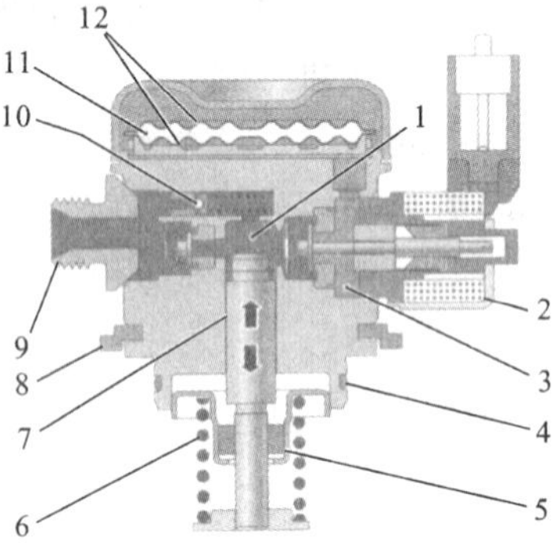

图 4-22 HDP5 型高压油泵结构

1—高压腔；2—燃油计量阀；3—低压燃油；4—O 形圈；
5—泵柱塞垫圈；6—泵柱塞弹簧；7—泵柱塞；8—安装法兰；
9—高压接口；10—限压阀；11—气体减震缓冲器；12—压力缓冲器膜

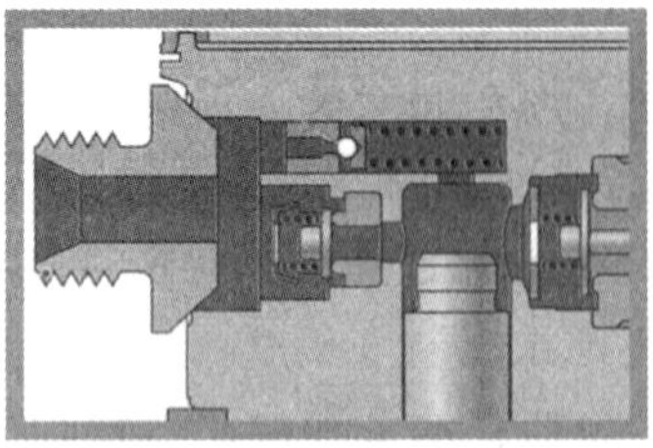

图 4-23 限压阀结构

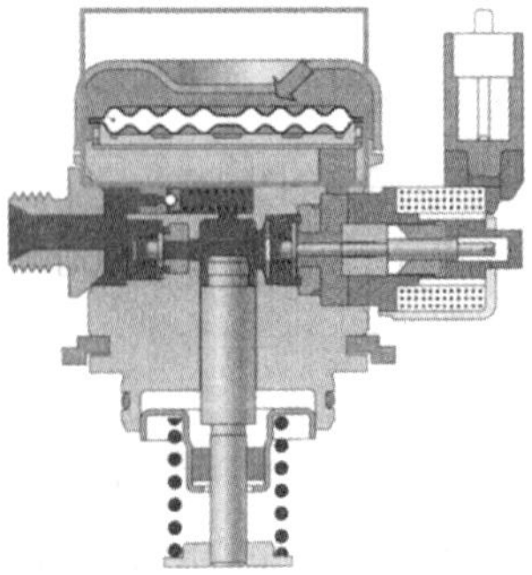

图 4-24 压力缓冲器

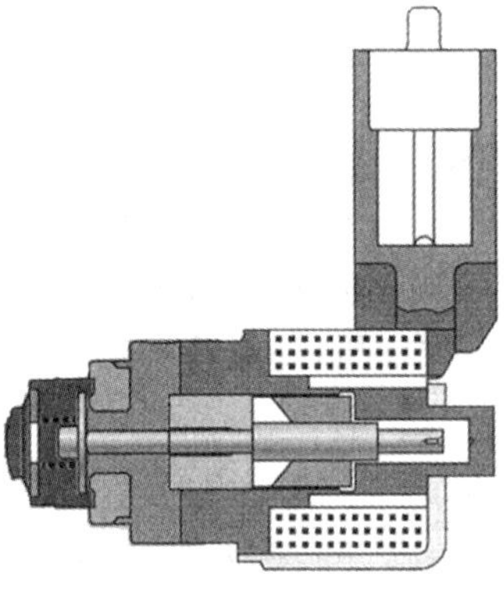

图 4-25 燃油计量阀结构

3) 燃油计量阀

燃油计量阀是一个电磁阀，受 PCM 控制，结构如图 4-25 所示。燃油计量阀的作用有：

(1) 控制泵到油轨里的燃油量，发动机工作需要的油量取决于发动机的转速和负荷，高压油泵产生的最大燃油压力是 15 MPa 。

(2) 保证进入油轨当中的燃油压力与需求的燃油压力保持一致。

采用燃油计量阀，可以给喷油器提供所需要的油压，燃油计量阀在断电的情况下处于全开状态。燃油计量阀与高压燃油压力传感器一起组成一个闭环控制系统。

2. 高压油泵泵油过程

1) 燃油计量阀打开(断电)

如图 4-26 所示，高压油泵在吸油行程泵柱塞向下运动，在燃油计量阀打开的情况下燃油通过进油阀流到高压腔。高压腔的充油过程是下列两种因素共同起作用的结果：

(1) 泵柱塞向下运动，使得燃油被吸到高压腔；

(2) 燃油被低压侧的压力压到高压腔，在随后的泵油行程，在柱塞到达下止点后燃油计量阀仍然是最初的开启位置。

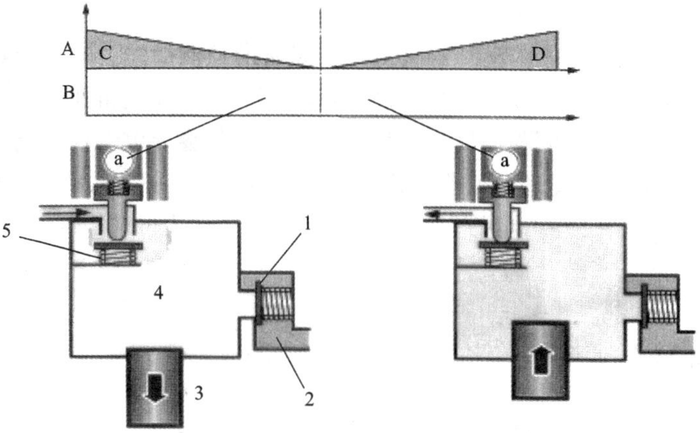

图 4-26　燃油计量阀打开

A—泵柱塞行程；B—燃油计量阀动作；C—吸油行程；D—泵油行程；
1—排油阀；2—高压管路(去往油轨)；3—泵柱塞；4—高压腔；5—进油阀

2）燃油计量阀关闭(通电)

如图 4-27 所示，在设定的时间点，燃油计量阀被供电，因此关闭了低压燃油供给管路，高压腔里的燃油在柱塞的作用下增压。当高压腔里的油压超过高压管路里油轨的压力时，排油阀打开，这样燃油就被泵到油轨中。

在确定的时间燃油计量阀停止供电，即使在减小电流的过程中进油阀仍然关闭。原因是：高压腔的压力加上进油阀的弹簧力推动进油阀回到阀座上，保持低压燃油供给管路关闭。在泵柱塞到达上止点和吸油行程开始之前，燃油被泵到油轨中。高压腔的油压再次下降，因此，排油阀先关闭，随后进油阀打开。

PCM 通过参考“要求的泵油量和要求的油轨压力”来计算燃油计量阀动作的时间点。

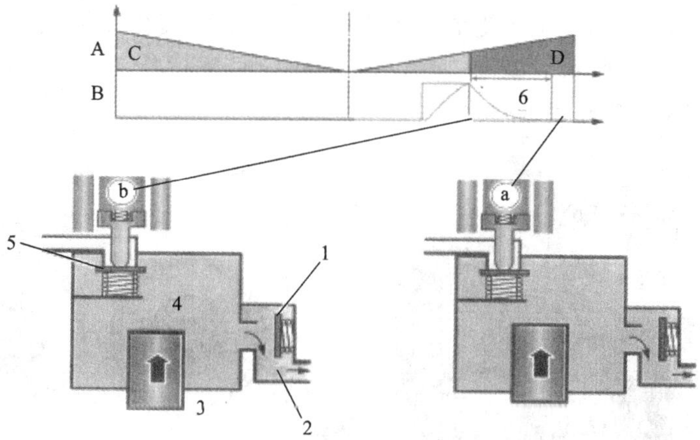

图 4-27　燃油计量阀关闭

A—泵柱塞行程；B—燃油计量阀动作；C—吸油行程；D—泵油行程
1—排油阀；2—高压管路(去往油轨)；3—泵柱塞；4—高压腔；5—进油阀；6—电流减少阶段

3. 失效模式

当出现故障的时候(燃油计量阀对地、对火短路，高压燃油压力传感器故障等)进入开环模式，燃油计量阀长开，进入跛行回家模式，发动机运转只能使用低压燃油系统建立起来的油压。

4. 诊断

PCM含有燃油计量阀的故障运行策略和对其线路的检测功能。燃油计量阀线路检测用于实现开环控制,例如当线束断开或插头松脱时,对地、对火短路现象的监控。燃油计量阀对地、对火短路,或者等效的外接电源强制使燃油计量阀持续工作会导致燃油计量阀损坏。所以对地短路的线路检测显得尤为重要。系统能很快检测出短路现象,在大约0.8 s内PCM会切断对燃油计量阀的供电,并终止线路检测,直到熄火后重新启动时才再次检测。也就是说,出现故障时,系统会在熄火之前进入跛行回家模式。在故障存在且未被解决之前,都将一直处于跛行回家模式。

燃油计量阀由PCM通过脉冲宽度调制(PWM)信号控制电磁阀的地线。

特别提示:断电情况下,燃油计量阀处于打开的状态,不能使燃油产生高压,燃油计量阀是高压油泵的一个部分,不能单独更换。当燃油计量阀有故障时,整个高压油泵都必须更换。

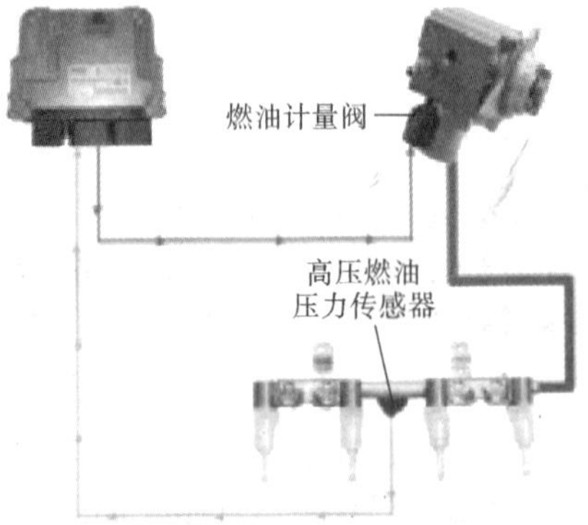

图4-28 高压燃油压力传感器

5. 高压燃油压力传感器

高压燃油压力传感器安装在油轨上,如图4-28所示。该传感器用来通知PCM油轨内的压力信息,PCM根据该信息控制燃油高压。系统采用高压燃油压力传感器和燃油计量阀组成一个高压燃油管路油压闭环控制系统。当高压燃油压力传感器故障时,PCM会采用替代值。高压燃油压力传感器使用5 V电源,由发动机PCM供电。

6. 喷油器

喷油器安装在油轨上,与气缸盖相连,因此不需要额外的高压油管。在每个喷油器和其各自在油轨上的固定座之间都有一个固定夹。这些固定夹用于固定喷油器。这保证了喷油器和缸盖上的燃烧室开口的精确配合。

缸内直喷高压燃油供给系统所使用的喷射器有7个喷孔,喷孔有中心设置方式和偏心设置方式两种形式,如图4-29所示。福特2.0 L EcoBoost-SCTi (MI4)的喷孔采用偏心的设置方式,这种喷油器针对多喷雾型燃油喷射。

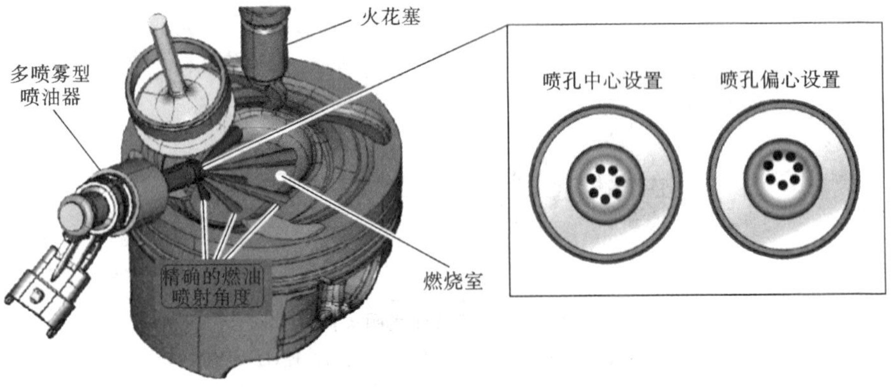

图4-29 喷油器喷孔设置方式

1) 多喷雾型喷油器的结构与工作原理

多喷雾型喷油器的结构如图4-30所示。多喷雾型喷油器通过传统的电磁控制信号控制阀针升程,但喷油脉宽波形与单喷雾型喷油器的不同,多喷雾型喷油器的喷油脉宽波形如图4-31

所示。当 PCM 给线圈通电时，产生的磁力使得阀针克服弹簧的弹力从阀座中升起，燃油喷孔打开。由于油轨和燃烧室之间存在压力差，燃油就被喷射到燃烧室中。

断电时，阀针在弹簧力的作用下回到阀座，燃油喷射结束。喷油器的开启非常快，这样保证了喷孔的开启横截面在打开的过程中一直保持不变。

喷油器电压是由直流转换器将控制信号的初始电压转换而成的 65 V 电压，65 V 的开启电压可以使喷油器的阀针快速打开。当喷油器的阀针完全开启后，只需要比较低的 12 V 电压就可以保持阀针的开启。

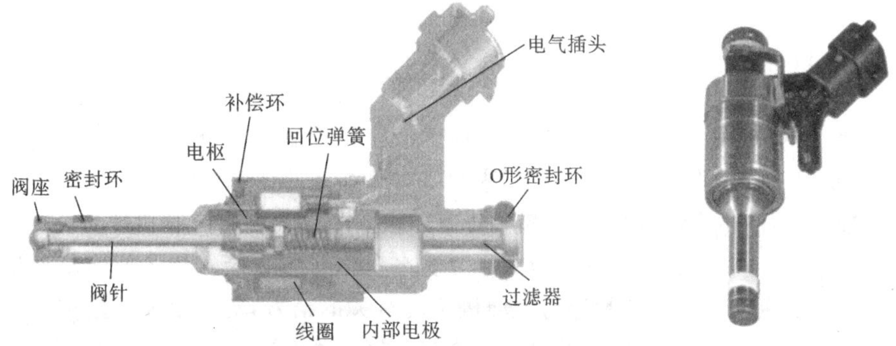

图 4-30 多喷雾型喷油器的结构

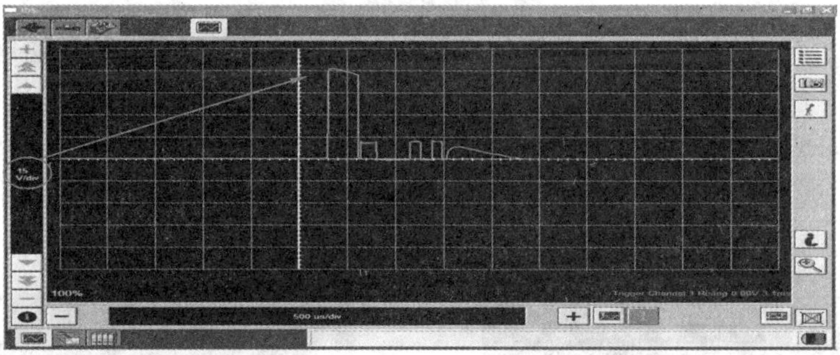

图 4-31 怠速时多喷雾型喷油器的喷油脉宽波形

2）多喷雾型喷油器的优点

多喷雾型喷油器与单喷雾型喷油器相比的优点是：

(1) 燃油雾化状态在形状和角度上是可以调整的；

(2) 喷油器喷嘴上的喷孔是偏心设置的，因此燃油以一个精确计算的喷射角度喷射到燃烧室；

(3) 精确的燃油喷射角度防止燃油在喷油器打开时雾化；

(4) 七个圆锥形喷孔每个都能单独适应燃烧室的条件；

(5) 燃油雾化状态产生混合气形成与燃烧的有利条件。

由于缸内直喷发动机的喷油时刻发生在进气行程，油与空气的混合时间短，故要求缸内直喷发动机的喷油持续时间尽量短。

进气道喷射的燃油喷射量取决于喷油器的开启时间。而缸内直喷的燃油喷射量取决于油轨的压力和喷油器的开启时间。

特别提示：

如果拆下过喷油器，其上的密封圈需要更换。

如果更换过喷油器，需要进行初始化。

任务3　电控汽油机燃油供给系统的控制过程

电控汽油机燃油供给系统的控制内容包括喷油器的控制、喷油正时的控制和喷油量的控制等。其中，喷油量的控制又分为发动机启动时喷油量的控制和发动机启动后喷油量的控制两种情况。电子控制燃油喷射系统通过精确控制喷油量，即可降低燃油消耗量和减少有害气体排放量，从而达到提高汽车经济性和排放性的目的。

一、控制原理

在EFI系统ECU的存储器中，储存了各种燃油喷射控制用的控制程序，根据发动机转速和空气流量(或进气管压力，或节气门开度)求得基本喷油量的计算数据及各种控制修正计算用的数据。在进行燃油喷射控制时，ECU接收传感器输入的空气流量信号和发动机转速信号，计算出基本喷油量(对应基本喷油时间)；再根据其他各种信号输入装置输入的冷却液温度、进气温度、节气门位置、废气中的氧含量等与发动机工况有关的信号，对基本喷油量进行修正，而确定出与各工况相适应的最佳喷油量，并输出一个与该最佳喷油量相对应的有一定脉冲宽度的喷油控制信号；该控制信号经驱动电路放大后，控制电磁喷油器的通电时间，将适量的燃油喷入进气管内或气缸内。

目前大多数发动机使用磁感应位置传感器作为曲轴位置传感器，ECU通过曲轴位置传感器结合凸轮轴位置传感器的同步信号决定燃油喷射正时、喷油脉宽，如图4-32所示。同步信号(CIS信号)和CPS信号用以判断合适的喷油时刻。ECU收到同步脉冲信号，就能得知发动机的第一缸处于排气冲程的开始，此时开始喷油，如图4-33所示。排气行程过程中喷射的燃油在进气行程过程中与空气充分混合。

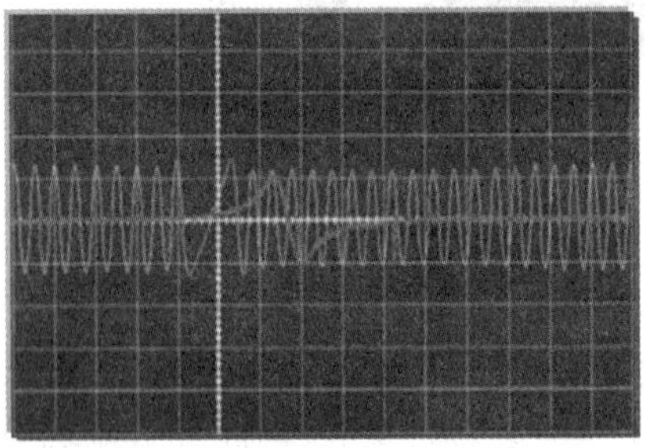

图4-32　CIS信号和CPS信号

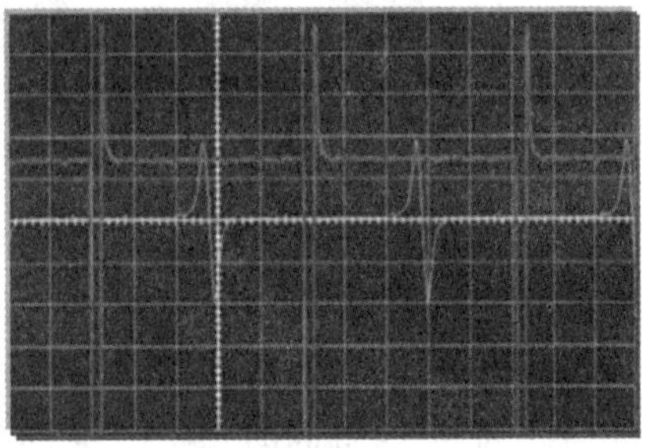

图4-33　CIS信号与喷油正时

二、同步喷射控制和异步喷射控制

在电子控制燃油喷射系统中，控制喷油量实际上是控制喷油器的喷射持续时间，即喷油脉宽。该脉宽由ECU依据传感器提供的各种信息来确定，脉冲信号经驱动电路后输出至喷油器。在燃油喷射控制中用到了两种喷油定时，即在一定的曲轴转角进行喷射的同步喷射和与曲轴转角无关的异步喷射。

1. 同步喷射正时控制

喷油正时就是喷油器开始喷油时对应的曲轴转角，又称为喷油提前角。根据多点燃油喷射系统中各缸喷油时序的不同，多点燃油喷射控制可分为同时喷射控制、分组喷射控制和顺序喷射控制三种喷射控制方式。

1）同时喷射的控制

早期生产的间歇喷射式发动机多采用这种方式。其喷油器的控制电路和控制程序都较简单。控制电路如图 4-34 所示，所有的喷油器并联连接，由一个驱动回路控制喷油。微机根据曲轴位置传感器送来的基准信号，确定并输出喷油控制信号，控制功率三极管的导通和截止，从而控制喷油器驱动回路的通电和断电，使各缸喷油器同时喷油。通常曲轴每转一转，各缸喷油器同时喷射一次，即在发动机每一个工作循环中，各喷油器喷两次油，两次喷射的燃油，在进气门打开时一起进入气缸。

这种喷射方式，因各缸喷油器同时喷油，不需要气缸判别信号，并且喷油器驱动回路的通用性好，其电路结构与控制软件都较简单，目前它的使用还占有一定的地位。其缺点是由于各缸的喷油时间不可能最佳，有可能造成各缸形成的可燃混合气的浓度不一致，因而空燃比的控制精度相对较低。

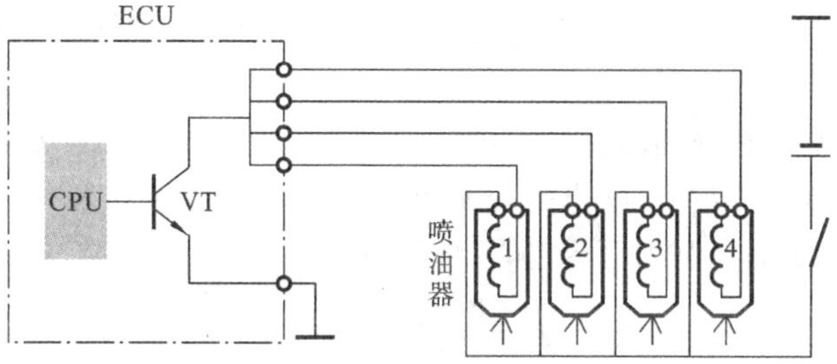

图 4-34　同时喷射控制电路

2）分组喷射的控制

一般是把发动机所有气缸的喷油器分成 2～4 组。4 缸发动机是把喷油器分成 2 组。微机分组控制喷油器工作，两组喷油器轮流交替喷油，其控制电路如图 4-35 所示。一般 4 缸发动机曲轴每转一转，只有一组喷油。采用这种方式喷射，需要气缸判别信号，空燃比的控制精度介于顺序喷射和同时喷射之间，但比顺序喷射方式简单，其喷油器驱动回路的个数也只需分组数目即可。

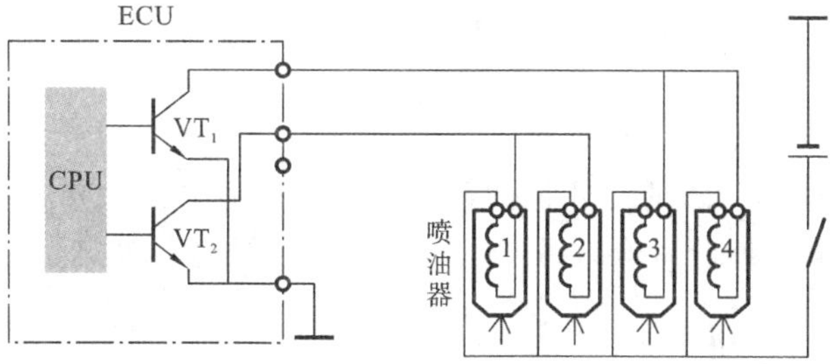

图 4-35　分组喷射的控制电路

3）顺序喷射的控制

多点燃油顺序喷射是指各缸喷油器按照一定的顺序进行喷油，每只喷油器都有自己独立的驱动回路。因为各缸喷油器独立喷油，所以又称为独立喷射，控制电路如图 4-36 所示。

在顺序喷射系统中，发动机工作一个循环（曲轴转两转，720°），各缸喷油器轮流喷油一次，就像点火系统火花塞按照一定的气缸顺序跳火一样，各缸喷油器按照一定的顺序依次喷射

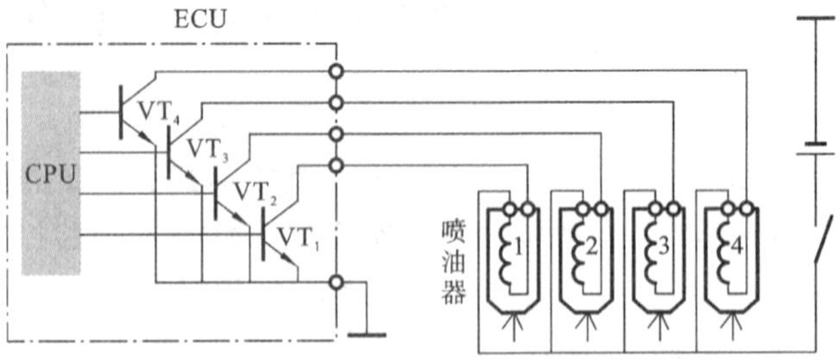

图 4-36 顺序喷射的控制电路

燃油。

实现顺序喷射的关键问题在于需要知道即将到达排气上止点的是哪一缸的活塞。为此,在顺序喷射系统中,ECU 需要一个气缸判别信号(判缸信号),即需要安装一只凸轮轴位置传感器。根据凸轮轴位置传感器信号(四缸发动机的判缸信号一般在排气上止点前 60°左右时产生),ECU 即可判定是哪一个气缸的活塞即将运行至排气上止点,再根据曲轴位置传感器提供的曲轴转角信号,ECU 就可计算出该活塞位于排气上止点前的具体角度,并适时发出喷油控制指令,使各缸喷油器适时开始喷油。

顺序喷射的优点是各缸喷油时刻均可设计在最佳时刻,燃油雾化质量好,有利于提高燃油经济性和降低有害气体的排放量,缺点是控制电路和控制软件比较复杂。然而,对现代汽车电子技术来说,实现顺序喷射控制十分容易,目前普遍采用。

2. 异步喷射控制

异步喷射与曲轴转角无关,目前在电子控制燃油喷射系统中进行的异步喷射有以下几种模式。

1) 启动时异步喷射

其目的是改善发动机的启动性能。此时的控制与启动开关信号、凸轮轴位置传感器信号和曲轴位置传感器信号等有关。

2) 加速工况下异步喷射

当节气门开启速率大于所设定的阈值时,燃油喷射系统判定发动机处于加速工况,此时将进行异步喷射,以完成节气门急速开启所造成的进气量突变而进行的油量追加。异步喷射时间的长短与节气门开启速率的大小成正比。开启速率越高,吸入的空气量越多,异步喷射的时间越长。

3) 从怠速向小负荷过渡时异步喷射

在这个阶段,不同的车系采取了不同的策略,一种是怠速触点断开后,紧接着进行一次异步喷射。另一种是怠速触点断开后检测到第一个转速信号(Ne)时,才进行一次异步喷射。

三、喷油量的控制

发动机工况不同,对可燃混合气浓度的要求也不相同。特别是冷启动、怠速、急加减速等特殊工况,对可燃混合气浓度都有特殊要求。因此,喷油量的控制大致可分为启动时喷油量控制、怠速时喷油量控制、正常运转时喷油量控制、加减速时喷油量控制和空燃比反馈控制等。

当发动机工作时,ECU 首先采集反映发动机工况的各种传感器信号,然后经过计算和逻辑判断,确定出最佳喷油量和喷油时刻,再通过输出接口电路控制喷油器阀门的开启持续时间来控制喷油量。

1. 启动时喷油量的控制

当点火开关从关闭位置(OFF)转到接通位置(ON)时，ECU通电初始化，然后进入启动工作程序，如图4-37所示。点火开关一接通，电动燃油泵工作，整个系统建立起正常的油压。然后，ECU检查点火开关是否转到启动位置，如果在规定的时间内没有接收到该信号，就切断电动燃油泵，直到接收到启动信号为止。此时，ECU再根据发动机曲轴位置传感器和节气门位置传感器信号判定是否处于启动状态。如果发动机曲轴位置传感器信号表明发动机转速低于300 r/min，且节气门位置传感器信号表明节气门处于关闭状态，则判定发动机处于启动状态，并控制运行启动程序。

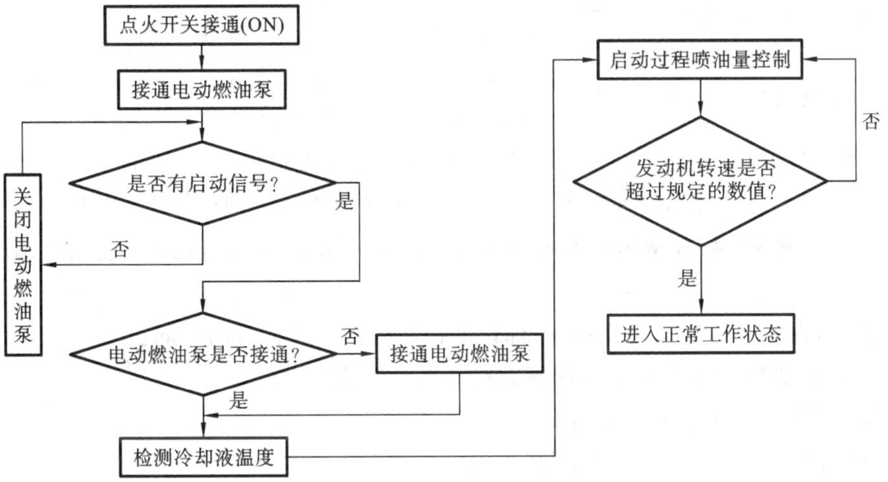

图4-37 启动时喷油量控制工作程序示意图

发动机在较冷的状态启动时，由于发动机转速波动较大，空气流量传感器不能准确地测量空气流量值，ECU根据发动机的温度及存储器中预先设定的温度与喷油量关系，确定喷油量。启动控制采用开环控制，喷油量的控制过程如图4-38所示。

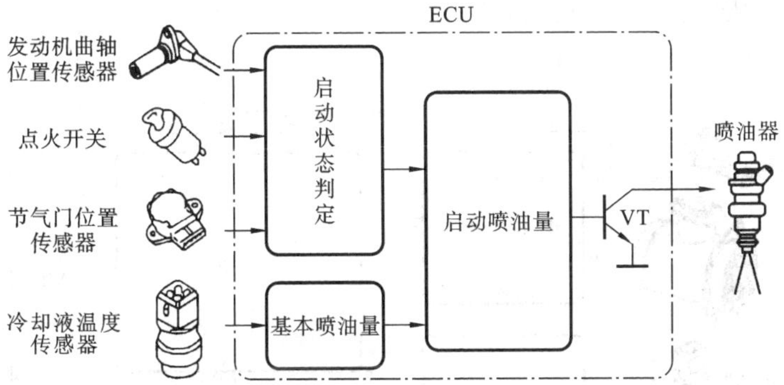

图4-38 启动时喷油量控制示意图

ECU先检测发动机冷却液温度传感器的数据，发动机冷却液的温度越低，控制的喷油量越多，即控制喷油时间较长，反之，控制的喷油量就少。冷却液温度与喷油量的关系如图4-39所示。因为低转速和低温时，燃油微粒的旋转运动减弱，燃油蒸发减弱，可燃混合气变稀，油滴沾湿缸壁，必须增大喷油量才能顺利启动发动机。如果冷却液温度在14 ℃以下，冷启动喷油器也喷油，使之易于启动；25 ℃后冷启动喷油器停止喷油。随着发动机转速(信号来自发动机曲轴

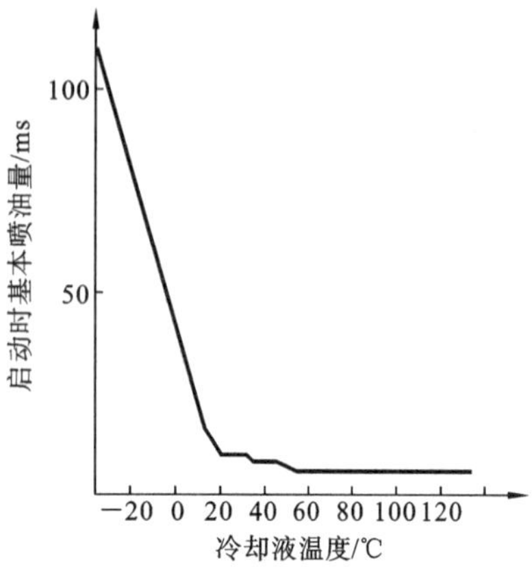

图 4-39　冷却液温度与喷油量的关系

位置传感器)的逐渐提高,ECU 控制喷油量减少,以免发动机“被淹”严重。转速达到规定的正常值后,进入暖机或正常运转时喷油量的控制状态。

在燃油喷射系统具有“清除溢流”功能的汽车上,当发动机转速低于 300 r/min 时,如果节气门开度大于 80%,那么 ECU 将判定为“清除溢流”控制,喷油器将停止喷油。

特别提示:在装配燃油喷射式发动机的汽车上,为保证发动机顺利启动,燃油喷射系统在启动时将向发动机供给很浓的可燃混合气。如果多次启动未能成功,那么淤积在气缸内的浓可燃混合气就会浸湿火花塞,使其不能跳火而导致发动机不能启动。火花塞浸湿的现象称为“溢流”或“淹缸”。清除溢流的控制过程是:先将加速踏板踩到底,然后接通启动开关使发动机运转,此时 ECU 将自动控制喷油器中断喷油,以便排出气缸内的燃油蒸气,使火花塞干燥,从而能够跳火。由此可见,在启动燃油喷射式发动机时,不必踩下加速踏板,直接接通启动开关即可。

综上所述,在发动机启动过程中,喷油量的控制与正常运转时的不同:

(1) ECU 计算喷油脉宽的主要依据为发动机冷却液温度;

(2) AFS/MAP 信号此时不起作用;

(3) 氧传感器信号也不起作用(开环控制);

(4) 混合气空燃比通常小于 14.1(浓混合气);

(5) 在顺序式燃油喷射的电控管理系统中,此时切换成同时喷油模式。

2. 发动机启动后喷油量的计算

在发动机启动后的运转过程中,喷油器实际的总喷油量由基本喷油量、喷油修正量和喷油增量 3 部分决定,如图 4-40 所示。

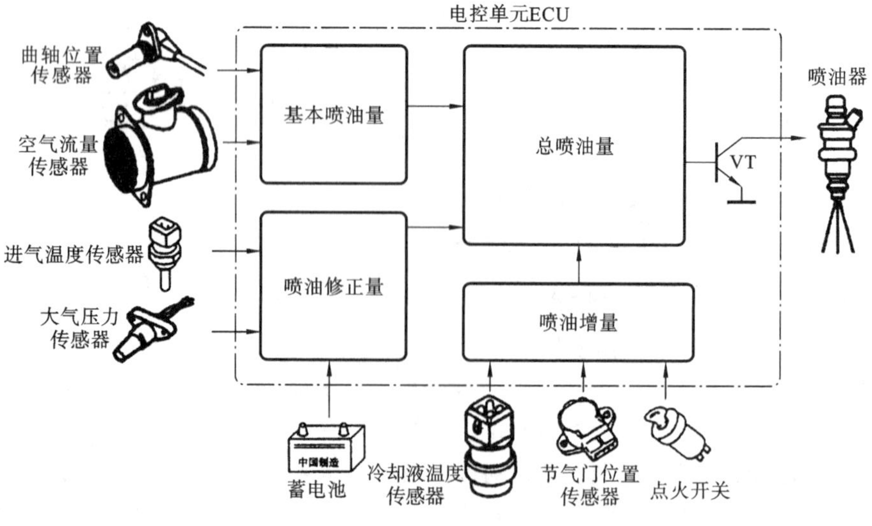

图 4-40　发动机启动后喷油量控制示意图

发动机启动后，喷油量(喷油时间)T(ms)的计算公式如下

$$T=T_b\lambda K_{af}K_{fc}(1+K_{pt}+K_{as}+K_{ct}+K_{ac}+K_{bat})$$

式中，T_b 为基本喷油时间，ms；λ 为空燃比反馈控制修正系数(开环控制时 $\lambda=1$)；K_{af}为空燃比修正系数；K_{fc}为断油修正系数(断油时 $K_{fc}=0$，不断油时 $K_{fc}=1$)；K_{pt}为进气压力与进气温度修正系数；K_{as}为启动后喷油增量修正系数；K_{ct}为冷却液温度修正系数；K_{ac}为加速喷油增量修正系数；K_{bat}为电源电压修正系数。

T_b为基本喷油时间(基本喷油量)，它是为了实现目标空燃比控制，利用空气流量信号确定的喷油持续时间，由发动机每个工作循环的进气量、发动机转速和不同工况设定的空燃比(即目标空燃比)计算求得。控制系统采用的空气流量传感器的种类不同，基本喷油时间的计算方法也不相同。

采用热丝式或热膜式等质量式空气流量传感器时，不需要进行进气温度和大气压力修正。基本喷油时间 T_b 可用下式计算

$$T_b=\frac{Q_m/n}{K_0(A/F)}$$

式中，Q_m 为空气质量流量，g/s，由热丝式或热膜式空气流量传感器输出特性确定；n 为发动机转速，r/min；A/F 为目标空燃比；K_0 为由喷油器尺寸、喷射方式以及气缸数决定的常数。

采用进气歧管绝对压力传感器、卡门涡旋式空气流量传感器以及翼片式空气流量传感器时，由于传感器的输出特性是以标准大气状态(温度为 20 ℃，压力为 101 kPa)为基准的，当大气条件发生变化时，为了求出空气的质量流量，计算基本喷油时间时必须对进气温度和大气压力进行修正。

例如，采用翼片式空气流量传感器时基本喷油时间 T_b 可用下式计算

$$T_b=\frac{Q_A/n}{K_0\cdot(A/F)}\cdot\sqrt{\frac{273+20}{T_{IAT}}}\cdot\sqrt{\frac{P_{atm}}{101}}$$

采用卡门涡旋式空气流量传感器时基本喷油时间 T_b 可用下式计算

$$T_b=\frac{Q_A/n}{K_0\cdot(A/F)}\cdot\frac{273+20}{T_{IAT}}\cdot\frac{P_{atm}}{101}$$

ECU 根据空气流量/进气歧管绝对压力传感器和发动机曲轴位置传感器的信号决定基本喷油时间，根据发动机冷却液温度传感器、进气温度传感器、节气门位置传感器和氧传感器的信号确定修正系数，最终计算出总的喷油时间。实测表明，发动机电子控制燃油喷射系统的喷油持续时间为 1.5～12.5 ms。

3. 怠速喷油量的控制

发动机启动后进入怠速工况，怠速控制功能主要是在发动机负荷或电气负荷变化时保持怠速转速基本稳定，其实质是通过控制怠速时的进气量改变喷油量来控制怠速稳定。

在 ECU 内部，存储有不同冷却液温度所对应的最佳怠速转速，如图 4-41 所示。在冷车启动后，冷却液温度低，最佳怠速较高。随着发动机冷却液温度的升高，最佳怠速逐渐降低，当冷却液温度达到正常工作温度(80 ℃)时，最佳怠速恢复正常。桑塔纳 2000GSi 型轿车的发动机正常怠温度下的怠速转速速转速为 800 r/ min±30 r/ min。

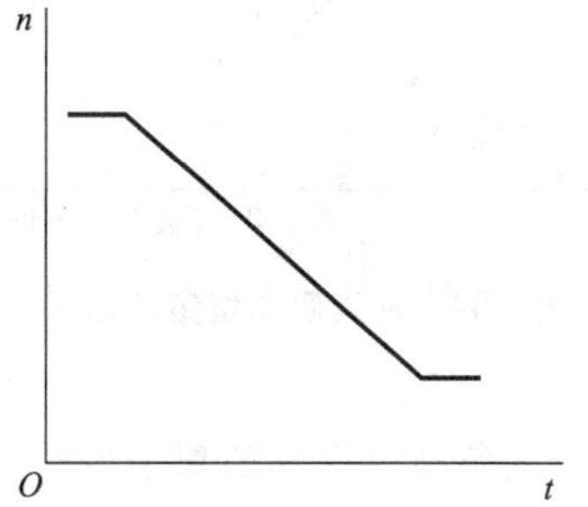

图 4-41 不同冷却液温度下的怠速转速

发动机冷车启动后,发动机温度较低,燃油雾化和蒸发不良,发动机会运转不稳甚至熄火。因此,在启动后的短时间内,必须增加喷油量,启动后喷油增量修正系数 K_{as} 的大小取决于启动时发动机的温度,并随启动后时间的推移而逐渐减小至 1,如图 4-42 所示。

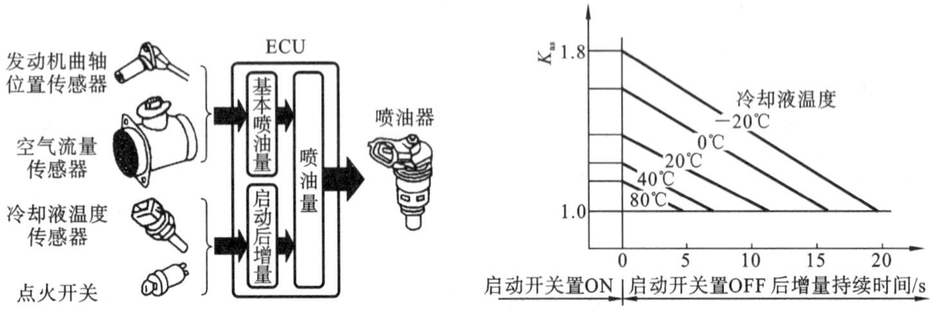

(a) 启动后喷油增量修正示意图　　(b) 启动后喷油增量修正系数变化曲线

图 4-42　启动后喷油增量的修正

在冷车启动结束后的暖机过程中,如果发动机温度较低,则必须增加喷油量,其喷油增量的修正系数(冷却液温度修正系数)K_{ct}取决于冷却液温度,并随发动机温度升高而逐渐减小,如图 4-43 所示。直到发动机冷却液温度超过 60 ℃后,喷油增量的修正系数 K_{ct}减小至 1。

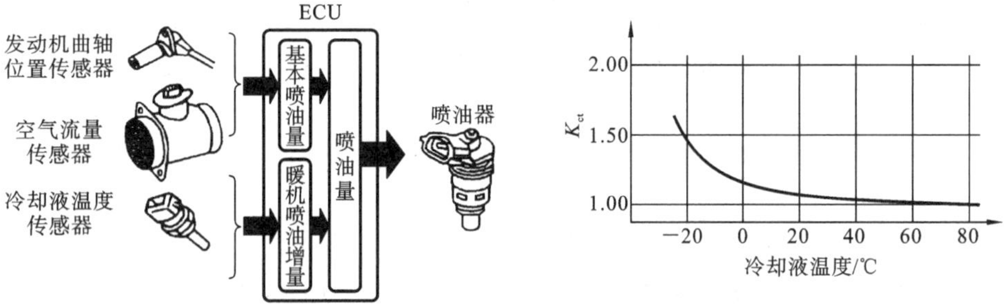

(a) 暖机过程中喷油增量示意图　　(b) 暖机过程中喷油增量修正系数曲线

图 4-43　暖机过程中喷油增量的修正

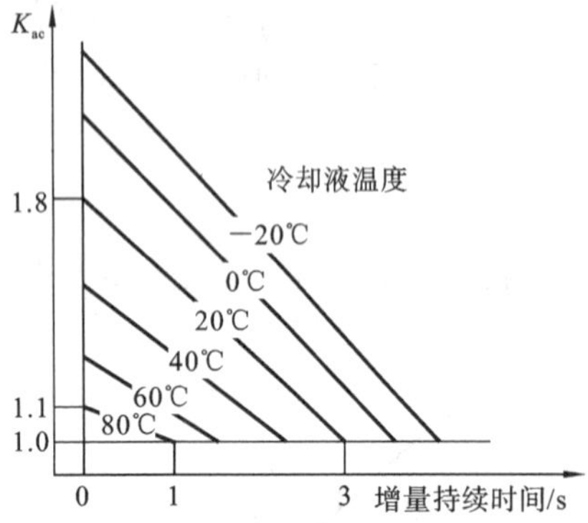

图 4-44　加速喷油增量的修正

4. 加速工况喷油量控制

当汽车加速时,快速踩下加速踏板,节气门快速打开,进气歧管真空度突减,使燃油凝结,可燃混合气变稀。为了确保正常的可燃混合气浓度,改善加速性能,ECU 通过增大加速喷油增量修正系数 K_{ac} 来增大喷油量。在发动机运转过程中,ECU 将根据节气门位置传感器信号和空气流量传感器信号的变化速率,判定发动机是否处于加速工况。加速喷油增量修正系数 K_{ac} 的大小与增量持续时间取决于加速时发动机冷却液的温度,如图 4-44 所示。冷却液温度越低,加速喷油增量修正系数 K_{ac} 越大,增量持续时间越长。

5. 大负荷工况喷油量控制

部分负荷工况是发动机的主要运行工况,在这种工况下的喷油量应能保证供给发动机理论空燃比(14.7)的混合气。但在大负荷及满负荷的工况下,为了使发动机输出最大功率,应加大喷油量，提供较浓于理论空燃比的可燃混合气。当节气门开度大于 70°(发动机负荷达 80%以上)时，ECU 通过增加空燃比修正系数 K_{af}增大喷油量。

6. 超速及减速断油控制

ECU 在某些特殊工况下，通过断油修正系数 K_{fc}实现暂时中断燃油喷射，以满足发动机运行的特殊要求。断油控制包括发动机超速断油控制、减速断油控制和清除溢流控制等。

1) 超速断油控制

超速断油控制是指当发动机转速超过允许的极限转速时，ECU 立即控制喷油器中断燃油喷射。燃油喷射式发动机采用超速断油控制的目的是防止发动机超速运转而损坏机件。

发动机工作时，转速越高，曲柄连杆机构的离心力就越大。当离心力过大时，发动机就有“飞车”而损坏的危险。因此，每台发动机都有一个极限转速值，一般为 6000～7000 r/min。桑塔纳 2000GLi、2000GSi、3000 型轿车的为 6400 r/min，捷达 AT、GTX 型轿车的为 6800 r/min。在发动机运转过程中，ECU 随时将曲轴位置传感器测得的发动机实际转速与存储器中存储的极限转速进行比较。当实际转速达到极限转速或超过极限转速 80～100 r/min 时，ECU 就发出断油指令，控制喷油器停止喷油，限制发动机转速进一步升高。超速断油控制过程如图 4-45 所示，控制曲线如图 4-46 所示。

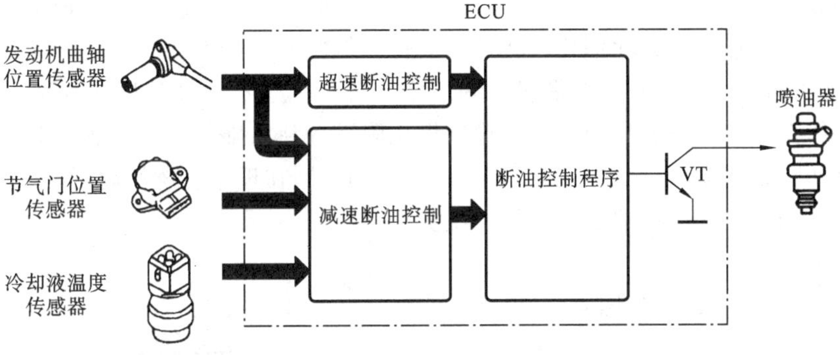

图 4-45 超速断油与减速断油控制

2) 减速断油控制

减速断油是指汽车在高速行驶过程中突然减速时，ECU 中断燃油喷射。在汽车高速行驶过程中，当驾驶员突然松开加速踏板减速时，发动机将在惯性力作用下高速旋转，由于节气门已经关闭，进入气缸的空气很少，如果喷油器不停止喷油，可燃混合气就会过浓而导致燃烧不完全，不仅浪费燃油，而且增加有害气体的排放量。

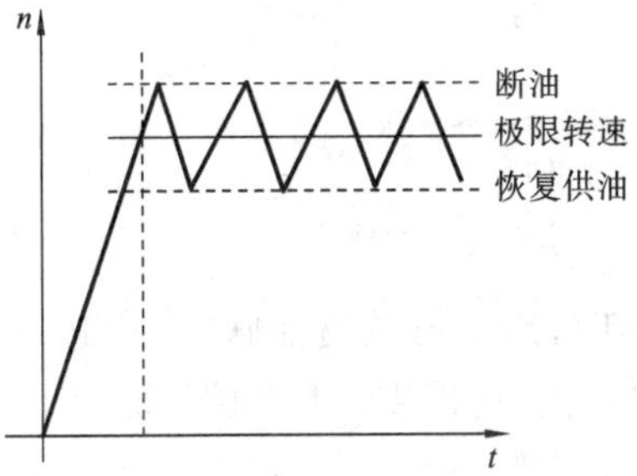

图 4-46 超速断油控制曲线

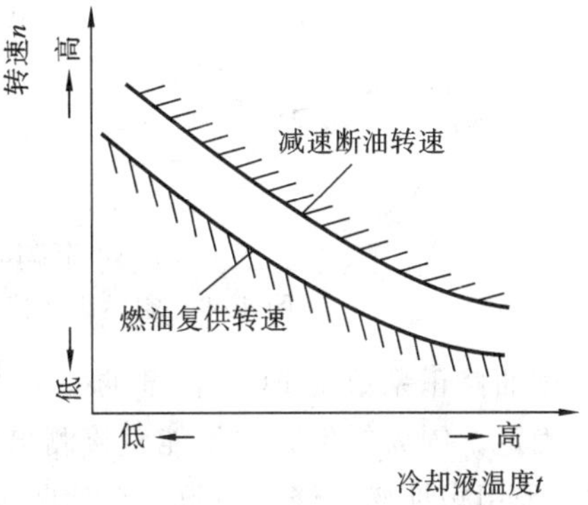

图 4-47 减速断油控制曲线

减速断油的控制过程如图 4-47 所示，ECU 根据节气门位置、发动机曲轴位置和冷却液温度信号，判定是否满足以下三个减速断油条件：

(1) 节气门位置传感器怠速触点闭合或节气门开度小于 1.2°；

(2) 发动机冷却液温度达到正常工作温度(80 ℃)；

(3) 发动机转速高于某一转速，该转速称为减速断油转速，其值由 ECU 根据发动机温度、负荷等参数确定。

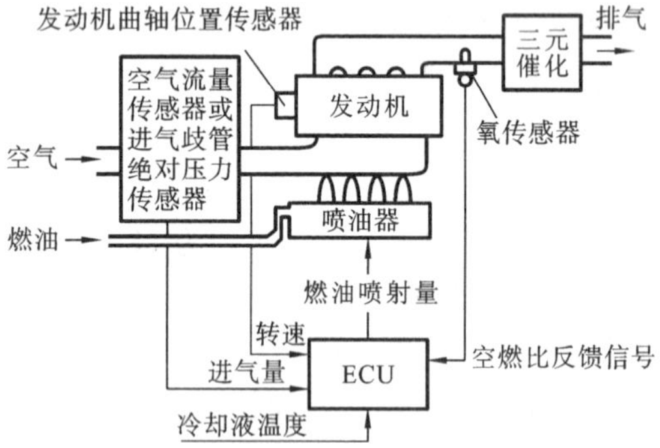

图 4-48 空燃比反馈控制系统的组成

当三个条件全部满足时，ECU 控制喷油器停止喷油。当喷油停止后，发动机转速降低到燃油复供转速或怠速触点断开时，ECU 控制喷油器恢复喷油，减速断油控制曲线如图 4-48 所示。减速断油转速和燃油复供转速与冷却液温度和发动机负荷有关。冷却液温度越低，发动机负荷越大(如空调接通)，减速断油转速和燃油复供转速就越高。

7. 空燃比反馈控制

试验证明：当可燃混合气的空燃比控制在理论空燃比(14.7)附近时，三元催化转化器才能使碳氢化合物(HC)、一氧化碳(CO)、多氧化氮(NO_x)的净化率同时达到最高。如果仅仅利用空气流量传感器和发动机曲轴位置传感器计算求得进气量，那么很难将空燃比控制在理论空燃比附近。利用排气管上的氧传感器反馈的空燃比信号，对喷油脉冲宽度进行反馈控制，将空燃比准确控制在理论空燃比附近，这个控制过程称为空燃比反馈控制，空燃比反馈控制系统的组成如图 4-48 所示。

1) 短期燃油修正

短期燃油修正控制过程如图 4-49 所示。

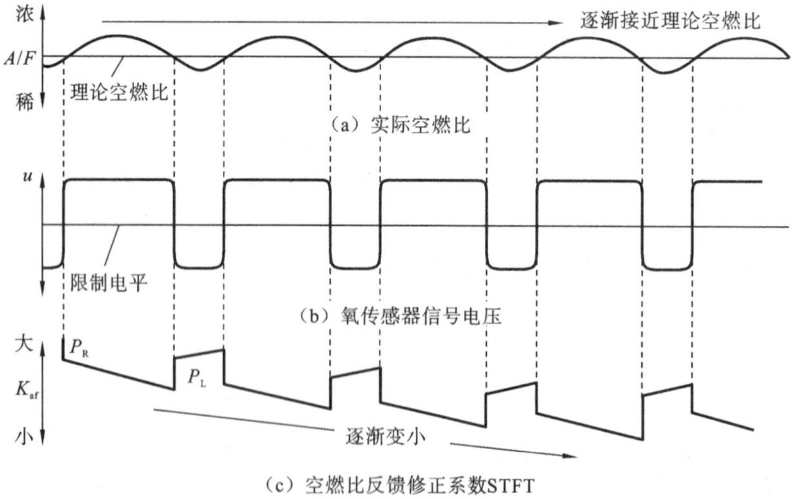

图 4-49 空燃比反馈控制短期燃油修正特性曲线

短期燃油修正系数是 ECU 内部的一个程序(STFT)，用于修正喷油脉宽，STFT 根据氧传感器信号确定。因为氧传感器不能直接测出混合气空燃比，所以 ECU 控制系统为了方便修正喷油脉宽，采用短期燃油修正系数。在诊断仪器上，该系数为一个百分数，如果 STFT=0%，表示喷油不需要修正；如果 STFT 为正数，例如 5%，表示需要增加喷油量；如果 STFT 为负数，表示需要减少喷油量。

为了便于控制，人们把氧传感器输出电压的平均值定为限制电平。当 ECU 接收到的氧传感器的信号电压高于限制电平(0.5 V)时，表明混合气偏浓，空燃比偏小，ECU 持续减小短期燃油修正系数以减少喷油量，当喷油量减少到一定的程度后，氧传感器会显示混合气过稀；当 ECU 接收到的氧传感器的信号电压低于限制电平(0.5 V)时，表明混合气偏稀，空燃比偏大，ECU 此时持续加大短期燃油修正系数(STFT)以增加喷油量，直到氧传感器再一次显示混合气过浓。控制过程如此往复循环，最终将空燃比控制在理论空燃比附近。

如果 ECU 持续加大/减小 STFT 而不能使氧传感器信号“切换”，则 ECU 认为有故障，将记录一个故障码(DTC)。

氧传感器输入 ECU 的信号电压在低电平(0.1～0.3 V)与高电平(0.7～0.9 V)之间变化，怠速时的变化频率为每分钟 10 次以上。如果氧传感器信号电压变化过慢(低于每分钟 10 次)或电压保持不变(保持高电平或低电平不变)，就说明氧传感器有故障。

2) 长期燃油修正

长期燃油修正系数是 ECU 内修正喷油量的软件，这种控制策略又称为“自适应燃油策略”。这种控制策略能够“学习”闭环控制状态下的燃油控制的结果，调整基本喷油量，并将结果记录在 ECU 内，即使发动机停机后也不会丢失。

如果短期燃油修正系数长时间保持为正数或长时间为负数，ECU 知道喷油量出现了偏差，这时 ECU 调整基本喷油量，使得 STFT 回到 0%，此时调整喷油量的幅度就是长期燃油修正系数，无论在开环还是闭环状态都适用。

当氧传感器显示混合气浓时，短期燃油修正系数 STFT 持续减小，使得喷油脉宽减小，混合气变稀，直到氧传感器信号开始切换。然后长期燃油修正系数数值减小，目标是使 STFT 重新回到以 0%为基准的切换状态。

长期燃油修正系数的数值范围为－23%～16%。

为了保证发动机具有良好的工作性能，可燃混合气的空燃比并不是在发动机所有工况下都进行反馈控制。在下述情况下，ECU 对空燃比将不进行反馈控制，而是进行开环控制。

(1) 发动机启动工况。此时需要浓可燃混合气，以便启动发动机。

(2) 发动机暖机工况。此时发动机温度低于正常工作温度(80 ℃)，需要迅速升温。

(3) 发动机大负荷工况。此时需要加浓可燃混合气，使发动机输出最大功率。

(4) 加速工况。此时需要发动机输出最大扭矩，以便提高汽车速度。

(5) 减速工况。此时需要停止喷油，使发动机转速迅速降低。

(6) 氧传感器温度低于正常工作温度。氧化锆式氧传感器的温度低于 300 ℃、氧化钛式氧传感器温度低于 600 ℃时，氧传感器不能正常输出电压信号。

(7) 氧传感器输入 ECU 的电压信号持续 10 s 以上保持不变时。此时说明氧传感器失效，ECU 将自动进入开环控制状态。

8. 蓄电池电压变化时对喷油时间的修正

喷油器的电磁线圈为感应性负载，其电流按指数规律变化，因此当喷油脉冲到来时，喷油器阀门开启和关闭都将滞后一定时间，如图 4-50 所示。蓄电池电压的高低对喷油器开启滞后的时间影响较大，电压越低，开启滞后时间越长，在开启和关闭过程中的喷射为无效喷射期，所以要考虑蓄电池电压变化对无效喷油时间的影响，对喷油时间加以修正。即当蓄电池电压降低时，增加喷油脉冲宽度；当蓄电池电压升高时，减小喷油脉冲宽度，如图 4-51 所示。

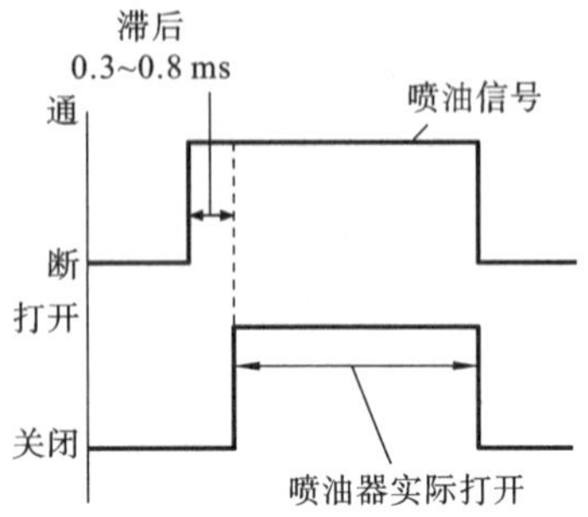

图 4-50 喷油滞后

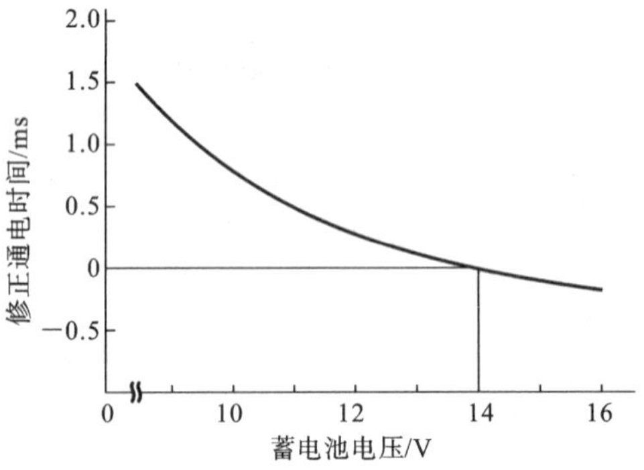

图 4-51 蓄电池电压变化时对喷油时间的修正

四、电动燃油泵的控制

早期的电动燃油泵控制电路主要有启动时的电动燃油泵控制和启动后的电动燃油泵控制等两种功能。现代汽车为了满足越来越严格的排放标准，减少启动过程中的废气排放，要求发动机的启动时间尽可能缩短，主要采取了打开点火开关（ON 位）燃油泵工作和门锁开启燃油泵工作等两种方式的预供油控制策略。出于安全和减少燃油泵的磨损及避免不必要的电能消耗等方面的考虑，燃油泵在启动前的运转是有时间限制的，一般在 3 s 的时间内还未启动发动机，控制电路将停止电动燃油泵的工作。

燃油泵的转速由外加电压决定，通常燃油泵是在一定转速下运转的，因而输出油量是不变的。但在发动机高速、大负荷工况下需油量大，有必要提高燃油泵转速以增加供油量。因此，有的发动机燃油泵设计成泵油量随发动机的负荷变化而变化，即对燃油泵设置了转速控制机构或控制系统。

1. 用燃油泵开关控制的燃油泵控制电路

这种控制方式应用于带燃油泵开关的叶片式空气流量计的 L 型 EFI 系统。控制电路如图 4-52 所示。

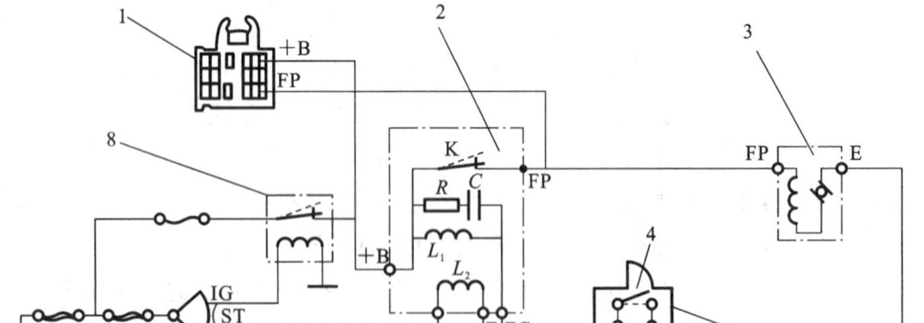

图 4-52 用燃油泵开关控制的燃油泵控制电路

1—检查插头；2—断路继电器；3—燃油泵；4—燃油泵开关；
5—叶片式空气流量计；6—燃油泵检查开关；7—点火开关；8—主继电器

在该控制电路中，断路继电器的功用是当接通点火开关时，主继电器触点闭合，电源向 EFI 系统供电。

发动机启动时，点火开关与 ST 端子接通，继电器线圈 L_2 通电，断路继电器中的触点 K 闭合，燃油泵开始工作；发动机启动后运转时，吸入气缸中的空气流经空气流量计，流量计内的测量叶片转动，使燃油泵开关接通，断路继电器内的线圈 L_1 通电，触点 K 继续闭合，燃油泵继续工作；一旦发动机停止运转，空气流量计内的燃油泵开关便断开，断路继电器内的触点也断开，燃油泵便停止工作。

2. 具有转速控制的燃油泵控制电路

在上述控制电路中，另增设一个燃油泵控制继电器，就可实现燃油泵的转速控制，如图 4-53 所示。

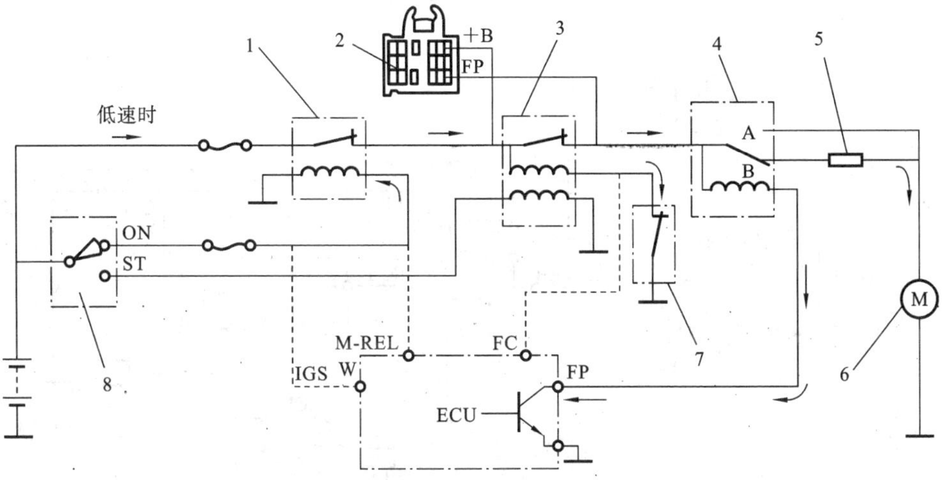

图 4-53 具有转速控制的燃油泵控制电路

1—主继电器；2—检查插头；3—断路继电器；4—燃油泵控制继电器；
5—电阻器；6—燃油泵电动机；7—燃油泵开关（空气流量计内）；8—点火开关

当发动机在低速、中小负荷下工作时，ECU 中的晶体管导通，燃油泵控制继电器内的线圈通电，使触点 B 闭合，将电阻器串联到燃油泵电路中（起分压作用），燃油泵便低速运转。

当发动机在高速、大负荷下工作时，ECU 中的晶体管截止，使触点 A 闭合，燃油泵直接与电源接通，以较高的转速运转泵油，使供油量满足工况的需要。

3. 受机油压力和发电机控制的燃油泵控制电路

如图 4-54 所示，点火开关断开时，断路继电器的触点 K_3 断开，而触点 K_2 闭合。启动时，点火开关处于启动（ST）位置，燃油泵继电器的线圈 L_1 通电，使触点 K_1 闭合，燃油泵开始工作。发动机启动后，点火开关处于点火（IG）位置，这时发电机发电，开关 4 闭合，线圈 L_3 通电，使 K_4 闭合，同时因有机油压力，开关 3 闭合，线圈 L_2 通电，将触点 K_3 吸合，从而使线圈 L_1 继续通电，燃油泵继续工作。该控制电路除了在发动机熄火时使燃油泵立即停止工作外，在发动机运转中遇到无机油压力（开关 3 断开）或发电机不发电（开关 4 断开）的故障时，都会使燃油泵停止工作，从而起到安全保护作用。

4. 用 ECU 控制的燃油泵控制电路

这种控制方式应用于 D 型 EFI 系统和采用热式、卡门涡旋式、不带燃油泵开关的叶片式空气流量计的 L 型 EFI 系统。控制电路如图 4-55 所示。

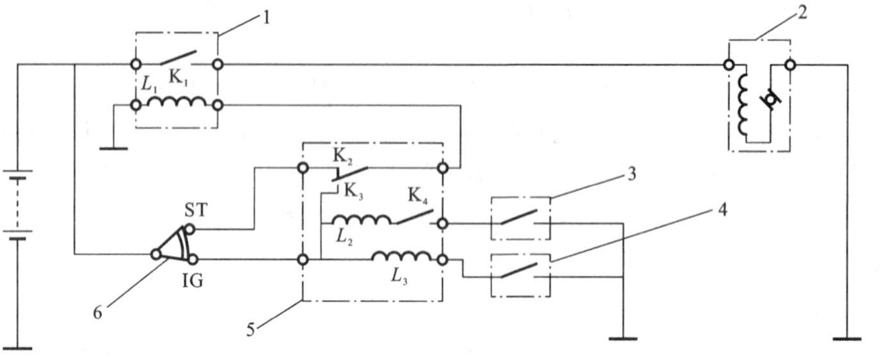

图 4-54 受机油压力和发电机控制的燃油泵控制电路

1—燃油泵继电器;2—燃油泵;3—机油压力开关;4—发电机控制开关;5—断路继电器;6—点火开关

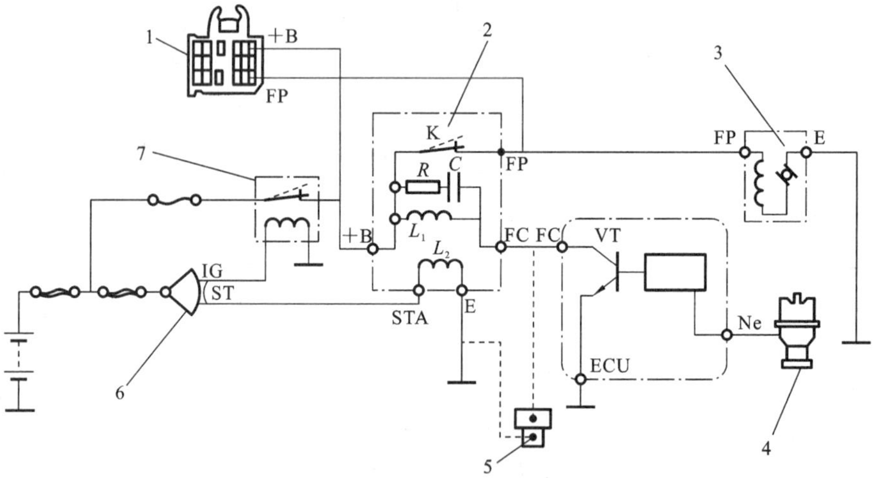

图 4-55 用 ECU 控制的燃油泵控制电路

1—检查插头;2—断路继电器;3—燃油泵;4—分电器;5—燃油泵检查开关;6—点火开关;7—主继电器

断路继电器(也称燃油泵继电器)的作用是在发动机运转时接通电源至燃油泵的电路。当点火开关接通(处于启动或发动机正常运转工况)时,主继电器线圈中有电流通过,主继电器触点闭合,电源开始向 EFI 系统各部位供电。

发动机启动时,点火开关的启动端子(ST)接通,断路继电器中的线圈 L_2 通电,产生吸力使断路继电器的触点 K 闭合,电源向燃油泵供电,燃油泵开始工作;发动机启动后运转时,即点火开关位于点火(IG)位置时,转速传感器将检测到的发动机转速信号 Ne 输入 ECU 中,使 ECU 中的晶体管 VT 导通,断路继电器中的线圈 L_1 通电产生吸力,使触点 K 继续闭合,燃油泵继续工作;发动机停止运转后,则 VT 截止,触点断开,燃油泵的供电电路断开,燃油泵停止工作。

在主继电器输出端有接线柱+B,断路继电器输出端有接线柱 FP,两接线柱分别有导线与检查插头中的相应端子连接。

5. 电动燃油泵预供油控制

配置了汽车总线系统的轿车如大众迈腾,在打开驾驶员侧车门时,舒适 CAN 总线子网中的车载电源控制单元(J519),向电动燃油泵提供电压,使电动燃油泵工作,有利于发动机正常启动。在发动机启动之后,改为发动机控制单元(J623) 控制燃油泵继电器向电动燃油泵供电,如图 4-56 所示。

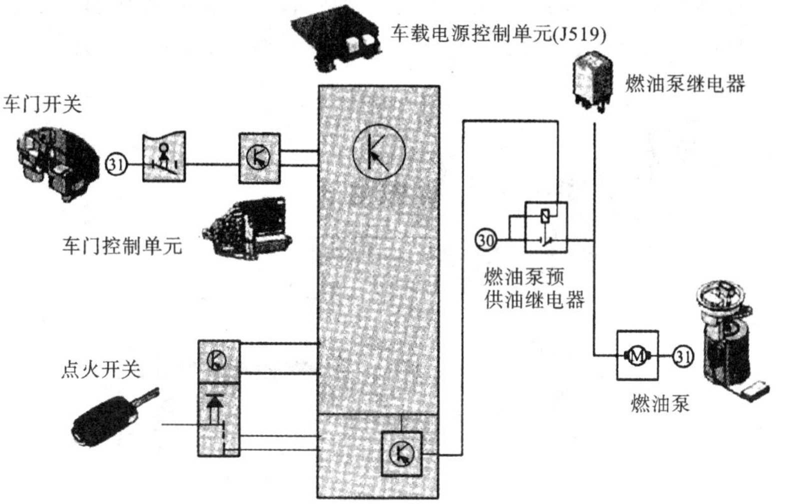

图 4-56 燃油泵预供油控制

任务4 燃油供给系统的检修与故障诊断

一、燃油供给系统油压的检测与故障诊断

1. 燃油供给系统检修注意事项

(1) 燃油供给系统中存有高压汽油，因此涉及油路拆卸时，都应在拆卸之前卸压并准备好消防设施，作业区应通风良好、断绝火源，作业时也要格外仔细，避免泄漏的汽油引发火灾。

(2) 油管多用钢、橡胶或尼龙制造，不得有渗漏、裂纹、扭结、变形、刮伤、软化或老化，否则应立即予以更换。

(3) 所有密封元件、油管卡箍均为一次性零件，维修时应予以更换。

(4) 油管接头不得松动，否则应立即予以紧固；钢制油管端部的喇叭口应密封良好无渗漏，否则应重新制作。有些轿车采用特制的油管快速接头，拆装时应使用专用工具。

(5) 安装喷油器时可在其密封元件上滴上数滴机油，以利于顺利安装。喷油器安装后应可在其位置上转动，否则说明密封圈扭曲，应重新装配。

2. 供油压力的检测

燃油供给系统的燃油压力不受ECU的控制，然而燃油压力就像人体的血压一样，如果出现了偏差就会导致故障。因此，在车辆二级维护时应检测燃油压力并根据检测结果确定车辆二级维护附加作业项目。

1) 卸压

启动发动机，在发动机运转时拔下电动燃油泵继电器或电动燃油泵导线插头，待发动机自行熄火后，再次启动发动机3～5次，利用启动喷射卸除油管中的残余压力。

2) 安装燃油压力表

拆下蓄电池负极搭铁线，安装燃油压力表(量程为1 MPa)，燃油压力表一般安装于燃油滤清器的出油口或燃油分配管的进油口处，如图4-57所示。带测压口的车辆可将燃油压力表连接至测压口处。在拆卸油管时要用一块棉布包住油管接头以防汽油喷溅,最后擦干溅出的汽油,重新装复蓄电池负极搭铁线、电动燃油泵继电器和电动燃油泵导线插头。

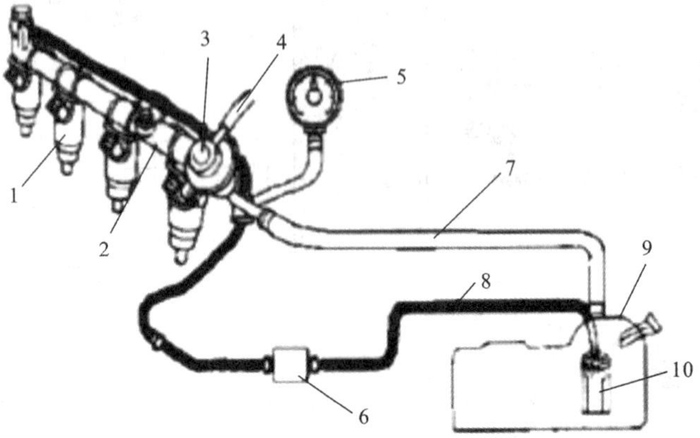

图 4-57　燃油压力表的安装位置

1—喷油器;2—燃油总管;3—阻尼器;4—燃油管;5—燃油压力表;
6—燃油滤清器;7—回油管;8—燃油管;9—燃油箱;10—燃油泵

3) 检测静态油压

拔下电动燃油泵继电器,用导线将电动燃油泵继电器供电端子短接;打开点火开关使电动燃油泵运转,此时的燃油压力应符合技术要求,一般应在 300 kPa 左右摆动(油压调节器的工作使得燃油压力表指针摆动)。

静态油压偏高多是由回油管变形或油压调节器损坏造成的,应先仔细检查回油管,变形的回油管会阻碍燃油的流动,导致静态油压升高;若回油管完好,应更换燃油压力调节器。

静态油压偏低多是由燃油泵进油滤网脏堵、电动燃油泵内部磨损、电动燃油泵限压阀损坏、燃油滤清器脏堵、油压调节器调压弹簧过软或喷油器喷孔卡滞常喷油造成的,可更换燃油滤清器试一下,若油压没有恢复正常,找出故障确切位置。

4) 检测怠速工作压力

启动发动机,怠速运转时燃油压力表的读数即为燃油供给系统的怠速工作压力,一般为 350 kPa 或符合车型技术规定。怠速工作压力偏高多是由油压调节器真空管错装、漏装或漏气造成的,此时应先检视真空管安装是否正确、是否存在漏气部位,必要时予以更换。

检测怠速工作压力时,拔下真空管时油压应上升至 400 kPa,与节气门全开时的加速油压基本相等,否则应更换油压调节器。

5) 检测急加速压力

急加速至节气门全开时,燃油压力表的读数即为燃油供给系统的急加速压力,一般急加速时油压应迅速由怠速工作时的 350 kPa 上升至 400 kPa,或符合车型技术规定。

若急加速油压无变化,则可能是真空管插在了有单向阀的真空储气罐上(如刹车真空系统),应予以恢复。

若急加速压力与怠速工作压力差值小于 50 kPa,则说明在节气门全开时进气系统仍存在真空节流(例如节气门无法开至最大角度),应予以检修。

6) 检测燃油泵最大供油压力

用包有软布的钳子夹住燃油压力表至燃油分配管之间的进油软管,此时燃油压力表读数即为燃油泵最大供油压力,其值应符合车型技术要求,一般为怠速工作油压的 2～3 倍,即 700 ～

1050 kPa。

燃油泵最大供油压力偏高是由燃油泵限压阀卡滞造成的，应更换电动燃油泵。

燃油泵最大供油压力偏低是由燃油滤清器堵塞、燃油泵进油滤网脏堵、电动燃油泵内部磨损、燃油泵限压阀关闭不严或调压弹簧过软造成的。应先更换燃油滤清器后重新检测，若油压仍然偏低，则从燃油箱中拆出电动燃油泵检视；若燃油泵进油滤网脏污，则清洗燃油箱和燃油泵进油滤网；若燃油泵进油滤网良好，应更换电动燃油泵总成。

7）检测燃油供给系统保持压力

松开油管夹钳，恢复静态油压，取下燃油泵继电器跨接线使燃油泵停止运转，此时燃油压力表读数即为燃油供给系统保持压力，一般在 30 min 内油压应不下降或在规定时间内油压下降值符合车型技术规定，帕萨特 B5 发动机规定系统保持压力在 10 min 以后应大于 200 kPa。

保持压力过低是由电动燃油泵止回阀关闭不严、油压调节器回油口关闭不严或喷油器滴漏造成的。应首先恢复静态油压，再用包有软布的钳子夹住回油软管，若压力停止下降，则应更换油压调节器。若保持压力继续下降，则用包有软布的钳子夹住燃油压力表三通接头至燃油分配管之间的进油软管，如果压力停止下降，说明喷油器漏油，则应结合喷油器试验，找出滴漏的喷油器并予以清洗，清洗后复检，必要时予以更换；若保持压力继续下降，说明电动燃油泵止回阀密封不严，应更换电动燃油泵总成。

保持压力检测完毕后再次复查静态压力，如果静态压力仍然偏低，应更换油压调节器。

3. 电动燃油泵的维修与更换

1）电动燃油泵的拆卸

电动燃油泵总成如图 4-58、图 4-59 所示，现以图 4-59 所示的带油位传感器的燃油泵总成为例说明燃油泵的拆卸步骤。

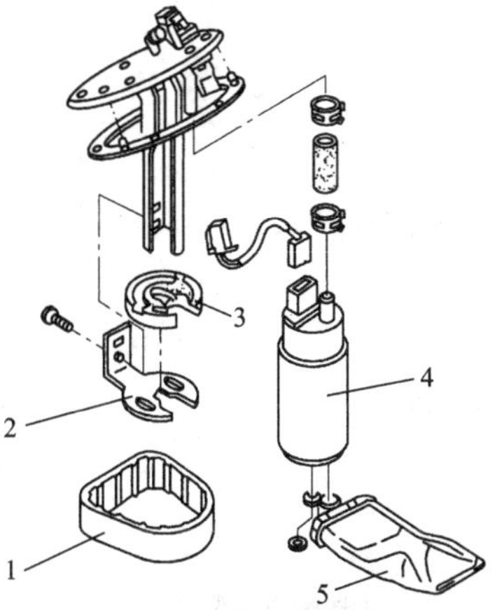

图 4-58　电动燃油泵总成图

1—橡胶圈；2—固定座；3—橡胶缓冲垫；4—电动燃油泵；5—滤网

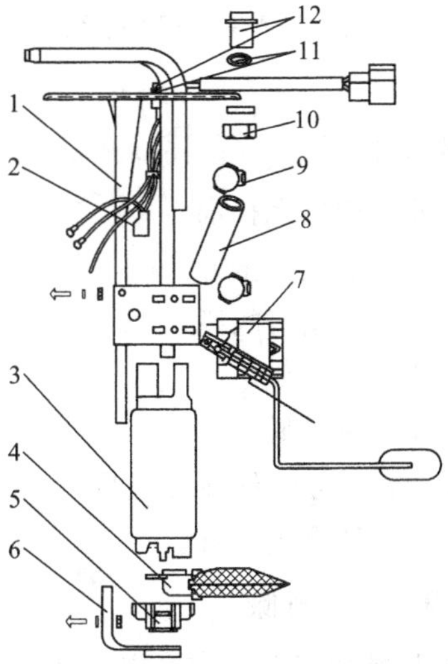

图 4-59　燃油泵总成(带油位传感器)

1—铁支架组合件；2—线束接头；3—泵芯；4—滤网组合件；5—橡胶座；6—固定板；7—油位传感器；8—胶管；9—夹箍；10—螺母；11—密封圈；12—连接套

(1) 拆下铁支架组合件下端的螺母，依次取下固定板、橡胶座、滤网组合件。

(2) 用专用卡钳拆除两个夹箍。

(3) 断开线束接头。

(4) 向下取出泵芯、胶管。

(5) 拆下线束尾端的固定螺母,拆开油位传感器。

2) 电动燃油泵拆卸注意事项

(1) 一般情况下不要拆油位传感器,若确有需要,请特别注意与其相连的导线。

(2) 拆油位传感器时,不要接触电阻板或损坏传动臂,否则可能导致油位传感器失灵。

3) 电动燃油泵的安装

(1) 先将油位传感器装在铁支架上(注意导线是否接好)。

(2) 将线束接头插入泵芯插孔,同时套紧带夹箍的胶管。

(3) 夹好夹箍。

(4) 依次将滤网、橡胶座、固定板装好,接着上紧螺母。

(5) 执行燃油泄漏检查程序,检查管子是否连接牢固,燃油泵总成是否能正常工作。

二、因燃油供给系统故障造成发动机不能启动的故障诊断与排除

1. 故障现象

将点火开关扭到启动挡,启动机能带动发动机正常转动,但不能启动发动机,且无启动征兆。

在发动机的故障中,有些故障现象比较明显,有些却并不太明显。对于现象明显的故障一般不需要专门的试验或测试就可以确定,例如发动机无法启动、怠速不稳、轿车行驶无力、排气管“放炮”等故障现象。而对另外一些故障,其故障现象不太明显,必须通过专门的试验或测试,按照一定的诊断程序,方可确定故障部位,例如燃油消耗量大、排气污染超标等故障现象。

电子控制燃油喷射发动机故障诊断的一般流程包括常规诊断流程和基本诊断流程,如图4-60、图4-61所示。

2. 故障原因

(1) 燃油箱中已无存油。

(2) 启动时节气门全开。

(3) 电动燃油泵有故障。

(4) 喷油器不工作。

(5) 燃油压力过低。

(6) 发动机气缸压缩压力过低。

(7) 进气系统严重漏气。

3. 故障诊断与排除

电子控制燃油喷射发动机在设计上具有很好的启动性能,电子控制燃油喷射系统的一般故障通常不会导致发动机不能启动。如果出现不能启动且无启动征兆的故障,其原因是发动机的点火系统、燃油供给系统或控制系统三者之中的一个或一个以上的系统完全丧失了功能。因此,不能启动的故障诊断与排除应重点集中在上述三个系统中。

(1) 对于发动机不能启动的故障,一般应先检查燃油箱存油情况。打开点火开关,若燃油表指针不动或油量警告灯亮,则说明燃油箱内无油,应加满燃油后再启动。

(2) 应采用正确的启动操作方法。通常电子控制燃油喷射发动机的启动控制系统要求在

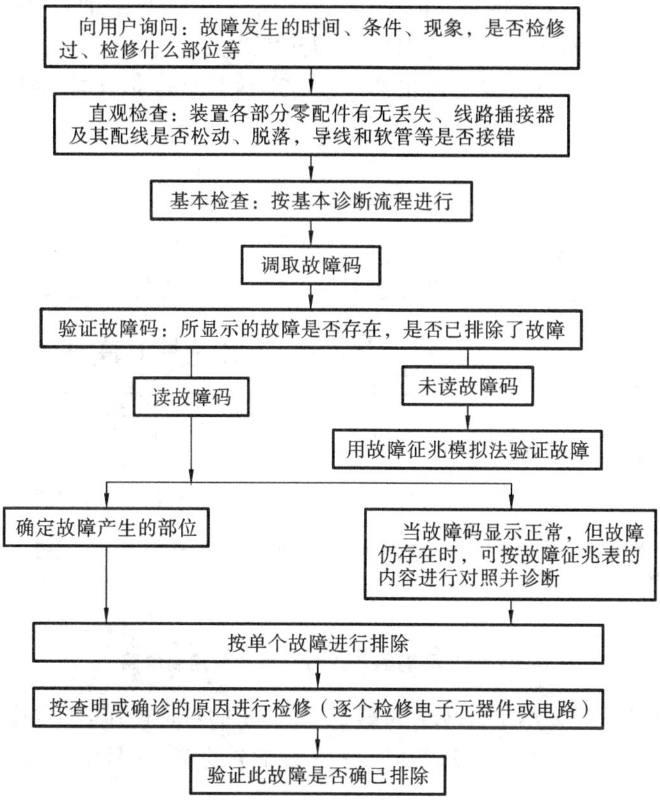

图 4-60 电子控制燃油喷射发动机的常规诊断流程

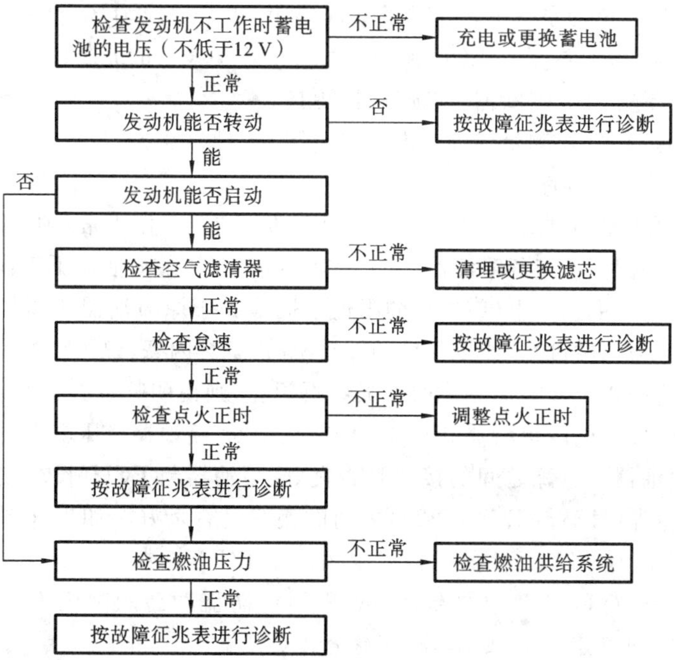

图 4-61 电子控制燃油喷射发动机的基本诊断流程

启动时不踩加速踏板。如果在启动时将加速踏板完全踩下或反复踩加速踏板以求增加供油量，往往会使电子控制燃油喷射系统的清除溢流功能起作用，从而导致喷油器不喷油，造成不能启动。

(3) 检查点火系统。本案例暂不考虑(认为无故障)。

(4) 检查燃油泵控制电路是否工作正常。以桑塔纳 2000GSi 为例，桑塔纳 2000GSi 燃油泵控制电路如图 4-62 所示。

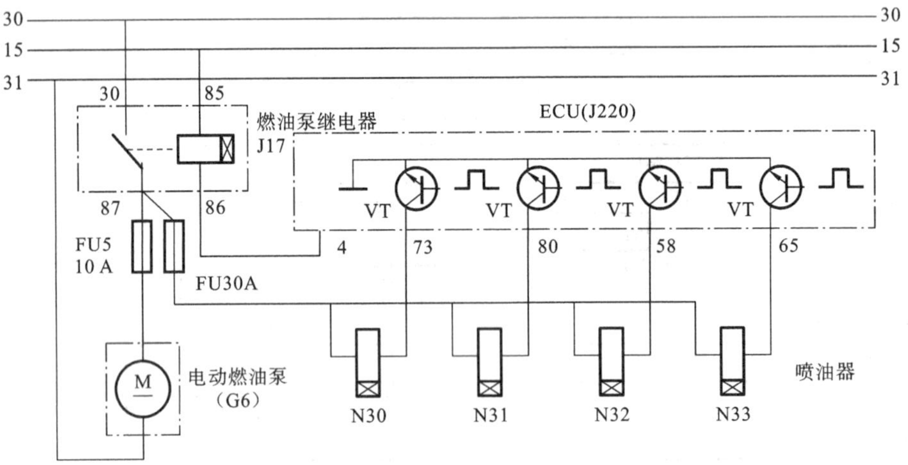

图 4-62　桑塔纳 2000GSi 燃油泵控制电路

① 用万用表测量燃油泵继电器 J17 的第 30 号端子的对地电压，正常值应大于 11.5 V；

② 打开点火开关，用万用表测量燃油泵继电器 J17 的第 85 号端子的对地电压，正常值应大于 11.5 V；

③ 拔下所有喷油器插头，启动发动机，用万用表电压挡测量燃油泵继电器 J17 的第 87 号端子的对地电压，正常值应大于 12 V；

④ 如无电压，检查燃油泵继电器 J17 的线圈电阻，正常值应为 86 Ω 左右，如正常，检查燃油泵继电器 J17 的第 86 号端子与 ECU 的第 4 号端子连接线路的通断；

⑤ 如有电压，检查 FU5 熔断器，如损坏，则更换；

⑥ 若 FU5 熔断器正常，测量燃油泵电动机电阻，一般为 0.5～3 Ω，如果电阻很大，则说明电动机内部接触不良或有断路。

(5) 检查喷油器是否喷油。如果点火系统和电动燃油泵工作正常，则应进一步检查喷油控制系统，在启动发动机时，检查各喷油器有无工作的声音。如果喷油器不工作，可用一个大阻抗的试灯接在喷油器的线束插头上(该试灯的阻值要明显大于原喷油器线圈的阻值，并注意绝对不要短路，否则将会损坏微机)。如果在启动发动机时，试灯闪亮，说明喷油控制系统工作正常，喷油器有故障，应清洗或更换喷油器。如果试灯不闪亮，则说明喷油控制系统或控制线路有故障。对此，应检查喷油器电源熔断器(FU 30 A)有无熔断，喷油器降压电阻(指低阻值喷油器的车上)有无烧断，喷油器与电源之间的接线是否良好，喷油器与 ECU(J220)之间的接线是否良好，微机的电源继电器(J17)与 ECU(J220)之间的接线是否良好。如果外部电路均正常，则可能是 ECU(J220)内部有故障，可用解码器或采用测量 ECU 各端子电压的方法来检查 ECU 有无故障，也可以换一个好的同型号的 ECU 试一下(有防盗功能的微机不可互换，否则将锁死 ECU)，如果能启动，可确定为 ECU 故障，应修复或更换微机。

(6) 检查燃油系统的油压。

(7) 检查进气系统是否漏气。本案例暂不考虑(认为无故障)。

学习评价

◆检验您对电控汽油机燃油供给系统相关知识的了解程度

下列问题中哪些答案是正确的？在答案中至少有一项是正确的。

1. 对单点燃油喷射系统相关知识表述正确的是(　　)。

A. 喷油器安装在节气门上方，同时喷射，喷射过程与曲轴转角有关

B. 喷油器安装在节气门上方，同时喷射，喷射过程与曲轴转角无关

C. 按节流速度方式检测进气量，不需要空气流量传感器或进气歧管绝对压力传感器

D. 该系统对混合气的控制精度比较低，各个气缸混合气的均匀性较差

2. 对多点燃油喷射系统相关知识表述正确的是(　　)。

A. 每一个气缸安装一个喷油器，安装位置可以是进气门前的进气道上，也可以是燃烧室顶部的气缸盖上

B. 既可按质量流量方式检测进气量，也可按速度密度方式检测进气量

C. 按相位分类可分为同时喷射、分组喷射和顺序喷射三种类型

D. 保证了发动机每个气缸内混合气浓度的均匀性，使燃油和空气混合得更充分

3. 对于分组喷射相关知识表述正确的是(　　)。

A. 各缸喷油器分成若干组，同组喷油器同时喷油，组与组之间顺序喷油

B. 对于4缸发动机，分组规则是1、4缸一组，2、3缸一组

C. 对于4缸发动机，分组规则是1、3缸一组，2、4缸一组

D. 每个工作循环各组喷油器喷射一次

E. 每个工作循环各缸喷油器喷射一次

4. 对于按速度密度方式检测进气量的燃油喷射系统，ECU根据(　　)计算所需要的基本燃油喷射量。

A. 空气流量和发动机转速　　　　B. 进气歧管绝对压力和发动机转速

C. 节气门位置和发动机转速

5. 对马鞍形油箱的结构与工作原理表述正确的是(　　)。

A. 马鞍形油箱分为主油箱和副油箱

B. 为了使马鞍形油箱的主、副油箱中的液位保持平衡，需在主、副油箱中安装电动燃油泵

C. 主、副油箱中的液位能保持平衡，因为利用了副油箱设置的文丘里管产生的文丘里效应

D. 主、副油箱中的液位能保持平衡，因为利用了主、副油箱设置的文丘里管产生的文丘里效应

E. 主、副油箱中的液位能保持平衡，因为利用了主、副油箱设置的虹吸泵

6. 对燃油压力调节器的作用表述正确的是(　　)。

A. 调节燃油泵出口油压

B. 平衡进气歧管压力

C. 调节供油系统的燃油压力，使喷油器进出口的压力差保持恒定

D. 缓冲喷油器间歇喷油引起的压力波动和燃油泵供油时产生的压力波动

7. 在MPI多点燃油喷射系统中，燃油被喷入(　　)。

A. 燃烧室内　　B. 节气门后部　　C. 节气门前部　　D. 进气道

8. 电动燃油泵中单向阀的作用是(　　)。

A. 防止在工作中，出口下游因某种原因堵塞时，发生管路破损和燃油泄漏

B. 保持燃油泵和压力调节器之间的燃油具有一定的压力

C. 可缩短再次启动的时间

9. 缸内直喷高压燃油供给系统是由低压供油系统和高压供油系统两部分组成。对低压供油系统相关信息表述正确的是(　　)。

A. 低压部分可采用无回油燃油供给或有回油燃油供给等两种模式

B. 无回油燃油供给模式采用了先进的电动燃油泵

C. 无回油燃油供给系统首次采用了闭环控制模式

D. 燃油泵控制模块和低压油路油压传感器一起组成一个闭环控制系统

E. 为了保证低压部分油压的稳定,系统中仍需保留燃油压力调节器

10. 对燃油计量阀相关信息表述正确的是(　　)。

A. 燃油计量阀是一个电磁阀,受 PCM 控制

B. 控制低压油泵泵到油轨里的燃油量

C. 控制高压油泵泵到油轨里的燃油量

D. 保证进入油轨当中的燃油压力与需求的燃油压力保持一致

E. 燃油计量阀与高压燃油压力传感器一起组成一个闭环控制系统

F. 燃油计量阀是高压油泵的一个部分,不能单独更换

11. 缸内直喷的燃油喷射量取决于(　　)。

A. 喷油器的开启时间　　B. 油轨的压力和喷油器的开启时间

C. 喷油器的开启电压和保持电压　　D. 低压供油系统的供油压力

12. 喷油正时是指喷油器开始喷油时对应的曲轴转角。喷油器开始喷油是在(　　)。

A. 活塞运行到压缩行程上止点前某一角度　　B. 活塞运行到排气行程上止点前某一角度

C. 与活塞运行的位置无关

13. 对顺序喷射的控制相关知识表述正确的是(　　)。

A. 发动机工作一个循环,各缸喷油器轮流喷油一次

B. ECU 需要一个气缸判别信号,判定是哪一个气缸的活塞即将运行至排气上止点

C. 每只喷油器都有自己独立的驱动回路

D. 喷油顺序与点火顺序一样

14. 对启动时喷油量控制相关知识表述正确的是(　　)。

A. ECU 需根据点火开关、曲轴位置和节气门位置信号判定是否处于启动状态

B. ECU 计算喷油脉宽时的主要依据为发动机冷却液温度

C. 启动控制采用开环控制,AFS/MAP 信号此时不起作用

D. 启动控制采用闭环控制,氧传感器信号此时起作用

E. 在顺序式燃油喷射的电控管理系统中,此时切换成同时喷油模式

15. 若燃油系统保持压力过低,应检查(　　)。

A. 电动燃油泵单向阀　　B. 燃油压力调节器　　C. 喷油器　　D. 燃油滤清器

16. 关于燃油修正,下面表述正确的是(　　)。

A. 短期燃油修正在闭环工况下起作用

B. 短期燃油修正是 ECU 依据氧传感器电压信号对喷油量的修正

C. 长期燃油修正是 ECU 根据短期燃油修正的结果计算得来的,其目的是尽可能让短期燃油修正系数的数值接近 0%

D. ECU 通过对喷油量进行调整来控制空燃比

E. 长期燃油修正系数,无论在开环还是闭环状态都适用

自我评价______分　　小组评价______分　　教师评价______分

项目 5
汽油机微机控制点火系统电控技术与检修

知识目标

（1）能够复述汽油机微机控制点火系统的组成和功用。

（2）能够讨论点火提前角、闭合角及爆震等控制的控制过程。

（3）能够掌握识读和分析汽油机微机控制点火系统电路的方法。

（4）能够解释系统中相关传感器或执行器出现故障时对控制系统的影响。

（5）能够初步建立汽油机微机控制点火系统典型综合故障的诊断思路。

技能目标

（1）能够参照维修手册，按正确的步骤与方法在车完成对汽油机微机控制点火系统中相关传感器、执行器的检测。

（2）能够识读和分析汽油机微机控制点火系统相关控制电路图。

（3）能够初步完成汽油机微机控制点火系统的故障分析。

（4）能够初步完成电控汽油机微机控制点火系统典型综合故障(发动机不能启动)的诊断与排除。

任务1　汽油机微机控制点火系统认知

一、汽油机微机控制点火系统的功用与要求

(一) 汽油机微机控制点火系统的功用

为了在气缸中定时地产生高压电火花,汽油发动机设置了专门的点火系统。点火系统的基本功用是在发动机各种工况和使用条件下,根据发动机的工作顺序和点火时间要求,在气缸内适时、准确、可靠地产生足够能量的电火花,以点燃可燃混合气,使发动机做功。

对于汽油机微机控制点火系统而言,控制的核心问题是点火提前角电子控制。点火提前角对发动机的动力性、经济性和排放性有十分重要的影响,是继燃油时间控制之后的第二个必不可少的控制参数。随着汽油机日益广泛地采用增压技术,提高压缩比,点火控制中都加入了爆震控制的功能。增加了爆震控制的功能后,能将汽油发动机的点火提前角控制在最佳值,使可燃混合气燃烧后产生的温度和压力达到最大值,从而能够显著提高发动机的动力性,同时还能提高燃油经济性和减少有害气体的排放量。

(二) 对点火系统的基本要求

点火系统应在发动机各种工况和使用条件下都能保证可靠而准确地点火。为此,点火系统应满足以下基本要求。

1. 能产生足以击穿火花塞两电极间隙的电压

使火花塞两电极之间的间隙击穿并产生电火花所需要的电压,称为火花塞的击穿电压。火花塞击穿电压的大小与中心电极和侧电极之间的距离(火花塞间隙)、气缸内的压力和温度、电极的温度、发动机的工作状况等因素有关。

电极间隙越大,电极周围气体中的电子和离子距离越大,受电场力的作用越小,越不易发生碰撞电离,因此要求有更高的击穿电压方能点火。

气缸内的压力越大或者温度越低,则气缸内可燃混合气的密度越大,单位体积中气体分子的数量越多,离子自由运动的距离越小,越不易发生碰撞电离。只有提高加在电极上的电压,增大作用于离子上的电场力,使离子的运动加速才能发生离子间的碰撞电离,使火花塞电极间隙击穿。因此气缸内的压力越大或者温度越低,所要求的火花塞击穿电压越高。

电极的温度对火花塞击穿电压也有影响。电极的温度越高,包围在电极周围的气体的密度越小,越容易发生碰撞电离,所需的火花塞击穿电压越小。实践证明,当火花塞的电极温度超过混合气的温度时,击穿电压可降低30%～50%。

发动机工况不同时,火花塞的击穿电压将随发动机的转速、负荷、压缩比、点火提前角以及混合气的浓度的变化而变化。

启动时的击穿电压最高,因为气缸壁、活塞及火花塞的电极都处于冷态,吸入的混合气温度低、雾化不良。压缩时混合气的温度升高不大,加之火花塞电极间可能积有汽油或机油,因此所需击穿电压最高。此外,汽车加速时,由于大量冷混合气被突然吸入气缸内,也需要较高的击穿电压。

试验表明,发动机正常运行时,火花塞的击穿电压为7～8 kV,发动机冷启动时达19 kV。

为了使发动机在各种不同的工况下均能可靠地点火，要求火花塞击穿电压应为15～20 kV。

2. 电火花应具有足够的点火能量

为了使混合气可靠点燃，火花塞产生的火花应具备一定的能量。发动机正常工作时，由于混合气压缩时的温度接近自燃温度，因此所需的火花能量较小，火花能量为15～50 mJ就足以点燃混合气。但在启动、怠速以及突然加速时需要较高的点火能量，为保证可靠点火，一般应保证50～80 mJ的点火能量，启动时应能产生大于100 mJ的点火能量。

3. 发动机性能对点火提前角的要求

1）点火时间与发动机性能的关系

点火系统的任务是在汽油机每一个工作循环的合适的时间产生一个合适能量的火花，点燃这个火花附近的可燃混合气。混合气着火之后，火焰迅速蔓延至整个燃烧室，气缸内产生一个逐渐升高的压力，推动活塞做功。合适的点火时间的选择，就是要使爆发压力的最高点在压缩上止点之后5°～10°曲轴转角，这样才能推动曲轴正向旋转。因为从火花产生到混合气真正着火需要一定的延迟时间，因此，点火时间在上止点之前的一个角度，称为点火提前角。气缸内压力的曲轴转角变化曲线如图5-1所示。

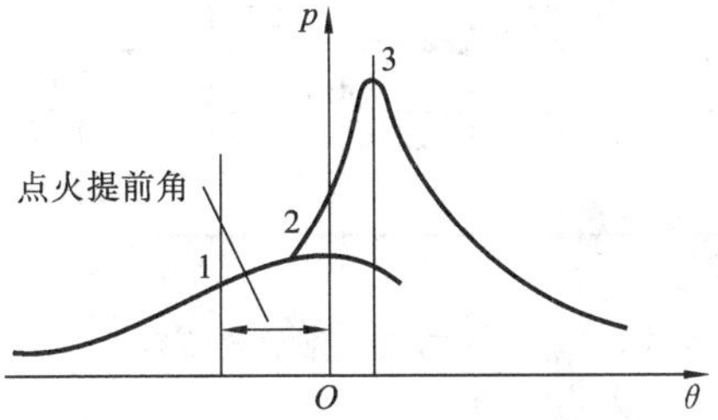

图5-1 气缸内压力的曲轴转角变化曲线

O—压缩上止点；1—点火；2—起燃；3—最高压力

如果在火焰传播到整个气缸范围之前，在气缸内出现了除点火之外的另外的发火点，则将发生爆震，而爆震对于汽油机来讲是破坏性的，不仅会造成机械性的损坏，也会产生更多的NO_x而使排放恶化。解决爆震的办法之一就是减小点火提前角，推迟点火，或使用添加了抗爆性燃烧抑制剂的高辛烷值（高标号）汽油。可见，爆震是否发生，是汽油机点火调整的最主要的约束。点火提前角与发动机性能的关系如图5-2所示。

从图5-3所示的点火时刻与气缸压力的关系曲线中可以看出，*A*是没有燃烧的单纯压缩压力线，*B*、*C*、*D*则分别是不同点火提前角所形成的压力线。压力线下方所包含的面积是可以做功的压力，最佳的点火提前角是*C*。*B*过早，容易发生爆震；而*D*过晚，可以做功的有效压力太小。

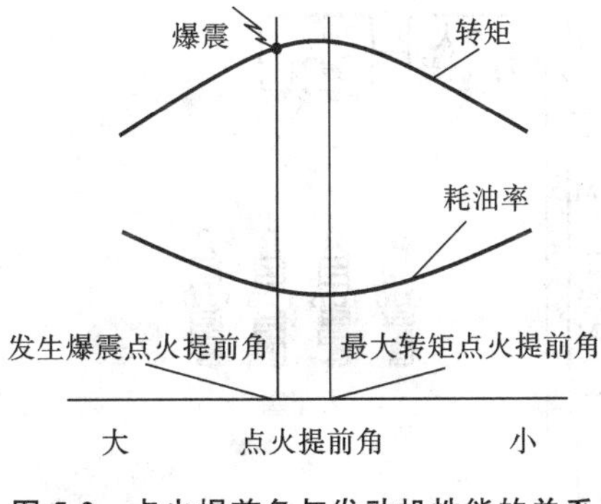

图5-2 点火提前角与发动机性能的关系

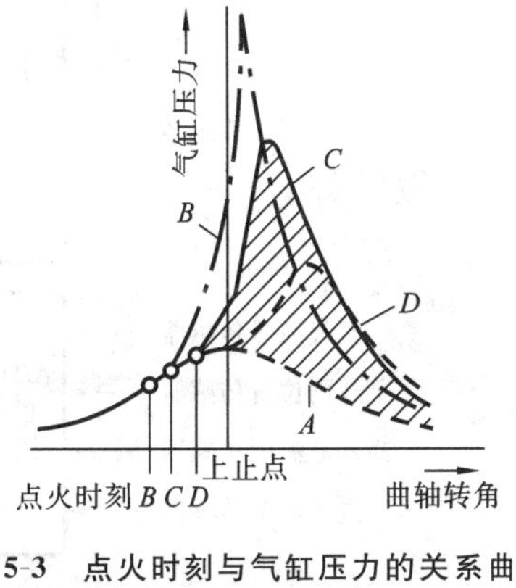

图5-3 点火时刻与气缸压力的关系曲线

2）点火提前角与混合气浓度（空燃比）的关系

点火提前角与混合气浓度的关系如图5-4所示。一般来讲，随着混合气浓度的改变，最佳点火提前角也是变化的，稀混合气时点火延迟时间长一些，需要比较大的点火提前角；混合气加浓时,点火要推迟,即要求比较小的点火提前角。

3) 点火提前角与排放的关系

点火提前角与排放的关系如图5-5所示。点火提前会使未燃烧的HC增加,NO_x也会增加,超过空燃比的整个范围。造成这种情况的原因是点火提前会使燃烧室的温度更高。

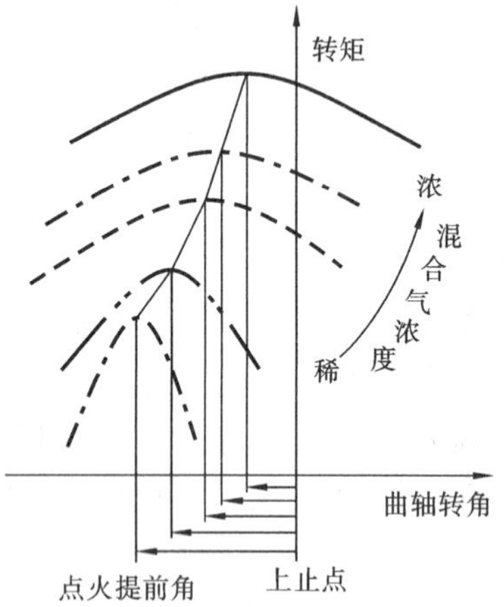

图5-4 点火提前角与混合气浓度的关系

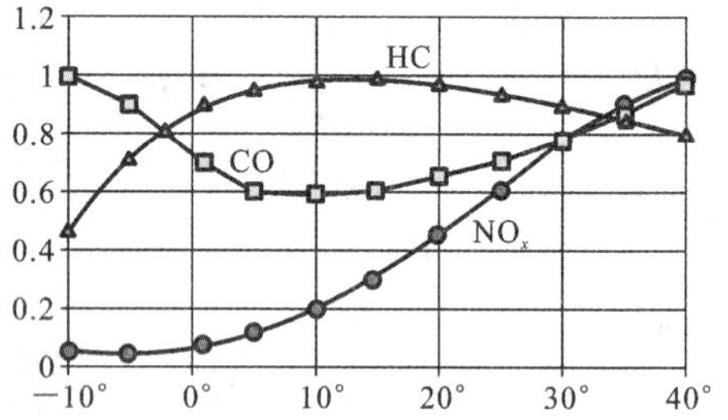

图5-5 点火提前角与排放的关系

为了减少NO_x,要将提前的点火延迟。从图中还可看出,CO几乎与点火正时无关,CO主要与空燃比控制结果相关。由此可见,排放的影响也是确定最终点火正时的重要因素之一。

二、微机控制点火系统的组成

微机控制点火系统主要由传感器和各种控制开关、电控单元(ECU)、点火控制器、点火线圈、火花塞等组成。微机控制点火系统的组成如图5-6所示。

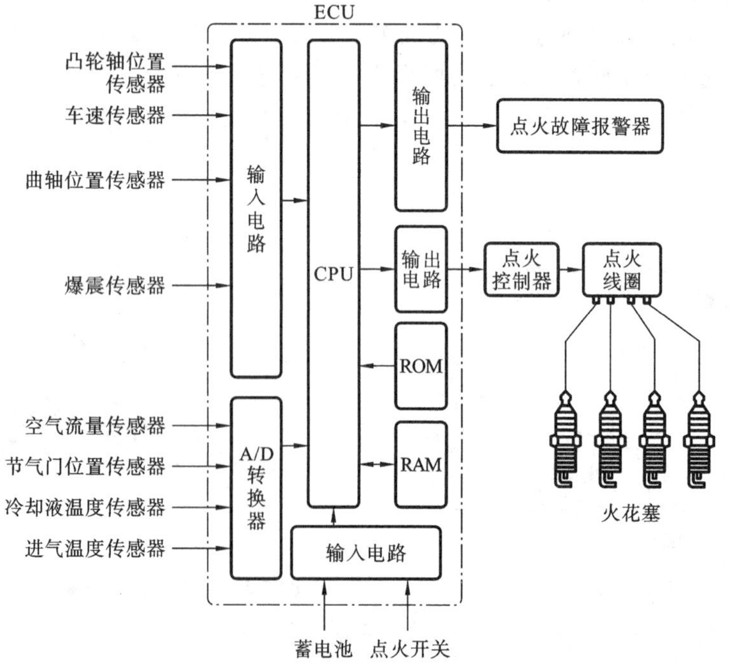

图5-6 微机控制点火系统的组成框图

1. 传感器与开关信号

传感器用来不断地检测与点火有关的发动机工作状况信息，并将检测结果输入电控单元，作为运算和控制点火时刻的依据。各车型使用的传感器类型、数量、结构及安装位置不同，但其作用大同小异。微机控制的电子点火系统中所用的传感器主要有以下几种。

(1) 曲轴位置传感器：用于检测发动机转速信号和曲轴转角位置，与凸轮轴位置传感器配合确定点火时刻，与空气流量传感器(进气歧管绝对压力传感器)配合计算基本提前角。

(2) 凸轮轴位置传感器：判定一缸压缩行程上止点位置信号，与曲轴位置传感器配合确定一缸的点火时刻。

(3) 空气流量传感器(进气歧管绝对压力传感器)：用于检测发动机进气量，是负荷传感器，与曲轴位置传感器配合计算基本提前角。

(4) 水温传感器：用于检测发动机水温信号，对点火提前角进行修正。

(5) 进气温度传感器：用于检测进气温度信号，对点火提前角进行修正。

(6) 节气门位置传感器：用于检测节气门开度或全开、全闭及急加速信号，对点火提前角进行修正。

(7) 车速传感器：用于检测车速信号，对点火提前角进行修正。

(8) 氧传感器：用于检测空燃比信号，对点火提前角进行修正。

(9) 爆震传感器：用于检测发动机爆震信号，对点火提前角进行修正并完成闭环控制。

除上述主要传感器的信号外，微机控制点火系统还采集各种开关的信号用于修正点火提前角。启动开关信号用于启动时修正点火提前角；空调开关信号用于怠速工况下使用空调时修正点火提前角；空挡安全开关仅在采用自动变速器的汽车上使用，ECU 利用该开关信号来判断发动机是处于空挡停车状态还是行驶状态，然后对点火提前角进行必要的修正。

2. 电子控制器(电控单元 ECU)

电子控制器是点火控制系统和喷油控制系统的中枢，作用是接收上述各有关传感器信号，并按照特定的程序进行判断、运算后，给电子点火组件输出最佳点火提前角和初级电路导通时间的控制信号。在现代发动机集中控制系统中，点火系统仅是电子控制器的一个子系统。

3. 电子点火器

电子点火器(也称电子点火模块、电子点火组件)是综合控制的执行器之一，电子点火器的作用是根据 ECU 的指令，通过内部的大功率三极管的导通和截止，控制初级电路的通断，完成火花塞的点火工作。

三、微机控制点火系统高压电的分配方式

(一) 双缸同时点火系统(EDIS)

这种系统是指点火线圈每产生一次高压，都使配对成一组的两缸火花塞同时跳火，每缸在一个完整工作循环中点火两次，其中只有一缸是有效点火，另一缸是无效点火。配对的无效点火缸恰好处于排气行程，缸内的温度较高而压力很低，火花塞电极间隙的击穿电压很低，而对有效点火缸的火花塞的电极电压、跳火放电能量影响很小。

这种方式点火高压电的分配又分为两种：二极管分配方式和点火线圈分配方式。

1. 二极管分配方式

用高压二极管来分配点火高压电的同时点火，如图 5-7 所示，它是某 4 缸发动机采用高压

二极管 VD_1～VD_4 配电的电路工作原理图。该发动机的点火顺序为 1—3—4—2，1、4 缸分成一组，2、3 缸分成另一组点火。点火线圈采用一个次级电路、两个初级电路的结构，次级电路的两端通过 4 个高压二极管与火花塞构成回路。高压二极管有内装式(安装在点火线圈内部)和外装式两种结构形式，这里为内装式结构。电子点火器中两个功率三极管各控制一个初级电路，它们由 ECU(图中未画出)按点火顺序输出的点火正时控制信号，交替控制导通或截止。

当 1、4 缸的点火控制信号输入电子点火器，使三极管 VT_1 截止时，初级电路 A 断电，次级电路产生如图中实线箭头所示方向的电动势 e_1。在此电动势作用下，高压二极管 VD_1、VD_4 正向导通，有感应的脉冲电流(放电电流)通过，使 1、4 缸火花塞电极电压迅速升高直至跳火；而高压二极管 VD_2、VD_3 反向截止，故 2、3 缸火花塞不跳火。

当 2、3 缸的点火控制信号输入电子点火器，使三极管 VT_2 截止时，初级电路 B 断电，次级电路产生如图中虚线箭头所示方向的电动势 e_2。e_2 使 VD_2、VD_3 导通，VD_1、VD_4 截止，故 2、3 缸火花塞跳火。

在电子点火器的两个功率三极管上，各接有一个稳压管，用于吸收初级线圈断路时产生的自感电动势，以保护两个三极管。

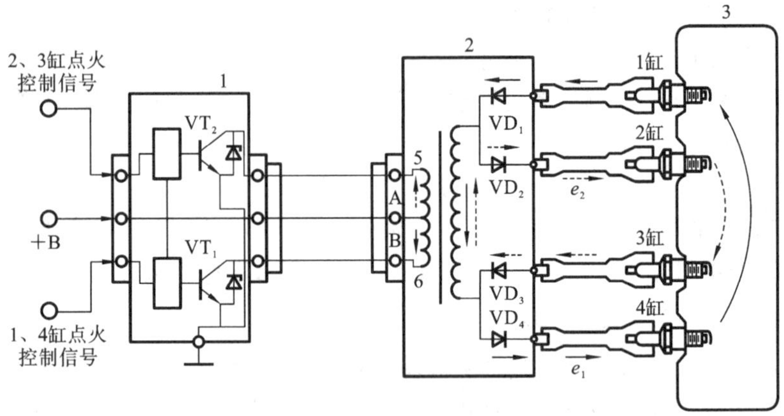

图 5-7　二极管分配方式电路

1—电子点火器；2—点火线圈；3—气缸盖；4—次级电路；5—初级电路 A；6—初级电路 B

2. 点火线圈分配方式

利用点火线圈直接分配高压电的同时点火，电路原理如图 5-8 所示，桑塔纳 2000GSi、3000 型轿车，捷达 AT、GTX 型轿车和奥迪 200 型轿车点火系统采用了这种配电方式。

点火线圈组件由两个(4 缸发动机)或 3 个(6 缸发动机)独立的点火线圈组成，每个点火线圈供给成对的两个火花塞工作电压(4 缸发动机的 1、4 缸和 2、3 缸分别共用一个点火线圈；6 缸发动机的 1、6 缸，2、5 缸和 3、4 缸分别共用一个点火线圈)。点火控制组件中设有与点火线圈数量相等的功率三极管，分别控制一个点火线圈工作。点火控制器根据 ECU 输出的点火控制信号，按点火顺序轮流触发功率三极管导通与截止，从而控制每个点火线圈轮流产生高压电，再通过高压线直接输送到成对的两缸火花塞点火，即使同组内各自处在排气行程与压缩行程的两缸同时点火。

在有些点火线圈分配方式的点火系统中，在点火线圈的次级电路中也接有一个高压二极管，如图 5-9 所示。此二极管的作用是，当初级电路接通时，阻止在次级感应的电动势直接加在火花塞电极上，以防止误点火。

在初级电路接通瞬间，次级电路可产生 1500～2000 V 的感应电动势。

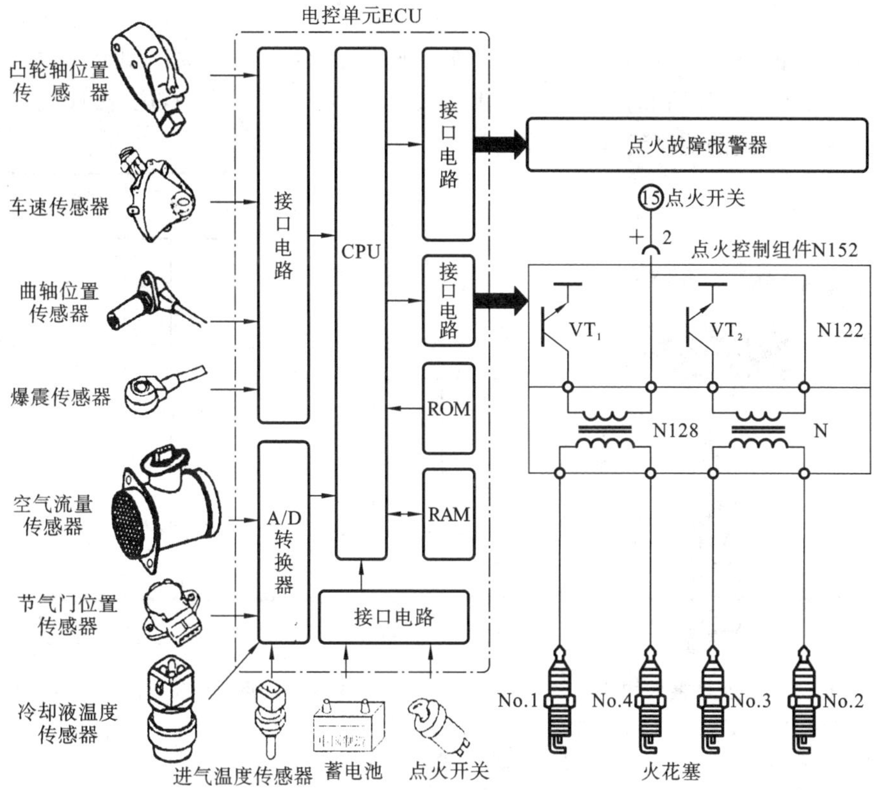

图 5-8 点火线圈分配高压电双缸同时点火方式

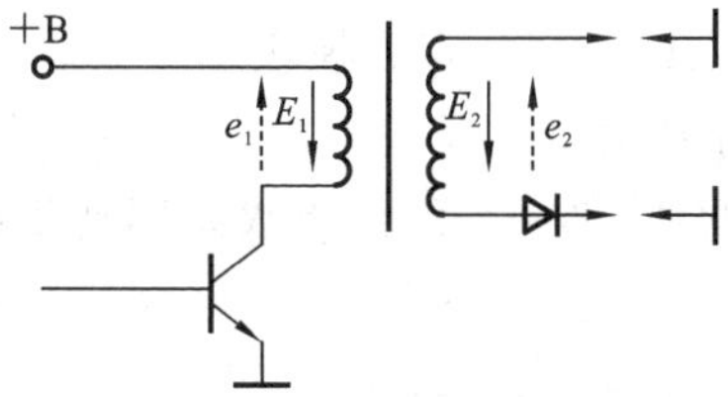

图 5-9 点火线圈次级电路高压二极管的作用

e_1、e_2—初级电路接通时初、次级的感应电动势；

E_1、E_2—初级电路断路时初、次级的感应电动势

在传统的机械配电方式中，分火头与侧电极之间的间隙（约 0.8 mm）阻隔了这 1000 多伏的电压直接加在火花塞电极两端，故无论气缸在什么行程，火花塞都不会跳火。而对点火线圈分配方式的点火系统，不管是同时点火方式，还是后面要介绍的独立点火方式，配电时没有了这一间隙，1000 多伏的电压就会直接加在火花塞电极的两端，如果此时气缸正好处在进气行程终了状态，或压缩行程刚开始的状态，缸内压力低，又有可燃混合气体，火花塞就有可能跳火而将可燃混合气点燃。这种不正常的点火会影响发动机的正常工作（如产生回火现象）。为了避免这种误点火，在点火线圈次级回路中串接一个高压二极管，使点火线圈初级接通时，在次级感应的电动势不能构成通路，也就不能产生脉冲感应电流（即放电电流），火花塞就不会产生电火花而造成误点火。

（二）COP 点火系统

COP 点火系统也称为独立点火系统，主要特点是：取消了公共的点火线圈，点火线圈安装在火花塞上，即每一气缸的火花塞各配一个独立的点火线圈来提供点火高压（取消了高压线）；每个气缸只在压缩行程点火，排气行程不点火；需要凸轮轴位置传感器判断气缸处于压缩行程还是排气行程。独立点火方式点火线圈的构造如图 5-10 所示。

对于独立点火方式的点火控制系统，其控制电路大致相同，但因具体车型的不同，结构上也存在一些差异，这主要表现在点火模块的安装位置上。

1. 点火模块与 ECU 集成型

图 5-11 所示的是点火模块与 ECU 集成在一起的点火系统原理图。其特点是控制点火线圈点火的功率部件在 ECU 内,点火线圈线束插头为两线,其中一线为点火线圈初级绕组的正极,另一线为初级绕组的控制线(ECU 控制搭铁)。

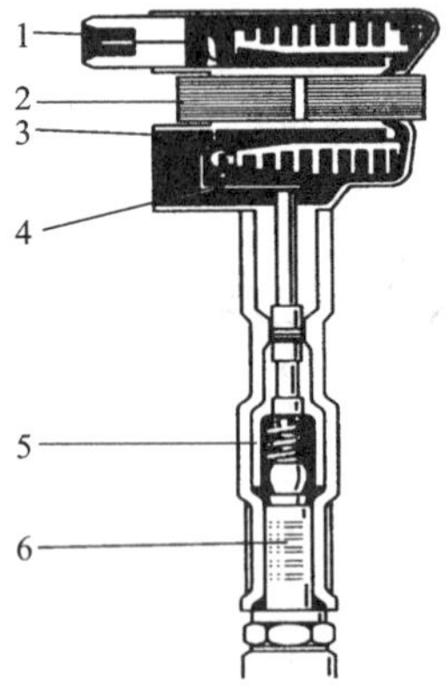

图 5-10　单缸点火线圈的构造

1—外部低压接头;2—叠片铁芯;3—初级线圈;
4—次级线圈;5—内部高压接头(通过弹簧触点);
6—火花塞

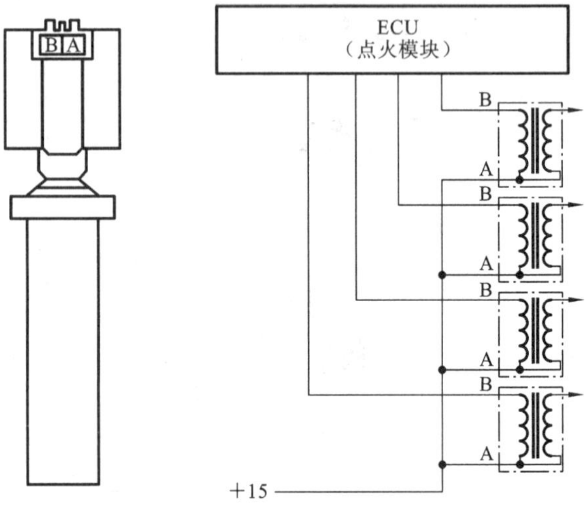

图 5-11　点火模块集成在 ECU 内

2. 点火模块独立型

图 5-12 所示为独立式点火模块的点火系统原理图。其特点是,点火模块既不集成在 ECU 中,也不集成在点火线圈中,各缸点火线圈的初级电路分别由点火模块中的一个功率管控制。点火线圈线束插头与点火模块与 ECU 集成型的一样为两线,其中一线为点火线圈初级绕组的正极,另一线为初级绕组的控制线(ECU 控制搭铁)。

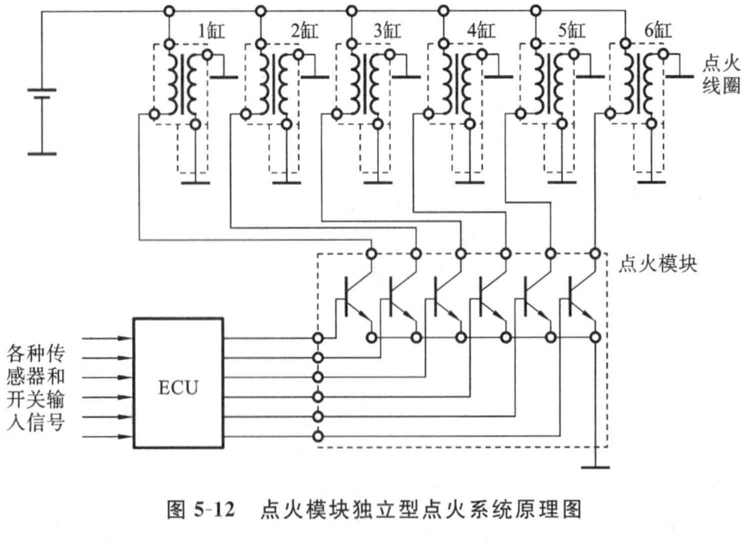

图 5-12　点火模块独立型点火系统原理图

3. 点火模块与点火线圈集成型

点火模块与点火线圈集成型的点火系统按点火线圈线束插头的端子数不同,可分为三线式和四线式两种不同的类型。

1）三线式

如图5-13所示，该类型点火系统的特点是：点火模块与点火线圈组合在一起，ECU只给控制信号。点火线圈线束插头为三线，其中A端子为点火线圈初级绕组的正极、B端子为初级绕组的搭铁（受ECU控制）、C端子接来自ECU的点火信号（IGT）线。

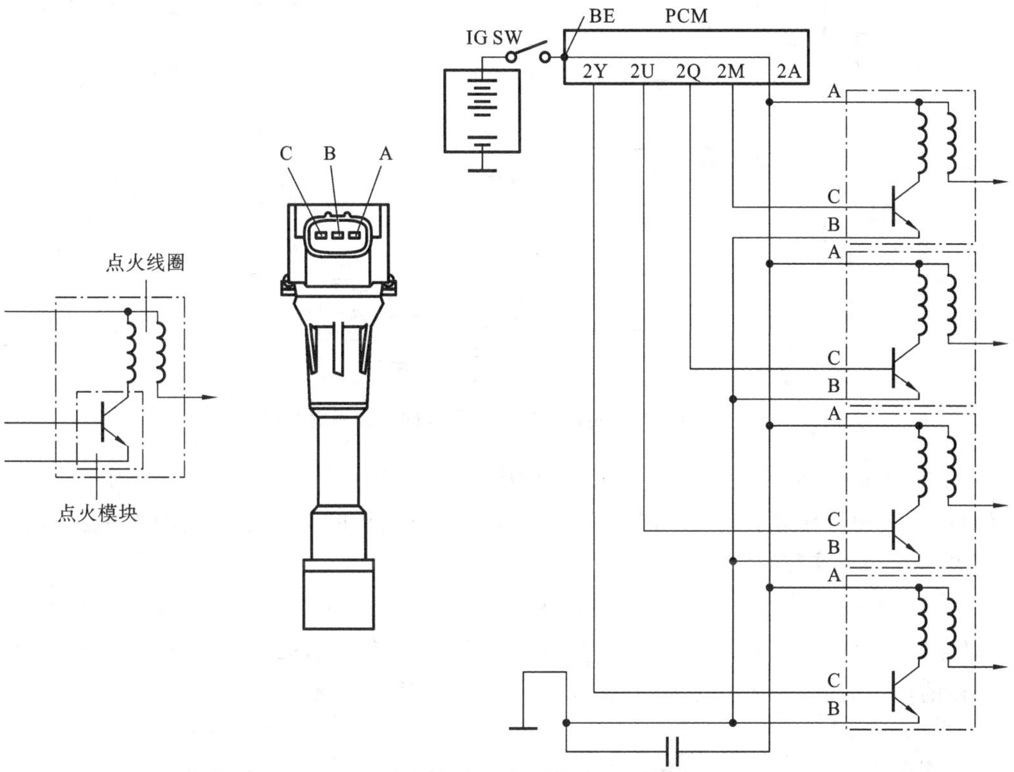

图5-13 点火线圈线束插头为三线的点火系统原理图

2）四线式

如图5-14所示，该类型点火系统的特点是：点火模块与点火线圈组合在一起，ECU除了给出点火控制信号外，还要接收来自点火模块的点火确认信号。点火线圈内部包括两个线圈、一个二极管、一个三极管。二极管的作用是防止初级线圈在刚通电时误跳火；三极管用于控制初级线圈的导通与截止。

点火线圈线束插头为四线，其中四个点火线圈共用一个电源线+B与继电器（IG2）的87号端子相连；四个点火线圈共用一个接地线GND；四个点火线圈共用一个点火确认信号IGF线与ECM的81号端子相连；每个点火线圈都和ECM独立连接一根控制线IGT（IGT1、IGT2、IGT3、IGT4），它们分别与ECM的85、84、83、82号端子相连，由ECM根据发动机的工作情况，控制每个缸点火线圈的工作时刻。

（三）独立点火方式突出的优点

（1）每缸一个点火线圈，将点火线圈及功率晶体管作为一体直接安装在火花塞顶上，这样不仅取消了分电器，而且也不用高压线，其电磁干扰大大减小。

（2）由于采用了与气缸数相等的点火线圈，在发动机的转速相同时，单位时间内线圈中通过的电流要小得多，线圈不容易发热。所以这种线圈的初级电流可以设计得比较大，而体积却非

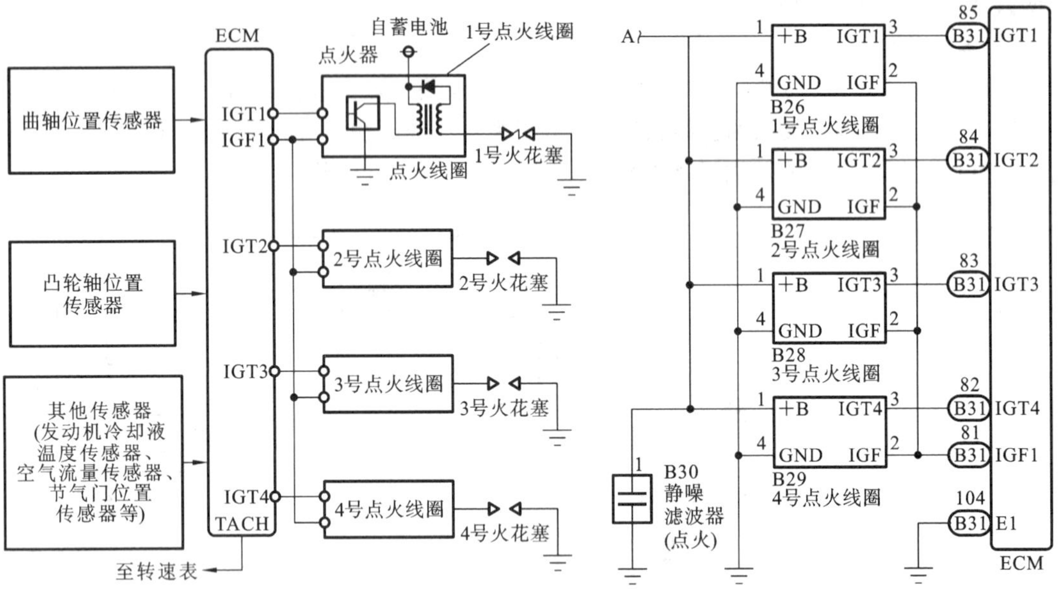

图 5-14　点火线圈线束插头为四线的点火系统原理图

常小巧,能在达到 9000 r/min 的宽广转速范围内,提供足够的点火能量和点火高压。

(3)这种结构可充分利用有限的空间,因而节省了发动机的安装空间,这对汽车发动机室的合理布置有着特别重要的意义。

总之,COP 点火系统由于增加了点火线圈(或初级电路)的个数,对于每一个点火线圈来说,初级电路允许的通电时间增加了 2～6 倍。因此,即使在发动机高速时,点火线圈初级也有足够充裕的通电时间,保证有足够的点火能量和次级高压。

任务 2　微机控制点火系统的控制过程

一、微机控制点火系统的控制原理

微机控制点火系统的控制原理如图 5-14 所示,曲轴位置传感器向 ECU 提供发动机转速、曲轴转角信号,和确定一缸活塞压缩行程上止点位置基准信号的凸轮轴位置传感器配合计算确定点火提前角和控制点火时刻。空气流量传感器、节气门位置传感器和转速传感器向 ECU 提供发动机负荷和发动机转速信号,用于计算确定基本点火提前角。冷却液温度信号、进气温度信号、车速信号、空调开关信号以及爆震传感器信号等,用于修正点火提前角。

发动机工作时,ECU 通过上述传感器把发动机的工况信息采集到随机存储器(RAM)中,并不断检测凸轮轴位置传感器信号(即曲轴基准位置信号),判定是哪一缸即将到达压缩行程上止点。当接收到曲轴基准位置信号后,ECU 立即开始对曲轴转角信号进行计算,以便控制点火提前角。与此同时,ECU 根据反映发动机工况的转速信号、负荷信号以及与点火提前角有关的传感器信号,从只读存储器中查询出相应工况下的最佳点火提前角。在此期间,ECU 一直在对曲轴转角信号进行计数,判断点火时刻是否到来。当曲轴转角等于最佳点火提前角时,ECU 立即向点火控制器发出控制指令,使功率三极管截止,点火线圈初级电流切断,次级绕组产生高压，并按发动机点火顺序分配到各缸，火花塞跳火点着可燃混合气。

上述控制过程是指发动机在正常状态下点火时刻的控制过程。当发动机启动、怠速或汽车滑行时，设有专门的控制程序和控制方式进行控制。

二、点火正时信号IGT与点火确认信号IGF

1. 点火正时信号IGT

在微机控制点火系统中，ECU根据有关传感器送来的信号，确定发动机在各工况下的最佳点火时刻，并向电子点火器输出点火正时信号IGT，以控制点火。

火花塞点火，一般是在点火正时信号IGT从高电平变为低电平时发生的。在火花塞点火之前，还要通过闭合角控制电路，对点火线圈初级电路的通电时间进行合理控制。

2. 点火确认信号IGF

当点火线圈初级电流切断时，产生反电动势触发IGF信号发生电路，使其输出一个点火确认信号(IGF)给ECU。IGF信号也称为点火安全信号。在电喷发动机中，喷油器的驱动信号来自转速与曲轴位置传感器，如果点火系统出现故障使火花塞不能点火，而该传感器工作正常时，喷油器会继续喷油。为避免这种现象的发生，当IGF信号连续3～6次没有反馈给ECU时，ECU就判断此时发动机已熄火，并向EFI系统的喷油控制电路发出中断供油的指令，以防止浪费燃油、再启动困难以及行驶时三元催化转化器过热等现象的发生。

三、微机控制点火系统点火提前角的计算与控制

(一) 点火提前角的计算

在ECU的内存ROM中，储存有发动机在各种工况下的基本点火提前角，它是根据发动机转速和进气量选出来并经实验确定的最佳角度。发动机启动后正常运行时，ECU根据当前的转速和负荷(进气流量或进气管压力，有的也用基本喷油时间)，经查寻内存ROM中的数据，插值计算，确定各工况的基本点火提前角，再按传感器送来的各种修正信号和内存ROM中的修正控制程序，加以修正计算，得出实际的点火提前角，即：实际点火提前角＝初始点火提前角＋基本点火提前角＋修正点火提前角。如图5-15所示。

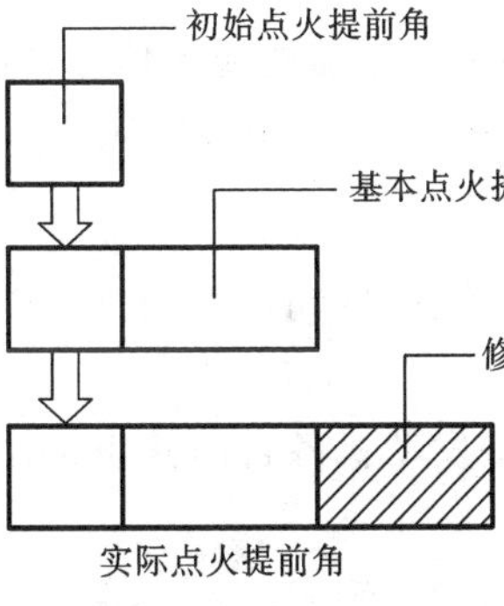

图5-15 点火提前角的计算

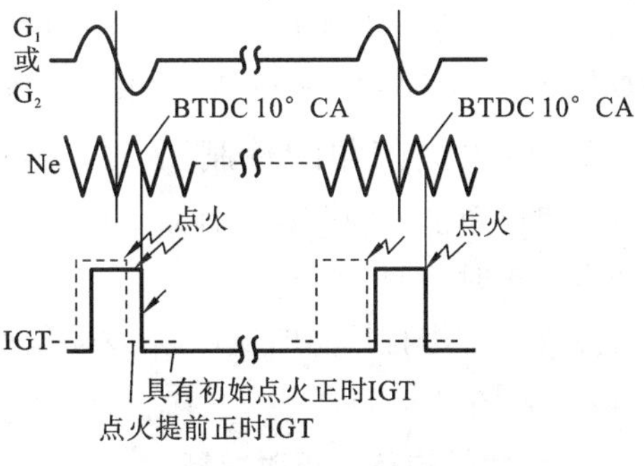

图5-16 初始点火提前角

1. 初始点火提前角

为了确定点火正时，ECU要根据发动机气缸压缩行程上止点的位置来确定点火时刻。在有的发动机上如丰田汽车公司的发动机，是将曲轴位置传感器感应出的G(G_1或G_2)信号后的

第 1 个 Ne 转速信号过零点的位置，设定为气缸压缩行程上止点前 10° CA(用 BTDC 10° CA 表示，CA 表示曲轴转角)，这一角度可由传感器的结构与安装的相对位置来保证，如图 5-16 所示。ECU 在计算、控制点火提前角时，就把这一点作为参考点(或称作基准点)，这个点火提前正时角度称作初始点火提前角。不同公司所生产的或同一公司所生产的型号不同的发动机，对该角度值可能有不同的设定。

对同一型号的发动机来说，初始点火提前角为一固定值，是在发动机一生产出来之后便固定了的点火提前角，例如桑塔纳 2000GLi 型轿车的为 BTDC 8° CA。在任何工况下该角度都保持恒定不变。

有的发动机在以下情况下运转时，其实际点火提前角，就是采用固定的初始点火提前角。

(1) 在发动机启动期间，转速变化大，无法正确计算点火提前角；

(2) 发动机转速较低(如在 400 r/min 以下)；

(3) ECU 出现故障而启用备用系统功能。

2. 基本点火提前角

ECU 根据进气歧管绝对压力或空气流量、节气门位置和曲轴位置传感器发来的信号计算基本点火提前角，并进行控制。基本点火提前角表示如下

$$\Phi = f(n, F)$$

式中，Φ 为基本点火提前角，n 为发动机转速，F 为发动机负荷。

从公式中可以看出，基本点火提前角是发动机转速和发动机负荷的函数，而且还是非线性函数，将该函数用三维点火特性曲线图表示，如图 5-17 所示。图中一个坐标轴代表发动机转速，另一个代表节气门开度(发动机负荷)，纵坐标代表基本点火提前角。国内外普遍采用台架试验方法，利用发动机最佳运行状态下的试验数据来确定基本点火提前角，并把它们存在 ECU 的存储器中。ECU 根据传感器传来的发动机转速和发动机负荷信号，可以迅速查寻到存储器里的基本点火提前角。

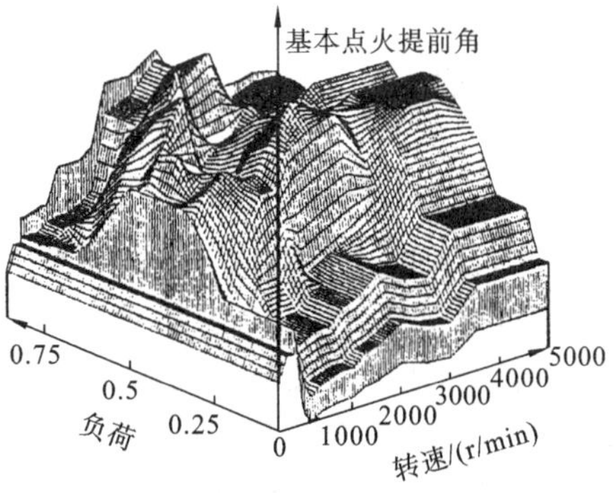

图 5-17　三维点火特性曲线图

发动机设计的最佳基本点火提前角的数据存储在发动机 ECU 的存储器中。发动机运行时，发动机 ECU 根据各种传感器的输入信号，在存储器中查找到这一工况条件下运转时相应的基本点火提前角。

(二) 点火提前角的控制

点火提前角的控制包括两种基本情况：启动期间的点火正时控制；启动后发动机正常运行期间的点火正时控制。

对点火正时进行控制的项目，随发动机型号的不同而异，并依发动机各自的修正特性进行控制，如图 5-18 所示。

1. 启动期间的点火正时控制

在启动期间，发动机转速较低(通常在 400 r/min 以下)，由于进气管压力信号或进气量信号不稳定，就将实际点火时间固定在初始点火提前角，而与发动机的工况无关。在有的发动机上，这时是将转速与曲轴转角传感器产生的参考(基准)点火信号，输入 ECU 的备用 IC(集成电路)中，由备用 IC 直接控制并经其旁通电路，向电子点火器输出点火正时信号 IGT 来控制点

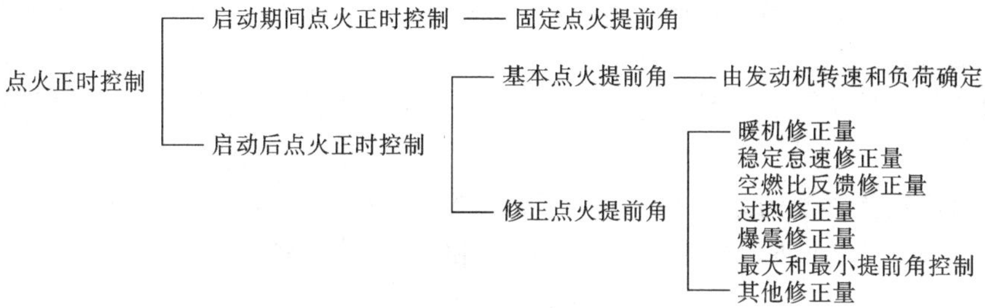

图 5-18　点火正时控制逻辑

火，如图 5-19(a)所示。启动期间的控制信号，主要有转速 Ne 信号、启动开关 STA 信号。

2. 启动后的点火正时控制

发动机在启动后正常运行时，ECU 切断备用 IC 的旁通电路，而自动转换为由微机来控制点火时间，这时微机确定出点火正时信号 IGT，向电子点火器输出，如图 5-19(b)所示。

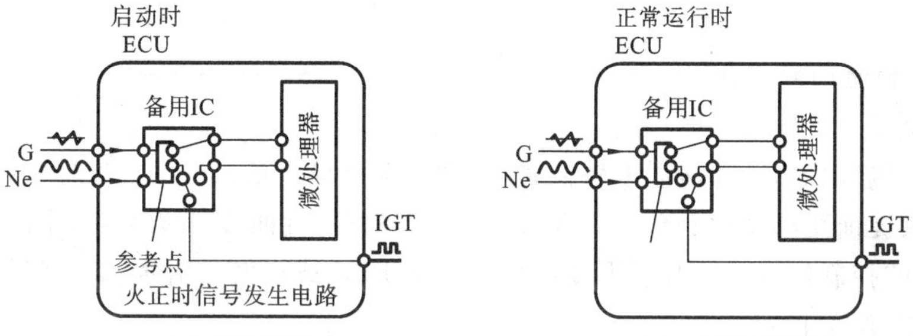

(a) 启动期间　　(b) 正常运行期间

图 5-19　点火正时控制

启动后点火正时的控制分述如下。

1) 基本点火提前角的控制

当节气门位置传感器的怠速触点 IDL 断开、发动机处于正常运行工况时，ECU 根据发动机的转速和负荷，通过查找 ROM 中的数据来计算确定该工况下的基本点火提前角，其数据储存形式如图 5-20 所示。

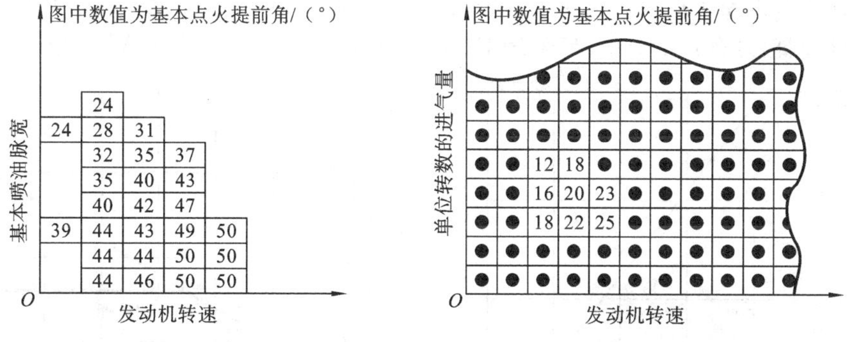

(a) 按喷油量和转速确定　　(b) 按进气量和转速确定

图 5-20　基本点火提前角控制模型

在有的发动机中，按汽油辛烷值的不同，在 ROM 中存放有两张基本点火提前角数据表格(即点火正时图)，驾驶员可根据实际使用燃油的辛烷值，通过燃油品种选择开关(或插头)来选择使用。

具有爆震控制功能的微机控制点火系统,在 ECU 中还储存有专用于爆震时控制点火时间的数据。

此时的控制信号主要有:PIM 或空气流量信号、Ne、节气门位置信号、燃油品种选择开关信号、爆震信号等。

当节气门位置传感器的怠速触点 IDL 闭合、发动机在怠速工况运行时,ECU 根据发动机转速和空调开关是否接通来确定基本点火提前角,如图 5-21所示。

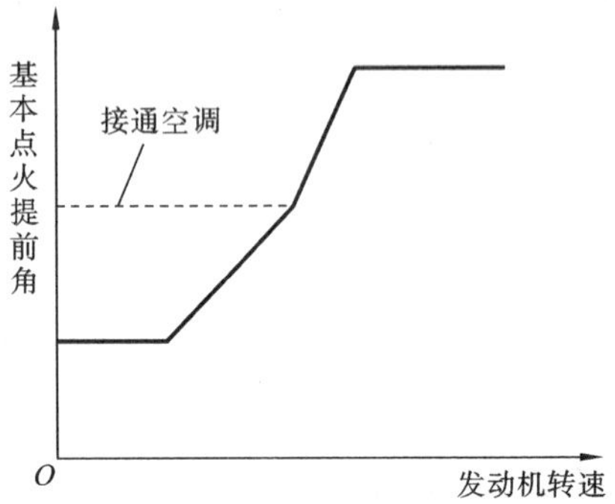

图 5-21　怠速工况时基本点火提前角的确定

此时的基本点火提前角,根据空调是否工作而略有差异。在同样怠速转速运行时,若空调工作,则基本点火提前角将增加,以防因为空调的负荷使发动机运转不稳。

此时的主要控制信号有:ID 信号、Ne、A/C 信号。

2) 点火提前角的修正

(1) 暖机修正。

发动机冷机启动后,冷却液温度较低时,应增大点火提前角。在暖机过程中,随冷却液温度升高,修正点火提前角的变化趋势如图 5-22 所示。修正特性曲线随发动机不同而异。

此时主要的控制信号有冷却液温度信号 THW、PIM 或进气量信号、节气门位置信号等。

(2) 稳定怠速修正。

发动机怠速运行,当负荷发生变化使怠速转速改变时,ECU 要调整点火提前角,使发动机在规定的怠速目标转速下稳定运转,从而有效地防止发动机怠速熄火。怠速目标转速由发动机的负荷状态决定。

在怠速时,ECU 不断地检测发动机的平均转速(实际转速),当平均转速低于怠速目标转速时,ECU 根据平均转速与怠速目标转速差值的大小(用怠速目标转速减去平均转速),相应增大点火提前角,如图 5-23 所示。

当空调工作时,使怠速稳定的点火提前角要小些。

另外,有的微机控制点火系统在车速超过 2 km/h 时,就不再进行这种提前修正。

主要的控制信号有:Ne、IDL、车速 SPD、A/C 信号、P/S 信号以及 NSW 信号。

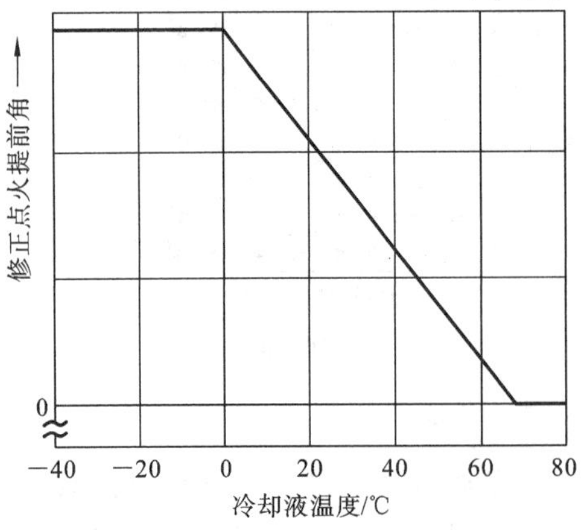

图 5-22　暖机修正曲线

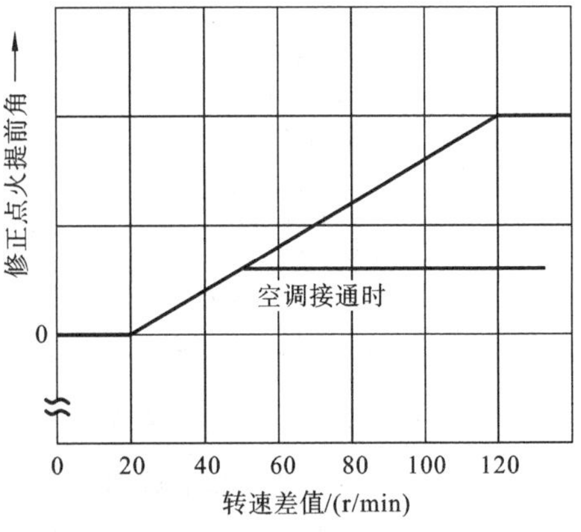

图 5-23　稳定怠速修正曲线

(3) 空燃比反馈修正。

装有氧传感器的 EFI 系统，其 ECU 根据氧传感器反馈的信号对空燃比进行修正。随着喷油量修正的增加或减少，发动机转速在一定范围内波动，为了提高转速的稳定性，在反馈修正的喷油量减少时，点火提前角相应增大，如图 5-24 所示。

主要的控制信号有氧传感器信号、节气门位置信号、THW、SPD 等。

(4) 过热修正。

发动机处于正常运行工况（怠速触点 IDL 断开）时，若冷却液温度过高，为了避免产生爆震，应将点火提前角减小；发动机处于怠速工况（IDL 触点闭合）时，若冷却液温度过高，为了避免发动机长时间过热，应将点火提前角增大。过热修正曲线的变化趋势如图 5-25 所示。

此时主要的控制信号有 THW、节气门位置信号等。

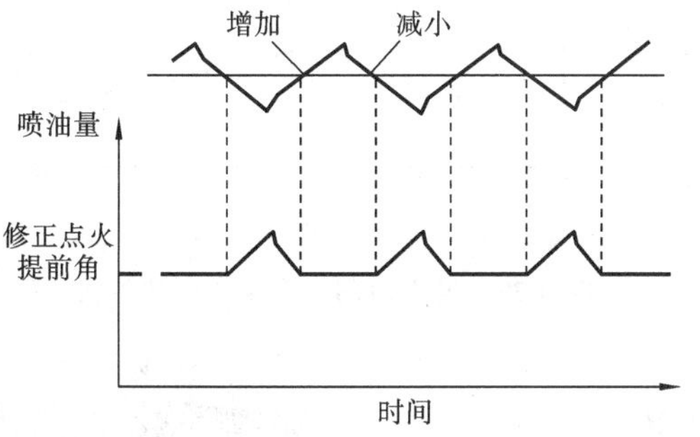

图 5-24 空燃比反馈修正曲线

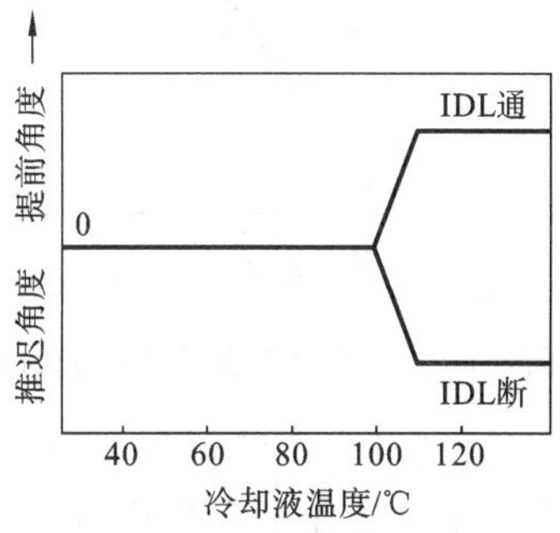

图 5-25 过热修正曲线

(5) 爆震修正。

具有爆震控制功能的微机控制点火系统，ECU 根据爆震传感器送来的爆震信号，推迟点火时间，以防止爆震的发生（具体控制过程详见后述）。

(6) 最大和最小提前角控制。

如果 ECU 计算修正得到的实际点火提前角不合理，即过于提前或推迟时，发动机就很难正常运转。在初始点火提前角已设定的情况下，受 ECU 控制的实际点火提前角是基本点火提前角与修正点火提前角之和，ECU 应将该值控制在某一允许的范围内，如某电控发动机将该范围规定为：最大 37° CA，最小 −10° CA。

当 ECU 算出的实际点火提前角超过最大或最小点火提前角的规定值时，ECU 只以最大或最小的规定值控制点火。

(7) 大气压力修正。

ECU 根据大气压力传感器输入的大气压力信号，对点火提前角做进一步修正。通常大气压力越低，点火提前角越大，以保证汽车在高原条件下行驶时发动机能稳定运转。

四、通电时间(闭合角)控制

对于常用的电感储能式电子点火系统来说，初级电路断开瞬间其电流所能达到的值，即初级断开电流，与初级电路的通电时间有关。只有通电时间达到一定值时，才能使初级断开电流上升到足够大，并在初级断路时使次级线圈产生足够高的点火电压。

对通电时间进行控制，就是对点火闭合角进行控制，在产生足够的次级高压的同时，还要防止因通电时间过长使点火线圈过热而烧坏。闭合角决定了点火线圈初级电路的通电时间和储存的能量。为了使点火系统在发动机高速时有足够的点火电压，防止低速时点火线圈过热和减少电能消耗,就必须对闭合角进行控制。

闭合角的大小取决于发动机转速和电源供电电压的大小,在不同的转速、不同的供电电压下,都应保证有一定的初级断开电流。随着发动机转速的升高,应适当增大闭合角,以防止初级断开电流减小、点火线圈储能下降,造成次级高压降低而点火困难。闭合角与发动机转速的关系如图 5-26 所示。当电源供电电压变化时,会影响初级断开电流的大小,当电压下降时,在相同的通电时间内初级电流所能达到的值会减小,此时应较早地将初级电路接通,即增大通电时间(闭合角)。通电时间与电源电压的关系如图 5-27 所示。

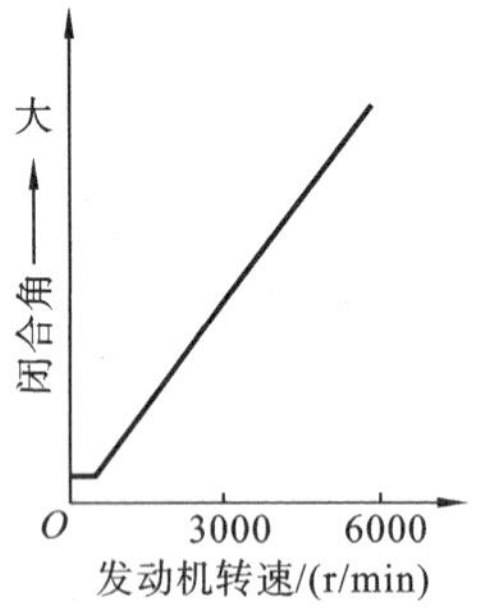

图 5-26　闭合角与发动机转速的关系

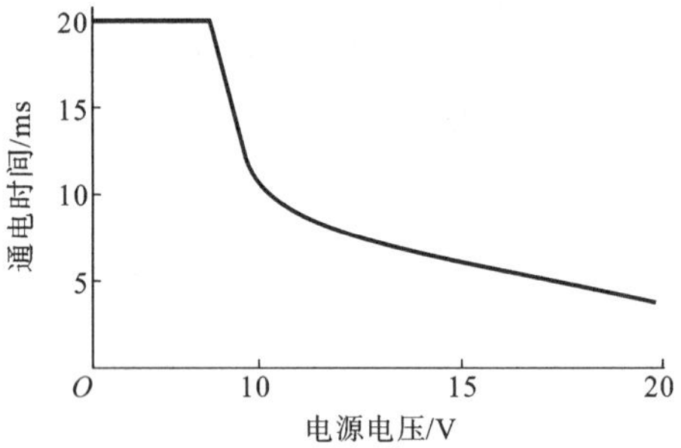

图 5-27　通电时间与电源电压的关系

微机控制点火系统对闭合角进行控制时,主 ECU 的内存中储存了根据电源电压和发动机转速确定的点火闭合角三维数据表格,如图 5-28 所示。在发动机的实际工况中,ECU 通过查找这个表格内的数据,就可计算确定最佳的点火闭合角。

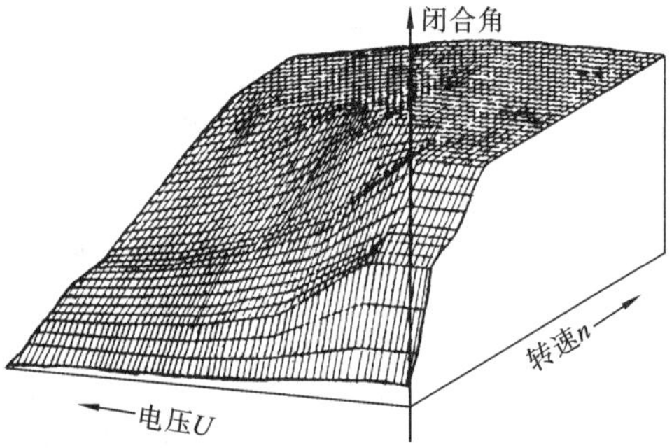

图 5-28　点火闭合角三维数据

五、爆震控制

微机控制点火系统的爆震控制,是指当 ECU 接收到爆震传感器的爆震信号后,通过对信号进行滤波处理、比较计算后,判定发动机有无爆震,以更精确地控制点火时刻。它实际上是微机控制点火系统对点火正时采取的一种闭环反馈控制方式。

1. 爆震控制的作用

爆震是气缸内的混合气在火花塞点火后火焰还未传播到时即自行着火,而形成冲击性燃烧的现象。它是汽油机运行中最有害的一种故障现象,必须防止。爆震与点火时间有着密切的关系,同时与发动机温度、负荷及汽油的辛烷值等都有关。

点火提前角越大,混合气燃烧的最大压力和最高温度就越高,爆震就越容易发生。图 5-29 所示为爆震与点火时刻的关系。从图中可以看出,发动机发出最大扭矩的点火时刻 MBT,是在开始产生爆震的点火时刻,即爆震界限附近。因此,微机控制点火系统在确定各工况的最佳点火提前角时,应留有离开爆震界限的余量。无爆震反馈控制时,所留余量必须大些,这时的点火时刻比 MBT 滞后,故使输出扭矩有所降低;用爆震传感器进行反馈控制时,可用检测到的爆震界限,把点火时刻控制在接近爆震极限的位置,这样可以更加精确有效地控制点火时刻,以利于提高发动机的输出功率和燃油经济性。

采用废气涡轮增压的汽油机,发生爆震的可能性增大,更需要进行爆震反馈控制。

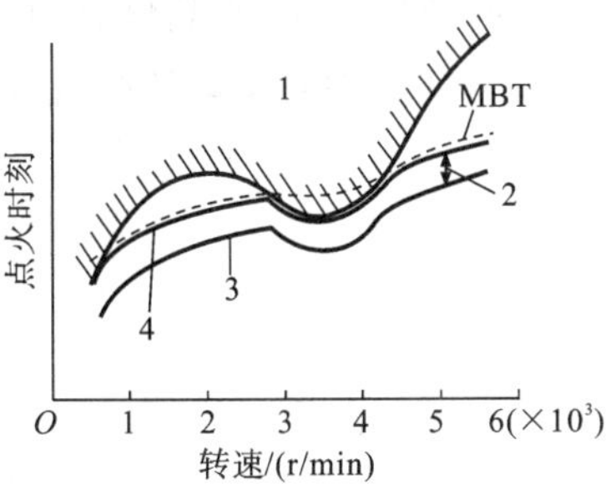

图 5-29 爆震与点火时刻的关系

1—爆震范围；2—余量的幅度；

3—无爆震控制时；4—有爆震控制时

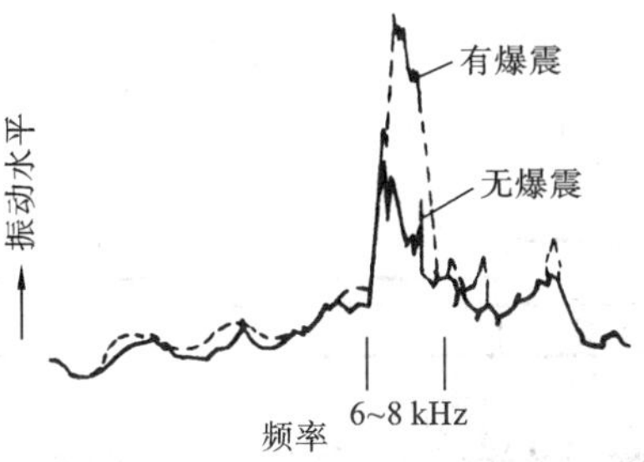

图 5-30 爆震传感器的输出信号

2. 爆震控制的方法

控制爆震最有效的方法，是推迟点火时刻。要控制爆震，就需要有在爆震时检测出爆震信号的爆震传感器。通过这类传感器，可测出发动机燃烧时的气缸压力、振动或噪声等信号，来判断发动机是否发生了爆震。

一般采用检测发动机振动的方法，传感器安装方便，成本较低。这种方法多采用压电式爆震传感器。将该传感器安装在气缸体的特定部位，利用压电晶体的压电效应，把爆震传到气缸体上的机械振动转换成电信号输入 ECU。图 5-30 所示为爆震传感器的输出信号，有爆震时，电压信号在 6～8 kHz 时处于最大值。

微机控制点火系统进行爆震控制的结构如图 5-31 所示，爆震信号的判断电路如图 5-31 所示。在爆震传感器输出的信号中，包含了各种频率成分的其他信号，先用滤波回路进行滤波处理，将非爆震振动信号滤掉，然后确定一基准值，与信号的峰值进行比较，判定是否发生了爆震。信号峰值超过基准值，比较器就有爆震信号输出，送入微机进行爆震控制。因为爆震仅在燃烧期间发生，因此爆震判定也只在燃烧期间进行，这样可避免发动机因其他原因产生机械振动干扰信号，而引起误判。

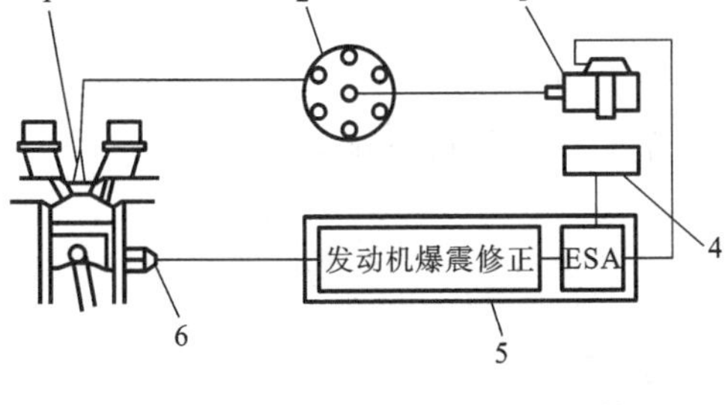

图 5-31 ESA 系统爆震控制的结构简图

1—火花塞；2—分电器；3—点火器和点火线圈；

4—传感器；5—ECU；6—爆震传感器

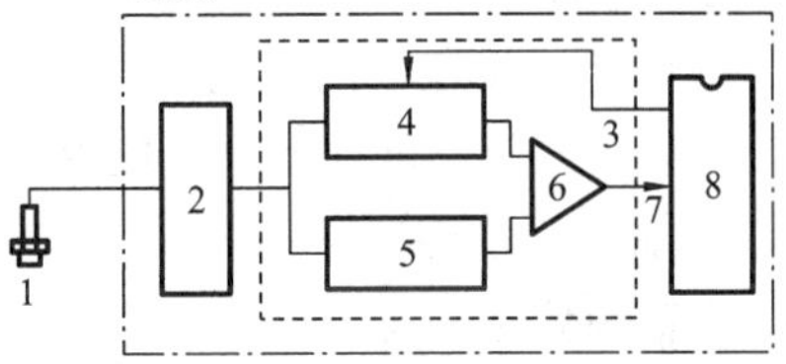

图 5-32 爆震信号的判断电路

1—爆震传感器；2—滤波回路；3—爆震判定区间信号；

4—峰值检测；5—比较基准计算；6—爆震判定比较器；

7—爆震信号；8—微机

爆震判定与点火时间控制如图 5-33 所示。爆震的强度以爆震判定区间内(即燃烧期间)测得的信号峰值超过比较基准值的次数来确定，信号峰值超过比较基准值的次数越多，说明爆震程度越强。ECU 只在爆震判定区间内检测到爆震信号时，才会根据爆震的程度，推迟点火时间，从而避免其他干扰信号引起误判。

从图 5-33 可以看出，当检测到爆震时，ECU 就立刻减小点火提前角，爆震程度强，推迟的点火角度大;爆震弱,推迟的角度小。每次调整都以一固定的角度递减,直到爆震消失,而后又以一固定的提前角度增大恢复至设定值。当发动机再次出现爆震时,ECU 又使点火提前角再次推迟,控制过程如此反复进行,如图 5-34 所示。

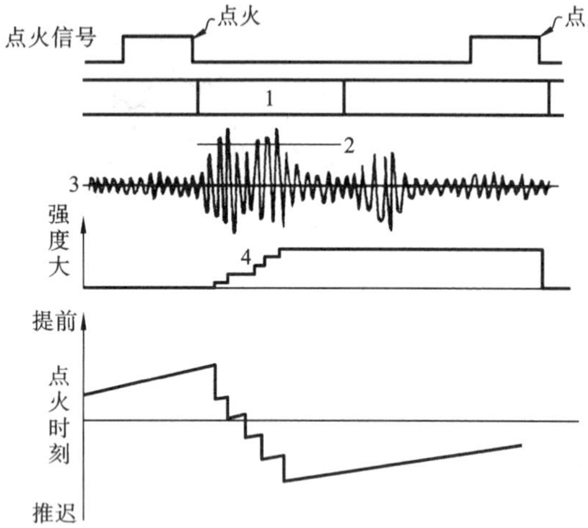

图 5-33 爆震判定与点火时间控制

1—爆震判定区间;2—爆震判定比较基准值;
3—爆震传感器输出信号;4—爆震判定值

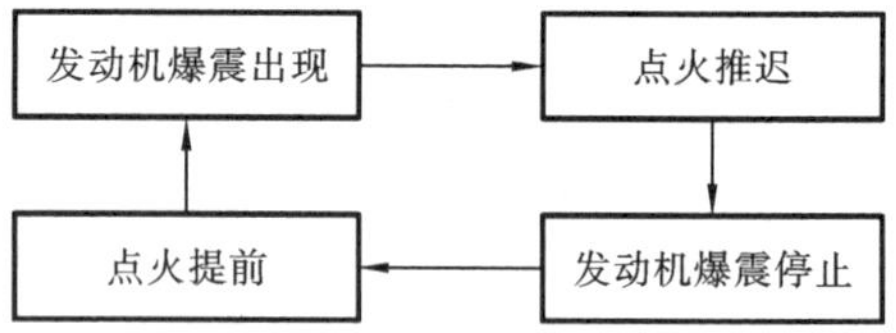

图 5-34 爆震控制过程

学习评价

◆检验您对微机控制点火系统相关知识的了解程度

下列问题中哪些答案是正确的? 在答案中至少有一项是正确的。

1. 对微机控制点火系统功用表述正确的是(　　)。

A. 在发动机各种工况和使用条件下,点燃可燃混合气

B. 在发动机各种工况和使用条件下,根据发动机的工作顺序和点火时间要求,点燃可燃混合气

C. 在发动机各种工况和使用条件下,完成点火提前角电子控制

D. 增加了爆震控制的功能后,才能将汽油发动机的点火提前角控制在最佳值

2. 判定一缸压缩行程上止点位置的传感器是(　　)。

A. 曲轴位置传感器

B. 凸轮轴位置传感器

C. 爆震传感器

D. 曲轴位置传感器与凸轮轴位置传感器配合确定

3. 在微机控制点火系统中,对点火提前角进行修正并完成闭环控制的传感器是(　　)。

A. 水温传感器　　B. 凸轮轴位置传感器　　C. 爆震传感器　　D. 氧传感器

4. 对于双缸同时点火系统相关知识表述正确的是(　　)。

A. 在双缸同时点火系统中有多组点火线圈,两个伴侣缸共用一组点火线圈

B. 对于伴侣缸而言,当一个缸处于压缩行程上止点时,另一个缸一定处于排气行程上止点

C. 对于伴侣缸而言,每缸在一个完整工作循环中点火两次,其中只有一缸是有效点火,另一缸是无效点火

D. 在双缸同时点火系统中，点火高压电的分配可分为二极管分配和点火线圈分配两种形式

E. 当凸轮轴位置传感器信号缺失时，发动机仍能正常启动和运行

5. 对于独立点火系统相关知识表述正确的是（　　）。

A. 由于采用了与气缸数相等的点火线圈，保证了发动机高速时有足够的点火能量和次级高压

B. 点火线圈安装在火花塞上，仍然是通过高压线向火花塞提供点火高压

C. 取消了高压线，直接由安装在火花塞上的点火线圈向火花塞提供点火高压

D. 需要凸轮轴位置传感器判断气缸处于压缩行程还是排气行程

E. 当凸轮轴位置传感器信号缺失时，发动机仍能正常启动和运行

6. 具有接收来自点火模块点火确认信号的独立点火系统，其点火线圈线束插头为（　　）。

A. 二线　　B. 三线　　C. 四线

7. 微机控制点火系统用于计算确定基本点火提前角的传感器是（　　）。

A. 空气流量传感器

B. 节气门位置传感器

C. 曲轴位置传感器

D. 凸轮轴位置传感器

8. 微机控制点火系统设置点火确认信号 IGF 的目的是（　　）。

A. 将实际点火提前角反馈至 ECU，确认是否与控制目标一致，以便 ECU 进行修正

B. 确认某缸是否点火成功，以便 ECU 发出中断该缸供油的指令，防止浪费燃油

C. 确认某缸是否点火成功，以便 ECU 发出中断该缸供油的指令，防止三元催化转化器过热损坏

D. 确认某缸是否点火成功，以便 ECU 发出中断该缸供油的指令，防止再启动困难

9. 在点火提前角控制时需进行空燃比反馈修正，其控制策略是（　　）。

A. 喷油量减少时，点火提前角相应增大

B. 喷油量增加时，点火提前角相应减小

C. 喷油量减少时，点火提前角相应减小

D. 喷油量增加时，点火提前角相应增大

10. 在点火提前角控制时需进行爆震反馈修正，当爆震发生时，其控制策略是（　　）。

A. 推迟点火时间

B. 提前点火时间

C. 减小点火提前角

D. 增大点火提前角

11. 点火模块主要控制内容包括（　　）。

A. 点火提前角　　B. 火花持续时间　　C. 初级线圈通电时间　　D. 爆震控制

12. 当汽车加速无力时，若是点火正时的问题，可能的原因是（　　）。

A. 点火过早　　B. 点火过晚　　C. 无法确定　　D. 与点火正时无关

自我评价______分　　小组评价______分　　教师评价______分

项目 6

汽油机排放控制系统电控技术与检修

6

知识目标

（1）能够复述电控汽油机排放控制系统的组成和功用。

（2）能够讨论燃油闭环控制系统、三元催化转化器、废气再循环系统、燃油蒸发控制系统、曲轴箱强制通风系统和二次空气喷射系统等的控制内容和控制过程。

（3）能够解释相关子系统出现故障时对发动机排放指标的影响。

（4）能够初步建立电控汽油机排放控制系统典型综合故障的诊断思路。

技能目标

（1）能够参照维修手册，按正确的步骤与方法在车完成对电控汽油机排放控制系统中各子系统中相关传感器、执行器的检测。

（2）能够识读和分析电控汽油机排放控制系统相关控制电路。

（3）能够初步完成电控汽油机排放控制系统中各子系统的故障分析。

（4）能够初步完成电控汽油机排放控制系统典型综合故障（CO、HC 或 NO_x 超标）的诊断与排除。

任务1 汽车排放污染物的认知

随着汽车的保有量不断增加，汽车排放污染物对环境和人类的危害已日趋严重。汽车的排放污染物主要来源于发动机排出的废气（65%以上），此外还有由排气管以外的其他途径排放到大气中的有害污染物，主要是曲轴箱窜气（20%）和燃油蒸发（10%～20%）两种方式所产生的排放。针对汽车上不同污染物产生的机理，近年来，在现代汽车上使用了多种与排放控制有关的技术，主要包括三元催化转化器（TWC）、废气再循环（EGR）系统、燃油蒸发控制（EVAP）系统、曲轴箱强制通风（PCV）系统和二次空气喷射系统等。作为发动机重要的辅助控制系统，排放控制系统若出现故障，发动机会出现怠速不稳、油耗增加、空燃比不当、有害气体排放量高等现象。

1. 汽车排放污染物的种类与产生途径

汽/柴油发动机燃烧产物及气体成分如图6-1所示。汽车排放污染物主要包括因不完全燃烧产生的一氧化碳CO、碳氢化合物HC、在高温条件下产生的NO_x，以及油箱内燃油蒸发产生的燃油蒸气和发动机运转过程中产生的曲轴箱窜气等。

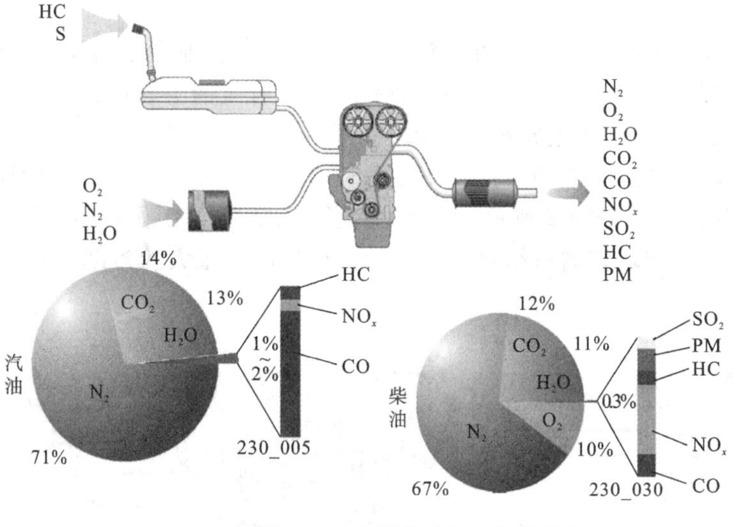

图6-1 汽/柴油发动机燃烧产物及气体成分

2. 汽车排放污染物的产生机理

1）一氧化碳

一氧化碳CO是一种无色无味的有毒气体，它能使血液的输氧能力降低，从而使心脏、大脑等重要器官严重缺氧，引起头晕、头痛、恶心等症状，轻则使中枢神经系统受损，重则会使心血管工作困难，甚至导致死亡。CO主要是可燃混合气过浓，燃烧时的氧气不足造成的。

2）碳氢化合物

碳氢化合物HC包括未燃烧和未完全燃烧的燃油、润滑油及其裂解产物和部分氧化物，其中有些成分会对眼睛和皮肤有强烈的刺激作用，且浓度高时会引起头晕、恶心、贫血甚至急性中毒。HC是由于混合气过稀、喷油器过脏、点火不良（点火正时不当或火花塞过脏）、排气门泄漏等，导致燃烧不完全而产生的。

3）氮氧化合物

氮氧化合物 NO_x 是高温燃烧过程中，空气中的氮气和氧气发生化学反应生成的。主要是NO，还有 NO_2、N_2O_3、N_2O_5 等。其中，NO 是无色无味的气体，具有轻度刺激性，毒性不大；但 NO_2 是一种棕红色强刺激性的有毒气体。NO_x 是由于混合气在高温、富氧下燃烧时，含在混合气中的氮气和氧气发生化学反应而产生的。

3. 排放控制手段

根据污染物来自排气管、曲轴箱和燃油系统的不同，以及各自产生的条件不同，汽车排气控制系统主要采取的控制手段有：燃油闭环控制系统、三元催化系统、废气再循环系统、二次空气喷射系统、曲轴箱强制通风系统和燃油蒸发控制系统等。下面介绍电控汽油机中常用的排放控制系统的结构及工作原理。

任务 2 汽油机排放控制系统的组成

一、燃油闭环控制系统

燃油闭环控制系统在项目 4“汽油机燃油供给系统电子控制技术与检修”里已有详细介绍，它利用前氧传感器的工作来精确控制燃油喷射量，使混合气的空燃比在 14.7∶1 左右，这样燃油燃烧就比较充分，有害气体生成就比较少。另外，燃油闭环控制可以充分发挥三元催化转化器 TWC 的效能，只有当空燃比在 14.7∶1 左右时，TWC 才能发挥最大的效能，TWC 的转换效率与混合气浓度的关系如图 6-2 所示。如果没有燃油闭环控制工作，TWC 仅仅能发挥 70%的最大效能。所以燃油闭环控制系统对发动机的排放控制有很大的帮助。其控制逻辑如图 6-3 所示。

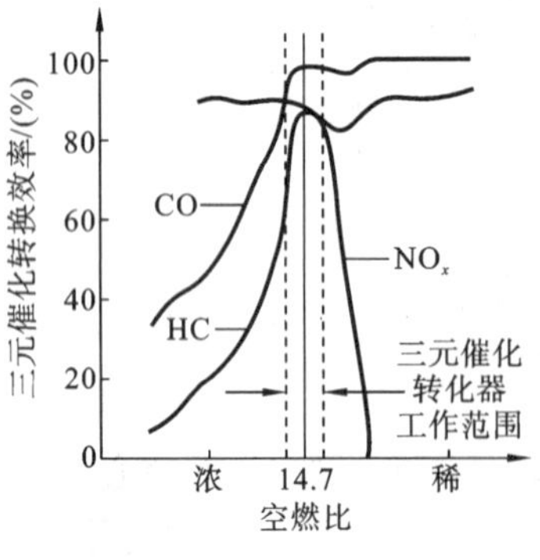

图 6-2 TWC 的转换效率与混合气浓度的关系

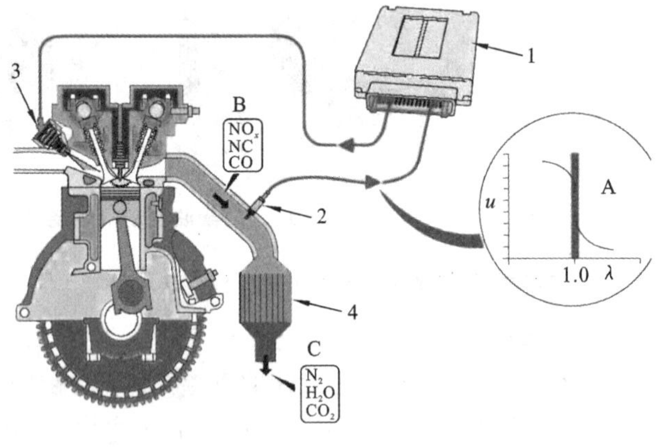

图 6-3 燃油闭环控制

A—前氧传感器信号；B—上游未转换的废气；C—下游已转换的废气；
1—ECU；2—前氧传感器；3—喷油嘴；4—三元催化转化器

二、三元催化转化器

1. 三元催化转化器(TWC)的功能

发动机工作时会产生一些有害的燃烧产物，因此，当今汽车普遍安装三元催化转化器，这个装置串联在排气系统中，目的是在排气气流的一系列化学反应中起催化作用，促使发动机排出的废气中的有害气体转换成无害气体。

2. 三元催化转化器的结构

三元催化转化器一般为整体不可拆卸式，安装在排气消声器的前面，由三元催化转化芯子和外壳等构成，如图6-4所示。大多数三元催化转化芯子以蜂窝状陶瓷作为承载催化剂的载体，在陶瓷载体上浸渍铂（或钯）和铑的混合物作为催化剂。当发动机工作不正常时，排气中的CO、HC含量会急剧升高，三元催化转化器负担加重，导致温度急剧升高。若高温持续时间过长，将会导致催化性能恶化或损坏（芯子破碎），使排气不畅，同时由于其安装位置靠近车身底板，容易出危险。所以，有些汽车的三元催化转化器还加有检测排气温度的排气温度传感器。

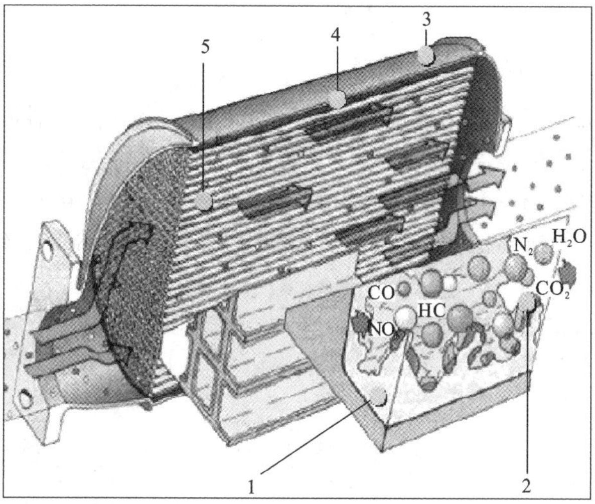

图6-4 TWC结构

1—催化活性层；2—催化剂；3—外壳；4—隔离层；5—载体

3. 三元催化转化器的工作原理

在国外，为了达到排放标准的要求，1996年以后生产的车辆必须安装三元催化转化器。所谓“三元”，是指能够同时处理CO、HC以及NO_x三种有害气体。三元催化转化器安装在排气管中部，三元催化转化器中主要起作用的是催化剂，它是铂（或钯）和铑的混合物，使汽车尾气中的有害物质碳氢化合物（HC）、一氧化碳（CO）、氮氧化合物（NO_x），经化学反应转化为无害的二氧化碳（CO_2）、水（H_2O）及氮气（N_2），如图6-5所示。

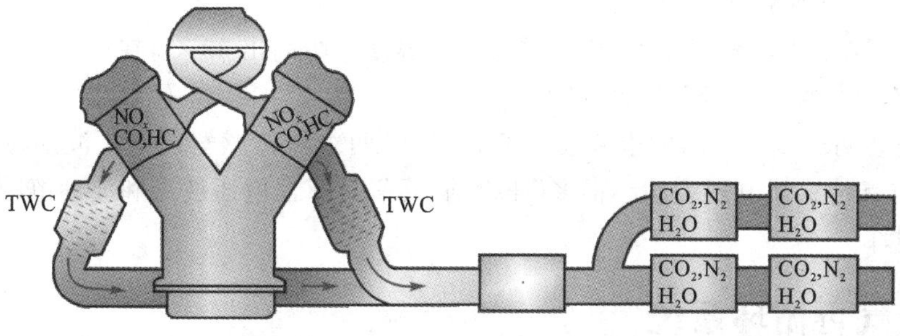

图6-5 三元催化转化器中的化学反应

化学反应式为： $HC + O_2 \Rightarrow CO_2 + H_2O$

$$CO + O_2 \Rightarrow CO_2$$
$$NO_x + CO \Rightarrow N_2 + CO_2$$
$$NO_x + HC \Rightarrow N_2 + H_2O + CO_2$$
$$NO_x \Rightarrow N_2 + O_2$$

TWC转换气体的效率受很多因素的影响。其中影响最大的是排气的温度,因为随着催化器温度升高,转换效率迅速提高。转换效率超过50%时的温度称为催化器起燃温度。大多数催化器这一温度在246~301 ℃范围内。催化器起燃后,可以迅速达到最大转换效率。图6-6所示为催化剂的温度与净化率的关系。另外,铅和硫等元素会对三元催化转化器造成很大的破坏,因为铅和硫会与催化活性物质作用生成新的晶体结构附着在催化剂表面,影响催化剂的表面活性,即催化器中毒,是影响催化器寿命的最严重的物理现象。因此,装有三元催化转化器的车辆必须使用无铅汽油。

4. 三元催化转化器控制系统的监测

目前的电控发动机在三元催化转化器的后面都装有一个氧传感器,称为后氧传感器,如图6-7所示。ECU根据后氧传感器的信号修正安装在三元催化转化器之前的前氧传感器的信号误差。此外,后氧传感器还有一个重要的作用,即监视三元催化转化器的工作状态。若后氧传感器输入的信号与前氧传感器的相似,那么很可能三元催化转化器工作不良或已经失效。

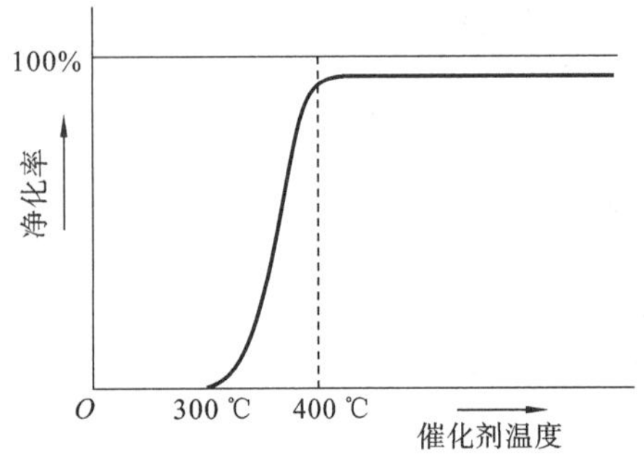

图6-6 催化剂的温度与净化率的关系

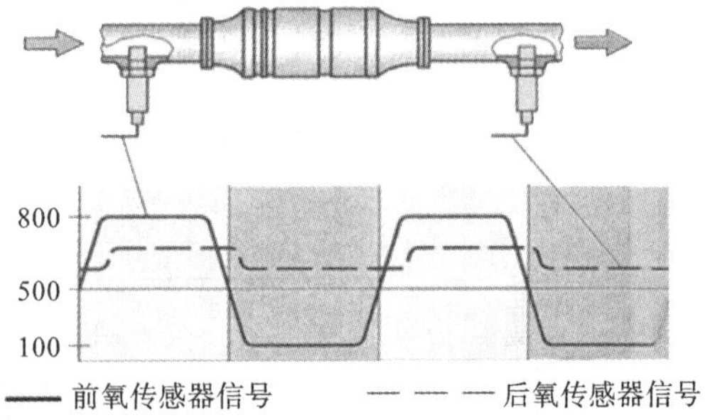

图6-7 前、后氧传感器的安装位置和信号对比

5. 三元催化转化器的检修

TWC及氧传感器的检修方法和步骤如下。

(1) 检查TWC是否堵塞。

(2) 让发动机怠速运转,使用尾气分析仪测量此时的CO含量。当发动机正常工作时,CO含量为0.5%~1%;使用二次空气喷射和TWC技术,可以使怠速时的CO含量接近于0,最大不应超过0.3%,否则说明TWC损坏。

(3) 测量TWC出口管道温度,应比进口管道温度至少高出38 ℃,在怠速时,其温度也应相差10%。若不符合要求,说明TWC已经损坏。

(4) 对安装两个氧传感器的电喷发动机,可测量两个氧传感器的电压波形,后氧传感器电压波动要比前氧传感器电压波动小得多,如果前、后氧传感器电压波形和波动范围均趋于一致,说明TWC损坏。

三、废气再循环系统

(一) 废气再循环的作用

废气再循环(exhaust gas recirculation,EGR)系统的作用是把一部分排气引入进气系统中，使其和新鲜混合气一起进入气缸，使混合气变稀，从而降低了燃烧速度，燃烧温度随之下降，其主要目的是减少氮氧化合物 NO_x 的排放。氮氧化合物 NO_x 是混合气在高温和富氧条件下燃烧时，含在混合气中的氮气和氧气发生化学反应产生的。燃烧温度越高，氮气和氧气越容易反应，排出的 NO_x 越多。所以减少 NO_x 的最好方法就是降低燃烧室的温度。

由于废气再循环（EGR）会使混合气的着火性能和发动机输出功率下降，因此，应选择 NO_x 排放量比较多的发动机运转工况范围，进行适当的废气再循环。EGR 的控制量用 EGR 率表示，其定义为再循环废气的量占整个进气量的百分比。

$$\text{EGR 率}=\frac{\text{EGR 气体量}}{\text{吸入空气量}+\text{EGR 气体量}}\times 100\%$$

采用 EGR 系统可降低 NO_x 的排放，但是随着 EGR 率的增加，将导致油耗增加、HC 的排放量增加，以及由于废气再循环（EGR）造成了缺火率增加，使燃烧变得不稳定，发动机性能下降，所以必须对 EGR 率进行控制。根据发动机工况不同，进入进气歧管的废气量一般在 10%～15%之间变化。

（二）EGR 系统的分类及工作原理

1. 普通电子式 EGR 系统

图 6-8 为普通电子式 EGR 系统示意图。这种系统在早期的车型上曾经采用，它由 EGR 控制电磁阀、节气门位置传感器、EGR 阀、曲轴位置传感器、发动机 ECU、冷却液温度传感器等组成。

其工作原理是在发动机工作时，发动机 ECU 根据各传感器信号，如曲轴位置传感器、冷却液温度传感器、节气门位置传感器、点火开关等送来的信号，确定发动机目前在哪一种工况下工作，以便发出控制指令，控制 EGR 阀的打开或关闭，使废气再循环进行或停止。

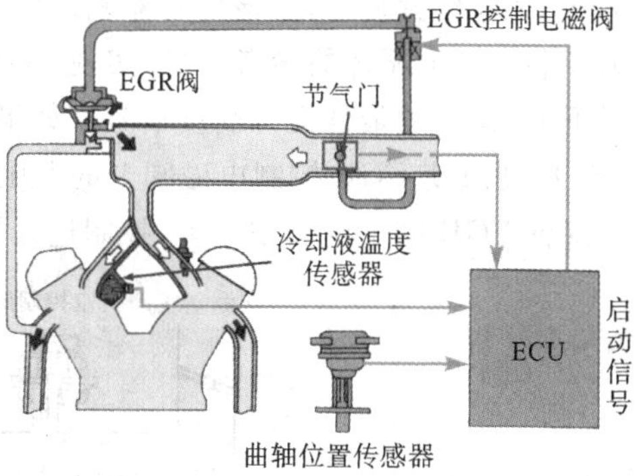

图 6-8 普通电子式 EGR 系统

在发动机的某些工况下，发动机 ECU 控制 EGR 控制电磁阀通电，从而切断了 EGR 阀的真空通道，使 EGR 阀关闭。

在发动机启动时，节气门位置传感器的怠速触点接通（即发动机处于怠速运行工况）时，发动机温度低（例如发动机暖机过程中）时，发动机转速低于 900 r/min 或高于 3200 r/min 时，EGR 控制电磁阀通电（ON），使 EGR 阀处于关闭状态，EGR 系统不起作用；除以上工况外，EGR 控制电磁阀断电（OFF），使 EGR 阀处于打开状态，EGR 系统开始起作用。

2. 带压力反馈传感器的废气再循环系统

这种系统由 EGR 阀、真空调节器、计量孔和压力反馈传感器等组成。通过检测计量孔处的压力，再综合发动机 ECU 接收的发动机转速、海拔高度、真空度、冷却液温度和节气门位置等输入信号来控制废气再循环的时间和流量，如图 6-9 所示。

压力反馈传感器把废气压力信号转换为电压信号传送给发动机 ECU。压力反馈传感器有 3 根导线与 ECU 连接。这 3 根导线分别是接地线、5 V 供电线及信号线。计量孔后的废气压力与再循环的废气流量成正比。压力反馈传感器的信号通知 ECU 关于废气再循环的流量，ECU 则把此信号与输入信号所要求的废气再循环流量相比较，如果实际的废气再循环流量与所要求的废气再循环流量之间有一些差别的话，那么，ECU 将对输出给真空调节器的占空比信号进行必要的修正。

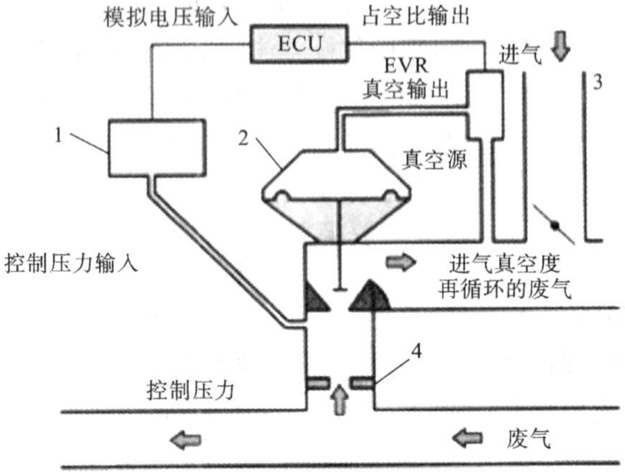

图 6-9　带压力反馈传感器的废气再循环系统

1—压力反馈传感器；2—EGR 阀；3—真空调节器；4—计量孔

3. 带 EGR 阀位置传感器的废气再循环系统

图 6-10 所示为带有 EGR 阀位置传感器的废气再循环系统。该系统由 EGR 真空控制阀、EGR 控制电磁阀、EGR 阀以及各种传感器组成。在 EGR 阀上部装有一个可以检测 EGR 阀升程的 EGR 阀位置传感器，该传感器利用由一个柱塞推动的电位计向发动机控制单元传送信号，作为控制废气再循环的参考信号，实现 EGR 系统的闭环控制。发动机控制单元中存储有多种工况下 EGR 阀的最佳提升高度信号。如果实际提升高度值与发动机控制单元存储的最佳值不同，ECU 便改变 EGR 控制电磁阀上的电压，从而使 EGR 控制电磁阀通过 EGR 真空控制阀提高或降低 EGR 阀上的真空压力，控制进入燃烧室的废气量。

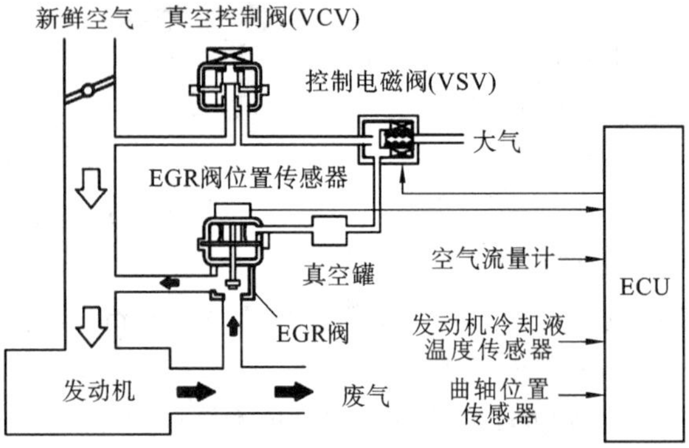

图 6-10　带 EGR 阀位置传感器的废气再循环系统

4. 步进电机式 EGR 系统

目前都采用的是步进电机式废气再循环系统（EEGR 系统）。EEGR 系统由一个步进电机（52 步）、阀杆、阀门和弹簧组成。步进电机的安装位置如图 6-11 所示。

1）EEGR 系统的组成与特点

EEGR 系统原理与真空控制式 EGR 系统的一样，唯一的区别是控制废气的方式，EEGR 系统直接用步进电机来控制 EGR 阀的开度，从而调节废气再循环的流量。

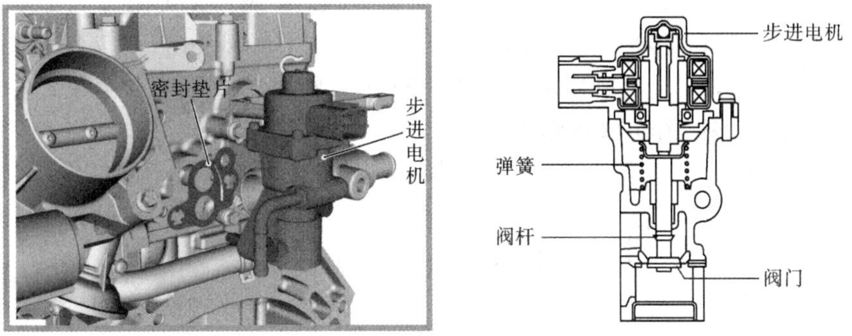

图 6-11 步进电机的安装位置

采用步进电机控制的废气再循环系统能够更为准确地控制废气再循环的流量，其所使用的元件较少，取消了 EGR 机械控制阀与压差传感器，可靠性增强。由于没有流量传感器，步进电机式废气再循环系统只能是一个开环工作系统。EEGR 系统由步进电机、EGR 阀总成、PCM 和连接线束及管道等组成，如图 6-12 所示。

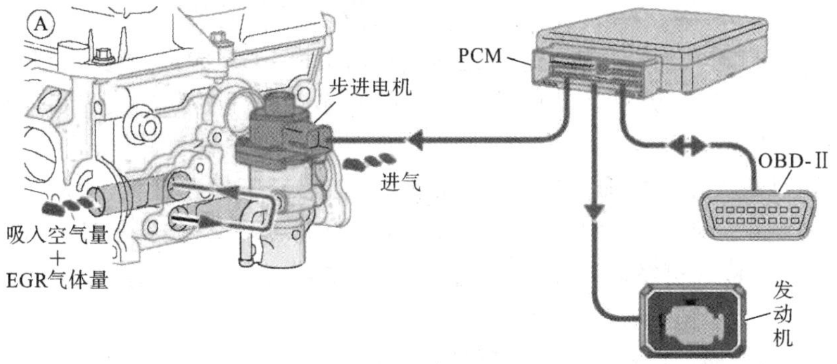

图 6-12 EEGR 系统组成

步进电机控制的废气再循环系统不需要有关再循环排气量的反馈，但是 PCM 可以计算自发动机启动一刻直至其关闭时废气再循环阀阀芯的位置，然后向步进电机发送脉冲信号，并不断对其（计算的信号）进行增减调整。为此，PCM 必须计算（打开或关闭该阀）所需的步数，以便得出废气再循环率。这些步数的脉冲信号数量是根据发动机负荷与转速等信号计算出来的，PCM 计算出步进电机所需的步数，然后输出指令，控制步进电机的工作。

2）EEGR 系统的工作原理

PCM 采集 ECT（发动机冷却液温度）传感器或 CHT（缸盖温度）传感器、TP（节气门位置）传感器、MAF（空气质量流量）传感器或 MAP（进气歧管绝对压力）传感器和 CKP（曲轴位置）传感器等的信号，判断此时发动机的工况。PCM 根据工况决定是否要 EEGR 系统工作。EEGR 系统若要工作，发动机须是热机状态并以中等负荷、转速稳定运行；在怠速、节气门长时间大开、水温过低或 EEGR 系统部件故障时，PCM 将关闭 EEGR 系统。

EEGR 系统工作时，PCM 针对给定的发动机工况计算所需的 EGR 量，然后 PCM 向 EEGR 系统步进电机输出指令，使其移动（进或退）一定的步阶。步进电机直接操纵 EGR 阀阀芯，使废气通过 EGR 阀进入进气歧管，而与发动机进气歧管真空度无关。

步进电机通过增量或步阶的指令进行控制，EGR 阀从全闭到全开一共要 52 步阶。在每次启动发动机时，PCM 会在闭合方向向步进电机发送 60 个信号脉冲进行初始化，而不管步进电机的实际位置如何。例如,PCM 发出 1 5 个脉冲之后,EGR 阀已经关闭,但 PCM 还会继续发出另外 45 个脉冲,将阀的锥形头压入阀座,这样可确保 EGR 阀关闭。PCM 据此来识别 0 位置。在初始化过程中,PCM 每秒向步进电机发送 20 个脉冲,初始化以快速模式进行。步进电机与 PCM 的连接电路如图 6-13 所示。

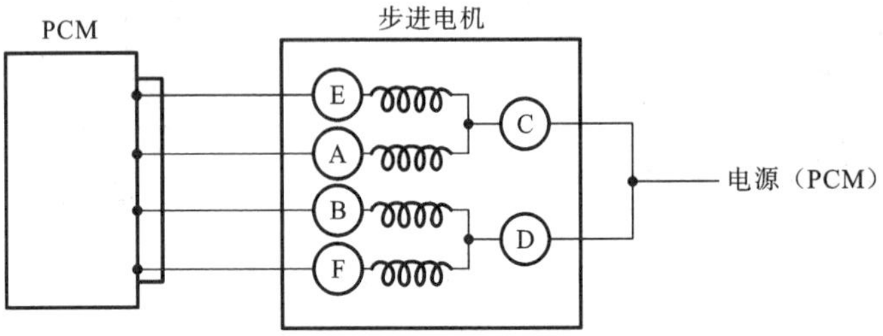

图 6-13　步进电机与 PCM 的连接电路

5. 废气再循环系统(真空控制式)的检修

当发动机出现怠速不稳定、低速时产生喘振、减速后或冷启动后过载熄火、出现爆燃、NO_x 含量过高时,说明 EGR 阀、EGR 控制电磁阀存在故障,应进行检修。

(1) 在冷态下启动发动机并使之怠速运转。可用手摸 EGR 阀,应感觉不到其动作(即不开启)。此时,若踩下加速踏板,使发动机在中等负荷下(节气门开度为 60%~70%时)运转,EGR 阀也应无动作(不开启)。

(2) 启动发动机并使其冷却液温度达到正常值,然后踩下加速踏板,使发动机在中等负荷下运转,这时应能感觉到 EGR 阀膜片的动作,即阀门打开,废气开始再循环。若上述检查结果不符合要求,应检查废气再循环系统的真空管路有无破裂、泄漏之处。若真空管路完好,则应检查 EGR 阀与 EGR 控制电磁阀等有无故障。

(3) EGR 控制电磁阀的检查。冷态测量电磁阀电阻,应为 33~39 Ω(因车而异)。电磁阀不通电时,从进气管侧吹入空气应畅通,从滤网处吹应不通;接上蓄电池电压时,应相反。其控制电源部分串联发光二极管,在工作状态下发光二极管应闪烁。

(4) EGR 阀的检查。拆下 EGR 阀上的真空软管,发动机转速应无变化;用手触摸真空软管,应无真空吸力;发动机温度达到正常工作温度后,怠速时的检查结果应与冷机时的相同,若转速提高到 2500 r/min 左右,拆下真空软管,发动机转速有明显提高。也可使发动机怠速运转,拔下 EGR 阀上的真空管,用手动真空泵对 EGR 阀施加真空度(因车而异)。此时,若发动机的转速明显降低甚至熄火,说明 EGR 阀工作正常。反之,若发动机转速无变化,说明 EGR 阀可能损坏。用手动真空泵给 EGR 阀膜片上方施加约 15 kPa(因车而异)的真空度,EGR 阀应能开启,不施加真空度,EGR 阀应能完全关闭。

四、燃油蒸发控制(EVAP)系统

1. 燃油蒸发控制系统的功能

EVAP 系统是为防止燃油箱内的燃油蒸气(HC)排入大气产生污染而设的,其功能是收集燃油箱内蒸发的燃油蒸气,并将燃油蒸气导入气缸参加燃烧,从而防止燃油蒸气直接排入大气而造成污染。同时,根据发动机工况,控制导入气缸参加燃烧的燃油蒸气量。

2. EVAP 系统的组成与工作原理

EVAP 系统,随汽车制造厂和生产年代的不同而不同。早期的燃油蒸发控制系统多是利用真空进行控制，而现在基本上都采用发动机 ECU 进行控制。目前常见的比较简单的燃油蒸发控制系统如图 6-14 所示。它主要由燃油箱、活性炭罐、炭罐控制电磁阀和电控单元等组成，能够提供比较精确的蒸发流量的控制。

活性炭罐是燃油蒸发控制系统中储存蒸气的主要部件，结构如图 6-15 所示。活性炭罐的下部与大气相通，上部有接头与燃油箱和进气歧管相连，用于收集和清除燃油蒸气。中间是活性炭颗粒，它具有极强的吸附燃油分子的作用。燃油箱内的燃油蒸气，经燃油蒸气通气管路进入活性炭罐后，燃油蒸气中的燃油分子被吸附在活性炭颗粒表面。活性炭罐有一个出口，经软管与发动机进气歧管相通。软管的中部设一个炭罐控制电磁阀（常闭），以控制管路的通断。当发动机运转时，如果发动机 ECU 控制炭罐控制电磁阀开启，则在进气歧管真空吸力的作用下，空气从活性炭罐底部进入，经过活性炭至上方出口，再经软管进入发动机进气管，吸附在活性炭表面的燃油分子又重新脱附，随新鲜空气一起被吸入发动机气缸燃烧。这一过程一方面使燃油得到充分利用，另一方面也使活性炭罐内的活性炭保持良好的吸附燃油分子的能力，而不会因使用太久而失效。当炭罐控制电磁阀关闭时，燃油蒸气储存在活性炭罐中。

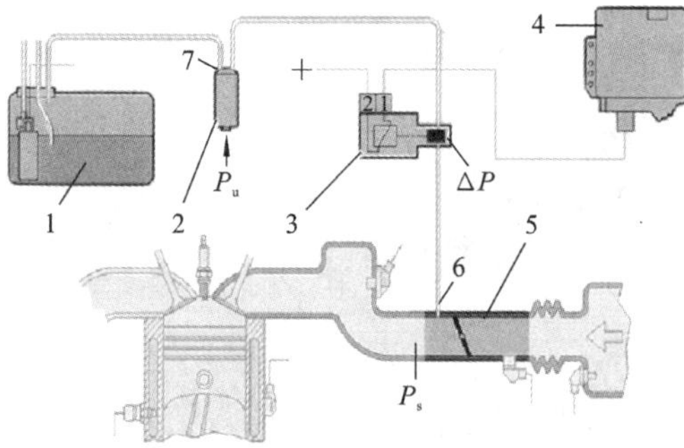

图 6-14 燃油蒸发控制系统示意图

1—燃油箱；2—活性炭罐；3—炭罐控制电磁阀；4—电控单元 ECU；5—节气门组件；6—通往进气歧管；7—来自燃油箱；P_s—进气歧管压力；P_u—大气压力；Δp—进气歧管压力和大气压力之差

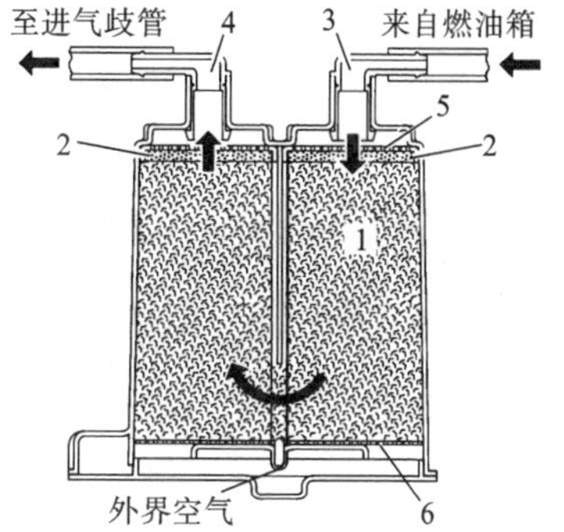

图 6-15 活性炭罐结构

1—活性炭；2—泡沫过滤器；3—连接来自燃油箱的管路；4—连接炭罐控制电磁阀；5—塑料网；6—金属网

3. 非增强型 EVAP 系统和增强型 EVAP 系统

由于排放法规的要求越来越严，特别是 OBD-Ⅱ 要求对排放系统工作情况进行监测，近几年有些车型上装备了非增强型 EVAP 系统和增强型 EVAP 系统。

1）非增强型 EVAP 系统

非增强型 EVAP 系统是一种流量监测系统，此系统可以检测到燃油蒸发的流量（或称清洗的流量）。特点是在原有的 EVAP 系统中增加了监测系统燃油蒸发流量的传感器（清洗流量传感器）和燃油蒸气管理阀（VWV），如图 6-16 所示。清洗流量传感器利用热丝探测温度变化，当清洗阀开启时，燃油蒸气流过热丝使其冷却，这一温度变化造成电压变化，PCM 通过检测电压变化得知清洗流量。当燃油蒸气管理阀开启或关闭时，会影响进入进气歧管的气流，怠速控制系统监测怠速转速的增减并相应进行空气流量修正。

2）增强型 EVAP 系统

增强型 EVAP 系统是一种流量监测系统，与非增强型 EVAP 系统的不同点在于增强型 EVAP 系统中没有清洗流量传感器，而是在燃油箱上增设了一个油箱压力传感器，如图 6-17 所示。PCM 通过该传感器的参数来确定 EVAP 系统是否有泄漏。

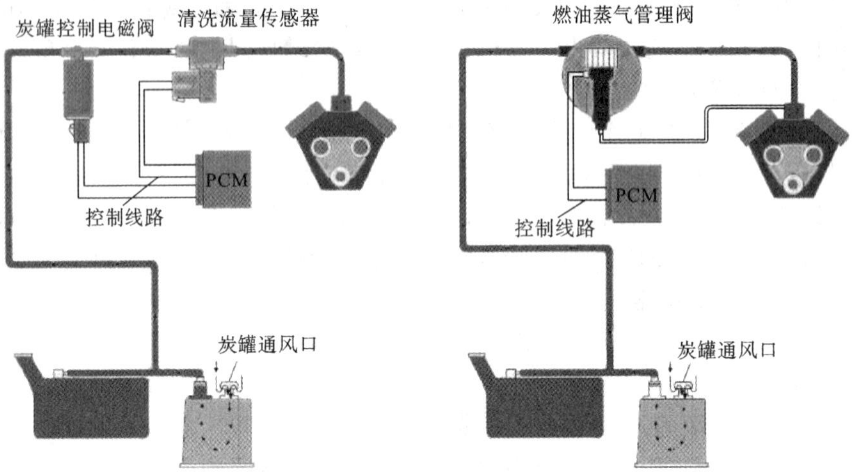

图 6-16　非增强型 EVAP 系统

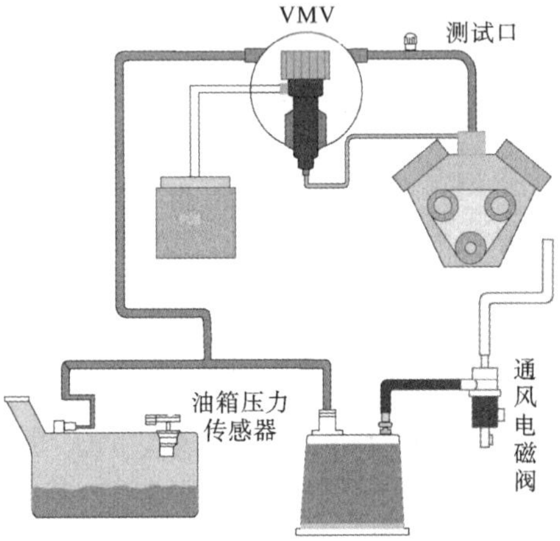

图 6-17　增强型 EVAP 系统

4. 燃油蒸发控制系统的工作过程

为了防止破坏发动机正常工作时的混合气成分，影响发动机正常工作，必须对燃油蒸气进入发动机进气歧管的时间和进入量进行控制。

目前，尽管各汽车生产厂家都通过发动机 ECU 控制炭罐控制电磁阀的通断来控制其开启和关闭，线圈通电时，电磁阀开启，线圈断电时，电磁阀关闭，但它们在控制电磁阀开闭的时间和方法上并不完全一样。

发动机 ECU 使炭罐控制电磁阀通电通常考虑以下条件。

(1) 发动机启动时间已超过规定的时间。

(2) 冷却液温度已高于规定值。

(3) 怠速触点开关处于断开状态。

(4) 发动机转速高于规定值。

当满足以上条件时，发动机 ECU 使电磁阀线圈电路接地通电，电磁阀的阀门开启，储存在活性炭罐内的燃油蒸气经软管被吸入发动机燃烧。此时由于发动机的进气量较大，少量的燃油蒸气进入发动机不会影响混合气的浓度。如果不完全满足上述条件，ECU 不会激活炭罐控制电磁阀，燃油蒸气被储存在活性炭罐中。

较先进的燃油蒸发控制系统，一般都能根据发动机负荷等情况，适时控制电磁阀的通电占空比，以达到控制电磁阀开启程度的目的。

5. EVAP 系统的检修

EVAP 系统的检修方法及步骤如下。

(1) 检查各连接管路有无破损或漏气，必要时更换连接软管；检查活性炭罐壳体有无裂纹、底部进气滤芯是否脏污，必要时更换活性炭罐或滤芯。

(2) 将发动机热车至正常工作温度，并使之怠速运转。

(3) 拔下蒸气回收罐上的真空软管，检查软管内有无真空吸力。若装置工作正常，在发动机怠速运转中电磁阀应不通，软管内应无真空吸力。如果此时软管内有吸力，应检查电磁阀线束插头内电源电压正常与否。

(4) 踩下加速踏板，使发动机转速大于 2000 r/min，同时检查上述软管内有无真空吸力。若有吸力，说明正常；若无吸力，应检查电磁阀线束插头内电源电压。若电压正常，说明电磁阀有故障；若电压异常或无电压，说明 ECU 或控制线路有故障。

(5) 从活性炭罐上拆下真空控制阀，用手动真空泵由真空管接头给真空控制阀施加约 5 kPa 真空度时，从活性炭罐侧孔吹入空气应畅通；不施加真空度时，吹入空气则不通。若不符合上述要求，应更换真空控制阀。

(6) 发动机不工作时，拆开电磁阀进气管一侧的软管，用真空泵由软管接头给控制电磁阀施加一定真空度，电磁阀不通电时应能保持真空度，若给电磁阀接通蓄电池电压，真空度应释放；拆开电磁阀线束插接器，测量电磁阀两端子间电阻，应为 36～44 Ω。若不符合上述要求，应更换控制电磁阀。

五、曲轴箱强制通风(PCV)系统

如果发动机燃烧室内的混合气和燃烧后的废气顺着活塞和气缸体的内壁漏入曲轴箱内，将稀释和污染机油，造成机油的润滑性能下降，因此必须将这些污染物从曲轴箱内排出。此外，曲轴箱内的压力随发动机转速升高而增加，如果不通风，会将机油从油封或气缸垫压出。由于环保的原因，不能将这些混合气直接排入大气，所以为解决此问题，现代汽车一般都采用曲轴箱强制通风(positive crankcase ventilation, PCV)系统，将这些漏入曲轴箱的气体导入进气歧管，使其重新燃烧。

1. PCV 系统的组成与作用

在发动机运转期间，一部分未燃烧的混合气和燃烧完的废气在高压力下从活塞环漏入曲轴箱内，也就是我们平常所说的“窜气”；另外，曲轴箱内的温度很高，内部的机油会挥发成蒸气。这些气体聚集在曲轴箱内，如果不加清除，曲轴箱内聚集的蒸气会形成很大的压力，足以损坏发动机密封件和气缸垫。这些蒸气也能污染机油，导致机油变质，造成发动机过早磨损。PCV 系统的作用是合理有效地清除发动机曲轴箱内的有害气体，以免对发动机造成危害，同时也避免了对环境的污染。一般来说，PCV 系统的主要功能有：

(1) 清除发动机曲轴箱内的有害废气和燃油蒸气；

(2) 平衡曲轴箱内的压力，防止损坏发动机；

(3) 排出曲轴箱内的潮气以防腐蚀，最大限度地提高机油的清洁度；

(4) 防止曲轴箱蒸气引燃；

(5) 根据发动机工况要求自动调节进入发动机进气系统的曲轴箱蒸气流量。

PCV 系统的组成如图 6-18 所示。曲轴箱强制通风系统的主要部件有 PCV 阀、油气分离器及管道。

2. PCV 阀的结构

PCV 阀是曲轴箱强制通风系统中最重要的部件,目前大多数发动机采用真空控制的 PCV 阀调节进入进气歧管或节气门体的空气和曲轴箱蒸气量,同时防止回火进入曲轴箱。新鲜空气从外置空气滤清器或空气出口管经封闭软管进入曲轴箱。PCV 阀利用两边(进气歧管和曲轴箱)的压力差控制曲轴箱窜气和进气混合的速率。在 PCV 阀内部有双头柱塞和弹簧,结构如图 6-19 所示。随着曲轴箱压力和进气歧管真空度相对改变,柱塞前后移动以阻塞或释放曲轴箱窜气。

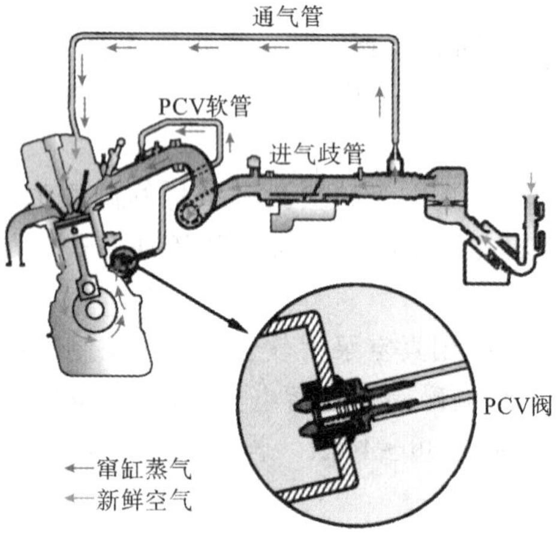

图 6-18　曲轴箱强制通风系统示意图

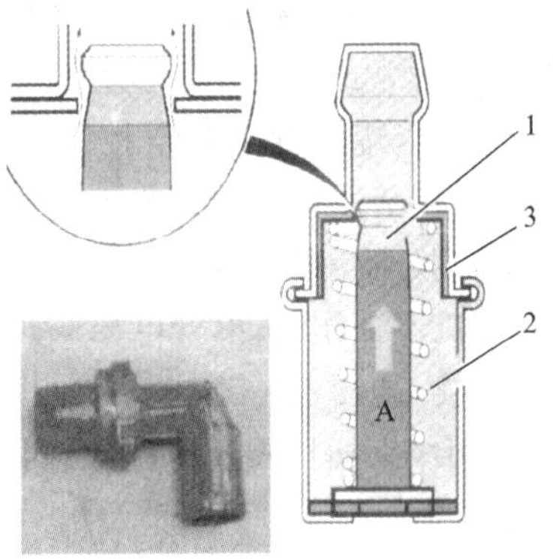

图 6-19　PCV 阀的结构

A—通过真空动作活塞;1—曲线阀端;2—压缩弹簧;3—节流孔套

3. PCV 阀的工作原理

1) 发动机不工作时

发动机不工作时,弹簧将锥形阀压在阀座上,此时阀内没有真空度,没有蒸气流量。

2) 怠速或减速时

发动机怠速运转时,进气歧管的真空度很高,高真空度使 PCV 阀中的活塞 A 克服弹簧的压力到 6-20(a)所示的顶端较窄的地方,使得通往进气歧管的通道 B 很窄,通过 PCV 阀进入进气歧管的气体比较少,以免对发动机怠速影响过大。

3) 中等负荷时

当发动机中等负荷稳定运转时(例如巡航),进气歧管的真空度降低,弹簧驱动柱塞下移(与怠速时相比),通道加宽,如图 6-20(b)所示,使得更多的气体流过 PCV 阀。

4) 大负荷或加速时

当发动机在大负荷下工作时,节气门全开,进气歧管真空度减小,弹簧将锥形阀进一步向下推压,从而使锥形阀与 PCV 阀壳体间的缝隙更大,如图 6-20(c)所示。因为大负荷工作时,产生更多泄漏气体,所以需要更大的缝隙才能使泄漏气体流入进气歧管。

5) 当发生回火时

当发动机发生回火时,火焰传播到进气歧管,进入 PCV 阀内,火焰的压力压紧 PCV 阀使其关闭，以防止火焰传到曲轴箱中，如图 6-20(d)所示。如果系统中没有 PCV 阀，发动机回火时，曲轴箱中的蒸气就有可能发生爆炸。

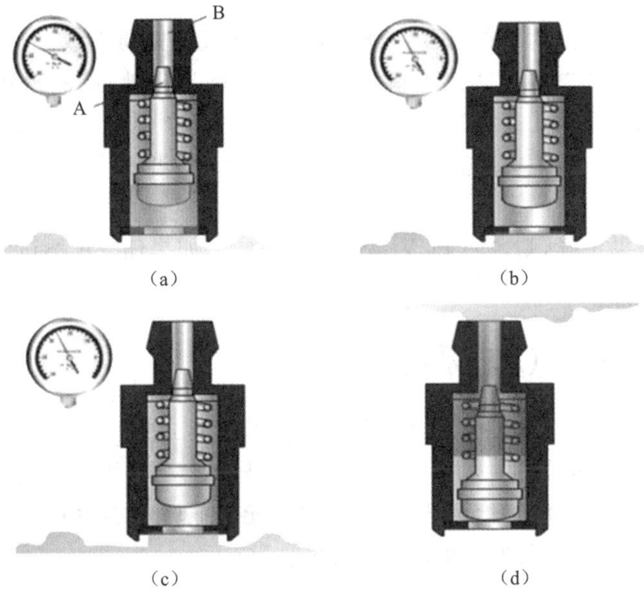

图 6-20　PCV 阀的不同状态

4. 油气分离器

油气分离器安装在发动机缸体进气管侧，如图 6-21 所示。可以阻止曲轴箱中的机油蒸气进入进气歧管。油气分离器下面有很多隔板，当机油蒸气进入油气分离器，必须要穿过这些隔板。隔板对蒸气降温冷却，机油就会凝聚在油气分离器里，然后回流到曲轴箱，其余的气体通往 PCV 阀。有一些发动机没有采用 PCV 阀控制曲轴箱通风，在这种系统中，曲轴箱的气体通过一个油气分离器进入进气歧管。曲轴箱通风量的大小与设计管径大小和进气歧管压力大小相关。也有些发动机既采用了 PCV 阀，也使用了油气分离器。

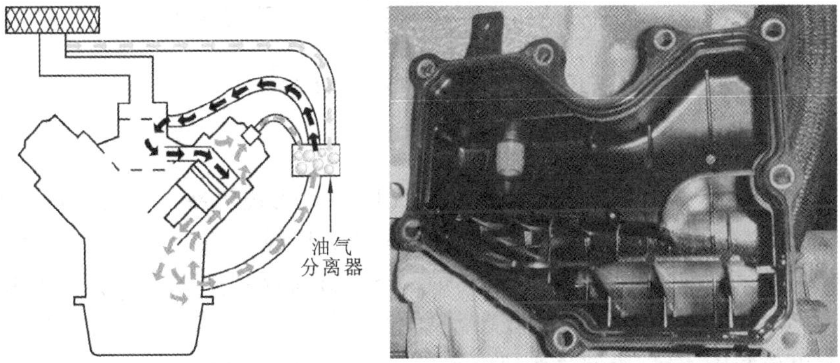

图 6-21　油气分离器

5. 曲轴箱强制通风系统的检修

一般用转速下降测试法或真空测试法测试 PCV 系统工作正常与否。

1）转速下降测试法

接上转速表，使发动机达到正常工作温度，在怠速情况下，夹住 PCV 阀与真空源之间的管路,发动机转速应下降 50 r/min 或更多。否则,要检查 PCV 阀和管路是否堵塞,必要时进行清洗或更换。

2) 真空测试法

使发动机在正常工作温度下怠速运转,将 PCV 阀从气门室盖上拔下。拔下 PCV 阀后,应能听到空气流过时产生的“咝咝”声。手指放在 PCV 阀的进口处,应能感到很强的真空吸力。装好 PCV 阀,将曲轴箱通风孔或机油加油口盖取下。在发动机怠速运转时,将一张轻薄的硬纸轻轻放在开口上,在 60 s 内,真空应能将纸吸附在开口上。熄灭发动机,取下 PCV 阀,摇动 PCV 阀应听到“喀喀”声。

如果上述测试结果正确,则说明 PCV 系统工作正常。如果任一项测试结果不正确,则需更换相应元件并重新做测试。

六、二次空气喷射(AI)系统

二次空气喷射(air injection,AI)系统,其功用是在一定工况下,将一定量的新鲜空气送入排气管,促使发动机排出的废气中的 CO 和 HC 进一步氧化,从而降低汽车废气中有害物的排放量。启动工况下,二次空气喷射系统还可以加快三元催化转化器的升温,使发动机尽快进入空燃比闭环控制过程,从而改善发动机的工作性能。

1. 系统组成与工作原理

二次空气喷射系统的空气喷入通道不同可分为上游气流通道和下游气流通道两种,如图 6-22 所示。上游气流流进排气歧管,下游气流进入三元催化转化器的空气室中。空气进入排气歧管及三元催化转化器的时间由发动机电控单元(ECU)进行控制。

目前所用的二次空气喷射系统有空气泵系统和脉冲空气系统两种形式。

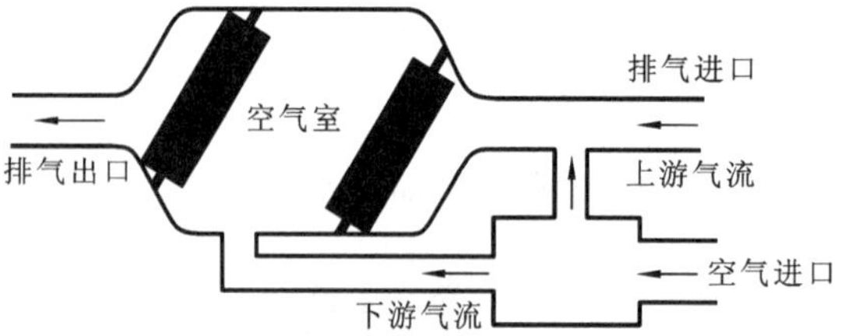

图 6-22 二次空气喷射系统简图

2. 空气泵系统

空气泵系统利用空气泵将压缩空气导入排气口和催化转化器。空气泵系统如图 6-23 所示,主要由空气泵、空气旁通阀、空气分流阀、连接管道、单向阀和空气喷射歧管等组成。系统还控制从空气泵到排气口或催化转化器的空气量。空气分流阀到排气口和催化转化器之间各有一个单向阀,以防止在减速等工况时,排气管中的废气倒流至二次空气喷射系统。发动机控制模块控制两个电磁线圈,分别给空气旁通阀和空气分流阀供应真空。

1) 空气泵

(1) 空气泵的结构。

空气泵装在发动机前端,由一个离心式空气滤清器和一个叶片泵组成,外形结构如图 6-24 所示。空气泵由发动机曲轴带轮经传动带驱动,向二次空气喷射系统供应量大而压力低的空气。

离心式空气滤清器装在泵的转子轴的一端,与泵以同转速转动。离心式空气滤清器的作用是清洁进入空气泵的空气。离心式空气滤清器的滤清原理是,当叶轮高速转动时,空气中的尘粒与空气相比，质量较大，在离心力的作用下从进入到空气泵里的空气流中分离出去。

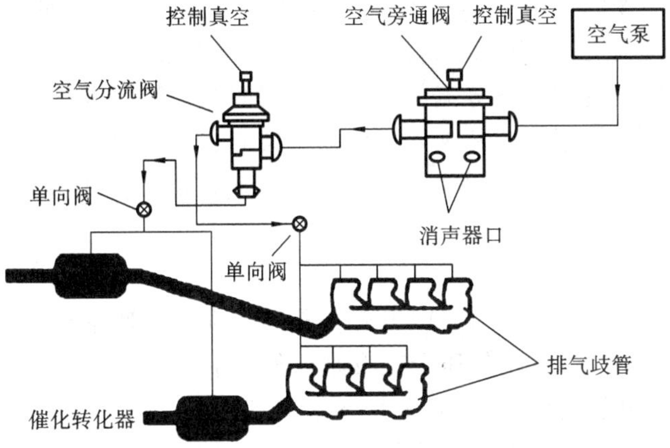

图 6-23 空气泵系统

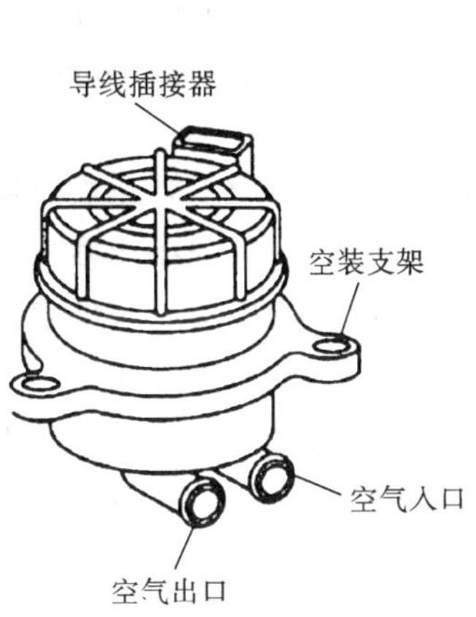

图 6-24 空气泵外形结构

叶片泵由泵壳、转子、叶片、叶片密封槽、进气道和出气道等组成。为了使叶片能与泵壳内孔间形成大小不同的空腔，转子旋转中心线与泵壳内孔中心线并不重合。在带轮带动下，转子在一条与泵壳内孔中心线不重合的轴线上旋转。两片叶片在转子的槽中成 180°夹角布置，并在槽中滑动，叶片与转子槽间有密封槽。

(2) 空气泵的工作原理。

空气泵是一种旋转叶片式容积泵，其原理是利用离心方式将干净的空气泵入系统中，图 6-17 所示为空气泵的工作过程。由图 6-25 可见，由于转子带动翼板旋转，使空气泵内的压力低于进气口外的压力，所以空气被吸入空气泵。转子继续带动翼板旋转，使空气被压缩并流动到排气口，此时由于排气口外的压力比排气口内的小，而且还有翼板的推动作用，最终使空气从排气口排出。空气泵工作时，这一过程周而复始，将空气连续不断地泵入排气系统。

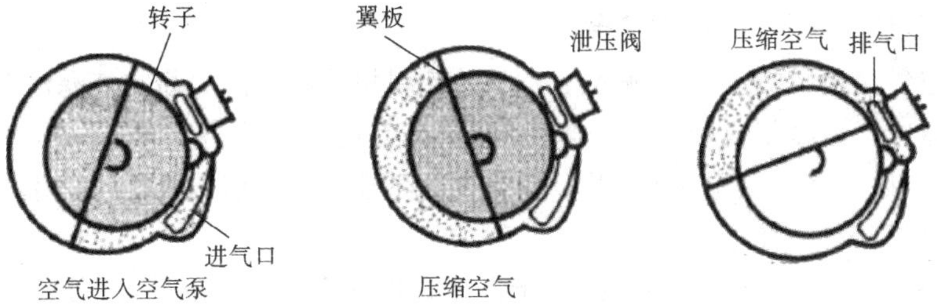

图 6-25 空气泵的工作过程

2) 空气分流阀

空气分流阀常作为一个单独的总成用螺栓装在空气泵上，而管路则用软管与空气泵和空气喷射歧管相连。设置空气分流阀的目的是当发动机突然减速时，防止排气系统"回火"到空气泵。

当节气门突然关闭、发动机突然减速时，会在进气管里产生很高的真空度，从而导致进入气缸的可燃混合气太浓，在做功行程里无法完全燃烧。排气时，就有较多的没有充分燃烧的混合气经排气门排往排气管。如果在这时，二次空气喷射系统把新鲜空气喷入排气歧管或喷入靠近排气门的排气孔，则新鲜空气便加剧了未充分燃烧的混合气在排气管内的燃烧，从而产生"回火"。而设置空气分流阀的作用在于发动机突然减速的最初时间里，瞬间把空气泵送来的空气排入大气，使新鲜空气不能喷入排气管，从而防止了"回火"的发生。

当节气门开度突然减小、发动机突然减速时，在进气管产生了较大的真空度，该真空度通过管道传到空气分流阀膜片表面，在该真空度的作用下，膜片克服弹簧力向上运动，带动双向作用阀的下阀打开了下阀口，经下阀口与释气孔（由消声材料制作）相通，使从空气泵来的空气流瞬间无声地排往大气。但是，空气泵来的空气流被空气分流阀排往大气仅能在一瞬间进行，其原因是在膜片上加工有孔板流量孔，该孔能很快平衡膜片两边的气压。因此在弹簧力的作用下，膜片和双向作用阀在几秒内又回到原来的位置。双向作用阀又关闭了下阀口，空气泵便又开始向排气歧管或排气门区供应新鲜空气。

3）释压阀（限压阀）

释压阀（限压阀）主要由阀体、弹簧、阀门和阀座等组成，其作用是当发动机高速运转，空气泵泵送的空气流气压超过释压阀弹簧预调弹力时，空气压力克服弹簧弹力，促使阀门离开阀座，压力过大的空气则通过阀门与阀座间的通道经释气孔排入大气，从而使进入空气喷射歧管的空气压力基本上保持恒定；当空气泵送来的空气压力低于弹簧预调弹力时，弹簧压阀门回位，从而切断了排往大气的通路。由此可见，释压阀弹簧的预调弹力决定了各种工况下空气泵泵送到整个二次空气喷射系统的空气压力。

4）单向阀

单向阀安装在空气喷射歧管上，它允许从空气泵来的具有一定压力的空气进入空气喷射歧管，而防止高温的发动机废气进入连接软管和空气泵。也就是说，若空气泵皮带断裂或传动打滑等原因造成空气泵停转或转速下降、空气连接软管漏气等，不能向喷射系统正常供应空气时，单向阀可以保护二次空气喷射系统免受高温的废气损害。

5）空气喷射歧管

空气喷射歧管通常是由不锈钢管焊接而成的，其形状和分支数目由发动机的结构和气缸数目而定。空气喷射歧管的作用是把空气泵泵送的新鲜空气分别喷射进发动机排气门附近的排气孔里或喷入排气歧管。

3. 电控空气泵型二次空气喷射系统

系统中的空气由电控单元根据输入信号通过控制相关电磁阀引往空气滤清器、排气管及催化式排气净化器中。该系统有两套主控电磁阀，第一套电磁阀为分流阀，用于将空气送往空气滤清器；第二套电磁阀为开关电磁阀，用于将空气送往排气管或催化式排气净化器。

该系统有以下几种工作方式。

(1) 发动机冷态和开环状态工作时，由于催化式排气净化器不够热，不能使用额外空气，因此电控单元控制分流电磁阀和开关电磁阀，使空气经分流电磁阀被送往开关电磁阀，而开关电磁阀将空气引向排气管。

(2) 发动机在正常工作或闭环状态工作时，电控单元控制分流电磁阀和开关电磁阀，使空气经分流电磁阀被送往开关电磁阀，再由开关电磁阀将空气送往催化式排气净化器中的氧化剂与还原剂之间，从而提高氧化剂的工作效率。

(3) 当催化式排气净化器过热时，加入的空气对催化式排气净化器中的催化剂会造成污染，在这种情况下，电控单元控制分流电磁阀，将空气送往空气滤清器。

4. 脉冲型二次空气喷射系统

同空气泵系统相比，脉冲型二次空气喷射系统（脉冲空气系统）不需动力源注入空气，而是依靠大气压力与废气真空脉冲之间的压力差使空气进入排气管，因此减少了成本及功率消耗，其工作原理如图 6-26 所示。

脉冲型二次空气喷射系统也称吸气器型二次空气喷射系统。该系统不是应用空气泵泵送空气进入空气喷射歧管，而是应用排气压力的脉冲将新鲜空气吸入排气系统。研究发现，每次排气门关闭时，都会有这么一个很短的时间周期，在该时间周期内，排气孔和排气歧管内的气压都低于大气压力，也就是说产生了一个负压(真空)脉冲。利用这个真空脉冲，经空气滤清器吸入一定量空气进入排气歧管，用这部分空气中的氧去氧化排气中的 HC 和 CO。如果该车还装有催化式排气净化器，也可以用这部分空气去供应催化式排气净化器需要的氧。

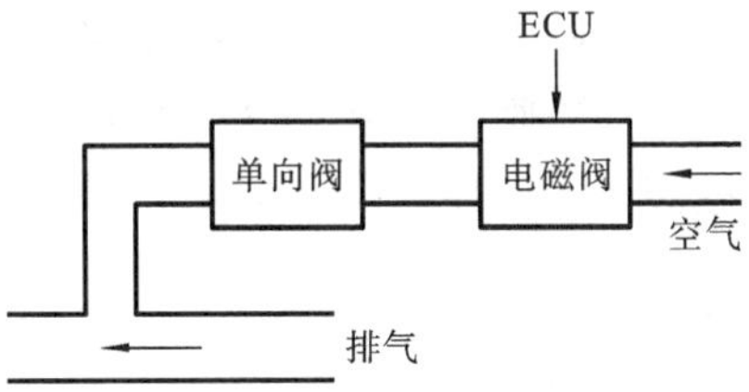

图 6-26 脉冲型二次空气喷射系统工作原理

5. 二次空气喷射系统的检修

1) 系统测试注意事项

如果二次空气喷射系统发生故障，则发动机温度升高时，它不向排气口泵入空气，HC 的排放量升高。进行二次空气喷射系统的测试时，应注意以下几点。

(1) 检修二次空气喷射系统，首先要检查该系统中所有真空软管和电路连接。

(2) 空气泵在带轮的后面有一个离心式滤清器，空气通过滤清器将灰尘过滤后流入空气泵。带轮与滤清器用螺栓连接在泵轴上，可分别检修它们。如果带轮或滤清器弯曲、磨损或损坏，应将其更换。

(3) 空气泵的皮带必须有特定的张力，皮带松动会导致二次空气喷射系统不能正常工作，最终导致废气成分升高或燃油消耗过量。

(4) 二次空气喷射系统的泄压阀(其作用是当系统堵塞或阻力过大时，释放压力以防止空气泵压力过高)有的连在空气旁通阀和空气分流阀上，也有的连在空气泵上。如果泄压阀卡在开启位置，来自空气泵的空气流将通过该阀连续排出，导致有害气体的排放量增加。

(5) 如果二次空气喷射系统中的软管有烧坏的迹象，这表明单向阀有泄漏，使排气进入该系统。

(6) 空气喷射歧管和管道的泄漏会导致废气漏出并产生噪声。

(7) 如果在旁通阀电磁阀或分流阀电磁阀中或相应的导线有故障，或者是来自空气泵的气流连续逆流(从空气泵流至排气口)或顺流(从空气泵至催化转化器)，二次空气喷射系统可能会在发动机 ECU 内设置故障码。应使用故障诊断仪检查与二次空气喷射系统有关的所有故障代码。在对系统进行进一步诊断之前，应查明出现这些代码的原因。

2) 空气旁通阀的检修

在启动发动机时，听一听短时间内是否有空气从空气旁通阀排出。如果没有空气，则从空气旁通阀上拆下真空软管，再启动发动机。如果从空气旁通阀排出了空气，应检查旁通阀电磁阀和连接导线。当空气旁通阀仍无空气排出时，应检查从空气泵至该阀的空气输送情况，如果有空气输送，需更换空气旁通阀。

3) 空气分流阀的检修

在发动机温度升高时，从空气分流阀处拆下至空气泵排气口的软管，检查是否有来自该软管的气流，如果有气流，表明系统工作正常。如果没有空气流动，应从空气分流阀上拆下真空软管，再将真空计连接到该软管上。如果真空度高于 3.38 kPa，则应更换空气分流阀。如果真空度为零，应检查至分流阀电磁阀的真空软管、旁通阀电磁阀和连接导线。

当发动机处于正常工作温度时，将空气分流阀至催化转化器间的空气软管拆下，检查是否有来自该软管的气流。如果有气流，表明在顺流模式下系统工作是正常的。如果没有气流，则从空气分流阀上拆下真空软管,再将真空计连接到该软管上。如果真空计指示真空度为零,应更换空气分流阀。如果真空计指示有一定的真空度,应检查至分流阀电磁阀的软管管路、旁通阀电磁阀和连接导线。

学习评价

◆检验您对电控汽油机排放控制系统相关知识的了解程度

下列问题中哪些答案是正确的?在答案中至少有一项是正确的。

1. 汽车排放污染物主要包括(　　)。

A. 一氧化碳 CO

B. 碳氢化合物 HC

C. 氮氧化合物 NO_x

D. 二氧化碳 CO_2

2. 汽车的 CO 排放污染主要来源是(　　)。

A. 可燃混合气过浓,燃烧时的氧气不足

B. 混合气过稀、喷油器过脏、点火不良(点火正时不当或火花塞过脏)、排气门泄漏等

C. 高温、富氧下燃烧时

D. 燃油箱内燃油蒸发或曲轴箱窜气

3. 汽车的 HC 排放污染主要来源是(　　)。

A. 可燃混合气过浓,燃烧时的氧气不足

B. 混合气过稀、喷油器过脏、点火不良(点火正时不当或火花塞过脏)、排气门泄漏等

C. 高温、富氧下燃烧时

D. 燃油箱内燃油蒸发或曲轴箱窜气

4. 汽车的 NO_x 排放污染主要来源是(　　)。

A. 可燃混合气过浓,燃烧时的氧气不足

B. 混合气过稀、喷油器过脏、点火不良(点火正时不当或火花塞过脏)、排气门泄漏等

C. 高温、富氧下燃烧时

D. 燃油箱内燃油蒸发或曲轴箱窜气

5. 在现代汽车上,为了控制 NO_x 的排放污染,使用的技术是(　　)。

A. 三元催化转化器

B. 废气再循环系统

C. 燃油蒸发控制系统

D. 二次空气喷射系统

E. 曲轴箱强制通风系统

F. 燃油闭环控制系统

6. 在现代汽车上,为了同时控制 CO、NO_x 和 HC 等的排放污染,使用的技术是(　　)。

A. 三元催化转化器

B. 废气再循环系统

C. 燃油蒸发控制系统

D. 二次空气喷射系统

E. 燃油闭环控制系统

7. 对于燃油闭环控制系统相关知识表述正确的是(　　)。

A. 利用前氧传感器的工作来精确控制燃油喷射量

B. 同时利用前、后氧传感器的工作来精确控制燃油喷射量

C. 充分发挥三元催化转化器TWC的效能

D. 同时控制CO、NO_x和HC等的排放污染

E. 减少有害气体生成的途径是,控制空燃比在14.7∶1左右,使燃油燃烧较充分

8. 对于三元催化转化器相关知识表述正确的是(　　)。

A. 三元催化转化器转换效率与催化器的工作温度有关

B. 装有三元催化转化器的车辆必须使用无铅汽油

C. 后氧传感器的作用是监视三元催化转化器的工作状态

D. 如果前、后氧传感器电压波形和波动范围均趋于一致,说明TWC损坏

9. 对于废气再循环系统相关知识表述正确的是(　　)。

A. 通过降低燃烧速度、燃烧温度的方法,减少氮氧化合物NO_x的排放

B. 为了减少NO_x的排放,EGR系统在所有工况都起作用

C. 带有压力反馈传感器的废气再循环系统的工作原理是:ECU通过检测计量孔处的压力,再综合发动机ECU接收的发动机转速、海拔高度、真空度、冷却液温度和节气门位置等输入信号来控制废气再循环的时间和流量

D. EEGR系统没有流量传感器,直接用步进电机来控制EGR阀的开度,从而调节废气再循环的流量

10. 对于燃油蒸发控制系统相关知识表述正确的是(　　)。

A. EVAP系统是为防止燃油箱内的燃油蒸气(HC)排入大气产生污染而设的

B. 必须根据发动机工况,控制导入气缸参加燃烧的燃油蒸气量

C. 非增强型EVAP系统是一种流量监测系统,特点是在原有的EVAP系统的燃油箱上增设了一个监测系统燃油蒸发压力的油箱压力传感器

D. 增强型EVAP系统是一种流量监测系统,特点是在原有的EVAP系统上增加了监测系统燃油蒸发流量的传感器

11. 对于曲轴箱强制通风系统相关知识表述正确的是(　　)。

A. 清除发动机曲轴箱内的有害废气和燃油蒸气

B. 平衡曲轴箱内的压力,防止损坏发动机

C. 防止曲轴箱蒸气引燃

D. 根据发动机工况要求自动调节进入发动机进气系统的曲轴箱蒸气流量

12. 对于二次空气喷射系统相关知识表述正确的是(　　)。

A. 在所有工况下,将一定量的新鲜空气送入排气管,促使发动机排出的废气中的CO和HC进一步氧化,从而降低汽车废气中有害物的排放量

B. 加快三元催化转化器升温,使发动机尽快进入空燃比闭环控制过程,从而改善发动机的工作性能

C. 空气泵型二次空气喷射系统利用空气泵将压缩空气导入排气口和催化转化器

D. 脉冲型二次空气喷射系统不需动力源注入空气,而是依靠大气压力与废气真空脉冲之间的压力差使空气进入排气管

自我评价______分　　小组评价______分　　教师评价______分

参考文献 CANKAOWENXIAN

[1] 潘旭峰.现代汽车电子技术[M].北京:北京理工大学出版社,2004.

[2] 庄人隽.汽车发动机电控系统结构与维修[M].北京:中央广播电视大学出版社,2011.

[3] 戴冠军.丰田轿车电控系统维修手册[M].北京:机械工业出版社,2002.

[4] 魏建秋,蒋耕农.国产大众系列轿车维修手册[M].北京:金盾出版社,2009.

[5] 周晓飞.福特福克斯维修手册[M].北京:化学工业出版社,2012.